Gotthard Martin Teutsch

Soziologie und Ethik der Lebewesen

Eine Materialsammlung

Europäische Hochschulschriften

Publications Universitaires Européennes
European University Papers

Reihe XXII
Soziologie
Série XXII   Series XXII
Sociologie
Sociology

Bd./Vol. 14

Gotthard Martin Teutsch

Soziologie und Ethik der Lebewesen

Eine Materialsammlung

Herbert Lang Bern
Peter Lang Frankfurt/M.
1975

Gotthard Martin Teutsch

Soziologie und Ethik der Lebewesen
Eine Materialsammlung

Herbert Lang Bern
Peter Lang Frankfurt/M.
1975

ISBN 3 261 01683 3
©
Peter Lang GmbH, Frankfurt/M. (BRD)
Herbert Lang & Cie AG, Bern (Schweiz)
1975. Alle Rechte vorbehalten.

Nachdruck oder Vervielfältigung, auch auszugsweise, in allen Formen wie Mikrofilm, Xerographie, Mikrofiche, Mikrocard, Offset verboten.

Druck: fotokop wilhelm weihert KG, Darmstadt

Vorbemerkung

Die vorliegende Studie befaßt sich mit der Hypothese, daß der Mensch auch zu Lebewesen anderer Art soziale Beziehungen haben kann, erörtert die Möglichkeiten menschlichen Fehlverhaltens und behandelt dann die Frage nach den ethischen Konsequenzen.

Die Schwierigkeiten einer jeden Klärung in diesem Bereich liegen in der fachübergreifenden Komplexität, die aus der Sicht der Humansoziologie nur annäherungsweise überblickbar ist. So kann ich nur hoffen, daß mein Versuch, relevante Fakten auch aus fachfremden Bereichen zusammenzutragen, die Zuständigen dazu veranlassen möchte, sich kritisch zu äußern.

Aber auch die Soziologie der Mensch-Tier-Beziehung ist noch nicht systematisch dargestellt, sondern unter verschiedenen Aspekten beschrieben. Dabei war die Ausgangsfrage die, ob Mensch-Tier-Beziehungen eine Qualität und Intensität erreichen können, die mit engen zwischenmenschlichen Beziehungen vergleichbar werden. Es sind also zunächst nicht die viel einfacheren, also die lockeren, einseitigen und kollektiven Humanbeziehungen, die der Beschreibung möglicher Mensch-Tier-Beziehungen als Modelle dienen, sondern gerade die komplizierten, also die engen, gegen- oder mehrseitigen und auf individuelle (unverwechselbare und also auch nicht austauschbare) Partner abzielenden Beziehungen, die zum Vergleich mit den möglichen Mensch-Tier-Beziehungen herangezogen wurden. Im Falle einer späteren Überarbeitung würde ich vermutlich einen anderen methodischen Weg einschlagen, auch wenn die Soziologie der Lebewesen zumindest bereichsweise eine vergleichende Soziologie sein und wohl auch bleiben muß.

Soziologie der Lebewesen tritt im Rahmen dieser Studie vorwiegend als Soziologie der Mensch-Tier-Beziehung in Erscheinung. Es wäre also nahegelegen und zutreffender gewesen, die Themenstellung entsprechend einzuengen. Wenn ich es dennoch nicht getan habe, dann in der Absicht, die alles Lebendige umfassende Perspektive nicht von vornherein auszuschließen, sondern auch das pflanzliche Leben mit zu bedenken.

Zum besseren Verständnis für den Aufbau meiner Arbeit erscheint es mir sinnvoll, noch einige methodische Bemerkungen anzufügen.

Für den soziologischen Teil bin ich von dem in der Soziologie vorgefundenen Ansatz ausgegangen, der auf dem knapp angedeuteten Hintergrund (Kapitel I, 1-4) gerade hinreicht, um die Phänomene der Mensch-Tier-Beziehung zu erfassen und in den Kapiteln II - IV näher zu beschreiben. Dabei wird das in der thematisch benachbarten Literatur auffindbare Material verwendet. Wissenschaftstheoretisch ist die Hypothese nur erklärt, weiter nichts.

Im zweiten Teil (Kapitel V und VI) wird versucht, die Phänomene des inhumanen Umgangs mit Tieren zu beschreiben und die Frage nach den Folgerungen zu erörtern. Der daran anschließende dritte, sozialethische Teil (Kapitel VII - IX) ist inhaltlich auf die abendländisch-christliche Tradition beschränkt und in der Methode religionsgeschichtlich angelegt; d.h. theologische Quellen und Primärliteratur wurde an Hand der Sekundärliteratur im Hinblick auf das gestellte Thema studiert und referiert. Wo eigene Deutungen eingeflossen sind, haben sie nur den Sinn, Denkmögliches ins Gespräch zu bringen. Die theologischen Leser bitte ich um Nachsicht, daß die griechischen und hebräischen Zitate aus technischen Gründen in lateinischer Schrift erfolgen mußten.

Die Ethik der Lebewesen wird also vorwiegend theologisch und kaum philosophisch vorgetragen, und zwar nicht, weil der philosophische Aspekt zu wenig einbrächte, sondern weil das Buch nicht noch 100 Seiten dicker und das Erscheinen nicht um ein weiteres Jahr verzögert werden sollte.

Daß mir Inhalt und Tendenz des verarbeiteten Materials nicht gleichgültig sind, wird jeder Leser bemerken.

Zum Schluß ein Wort des Dankes. Wenn man wie in diesem Buch so vielfältiges Material verarbeiten und in ganz neue Wissensgebiete eindringen mußte, sind Rat und Hinweise von Experten, Kollegen und Freunden besonders wichtig.
Ich danke ihnen hier, auch denen, die das Erscheinen nicht mehr erlebt haben wie Fritz Blanke, Julie Schlosser und Leopold von Wiese. Ein besonderer Dank geht an Frau Margot Aschenbrenner, die Korrektur gelesen und mir bei den Registern geholfen hat.

Am 14.1.1975, dem 100. Geburtstag Albert Schweitzers   G.M. Teutsch

Inhaltsübersicht   Seite

Erster Teil

I. Ansätze einer Soziologie der Lebewesen 1
   1. Kultur- und geistesgeschichtlicher Hintergrund 1
      a) Das Tier in der Altmenschheit, S.1
      b) Das Tier in der indischen Tradition, S.1
      c) Über die Bedeutung des Tieres im alten Ägypten, S.2
      d) Die abendländische Ausprägung der Mensch-Tier-Beziehung, S.3
   2. Der allgemeinbiologische Aspekt 7
   3. Der ökologische Aspekt 8
      a) Gegenstand der Ökologie, S.8
      b) Appell an die Verantwortung des Menschen, S.9
      c) Der Mensch als Glied im Ökosystem, S.10
   4. Der tierpsychologisch-ethologische Aspekt 11
      a) Tierpsychologie und Ethologie, S.11
      b) Vergleichbarkeit der Forschungsergebnisse bei Mensch und Tier, S.13
      c) Soziologische Relevanz dieser Ergebnisse, S.14
      d) Stammesgeschichtliche Gemeinsamkeiten bei Mensch und Tier, S.15
   5. Der soziologische Ansatz 16
      a) Soziologie der Lebewesen, ein spezielles Thema der Soziologie, S.16
      b) Der Ansatz von Th. Geiger: Du-Evidenz, S.17
      c) Der Ansatz von H. Hediger: Intimacy, S.19
      d) Der Ansatz von R. Schenkel: Verständigung, S.20
      e) Der Ansatz von D. Morris, S.20
      f) Versuch einer Konzeption interspezifischer Soziologie, S.23
      g) Methodische Probleme und Aussichten der weiteren Forschung, S.26

II. Materialien zur interspezifischen Soziologie 31
   1. Die alle Lebewesen umfassende Beziehung 31
   2. Die intra- und interspezifische Beziehung unter Pflanzen ... 32
   3. Die Beziehung zwischen Tier und Pflanze 32
   4. Die intraspezifische Tier-Tier-Beziehung 33
   5. Die interspezifische Tier-Tier-Beziehung 34
      a) Der Ansatz von P. Deegener, S.34
      b) Der Ansatz von C.R. Carpenter, S.35
      c) Der Ansatz von H. Hediger, S.36
      d) Einzelne Aspekte (Tiere im Schutzraum des Menschen, Tierfreundschaften, Wahrnehmung nicht artgenössischer Lebewesen), S.36
   6. Die zwischenmenschliche Beziehung 38

7. Das Verhältnis des Menschen zur Pflanzenwelt	39
8. Die Mensch-Tier-Beziehung	40

      a) Die biologische Nähe, S.40
      b) Allgemeines zur Mensch-Tier-Beziehung (Kontakt, Sympathie, Annäherung), S.42
      c) Sonderfälle der Mensch-Tier-Beziehung, S.43
         aa) Beziehung zu Haustieren, S.43
         bb) Kinder und Tiere, S.45
         cc) Beziehung zu Primaten, S.47
         dd) Andere Sonderfälle, S.48

9\. Systematik möglicher Beziehungen unter dem Aspekt der Du-Evidenz ... 48

III. Voraussetzungen der Mensch-Tier-Beziehung ... 54

1\. Verstehen und Verständigung ... 54
      a) Die Frage nach der zwischenartlichen Verständigung, S.54
      b) Systematische Versuche mit Primaten, S.55
      c) Versuche mit Delphinen, S.56
      d) Von den Möglichkeiten einer unmittelbaren Verständigung, S.56
      e) Grenzen des Mitteilbaren, S.57

2\. Sozialverhalten und moralanaloges Verhalten ... 57
      a) Anlage und Lernfähigkeit, S.57
      b) Entstehung des Altruismus, S.58
      c) Brut und Nachwuchspflege, S.59
      d) Lug und Trug bei Tieren, S.60
      e) Reueverhalten und "Über-Es", S.60

3\. Bemerkungen zum Mensch-Tier-Unterschied ... 62

IV. Konkrete Möglichkeiten der Mensch-Tier-Beziehung ... 65

1\. Kollektiv-Beziehungen ... 65
      a) Das Tier unter biologischem Aspekt, S.65
      b) Das Tier unter ethisch-rechtlichem Aspekt, S.66
      c) Das Tier unter emotional wertendem Aspekt, S.67
      d) Das Tier unter dem Aspekt der Gefährlichkeit, S.67
      e) Das Tier unter dem Aspekt der menschlichen Ernährung und Nutzung, S.68
      f) Das Tier als Objekt der Forschung, Beobachtung, Besichtigung und Darstellung, S.70
      g) Das Tier als Symbol, S.71

2\. Individuelle Beziehungen ... 71
      a) Menschen und Tiere als Artgenossen, S.71
      b) Menschen und Tiere als Bekannte, S.73
      c) Kooperation und Kameradschaft, S.74
      d) Mensch und Tier als Beschützer und Schützling, S.75
      e) Mensch und Tier in Freundschaft, S.75
      f) Mensch und Tier in Feindschaft, S.77
      g) Mensch und Tier als gegenseitiger Ersatz für fehlende Artgenossen, S.77
      h) Das Tier im Adoptionsverhältnis, S.78
      i) Das Tier als Objekt der Unterdrückung oder Verwöhnung, S.79

Zweiter Teil

V. Die inhumane Herrschaft des Menschen 80
   1. Fehlverhalten und Wertblindheit 80
   2. Ängste, Schmerzen und Leiden der Tiere 84
   3. Formen des Fehlverhaltens 86
      a) Inhumane Jagd- und Fangmethoden, S.86
      b) Inhumane Haltung und Tötung von Nutztieren, S.88
      c) Inhumane Haltung von Haus- und Hobbytieren, S.90
      d) Inhumaner Sport, S.95
      e) Inhumane Tierkämpfe, S.96
      f) Inhumane Tierversuche, S.97

VI. Die Frage nach den ethischen Folgerungen 102
   1. Deutungs- und Rechtfertigungsversuche 102
   2. Tierschutz als Reaktion 104
      a) Entwicklung des Tierschutzes, S.104
      b) Der gesetzliche Tierschutz in Deutschland, S.105
   3. Probleme des Tierschutzes 108
      a) Der Ermessensspielraum, S.108
      b) Die Schwäche des strafrechtlichen Schutzes, S.108
      c) Der pädagogische Aspekt, S.109
      d) Tierschutz oder Menschenschutz? S.112

Dritter Teil

VII. Die Schöpfungsethik des Alten Testamentes 114
   1. Die biblische Position in der Schöpfungsgeschichte 114
      a) Die Wiederentdeckung der geschöpflichen Einheit, S.114
      b) Der paradiesische Friede, S.116
      c) Die Stellung des Menschen in der Schöpfung, S.120
   2. Die biblische Position nach dem Sündenfall 125
      a) Das Tier in der Schicksalsgemeinschaft des Menschen, S.125
      b) Die Herrschaft des Menschen gemäß Genesis 9,2-4, S.126
      c) Die biblische Tendenz der menschlichen Herrschaft, S.130
         aa) Gott bleibt Herr und Beschützer aller Geschöpfe, S.130
         bb) Gehorsam und Freiheit der Geschöpfe, S.132
         cc) Tendenz und Details der biblischen Weisung, S.132
   3. Die neue Erde in der prophetischen Vision 134

VIII. Die Schöpfungsethik im Neuen Testament 138
   1. Die Schöpfung unter dem Aspekt des Evangeliums 138
   2. Die neutestamentliche Vision 140
   3. Jesus und die Schöpfung 145
   4. Die ethische Tendenz des Neuen Testaments 149

IX. Die theologisch-kirchliche Lehre 152
   1. In der Tradition 152
      a) Augustinus, S.152
      b) Thomas von Aquin, S.152
      c) Die Einheit der Schöpfung in der Liturgie, S.153
      d) Das Verhältnis der Heiligen zur Kreatur, S.154
      e) Franz von Assisi, S.156
      f) Luther, S.161
      g) Ignatius von Loyola, S.162
      h) Cornelius a Lapide, S.163
      i) Aufklärung und Pietismus, S.165
   2. Die Theologie der Gegenwart 168
      a) Die Wende durch Schweitzer, Barth und Heim, S.168
      b) Anzeichen der Aktualität, S.172
      c) Die neuere Literatur zur Schöpfungsethik, S.174
      d) Der umweltethische Ansatz, S.177

Anmerkungen   180
Literaturverzeichnis   216
Bibelstellenregister   233
Namenregister   236
Sachregister   242

I. Kapitel: Ansätze einer Soziologie der Lebewesen

1. Kultur- und geistesgeschichtlicher Hintergrund

(a) DAS TIER IN DER ALTMENSCHHEIT: Kulturgeschichtlich kann die Frage nach dem Verhalten des Menschen zur übrigen Lebewelt bis in die Sammler- und Jägerzeit zurückverfolgt werden. Die Jäger lebten von erbeuteten Tieren, denen ihr Kult diente: zur Sicherung des Jagdglücks wie zur Entsühnung der Schuld, die der jagende Mensch mit der Tötung des Tieres begeht. "Die Altmenschheit empfindet also das Tier noch keineswegs als unter sich stehend, im Gegenteil: es genießt höchste Verehrung. Andererseits steht es auch nicht unnahbar über ihr, vielmehr wird die Grenze zwischen Mensch und Tier überhaupt noch nicht so streng gezogen wie später. Das Tier kann ein Mensch sein, der nur zeitweise diese Gestalt angenommen hat, auf alle Fälle empfindet es wie ein Mensch, und im Totemismus führen sich ganze Stämme auf ein bestimmtes Tier, nach dem sie auch heißen, als auf ihren Ahnen zurück oder erstreben kultisch seine Sohnschaft" (Landmann 1959, S.17). Noch eingehender berichtet Morus in seiner "Geschichte der Tiere" (1952, S.97 ff.); Totem und Tabu werden damit verständlich (1), der Weg zur Seelenwanderung und Tiervergottung wird vorbereitet, ja die Entwicklung einer das Tier einschließenden Ethik im Ansatz ermöglicht.

(b) DAS TIER IN DER INDISCHEN TRADITION: In die geschichtliche Zeit ragen verschiedene Entwicklungslinien. Zur indischen Tradition hat sich insbesondere J. Gonda (1967, S.105 f.) geäußert: "Wie ohne Zweifel auch der Volksglaube, sah die alte indische Literatur in der ganzen Natur ein ungeheures Reich des Lebens ... Der Mensch erkennt im Tier einerseits etwas Verwandtes und Vertrautes, andererseits etwas Fremdartiges, Unheimliches oder sogar Übergewaltiges. Aus der Vereinigung beider Aspekte versteht sich nicht nur die Verehrung des Tieres als eines numinosen Gegenstandes, sondern auch die Möglichkeit eines intim-vertraulichen Kontaktes zwischen Mensch und Fauna und die Annahme, daß letztere in Freude und Kummer mitempfindet und zur Hilfe bereit ist. Als die Heldin des berühmten Schauspiels, Kālidāsas Sakuntalā, aus der Waldeinsiedelei, wo sie ihre Jugend verbracht hat, fortzieht, verabschiedet sie sich auch von den dortigen

Pflanzen und Tieren. Es ist vielsagend, daß die Inder gerade diese Szene als die schönste Stelle in ihrem schönsten Drama ansehen..."

Wichtigster Beitrag der indischen Geistesgeschichte ist aber die Ausbildung der Transmigrationslehre, die jedem Lebewesen die Möglichkeit gibt, je nach seiner moralischen Reife höhere oder einfachere Inkarnationen zu durchlaufen.

In diesem Zusammenhang sind die Lehren des Hinduismus, Jainismus und Buddhismus zu verstehen. Im Hinduismus verläuft die Entwicklung zwiespältig: einerseits besteht die Lehre von der Schonung alles Lebens, andererseits fließen Ströme von Tierblut im Dienste der Göttin Kali. Die Kuh wird immer mehr zum Sinnbild der Heiligkeit des Lebens. "Ihre Verehrung ist bei allen Hindus geradezu ein Glaubensartikel. Das hat kein Geringerer als M. Gandhi aufs klarste in einem Aufsatz hervorgehoben. 'Das eigentliche Wesen des Hinduismus', sagt er, 'besteht in der Beschützung der Kuh. Die Beschützung der Kuh ist für mich eine der wunderbarsten Erscheinungen in der Entwicklung der Menschheit. Sie führt den Menschen über die Grenzen seiner Art hinaus. Die Kuh bedeutet für mich die ganze untermenschliche Welt. Der Mensch wird durch die Kuh dazu geführt, sein Eins- und Gleichsein mit allem, was da lebt, anzuerkennen'" (v.Glasenapp 1943, S.25 f.). Die Wirklichkeit des geschonten Lebens sieht allerdings anders aus, wie Klotz (1974) berichtet.

Im Buddhismus wird das Gebot des Nicht-Tötens ebenfalls mit unterschiedlicher Intensität befolgt. Absoluter Höhepunkt in der Schonung alles Lebens wurde in dem die Tierwelt einschließenden Wohlfahrtsstaat des Kaisers Ashoka erreicht. "Ashoka, der um 272 bis 232 ein gewaltiges, fast die ganze Gangeshalbinsel . . . umfassendes Reich mit Weisheit und Milde regierte, war ein überzeugter Buddhist geworden und hat von seinem Glauben eindringlich Zeugnis abgelegt in den Edikten, die er in verschiedenen Teilen seines Landes in Felsen eingraben ließ" (v.Glasenapp 1943, S.215). So auch das Edikt zur Schonung alles Lebens (Kern 1956, S.50 ff.).

(c) ÜBER DIE BEDEUTUNG DES TIERES IM ALTEN ÄGYPTEN hat Hornung (1967, S.72) ausführlich berichtet. Hier nur einige Stichworte: "Der Ägypter war sich zu allen Zeiten der gemeinsamen Herkunft aus der Hand des Schöpfergottes bewußt, die keinen zum Herren des anderen eingesetzt hat. Sein Verhältnis zum Tier war nicht das der Herrschaft, sondern das der Partnerschaft. 'Herr' der Tiere kann nur ein Gott sein. Die Gemeinschaft aller Wesen überdauert die Todesschwelle und setzt sich im Jenseits fort. Seit dem Neuen Reich gelten gestorbene Tiere wie menschliche Verstorbene als 'Osiris', da sie im Erleiden des Todes in Wesen und Rolle dieses Gottes, der allen Geschöpfen vor-stirbt und vor-lebt, eintreten. Dieses 'Werden zu Osiris' bringt die gestorbenen Tiere in eine Mittlerstellung zwischen Göttern und Menschen und trägt sicher mit dazu bei, daß sich die göttliche Verehrung einzelner Tiere in einem früher nicht gekannten Ausmaß auf ganze Tiergattungen überträgt."

Alle Tiere sind Gottes Geschöpfe, aber dennoch werden sie bald selbst zu Göttern oder Göttern und Menschen heilig, aber auch zur Nahrung oder als Sinnbilder des Feindes gejagt und getötet.

Die Beziehung zum Haustier ist eng und freundschaftlich: "Wie der Hund zum Hofstaat des Herrschers, gehört das 'Lieblingstier' (Katze, Hund oder Affe) zum Gesinde des Hausherrn und erhält in den Grabbildern einen Ehrenplatz unter seinem Stuhl; ... So umspannt die Tierliebe des Ägypters, in seiner universellen Ethik begründet, Diesseits und Jenseits. Die Totenrichter verlangen von jedem Verstorbenen das Bekenntnis 'Ich habe kein Vieh mißhandelt', und wir erwähnten bereits, daß nach dem Zeugnis der Pyramidentexte auch Gans und Rind als Kläger vor dem Jenseitsgericht erscheinen können" (ebd. S.83).

Ägyptische Vorstellungen dringen ins Judentum ein und gelangen so auch in die jüdisch-christliche Tradition. Pangritz (1963, S.143 ff.) hat diesen Einfluß an Psalm 104, Henry (1958, S.33) an Psalm 136 und Landmann (1959, S.60) an der Vorstellung vom Friedensreich (Jes. 11,6 ff.) aufgezeigt.

(d) FÜR DIE ABENDLÄNDISCHE AUSPRÄGUNG DER MENSCH-TIER-BEZIEHUNG ist die christliche Überlieferung bestimmend geworden, die ihrerseits auf jüdischer Tradition aufbaut, aber auch griechische und römische Vorstellungen integriert, wie dies in den Kapiteln VII - IX noch näher auszuführen sein wird.

Zur griechischen Tradition berichten Heichelheim/Elliott(1967, S.85):
"In den altorientalischen Stadtkulturen und vermutlich den totemistisch beeinflußten davorliegenden nichtstädtischen tierzüchtenden, pflanzenzüchtenden und tierjagenden Perioden sind die Tiere von der Menschenwelt und ebenso von den Götterwelten noch nicht grundsätzlich geschieden... Eine völlig neue Anschauungsweise erscheint zum ersten Male in der Ilias und Odyssee, den großen homerischen Epen, die bald nach 700 v.Chr. endgültig formal und schriftlich fixiert wurden. In diesen Werken sind Tier und Mensch deutlich und grundsätzlich als verschieden verstanden... Nichtsdestoweniger liebt der homerische Mensch seine Tiere..."

Mit Pythagoras und seiner Lehre von der Seelenwanderung wird im griechischen Denken ein neuer Abschnitt eingeleitet (Heichelheim/Elliott 1967, S.87). In seiner Nachfolge haben die Pythagoreer, so berichtet Plutarch (zitiert nach Landmann 1959, S.116 f.):" 'die Milde gegen die Tiere zu einer Übung der Menschenfreundlichkeit und Barmherzigkeit gemacht.' Man tut nach ihnen kein Unrecht, wenn man schädliche Tiere tötet oder die zahmen abrichtet und an Arbeiten gewöhnt, zu denen jedes von Natur geeignet ist; nicht wer sich die Tiere zunutze macht, handelt ungerecht, sondern wer sie aus Übermut und Grausamkeit mißhandelt. Die Pythagoreer lebten auch vegetarisch, was Platon (Legg. 782 c) die 'sog. orphische Lebensweise' nennt. Wie bei den Juden scheint die Legende von einem Urvegetarismus bestanden zu haben, denn Hesiod berichtet vom dritten, ehernen Menschengeschlecht: sie verschmähten es, von den Früchten des Feldes zu essen, und nährten sich vom Tierfleisch. Auch Empedokles weiß - in Zurückspiegelung pythagoreischer Idealvorstellungen? - von einem Zeitalter der Kypris, da die Tiere mit den Menschen Freundschaft hatten und nicht von ihnen geschlachtet wurden."

Hierzu die Begründung (zitiert nach Bregenzer, 1894, S.185): "Die Seele jedes Menschen, der ein lebendes Wesen, insbesondere ein T h i e r t ö d t e t oder T h i e r f l e i s c h g e n i e ß t , muß zur Strafe durch andere Klassen von Wesen hindurchwandern; wer also ein Thier getödtet hat, wird nach seinem Tode selbst Thier, ebenso wer ein Opferthier, trotz dessen flehentlichen Geschreis um Schonung, geschlachtet hat.

Früher lebten die Menschen, nur durch unblutige Opfer die Götter ehrend, im Frieden mit diesen und der ganzen Natur, in Seligkeit, als Tischgenossen der Götter und selbst göttlicher, d.h. dämonischer Art. Empedokles weiß, daß er selbst früher ein Dämon war und zur Strafe für Genuß von Opferfleisch die irdische Wanderung (in Raubvogel, Meerfisch und Menschenleib) antreten mußte. Soll jener glückselige Zustand wieder erreicht werden, so ist es notwendig,'aller Verletzung des Lebens seiner Mitgeschöpfe, alles Opfers, alles Fleischgenusses, aller Beschädigung edlerer (d.h. heiliger) Pflanzen, z.B. des Lorbeers, sich zu entschlagen, weil auch in diesen, wie in den Thieren, M e n s c h e n s e e l e n wohnen k ö n n e n '." In diese Geisteshaltung fügen sich auch die von Xenokrates überlieferten Gesetze von Eleusis (zitiert nach Westermarck 1909, Bd.2, S.403): "Ehre deine Eltern; opfere den Göttern Früchte der Erde; schädige kein Tier."

Diese Linie des griechischen Denkens hat sich jedoch bei Platon und Aristoteles nur andeutungsweise fortgesetzt. Heichelheim/Elliott (1967, S.88) bemerken: "Die Sokratik von Sokrates bis zu Aristoteles formt dann endgültig auf homerischer Grundlage die hellenische Kulturansicht über das Tier, die über das Mittelalter hinaus bis etwa zur Zeit Darwins die in der Regel unwidersprochene Mehrheitsansicht der westlichen, griechisch-orthodoxen und islamischen Zivilisationskreise bleiben sollte. Der Sokrates der Memorabilia des Xenophon ist der Ansicht, daß die Tiere für den Menschen und seine Bedürfnisse geschaffen sind und gezüchtet werden müssen. Der Mensch ist bereits durch seinen aufrechten Gang, dazu durch seine Sprachkunst, seinen Verstand und seinen Religionssinn von den Tieren grundsätzlich unterschieden. Indessen besteht die Gefahr für ihn, auf das Niveau von Tieren herabzusinken. Tier und Mensch haben Erziehung nötig, auf die sie sogar öfters in verwandter Weise reagieren. Plato unterscheidet sich von den Anschauungen der übrigen Sokraistik nur in Einzelzügen, obwohl in Plato Pythagoräerideen mitgenutzt sind. Eine Art von Entwicklung der verschiedenen Tiergruppen wird angenommen, wie sie Empedokles bereits ins Auge gefaßt hatte. Vegetarische Lebensweise und Seelenwanderungsideen sind der platonischen Philosophie bekannt. Gelegentlich wird der Mensch sogar direkt als höheres Tier aufgefaßt, Tiere werden manchmal als Vorbilder in ihrer

Fürsorge für ihre Jungen und in ihrer Auswahl von Ehepartnern gepriesen. Aber Erziehung ist beide Male außerordentlich wichtig, genau wie überall in der Sokratik."

In der griechisch-römischen Übergangszeit wird nochmals der Versuch gemacht, das Verhältnis zum Tier unter ethischem Aspekt zu klären. Heichelheim/Elliott (1967, S.89) erwähnen insbesondere Plutarch, der sich für den Vegetarismus (De esu carnium) und gegen jede Grausamkeit ausspricht (zitiert nach Galsworthy, 1927/28, S.849): "Wir sollen die lebende Kreatur nicht behandeln wie Schuhe oder tote Haushaltungsgegenstände, die wir fortwerfen, wenn wir sie nicht mehr brauchen können; und sei es auch nur, um Barmherzigkeit gegen die Menschheit zu lernen, sollen wir barmherzig gegen andere lebende Wesen sein. Was mich betrifft, so würde ich nicht einmal einen alten Ochsen verkaufen, der sich einmal für mich geplagt hat." Ganz in diese Richtung fügt sich auch der Neuplatoniker Porphyrios (zitiert nach Westermarck 1909, S.403 f.): "Wer sein wohlwollendes Betragen nicht nur auf die Menschen beschränkt, sondern auf die Tiere ausdehnt, nähert sich der Göttlichkeit am meisten; und wäre es möglich, es auch auf die Pflanzen zu erstrecken, so träfe dies noch mehr zu." Zur Geschichte des Vegetarismus vgl. Kapitel VII, 2b sowie Gharpure (1935) und Hausleiter(1935).

Der für die künftige Entwicklung entscheidende Beitrag zur Frage des Mensch-Tier-Verhältnisses wird aber nicht im Bereich der Philosophie und Ethik, sondern der Rechtswissenschaft geleistet, ein Beitrag, der zumindest in seinem Einflußbereich die Rechtlosigkeit der Tiere zum Teil bis auf den heutigen Tag begründet hat (Hume 1957, S.29): "In the jurisprudence of ancient Rome nobody could have rights unless he was legally a person *persona* and originally you could not be a person unless you were free (a slave was not a person), nor unless you were a citizen (foreigners were not persons), nor unless you were a paterfamilias (sons, daughters and wives were not persons, and had no rights...). Gradually more and more new classes of human beings acquired personality and with it legal rights, but animals never did so... Thus rights were asserted as basic, and then the duties which others owe to those who possess rights were deduced from these; and since rights were so defined that animals could have none, there could be no duty towards animals. This conclusion was reached because Roman jurisprudence began at the wrong end."

Die abendländische Entwicklung des Mittelalters und der beginnenden Neuzeit ist durch das Christentum geprägt. Mit der Renaissance beginnt sich das geisteswissenschaftliche Denken von der Theologie zu lösen. Das Verhältnis des Menschen zur Natur wird zwar immer noch in traditionellen Bahnen, aber doch mit wachsender Eigenständigkeit beobachtet. So warnte Montaigne vor jeder Überheblichkeit gegenüber dem Tier (vgl. Morus 1952, S.205), und für Hobbes war der Mensch dem Menschen ein Wolf. Mensch und Tier waren also für beide in geschöpflicher Nachbarschaft verbunden. Eine diametral entgegengesetzte Position bezog Descartes, als er die zwischen Tier und Mensch bestehenden Unterschiede radikalisierte. Sein Einfluß war auf lange Zeit bestimmend (2), trotz Gassendi (Streit mit Descartes vgl. Morus 1952, S.208), Leibniz, Herder (Tiere sind die älteren Brüder des Menschen), Goethe (die drei Ehrfurchtsbezeugungen in der Pädagogischen Provinz), Herbart (zwischen Mensch und Tier besteht nur ein gradueller Unterschied), Karl Chr. Fr. Krause (Zwischen allen beseelten Wesen besteht eine ethische und rechtliche Beziehung. Auch das Tier hat Würde; es ist nicht rechtlos, aber auf die Vormundschaft des Menschen angewiesen; vgl. Bregenzer 1894, S.208 ff.) und schließlich Schopenhauer (Zusammenfassung bei Bregenzer 1894, S.216 ff.). In die Gegenwart wurde diese Entwicklung insbesondere durch Albert Schweitzer hineingetragen.

2. Der allgemeinbiologische Aspekt

Die Deszendenz- und Evolutionsforschung hat den Blick für die naturgeschichtlichen Zusammenhänge in der Entwicklung und Differenzierung des Lebens, speziell des Mensch-Tier-Übergangsfeldes, eröffnet und zwei wichtige Denkanstöße gegeben. Der eine entzündete sich am Konflikt mit der theologischen Tradition und führte schließlich zu einer Korrektur der bis dahin zu oberflächlichen Genesis-Exegese, der andere hat den stammesgeschichtlichen Aspekt in die Tierpsychologie eingeführt und damit eine der Voraussetzungen der modernen Ethologie geschaffen.

Für alle daraus resultierenden Ergebnisse war zugleich ein Wandel der biologischen Forschungsmethode nötig: *der Übergang von der mehr analysierenden Sichtweise zu einer betont ganzheitlichen Betrachtung der Lebewesen.* Portmann (1963, S.275) hat diese Veränderung wie folgt beschrieben: "In diesem Forschungsfelde ist vor allem eine Veränderung wirksam geworden, welche das Bezugssystem betrifft, in dem irgendeine biologische Beobachtung oder das Ergebnis eines biologischen Versuchs eingeordnet und verstanden werden müssen. Als dieses Bezugssystem galt den Biologen zunächst stets die reife, voll ausgebildete Tiergestalt mit ihrer Gliederung in Organe und Funktionen. Heute wissen wir, daß diese Begrenzung des Bezugssystems zu enge ist und durch eine viel umfassendere ersetzt werden muß. Es hat sich gezeigt, daß die ganze Art des Verhaltens in der Umwelt, das Gebaren, der Verkehr mit anderen Lebewesen nicht von der sinnenmäßig faßbaren Gestalt zu sondern ist und auch auf vorgebildeten artgemäßen Strukturen beruht. Daß ferner die Art der Einzelentwicklung, die Beziehungen zwischen Eltern und Nachkommen, wiederum jede Sonderung von Form und Funktion, von Leib und Seele im alten Sinn dieser Worte ausschließt und daß ganz neue Darstellungsformen für die Seinsweise des Tiers gefordert sind. Schließlich gehört die weite erdgeschichtliche Evolution einer Gruppe, so dunkel auch viele ihrer Probleme noch sind, mit zur gesamten Lebensform einer Tierart. Das Bezugssystem, das da gesucht wird, ist die volle Seinsweise eines Lebewesens, soweit sie überhaupt von der Forschung erfaßt werden kann. Diese Forderung hat den Blick auch wieder hingelenkt auf die zentralste Eigenart der Organismen, auf das mächtige Faktum der Innerlichkeit, die sich in der Erscheinung und im Tun eines Lebewesens äußert. Um ihre Erfassung müht sich heute das biologische Schaffen von vielen Seiten her."

3. Der ökologische Aspekt

(a) GEGENSTAND DER ÖKOLOGIE: Die ökologische Fragestellung zielt auf verschiedene Fakten im Bereich einer Soziologie der Lebewesen. Leider macht die dynamische und immer weiter expandierende Entwicklung dieser Wissenschaft jeden differenzierenden Definitionsversuch äußerst schwierig. Unbestritten ist jedoch, daß es um die Beziehungen der Organismen zu ihrer

Umwelt geht. Alle Organismen sind auf Umweltbedingungen angewiesen, von denen ihre Lebensmöglichkeit abhängt, wie Boden- oder Wasserbeschaffenheit, Luft, Klima und Nahrung. Durch die Einbeziehung der Nahrung wird der Organismus zugleich auch von anderen Organismen abhängig. So wird Ökologie gelegentlich auch als Lehre vom Gesamthaushalt der Natur bezeichnet; vgl. Thienemann (1956, S.35); Ökologie tangiert somit auch die Frage nach den Beziehungen der Organismen untereinander, eine Frage, die allerdings meist nur für den leichter überschaubaren Biotop gestellt und beantwortet wird.

Je nachdem, ob die Ökologie des Menschen, der Tiere oder der Pflanzen gemeint ist, wird ein anderer Gesichtspunkt gewählt, eine andere Teildisziplin konstituiert. Merkwürdigerweise sieht sich der Mensch - auch unter humanökologischem Aspekt - auf eine gewisse Distanz, weil er viel weniger an einen eng umschriebenen Lebensraum gebunden ist als fast alle Tiere. Dennoch gibt es genügend Beispiele, wie auch der Mensch in dieses Interdependenzverhältnis einbezogen war oder noch ist, etwa der Eskimo in den Lebensraum Wasser - Eis - Fisch oder der Großstadtmensch in seinen Lebensraum Stein - Asphalt - Smog. Ein Versuch, die Ökosysteme der Erde zu beschreiben und zu klassifizieren, findet sich bei Ellenberg (1973). In diesem Zusammenhang wird verständlich, daß René König die Gemeinde auch als "biotische Gemeinschaft" bezeichnet, wobei er das allen "Lebensgemeinschaften" Gemeinsame deutlich gegen die Eigenständigkeit der Teilgemeinschaften (Menschengemeinschaft, Tiergemeinschaft, Pflanzengemeinschaft) abgrenzt (1958, S.12).

(b) APPELL AN DIE VERANTWORTUNG DES MENSCHEN: Ein wesentliches Verdienst der Ökologie ist es, das Aufeinander-Angewiesensein in der Natur deutlich gemacht und die Verantwortung des Menschen hervorgehoben zu haben. Schoenichen (zitiert nach Thienemann 1956, S.31) schreibt: "Die Schöpfung steht dem Menschen als eine eigene Welt an sich gleichberechtigt gegenüber: sie ist die Welt des Gewachsenen, des Gewordenen, die ihre Zweckbestimmung in sich selbst trägt. Man kann sie oder Teile von ihr zerstören oder vernichten; aber es ist nicht möglich, das Vernichtete durch künstliche Mittel irgendwie wieder herzustellen. So haben hier das Ganze und jeder einzelne Teil den Charakter des Einmaligen und Unwiederbringlichen. Die

Umwelt des Menschen ist demgegenüber vorzugsweise die Sphäre des Gemachten, des künstlich Angelegten, des Fabrizierten, des Gewollten, des in seiner Zwecksetzung durch den Menschen Bestimmten. Beide Bereiche stehen in schroffem Gegensatz zueinander; und in dem nun schon durch Jahrtausende währenden Streit ist das Naturhafte immer mehr zurückgedrängt worden und unterlegen. Von dem Sieger fordert das Sittengesetz Menschlichkeit gegenüber dem Besiegten, d.h. die Empfindungen, die im Verhalten der Menschen untereinander maßgebend sind, sollen auch der überwundenen Natur gegenüber in Geltung sein; mit anderen Worten: Grausamkeit und sinnlose Vernichtung sind durch das Sittengesetz untersagt, Schonung und Hege werden zur Pflicht. Höchste Kultur umschließt zugleich höchste Verantwortlichkeit für die Erhaltung der Natur und aller ihrer Schöpfungen." Thienemann (ebd.) fährt dann fort: "Die menschliche Kultur greift ein in das natürliche Sein und Geschehen und muß sich mit ihm auseinandersetzen. Denn die 'Herrschaft' des Menschen über die Natur hat naturgesetzte, naturgesetzliche Grenzen. Bei jedem einzelnen kulturellen Eingriff des Menschen in die Natur erhebt sich stets die Frage, inwieweit er den Ablauf des natürlichen Geschehens und damit den gesamten Haushalt der Natur eines Raumes beeinflußt, damit sich aber auch wieder auf die Gesamtheit der Kultur eines Landes auswirkt. Solche Zusammenhänge zu überschauen und zu verstehen und entsprechend zu raten und zu handeln, d.h. widernatürliche Maßnahmen als solche zu erkennen und sie auf ein Mindestmaß zu beschränken, ist die Hauptaufgabe der Wissenschaft vom Haushalt der Natur - der allgemeinen Ökologie - in all ihren angewandten Teildisziplinen. Ihre Bedeutung wächst mit der Zunahme der kulturellen Erschließung eines Gebietes. Denn mit dieser steigt die Gefahr einseitiger Maßnahmen, die das Gleichgewicht des Ganzen stören können."

Erst nachdem solche Warnungen lange genug mißachtet und erst als die auch den Menschen selbst bedrohenden Folgen unmittelbar sichtbar wurden, wird jetzt das Problem des Natur- bzw. Umweltschutzes erkannt. Indem wir die Natur erbarmungslos ausgeplündert und vergiftet haben, sind wir als Teil der Natur nun selbst in vielfältiger Hinsicht bedroht.

(c) DER MENSCH ALS GLIED IM ÖKOSYSTEM: Inzwischen wächst aber auch unter den Ökologen selbst die Bereitschaft, das auf die Biosphäre einwirkende

Handeln des Menschen zu studieren. Speziell in der Humanökologie zeigen
sich erste Ansätze, der von Ellenberg aufgezeigten Forschungsrichtung nachzugehen. Ellenberg (1973, Vorwort) schreibt: "Der Mensch als Glied von
Ökosystemen tritt in der Reihe der Spezialbeiträge leider noch kaum in
Erscheinung. Hier steht die Forschung - die gemeinsam mit Soziologen,
Psychologen, Medizinern und Ingenieuren betrieben werden müßte - noch vor
einem kaum analysierten Komplex schwer übersehbarer Ein- und Rückwirkun-
gen." Ein Indiz für das Ernstnehmen dieser Forderung findet sich z.B. bei
Knötig (1972, S.43-48), der dem Verhältnis des Menschen zu allen anderen
Lebewesen einen eigenen Abschnitt widmet.

4. Der tierpsychologisch-ethologische Aspekt

(a) TIERPSYCHOLOGIE UND ETHOLOGIE: Die Tierpsychologie hat eine antike
Vorgeschichte, belegt durch Berichte und Geschichten von Aelian, Plinius,
Aristoteles, Lukian und Seneca. "Es sind dies Darstellungen, die bemer-
kenswerte Parallelen mit den in jüngster Zeit entstandenen modernen Tiergeschichten haben, wie wir sie von den Naturforschern Konrad Lorenz,
Richard Gerlach, William Becker, Bernhard Grzimek u.a. kennen" (Perfahl
1970, S.146).

Die neuzeitliche Tierpsychologie beginnt mit dem in der Aufklärung erwa-
chenden Interesse an der Natur, also mit Georg Friedrich Meier, Hermann
Samuel Reimarus, Peter Scheitlin und Carl Gustav Carus. Im Laufe der Entwicklung wird sie gleichzeitig auch zur vergleichenden Psychologie (Holland 1972), indem sie ihre an Mensch und Tier gewonnenen Befunde vergleicht.

Nach Hediger (1972) läßt sich die Geschichte der Tierpsychologie "weitgehend als die Geschichte des Kampfes gegen die Vermenschlichung charakte-
risieren. Vermenschlichung führte u.a. dazu, daß man der Spinne wegen
ihres kunstvollen Netzbaus ein hohes Maß von (menschlicher) Intelligenz
zuschrieb, dem Polizeihund berufsmäßigen Eifer bei der Verfolgung von
Verbrechern usw." Verständlicherweise ist ein solcher Prozeß mühsam und
langwierig und voller Rückschläge. Als "klassisches Beispiel" eines solchen Rückschlages erwähnt Hediger (1972) das Beispiel der "sog. denkenden

Pferde und Hunde, die vor, während und nach dem Ersten Weltkrieg ein weltweites Aufsehen erregt haben. Sie waren angeblich imstande, durch eine besondere Klopfsprache menschliche Gedanken auszudrücken und komplizierte Rechnungen zu bewältigen. Alle diese Scheinleistungen ließen sich auf minime unwillkürliche Zeichengebung durch die Versuchsleiter zurückführen." Das Ergebnis dieser mit großem Aufwand und viel persönlichem Einsatz und Ehrgeiz geführten Kontroverse war aber nun nicht die Korrektur der Methode, sondern die Eliminierung der Tierpsyche als Forschungsgegenstand. Die in bewußter Distanzierung zur wissenschaftlich desavouierten Tierpsychologie aufkommende Ethologie hat sich auf das beobachtbare Verhalten der Tiere beschränkt und absichtlich vermieden, nach psychischen Hintergründen zu fragen.

Diese Hinwendung auf ein völlig neues Gebiet (Zoologie und Physiologie haben es nur am Rande betrachtet) und der Verzicht auf psychologische Interpretation hat zu neuen Methoden geführt und der Ethologie großartige Erfolge eingebracht. Zu diesen Erfolgen gehört auch der geglückte Versuch, nach anderen als psychischen Ursachen des Verhaltens zu suchen. Neben den bekannten physiologischen wurden so die stammesgeschichtlichen Hintergründe des Verhaltens erhellt, was dann den Weg in die vergleichende Ethologie ebnete. Wieder wurden Mensch und Tier verglichen, wenn auch nicht im seelischen Bereich und ohne die Fehler der anthropomorphisierenden Methode. Auch die Richtung war anders: nicht das Tier wurde vermenschlicht, sondern der Mensch im Evolutionszusammenhang des Lebens gesehen und auf diese Weise (zumindest in den Augen der Kritiker) vertierlicht. Zoomorphismus, bisher als Form der Wahrnehmung nur dem Tier zugebilligt, ist der heftige Vorwurf, der gegen die vergleichende Verhaltensforschung aus ganz verschiedenen Lagern erhoben wird.

Der Tierpsychologie hatte man unerlaubte Rückschlüsse vom Menschen auf das Tier vorgeworfen, der Ethologie wird nun das Gegenteil, unerlaubte Rückschlüsse vom Tier auf den Menschen, angelastet; vgl. Rauh (1969, S.279). Aufgrund dieser Vorwürfe ist dann auch die alte Streitfrage neu belebt worden, ob der Mensch ein primär biologisch vorprogrammiertes und nur beschränkt lernfähiges oder ein durch Milieufaktoren eingeengtes, also prinzipiell unbegrenzt lernfähiges und erziehbares Wesen sei, mit anderen

Worten: ob menschliches Verhalten ausschließlich gelernt werde, wie Skinner und andere meinen, oder ob es neben den erlernten auch angeborene Verhaltensweisen gebe, wie die Ethologen es behaupten und in verschiedenen Fällen auch schon belegt haben.

(b) VERGLEICHBARKEIT DER FORSCHUNGSERGEBNISSE BEI MENSCH UND TIER:
Soweit die Ethologie das soziale Verhalten der Tiere untersucht und damit auch Tiersoziologie (vgl. Kapitel II,4 und 5) betreibt, hat sie zum Entstehen der interspezifischen Soziologie neue, teilweise überraschende und weitreichende Ergebnisse beigetragen. Dabei ist die Frage der Vergleichbarkeit tierlicher und menschlicher Verhaltensweisen noch immer nicht unbestritten. Insbesondere bleibt das ernste Bedenken der Biologen, "psychische Eigenschaften des Menschen in homologer oder auch nur analoger Art beim Tier anzunehmen. Sie schreiben daher Hunger, Schmerz, Freude usw. stets in Anführungszeichen, sofern es sich um das Tier handelt, und halten jede Verstehensmöglichkeit auf subjektivem Gebiet für ausgeschlossen" (Hediger 1965 a, S.110). Dagegen meint Katz schon in den Zwanzigerjahren: "In mancher Beziehung besteht eine überraschende Übereinstimmung im sozialen Verhalten von tierischen und menschlichen Gruppen, so daß man geradezu die Hoffnung hegen darf, die Tierpsychologie dazu zu verwenden, um Gesetze aufzufinden, von denen das soziale Leben menschlicher Gruppen beherrscht ist" (zitiert nach Eibl-Eibesfeld 1972, S.352).

Die Methoden des Vergleichens und die Bereiche des legitim Vergleichbaren haben inzwischen aber doch eine Präzisierung erfahren, die es erlaubt, Ergebnisse der Tier- und Humanethologie oder der Tier- und Humansoziologie ebenso zu vergleichen wie Ergebnisse der Tier- und Humanbiologie. Als an einen der frühen Ansätze dieser Art erinnere ich an den von Katz (1922) unternommenen Versuch, die Hackordnung der Hühner mit der Rangordnung in der menschlichen Gruppe zu vergleichen; das gleiche Thema ist neuerdings von Maclay und Knipe (1972) ausführlich behandelt worden. Inzwischen wird die vergleichende Verhaltensforschung auch systematisch betrieben in der gezielten Absicht, die Hintergründe menschlichen Verhaltens auf diesem Wege zu erhellen. Besonders eindrucksvoll ist z.B. die Analogie im Verhalten der Graugans, wenn sie ihren Ehepartner verloren hat oder als Jungtier isoliert wird (3). Für den Bereich der vergleichenden Ethologie

s. insbesondere: Dimond (1972, S.169-197), Eibl-Eibesfeld (1970, 1972, 1973a, 1973b), Illies (1971, 1973), Overhage (1972) und Wickler (1970, 1972b).

(c) SOZIOLOGISCHE RELEVANZ DIESER ERGEBNISSE: Im Interesse einer interspezifischen Soziologie der Lebewesen wäre natürlich zu wünschen, daß die Ethologie nicht nur tierliches und menschliches Verhalten je getrennt untersucht und dann vergleicht, sondern daß sie sich auch dem zwischenartlichen Sozialverhalten, einschließlich der Mensch-Tier-Beziehungen, zuwendet. Was die Verhaltensforschung auf diesem Gebiete bisher sozusagen "zufällig" an Ergebnissen zutage gefördert hat, zeigt, welchen Beitrag sie leisten könnte, wenn sie diesen neuen Aspekt in ihre Forschung gezielt einbezöge. Inwieweit die Ethologen schon heute und von sich aus soziologische Gesichtspunkte in ihre Arbeit einbringen, ist nicht ohne weiteres festzustellen. Auffallend ist folgender Satz von Leyhausen (1969, S.71): "Verhaltensforschung hat sich eigentlich von Anfang an selbst _auch_ immer so verstanden, daß sie eine Hilfs- und Grundwissenschaft der Humanpsychologie und -soziologie sein solle, zumindest werden solle." Tinbergen (1972, S.15) bezeichnet die Ethologie als "die vielleicht wichtigste Hilfswissenschaft der Soziologie", und Koehler fordert im Vorwort zu Tinbergens Tiersoziologie "Tiere untereinander" (1967, S.6) den Brückenschlag zur Humansoziologie.

Für das Mensch-Tier-Verhältnis ganz unmittelbar bedeutsam sind die von der Verhaltensforschung untersuchten Formen der möglichen Kontakte und Bindungen, die bei der Angleichung und Prägung (4) entstehen, oder wenn der jeweilige Partner als Artgenosse oder als Kumpan (vgl. Anm.26) wahrgenommen wird. Grundlegend ist ferner die Erforschung der innerartlichen Kommunikation, in die der Mensch durchaus einbezogen werden kann, wenn er die einzelnen Symbole in ihrer Bedeutung verstanden hat und nachzuahmen imstande ist. Eine andere Frage ist es, ob es grundsätzlich möglich ist, ein Tier auf die eine oder andere Weise auch in das menschliche Verständigungssystem einzubeziehen. Neben diesen Einzelinformationen hat die Ethologie aber auch einen fundamentalen Beitrag zu einer artübergreifenden Soziologie geleistet, indem sie die aus der stammesgeschichtlichen Entwicklung erkennbaren Gemeinsamkeiten aufweist. Mensch und Tier rücken unter diesem Aspekt näher zusammen, weil der Mensch erkennt, daß auch in seinem Verhalten Triebsteuerungen mitbeteiligt sind.

(d) STAMMESGESCHICHTLICHE GEMEINSAMKEITEN BEI MENSCH UND TIER: Hatte die alte Tierpsychologie im Sozialleben der Tiere, etwa der aufopfernden Sorge für die Jungen, menschliche Züge vermutet, so hat die Verhaltensforschung das Gegenteil gefunden: das Tier befindet sich in seinem moral-analogen Verhalten nicht in der Nähe des Menschen, sondern es verfügt über einen Kanon arterhaltender Sozialnormen, deren Einhaltung durch Triebe gesichert ist; und Reste dieser triebgesicherten "Moral" sind auch im humanen Handeln noch wirksam. Nach Lorenz, der dieses Thema eingehend behandelt hat (1963, S.357-389), tut ein Mensch, der ohne Zögern ins Wasser springt, um ein Kind zu retten, nichts anderes als ein Pavian-Mann, der unter vergleichbaren Bedingungen ein Pavian-Kind rettet: beide folgen - ohne zu überlegen - einem Gefühl, das wir in beiden Fällen bewundern. Wickler (1972b) hat diesen Gedanken des bei Mensch und Tier gemeinsamen Moralhintergrundes aufgegriffen und ihm unter dem Titel "Die Biologie der Zehn Gebote" eine eigene Monographie gewidmet. Eibl-Eibesfeld hat dazu (1973b) neues Belegmaterial gesammelt.

Auch in einem anderen, bisher ausschließlich dem Menschen zugeordneten Bereich, dem der Kulturgeschichte von Kleidung und Mode, wurde die stammesgeschichtliche Entwicklungslinie aufgezeigt und an vielen eindrucksvollen, aber auch amüsanten Beispielen belegt. Dieser Bereich gehört in den größeren Komplex der Kulturethologie und wurde von Otto Koenig (1970) erforscht.

Das Ergebnis aus der Betrachtung des Menschen in Bezug auf sein mit den Tieren gemeinsames Erbe verstärkt im Menschen auch das Bewußtsein dieser Gemeinsamkeit. Um das Tier zu verstehen, kann sich der Mensch unmittelbar seines eigenen stammesgeschichtlichen Erbes bedienen; nur so ist es auch möglich, daß Menschen, die von Verhaltensforschung überhaupt nichts wissen, ein enges Verhältnis zu Tieren haben können. Hieraus kann man auch folgern, daß die Ergebnisse der früheren anthropomorphisierenden Tierpsychologie nicht notwendigerweise falsch sind, denn Mutterliebe oder Eifersucht sind eben keine Produkte des vernünftigen Denkens, sondern Ausdrucksweisen des bei Mensch und Tier eng verwandten Gefühls. Der Mensch hat nur die zusätzliche Fähigkeit, sie durch Bewußtmachung zu rationalisieren.

Die von der Verhaltensforschung entwickelte Methode des stammesgeschichtlichen Vergleichens zwischen Mensch und Tier wird uns sicher noch weitere Einsichten in die "Zoologie des Menschen" und die "Anthropologie des Tieres" (so die zwei Buchtitel von Illies) ermöglichen; sie korrigiert frühere Irrtümer, kann aber durch einseitige Anwendung auch zu neuer Einseitigkeit führen.

5. Der soziologische Ansatz

(a) SOZIOLOGIE DER LEBEWESEN, EIN SPEZIELLES THEMA DER SOZIOLOGIE:
Soziologie im allgemeinen Sinne ist immer Humansoziologie, die von der Tier- und Pflanzensoziologie deutlich getrennt wird. Soziologie der Lebewesen ist nun aber nicht der umfassende Begriff für diese drei Bereiche, sondern "Die Soziologie der Lebewesen hat die Beziehung der Lebewesen untereinander zum Gegenstand." (Teutsch 1969). Noch deutlicher gesagt: Es geht dieser Soziologie nicht um die Beziehungen der Menschen, Tiere und Pflanzen je untereinander, sondern es geht ihr um die Beziehungen, die der Mensch zum Tier und zur Pflanze haben kann. Natürlich soll auch die Beziehung zwischen Tieren verschiedener Arten (die Mensch-Tier-Beziehung ist hieraus nur ein Sonderfall) sowie das Tier-Pflanze-Verhältnis grundsätzlich eingeschlossen bleiben.

Der Ansatz einer so umfassend konzipierten Soziologie liegt formal in der gelegentlich weiten Fassung des Soziologiebegriffes wie etwa bei Leopold von Wiese: "Bei der Soziologie sollte unangefochten sein, daß, was zunächst ihre allgemeine Zusammengehörigkeit betrifft, sie die *Lehre von den Einwirkungen der Lebewesen aufeinander* zur Aufgabe hat. Sie behandelt den Zusammenhang der lebendigen Geschöpfe" (1956, S.626). Auf die Definition der Gesellschaft bezogen, sagt Vierkandt (1928, S.172): "Die einfachste Annahme wäre, die Gesellschaft besteht aus allen Menschen oder vielleicht sogar aus allen beseelten Wesen, während die Welt der Sachen sich mit der Körperwelt deckt." Ähnlich äußert sich auch König (1970, S.104), wenn er Gesellschaft als "die allgemeine Tatsache der Verbundenheit von Lebewesen

... auch von Pflanzen und Tieren..." ansieht und dann fortfährt: "Da auch der Mensch ein Lebewesen ist, ist er zweifellos in den gleichen Lebenszusammenhang eingeschlossen. Aber damit wird menschliche Gesellschaft nicht spezifisch erfaßbar, da sie weder aus dem 'Instinkt' lebt, noch 'gewachsen' ist..." Auch bei Mühlmann (1969) findet sich eine in diese Richtung weisende Bemerkung: "Die menschliche Gesellschaft ist ein Teil der Natur, folglich finden auf sie auch die Gesetze der Natur Anwendung. Die Soziologie ist daher, ganz nach Spencers Vorbild, hineinzustellen in eine umfassende Kosmologie."

Soziologie der Lebewesen ist aber nicht ganz in diesem Sinne verstanden, sondern als Antwort auf die Frage, ob es zwischen Lebewesen so verschiedener Art wie Menschen, Tiere und Pflanzen Beziehungen gibt, die mit zwischenmenschlichen Sozialbeziehungen vergleichbar sind. Die Frage nach der theoretischen Möglichkeit solcher Sozialbeziehungen wird bereits in den Zwanzigerjahren von Max Weber gesehen; er schreibt (1956, S.7): "Inwieweit auch das Verhalten von Tieren uns sinnhaft 'verständlich' ist und umgekehrt: - beides in höchst unsicherm Sinn und problematischem Umfang - und inwieweit also theoretisch es auch eine Soziologie der Beziehungen des Menschen zu Tieren (Haustieren, Jagdtieren) geben könne (viele Tiere 'verstehen' Befehl, Zorn, Liebe, Angriffsabsicht und reagieren darauf offenbar vielfach nicht ausschließlich mechanistisch-instinktiv, sondern irgendwie auch bewußt sinnhaft und erfahrungsorientiert), bleibt hier völlig unerörtert."

(b) DER ANSATZ VON TH. GEIGER: Einen Versuch, hier weiterzukommen, hat Theodor Geiger in seinem 1931 publizierten Aufsatz "Das Tier als geselliges Subjekt" unternommen. Dieser Aufsatz ist vermutlich der einzige Versuch, den bisher ein Soziologe gewagt hat, um die Sozialbeziehung zwischen Mensch und Tier zu klären; Geiger wurde dazu durch seinen Kontakt mit dem Biologen Oskar Pfungst angeregt. In der Untersuchung wird zunächst geprüft, ob es bei Mensch und Tier genügend Übereinstimmung gibt, damit interartliche Sozialbeziehung überhaupt möglich wird. Das Ergebnis kann in folgende Sätze zusammengefaßt werden: "Es sind offenbar bei Mensch und Tier im allgemeinen die (material) gleichen Anlagen vorhanden; verschieden ist die Art der Betätigung" (S.288 f.); der andere Satz lautet: "Wenn ich z.B. in

Vierkandts Gesellschaftslehre die 'soziale Ausstattung des Menschen' durchgehe, so begegnet mir keine Anlage, die nicht auch beim Tier aufträte, keine, die nicht sowohl in starrer als in plastischer Motivations- und Wirkungsweise aufträte" (S.290). Zu dieser Ausstattung gehört nach Vierkandt (1928, S.176) bei höheren Tieren auch die Emotionalität, ein Bereich, in dem das Tier dem Menschen näher steht, als früher angenommen. Diese Feststellung Vierkandts deckt sich mit den Aussagen von Katz (5) und Heinroth (Kapitel I, 5f).

Unter diesen Anlagen gibt es für Geiger eine entscheidende: die "Du-Evidenz" (6) als Voraussetzung der Kontaktbereitschaft (Geiger 1931, S.293); ihr Vorhandensein wird mit verschiedenen damals bekannten Beispielen belegt, insbesondere der Fähigkeit, neben den "bluthaft" oder "natürlich" gegebenen Verbindungen auch Wahlverbindungen (S.292) einzugehen, und zwar nicht nur mit anderen Tieren, sondern auch mit Menschen (S.299), wobei das Verhältnis zwischen Mensch und Tier, vom Tier aus gesehen, ein "Sonderfall des Verhältnisses zwischen Exemplaren zweier verschiedener Tiergattungen" ist, weil dem Tier die typisch mentale Struktur des Menschen bedeutungslos bleibt (S.296). Die Untersuchung schließt mit folgendem Ergebnis (S.301) ab: "Die Frage nach der Möglichkeit sozialer Beziehungen zwischen Tier und Mensch ist also grundsätzlich dahin zu beantworten: soziale Beziehungen zwischen Tier und Mensch sind generell möglich; die praktische Voraussetzung für ihr Wirksamwerden ist, daß die Partner einander gegenseitig als *Du* evident seien. Diese Evidenz bedeutet die Überwindung einer Niveauspannung. Zweifellos gibt es für die Möglichkeit der Überwindung dieser Spannung eine Grenze. Aber die Grenze läßt sich nicht allgemein festlegen. Daß Mensch und Maikäfer niemals in sozialen Beziehungen stehen, dürfte sicher sein; ob aber dem Menschen A nur noch die Katze als *Du* evident ist, dem Menschen B aber vielleicht sogar noch das Meerschweinchen, ist eine nur von Fall zu Fall beantwortbare Frage. Die Evidenz des Menschen als Du für das Tier kann kaum allgemein geleugnet werden."

Damit wäre eigentlich ein methodischer Ansatz für die Untersuchung beobachtbarer Mensch-Tier-Beziehungen gegeben. Geiger versucht dies aber nur andeutungsweise, indem er verschiedene zwischenartliche Beziehungen daraufhin überprüft, ob sie als soziale Beziehungen angesehen werden können oder nicht. In dieser Weise erwähnt er Symbiose, parasitäre Verhältnisse, Führungskämpfe, Jäger-Beute-Verhältnis, Nutzung von Haustieren, Leistungsverbindungen (wie bei Reiter und Pferd, Jäger oder Schäfer und Hund, beim Blinden und Blindenhund) sowie schließlich die gar nicht so seltene Mensch-Tier-Beziehung als Ersatz für fehlende zwischenmenschliche Kontakte.

(c) DER ANSATZ VON H. HEDIGER: Geigers Ansatz ist in den folgenden Jahrzehnten offensichtlich nur von Alverdes (1932, S.102) aufgegriffen worden und hat erst durch Hediger (1942, 1961, 1965a und 1965b) aus dem ganz anderen Blickwinkel des Zoologen und Ethologen ein davon unabhängiges Gegenstück gefunden. Die von Hediger entscheidend vorangetriebene Tiergartenbiologie schließt den Menschen sowohl als Tierpfleger wie auch als Zoobesucher ein. Hieraus ergibt sich die gezielte Beobachtung möglicher Mensch-Tier-Beziehungen mit so deutlich erkennbaren Ergebnissen, daß sich die Frage nach der Art und Intensität solcher Beziehungen geradezu aufdrängt.

Hediger hat sich dieser Frage dann auch gestellt, indem er seine Überlegungen und Beobachtungen unter dem Titel "Man as a Social Partner of Animals and vice-versa" zusammenfaßt. Auch er nennt eine entscheidende Voraussetzung möglicher Sozialbeziehungen, indem er sagt (Hediger 1965b): "The main condition necessary for interspecific social relations with man is that there shall be a certain intimacy between man and animal." Damit meint er eine gegenseitige enge Vertrautheit mit dem Wesen des jeweils anderen, aus der dann Du-Evidenz entsteht oder zumindest entstehen kann. Gleichzeitig warnt er vor den damit verbundenen Anthropomorphismen, die für den kritischen Beobachter aber kalkulierbar und infolgedessen auch annäherungsweise korrigierbar sind.

Unter der Fragestellung "Was bedeutet der Mensch für das Tier?" und "Was bedeutet das Tier für den Menschen?" (1965a, S.83-122) gibt Hediger wichtige Hinweise zur Erhellung des Beziehungsfeldes zwischen Mensch und Tier. Nach seiner Beobachtung erfährt das Tier den Menschen quantitativ gesehen meistens als Feind, nur in Ausnahmefällen als Beute, ferner als Symbiont, als ein Stück toter Umgebung oder als Artgenossen. Die umgekehrte Bedeutung des Tieres für den Menschen ist komplementär entsprechend: das Tier wird seltener als Feind, aber häufiger als Beute betrachtet. Besondere Aufmerksamkeit widmet Hediger dem Tier als Artgenossen oder Artgenossen-Ersatz des Menschen. Ferner wird die Einschätzung des Tieres als Ware oder als Spielzeug referiert und kritisiert.

(d) DER ANSATZ VON R. SCHENKEL: Aus dem Bereich der Zoologie und Ethologie ist aber auch noch ein anderer Beitrag zu nennen, der Aufsatz von Rudolf Schenkel (1968): "Verständigungsmöglichkeiten zwischen Menschen und Tieren". Auch Schenkel erwähnt eine Grundvoraussetzung sozialer Beziehungen, indem er schreibt: "Verständigung ist demnach Aufnahme einer Partnerbeziehung oder deren aktuelles Funktionieren" (S.1040). Diese Definition des für eine Sozialbeziehung essentiellen Faktors ist insofern bedeutsam, als sie zugleich ein beobachtbares Kriterium sozialer Beziehungen liefert: Wo Verständigung besteht, ist auch Interaktion möglich, und wo wir Interaktionen feststellen, dort besteht soziale Beziehung.

Wie Geiger und Hediger, so belegt auch Schenkel seine Feststellung mit verschiedenen Beispielen. Dabei führt er auch den Begriff des "unterlegenen Sozialpartners" ein; das ist ein für das Mensch-Tier-Verhältnis zutreffender Terminus, der auch eine Abstufung über den von Schenkel gemeinten Sinn hinaus zuläßt. Auch Geiger (1931, S.301) weist schon darauf hin, daß Du-Evidenz nicht verlangt, "daß das Tier des Menschen als g l e i c h -
g e s t e l l t e n Lebewesens inne werde."

(e) DER ANSATZ VON D. MORRIS: Ganz anders als Geiger, Hediger und Schenkel geht Morris (1973) in seiner offensichtlich bewußt schockierenden Untersuchung "Der nackte Affe" vor. In unkonventioneller und popularisierender Form untersucht er unser alltägliches Verhalten auf stammesgeschichtliche Hintergründe und zeigt, wie eng wir noch in die vormenschlichen Antriebe hineinverwurzelt sind. Das hat der Ethologie im allgemeinen und Morris im besonderen die Kritik jener Kreise eingetragen, die entweder auf eine starre Milieutheorie festgelegt sind oder den Evolutionsprozeß der Menschwerdung noch immer nicht akzeptiert haben; vgl. hierzu den feuilletonistisch pointierten Aufsatz von Henning (1974).

Morris (1973) hat seinem Buch aber auch noch einige Überlegungen zur

Mensch-Tier-Beziehung angefügt, die von der Terminologie her zwar die soziologische Komponente nicht erkennen lassen, aber dennoch soziologisch wichtige Fakten oder Anregungen enthalten. Sie zeigen, wie fließend die Ethologie zur Soziologie übergehen kann. Das interspezifische Verhalten des Menschen zum Tier gliedert er in vier Bereiche, den ästhetischen, den wissenschaftlichen, den symbolischen und den wirtschaftlichen, wobei er den wirtschaftlichen nach fünf Aspekten unterscheidet: die Tiere als Beute, als Symbionten (als Partner also einer mehr oder minder innigen Lebensgemeinschaft zu gegenseitigem Nutzen), als Konkurrenten, als Schmarotzer oder als räuberische Feinde (S.204). Bei diesem Schema möglicher Beziehungen fällt auf, daß nicht nur das ethische, sondern auch jedes emotionale Element fehlt.

Zur Beute des Menschen gehört nahezu jede Tierart, wobei dann besonders beliebte Beutetiere bald als Haustiere gezüchtet werden. Zu den Symbionten rechnet Morris nicht nur den Hund sowie Reit-, Last- und Arbeitstiere, sondern auch die Produzenten von Milch, Eiern, Honig, Wachs, Wolle und Seide, ferner die Brieftaube als Boten, Kampftiere zur Unterhaltung und schließlich Versuchstiere für die Zwecke der Forschung. Diese Symbiose, sofern man die aufgezählten Verhältnisse überhaupt alle darunter rubrizieren will, wird durch den Menschen also immer mehr in ein differenziertes Ausbeutungsverhältnis verwandelt.

Konnte das Tier sich als Symbiont oder Ausbeutungsobjekt wenigstens quantitativ entwickeln, so haben Tiere, wo sie als räuberische Feinde, Konkurrenten oder Schmarotzer in Erscheinung treten, nur dann eine Überlebenschance, wenn sie gegen die Vertilgungsmittel des Menschen Resistenz entwickeln.

Als wissenschaftliches Verhältnis zum Tier bezeichnet Morris (S.212) die Beziehung, die der Zoologe zum Tier hat. Das ästhetische Verhältnis entspringt einem ähnlich explorativen Drange des Menschen wie die wissenschaftliche Erforschung; Gegenstand des menschlichen Interesses ist aber die Schönheit und Vielfalt der Formen, Farben und Bewegungen (S.212).

Ausführlicher wendet sich Morris dann dem symbolischen Verhältnis zu (S.212 ff.); bei dieser Beziehung wird Menschliches "ins Tier hineinprojiziert und von dort als Symbol zurückgeholt" (S.213), also etwa in die Biene den emsigen Fleiß, der dann durch die Biene symbolisiert wird. Nach Morris bedienen wir uns "tierischer Gestalten, aber nicht nur bewußt, indem wir sie zu Idolen, Allegorien, Symbolen und Emblemen werden lassen" (S.213), sondern Sympathie und Antipathie haben oft auch unbewußte Ursachen. Morris referiert in diesem Zusammenhang die Ergebnisse einer Befragung von 12000 englischen Kindern zwischen 4 und 14 Jahren, welche Tiere sie am meisten und am wenigsten mögen. Das Ergebnis faßt er in zwei Sätze zusammen: "Die Beliebtheit einer Tieres steht in direktem Zusammenhang zur Zahl seiner anthropomorphen Züge" und "Das Alter eines Kindes ist umgekehrt proportional der Größe des Lieblingstieres". Als Begründung wird folgende Überlegung angestellt: Wenn die Vorliebe für bestimmte Tierarten auf der Nähe zum Artgenossen beruht, dann ist es auch verständlich, daß kleine Kinder im Tier den Eltern-Ersatz suchen und größere Kinder den Kindchen-Ersatz. Hierdurch angeregt, entwickelt Morris (S.224) eine Art Entwicklungpsychologie der Mensch-Tier-Beziehung mit insgesamt sieben Phasen: "Die erste ist die Kindheitsphase: Völlig abhängig von den Eltern, reagieren wir stark auf sehr große Tiere als Elternsymbole. Ihr folgt die Kind-Eltern-Phase: Wir beginnen mit den Eltern in Konkurrenz zu treten und reagieren lebhaft auf kleine Tiere, die als Kind-Ersatz dienen; in dieser Phase sind lebende Tiere als Spielzeug beliebt. In der dritten, der objektiven Vor-Erwachsenen-Phase, beginnen die explorativen Interessen - und zwar sowohl die wissenschaftlichen als auch die ästhetischen - die symbolischen zu überwiegen; diese Phase ist die Zeit des Käfer- und Schmetterlingssammelns, des Aquariums und Terrariums, des Mikroskopierens. In der vierten, der Phase des jungen Erwachsenen, sind die Angehörigen des andern Geschlechts unserer eigenen Art die wichtigsten Lebewesen; andere Arten finden kaum Interesse, es sei denn aus rein wirtschaftlichen Gründen. Die fünfte ist die Erwachsenen-Eltern-Phase. In ihr treten wieder symbolische Tiere auf, diesmal jedoch als Spieltiere für die Kinder. Die sechste, die Nach-Eltern-Phase, ist die, in der, nachdem die Kinder das Haus verlassen haben, häufig wiederum Tiere als Kind-Ersatz angenommen werden. (Bei kinderlosen Paaren kann dies bereits früher geschehen.) Die siebente Phase schließlich, die Altersphase, ist gekennzeichnet durch ein verstärktes Interesse für den Tierschutz, insbesondere aber für die Erhaltung solcher Arten, deren Bestand so sehr dahinschwindet, daß mit ihrer Ausrottung zu rechnen ist."

Die Begründung, die Morris (S.225) für diese letzte Phase gibt, ist psychologisch, nicht soziologisch: "Das alternde Individuum schwindet nun dahin, und so dienen ihm dahinschwindende Arten als Symbole für sein eigenes Schicksal - das emotionale Eintreten für ihren Schutz vor Ausrottung spiegelt den Wunsch wider, selbst länger zu leben." Bei mehr Anlehnung an die Soziologie wäre der Hinweis auf das im Alter wachsende Bedürfnis nach Überbrückung der zunehmenden Vereinsamung sicher näher gelegen.

(f) VERSUCH EINER KONZEPTION INTERSPEZIFISCHER SOZIOLOGIE: Versucht man, die Feststellungen von Geiger, Hediger, Schenkel und Morris für weitere Überlegungen zusammenzufassen, so könnte man sagen: Voraussetzung einer den Menschen einschließenden interspezifischen Sozialbeziehung ist nach Geiger die gegenseitige Du-Evidenz, durch die jeder dem anderen zu einem unverwechselbaren und insofern auch unersetzlichen Partner wird. Hediger bezeichnet dieses Verhältnis als "intimacy", was wohl im Sinne von Vertrautheit mit dem Wesen des anderen und Vertrauen in den anderen zu verstehen wäre. Ein wichtiges und zugleich feststellbares Kriterium der Du-Evidenz bzw. intimacy ist die gegenseitige Verständigung, auf die Schenkel besonders hinweist. Alle Vorstellungen gehen ferner davon aus, daß sich die Partner individuell kennen, eine Fähigkeit, die für Vertreter verschiedener Tierarten gegenüber dem Menschen und umgekehrt unbestritten ist. Lorenz (1963, S.306) geht sogar noch einen Schritt weiter, indem er sagt: "Wenn man mir einwendet, daß Tiere keine Personen seien, so antworte ich, daß Persönlichkeit eben dort ihren Anfang nimmt, wo von zwei Einzelwesen jedes in der Welt des anderen eine Rolle spielt, die von keinem anderen Artgenossen ohne weiteres übernommen werden kann." Vgl. hierzu auch B. Schmid (1953, Vorwort zur 1. Aufl.), Hume (1957, S.47 f.), Alpers (1970, S.94), Lorenz (1972, S.3).

Gegenseitige Sozialbeziehungen können gleichgerichtet sein, wie im Falle einer Freundschaft oder Feindschaft, sie können aber auch komplementär angelegt sein, wie in einem Adoptions- oder Beschützer-Schützlings-Verhältnis. Gleichgerichtete und komplementäre Beziehungen können außerdem gleich- oder ungleichgewichtig sein, je nachdem, für welchen der beiden Partner eine Beziehung wichtiger ist und welche Zuwendungsintensität jeweils eingesetzt wird.

Bei gegenseitigen Sozialbeziehungen erscheint der Mensch seinem Tierpartner im Regelfall als Artgenosse, der dann je nach Umständen als geschlechtsgleicher Rivale mit einem sozialen Rang ausgestattet oder in die Rolle eines geschlechtsverschiedenen Partners eingeordnet wird. Umgekehrt betrachtet aber auch der Mensch das Tier aus anthropomorphisierender Sicht, die sowohl Hilfe zum besseren Verständnis, aber auch Quelle von Mißverständnissen sein kann.

Leben Mensch und Tier in einer Gruppe, etwa das Tier in einer Menschenfamilie oder der Mensch in einer Tiergruppe, so sind auch mehrseitige Beziehungen möglich, die sich nach den jeweils geltenden Verhaltensnormen entwickeln.

Zusammenfassend wäre also zu sagen, der Fundus soziologischer Aussagen zur Möglichkeit interspezifischer Sozialbeziehungen ist äußerst bescheiden. Das als konstitutiv angesehene Kriterium der Du-Evidenz leuchtet ein. Aber es ist eben doch zu fragen, ob diese Du-Evidenz notwendigerweise von beiden Partnern gefordert werden muß. Wäre dies der Fall, so könnte ein Mensch mit entsprechend eingeschränkter Wahrnehmung, also auch der schlafende Mensch oder etwa ein Kind im Alter bis zu 6 Monaten, ein Geisteskranker oder ein bewußtloser Patient nicht als Sozialpartner eines anderen Menschen gelten. Da dies nicht akzeptabel ist, bleibt nur die andere Möglichkeit, nämlich die, daß es auch im innerhumanen Bereich einseitige Sozialbeziehungen gibt. Das ist uns im Falle des Teenagers, der sich in einen Film- oder Schlagerstar verliebt, alltäglich und einleuchtend. Verständlich ist auch, daß man sich in tatsächlich bestehenden Sozialbeziehungen irren kann, weil man Verhaltensweisen des anderen subjektiv deutet, etwa wenn eine Person A sich einem gleichgestellten Kollegen B unterlegen fühlt, ohne daß bei der Person B eine Dominanz besteht; trotzdem können die Verhaltensweisen der subjektiven Unterlegenheit bei A objektiv beobachtet werden. Hieraus ergibt sich: Der Mensch ist in der Lage, Sozialbeziehungen von sich aus und einseitig zu schaffen oder andere bestehende Beziehungen subjektiv umzudeuten. Besteht die Du-Evidenz einseitig, so kann auch nur eine einseitige Sozialbeziehung daraus erwachsen. Die Aktionen in einer solchen Sozialbeziehung gehen einseitig vom Subjekt-Partner aus; sie zielen auf den Objekt-Partner, können von diesem aber nicht mit dem Subjekt-Partner in Verbindung gebracht werden. Infolgedessen sind auch etwaige Reaktionen des Objekt-Partners nicht *personbezogen*, sondern nur *sachgebunden*.

Die Fähigkeit des Menschen zu einseitigen Sozialbeziehungen besteht also auch gegenüber außermenschlichen Lebewesen (7), sogar gegenüber Scheinlebewesen wie einem Auto. Regelfall der einseitigen Sozialbeziehung ist die Zuwendung des Menschen zu einem Tier, das auf diese Aktion nicht oder nicht personenbezogen reagieren kann. Die umgekehrte Situation: eine vom Tier her bestehende einseitige Sozialbeziehung ist eigentlich nur denkbar im Falle der Prägung, die vom beteiligten Menschpartner nicht bemerkt oder abgelehnt wird oder wenn eine bisher gegenseitige Beziehung durch Bewußtseinsausfall des Menschpartners auf eine einseitige reduziert wird.

Neben der auf gegenseitiger oder einseitiger Du-Evidenz beruhenden Sozialbeziehung gibt es aber auch noch andere Beziehungen, bei welchen sich die Du-Evidenz nicht auf ein unverwechselbares Individuum, sondern auf ein beliebig austauschbares Singulum einer bestimmten Kategorie bezieht. Im zwischenmenschlichen Bereich ist die Zahl solcher Kontakte sehr groß, wie z.B. zu einem den Verkehr regelnden Polizisten, einer Verkäuferin oder einem Friseur. Beziehungen dieser Art sind nicht personbezogen, sondern sachgebunden; sie betreffen uns auch nur punktuell, können aber bedeutungsvoll werden, wenn sich daraus eine persönliche Beziehung entwickelt, oder wenn es sich um eine so schicksalhafte Begegnung handelt, wie zwischen Soldaten feindlicher Armeen im Kriege, die sich nur an der Uniform als Feinde erkennen. Beziehungen dieser Art sind aber auch zwischen Mensch und Tier weit verbreitet. Für das Tier ist jeder einzelne Mensch als Vertreter seiner Art ein gefährlicher Feind, und für die wenig entwickelten Tiere ist er meist ein Stück Umwelt. Der Mensch seinerseits nimmt das Tier, auch wenn er ihm einzeln begegnet, in der Regel nur als Vertreter einer Kategorie wahr, wie z.B. als Insekt oder Nutztier.

Die Sozialbeziehung ist also nicht nur das Ergebnis der Du-Evidenz, intimacy oder Verständigungsmöglichkeit, sondern nach Morris spielen auch allgemeine Einstellungen und Aspekte (symbolische Bedeutung) eine Rolle. Außerdem verändern sich die Voraussetzungen unter entwicklungspsychologisch erkennbaren Aspekten, und zwar sowohl beim Menschen, wie Morris ausgeführt hat, wie auch beim Tier.

(g) METHODISCHE PROBLEME UND AUSSICHTEN DER WEITEREN FORSCHUNG: Die Aussichten für eine Weiterentwicklung dieser Forschungsansätze sind ungünstig, und zwar aus verschiedenen Gründen. Zunächst wird weder von der Soziologie noch von der Ethologie her die Frage nach dem interspezifischen Zusammenleben gestellt, und selbst dieser Mangel wird nur ausnahmsweise festgestellt oder kritisiert. So von Landmann (1959, S.42): "Denselben Fehler wie die Ethik begeht auch die traditionelle Soziologie. Auch sie beschränkt sich mit Unrecht auf die interhumanen Verbände." Etwas ausführlicher, aber mehr auf die Tierpsychologie bezogen, drückt sich Hediger (1961, S.8) aus: "Aber sind nicht auch gerade die subjektiven, intimen und intimsten Beziehungsmöglichkeiten zwischen Mensch und Tier wissenschaftlicher Erforschung würdig? In dieser Hinsicht stehen wir heute noch vor einem wissenschaftlichen Vakuum. Und gerade hier werden die Überraschungen einsetzen, weil dieser Sektor der Tierpsychologie - die möglichst präzise Erfassung der subjektiven intimen Tier-Mensch-Beziehungen - bisher von offiziellen Forschungsprogrammen systematisch ferngehalten worden ist."

Ein weiterer, die Forschung in diesem Bereich hemmender Grund liegt im Fehlen zuverlässiger Forschungsmethoden. Es ist schon schwer genug, das Mensch-Tier-Verhältnis aus der Sicht des Menschen zu studieren, und die Zahl solcher Untersuchungen ist außerordentlich gering, eigentlich kann man hier nur auf die Arbeiten von Krüger (1934), Zillig (1961) und Morris (1973) verweisen, die aber primär psychologisch angelegt sind. Nahezu unmöglich ist die Beantwortung der umgekehrten Frage nach dem Tier-Mensch-Verhältnis aus der Position des Tieres. Seit dem gewaltigen Rückschlag, den die aufstrebende Tierpsychologie im Anschluß an den Streit über die klopfsprechenden Tiere erfuhr, haben die Forscher einen Horror vor jedem Versuch, über die Subjektivität des Tieres irgendetwas auszusagen, und beschränken sich lieber auf das physiologisch Meßbare oder ethologisch Beobachtbare. Auch Lorenz bekennt sich zu dieser Selbstbeschränkung, wenn er (1963, S.316) schreibt: "Wir halten aus grundsätzlichen, erkenntnistheoretischen Erwägungen alle Aussagen über das subjektive Erleben von Tieren für wissenschaftlich nicht legitim, mit Ausnahme der einen, daß Tiere subjektives Erleben haben". Lorenz spricht damit für die ganze moderne Verhaltensforschung; er hat sich aber wie kaum ein anderer auch von ihr freigemacht, indem er jenseits des von ihm für zulässig Gehaltenen unüberhörbare Kontrapunkte setzte (8). Lorenz folgt damit der Methode von Heinroth, von dem er im gleichen Zusammenhang (1963, S.317) schreibt: "Mein Lehrer Heinroth pflegte auf den Vorwurf, daß er im Tier eine seelenlose Maschine sähe, lächelnd zu antworten:'Ganz im Gegenteil, ich halte Tiere für Gefühlsmenschen mit äußerst wenig Verstand!'".

Von Tinbergen wird der Satz berichtet: "Immer, wenn ich Stichlinge kämpfen sehe, kämpfe ich mit." Zunächst habe er das als unwissenschaftlich empfunden und zu unterdrücken versucht. Schließlich habe er aber festgestellt, daß er gerade durch die innere Anteilnahme auf einige Feinheiten des Stichlingsverhaltens aufmerksam geworden sei; vgl. Henning(1974). Vielleicht hat er mit einem Ohr doch auch auf Koehler gehört, der anfangs der Fünfzigerjahre Tinbergens "Instinktlehre" ins Deutsche übersetzte und in seinem "Vorwort des Übersetzers" eben diese auch von Tinbergen geübte Selbstbeschränkung ausdrücklich bedauerte.

Hediger hat sich in einem eigenen Aufsatz mit dieser besonderen erkenntnistheoretischen Schwierigkeit der Ethologen befaßt (1967) und bedauert ausdrücklich die daraus resultierende Einseitigkeit der modernen Verhaltensforschung: "Natürlich ist jeder Verhaltensforscher frei, seine ihm zusagende Arbeitsrichtung zu wählen, nur muß man sich klar sein darüber, daß gegenwärtig gerade jenes interessante Feld vollkommen brach liegt, auf dem die Möglichkeiten des Verstehens und der Verständigung zwischen Mensch und Tier gefördert werden könnten. Das ist um so bedauerlicher, als die Technik uns heute immer feinere Instrumente in die Hand gibt, um z.B. die Lautäußerungen der Tiere - auch im Ultraschallgebiet - nicht nur sehr präzis zu fassen, sondern auch dem Tier zurückzuspielen und seine Reaktionen aufs genaueste aufzuzeichnen" (1967, S.242). Man kann nur hoffen, daß sich in der Ethologie noch etwas Ähnliches ereignet wie früher in der Soziologie, nämlich daß sich in Analogie zur verstehenden Soziologie Max Webers auch eine verstehende Ethologie entwickelt, die - wenn auch über Irrtümer - den Weg zu brauchbaren Forschungsmethoden ebnet (9). Schon Alverdes (1932, S.50) hat von einem "Versuch einfühlenden Verstehens des tierischen Verhaltens" gesprochen, und es mehren sich die Anzeichen, daß dieser Versuch bei der nötigen Vorsicht auch nicht aussichtslos ist. So schreibt z.B. v. Holst (1967, S.291): "Über zweieinhalb

Jahrtausende ist es her, daß der weise Kuan Tse sagte: "Siehe, wie glücklich sind die Fische im Wasser!" Sein Begleiter aber meinte: "Woher weißt du, daß sie glücklich sind, du bist nicht ein Fisch?" und Kuan Tse erwiderte: "Woher weißt du, daß ich es nicht weiß, du bist nicht ich?" - Diese kleine Unterhaltung erläutert wunderbar die Unerreichbarkeit fremden Seelenlebens; und kein Wissen, keine Technik kann daran etwas ändern. So bleibt also jedem, auch dem Tierforscher, die 'Freiheit', sich über das Erleben der Tiere seine persönliche Meinung zu bilden - und ich verrate kein Geheimnis, wenn ich sage, daß gerade die erfolgreichsten Tierforscher nicht umhin können, höheren Tieren ein Erleben zuzugestehen und die Behauptung, Tiere seien an Triebe gefesselt, allein der Mensch sei frei, für eine Ausgeburt menschlicher Hybris zu halten."

Vielleicht kann man in Anknüpfung an Ziffer 4 oben doch sagen, daß die tierpsychologische Forschung, soweit sie neben der Ethologie und der neueren vergleichenden Psychologie (Holland 1972) noch besteht, heute wieder eine günstigere Ausgangsposition hat. Durch die Fortschritte der Ethologie und Psychologie ist es möglich geworden, die bei der Einfühlung (10) in das Tier entstehenden Fehler nicht nur nachträglich festzustellen, sondern immer häufiger auch schon vorher abzuschätzen oder zu vermeiden. Mit Hediger (1972) darf man sagen, der Tierpsychologe "glaubt, sich verstehend, in gewissem Sinne mitempfindend in die Situation eines Individuums einfühlen zu können, nicht zuletzt aufgrund ethologischer Daten und aufgrund genauer Kenntnisse der betreffenden Umwelt, zu welcher Uexküll den Schlüssel geliefert hat." Dethier (1964, S.1139) formuliert geradezu herausfordernd: "Yet without a disciplined anthropomorphism inquiry into behavior is hobbled. Anthropomorphism has an heuristic value at this stage of inquiry and should be exploited with more courage." Daß man in diesem Mut zu weit gehen, das Wirkliche verfehlen und so Mensch und Tier gegenüber ungerecht werden kann, wie Rauh (1969, S.271 ff.) befürchtet, ist unbestritten; doch erscheint diese Gefahr gegenwärtig noch die geringere im Vergleich zu der Verzerrung, die entsteht, wenn die Psyche des Tieres auf physiologische Phänomene reduziert wird, nur weil man das "Dogma" der Unerforschbarkeit der tierlichen Subjektivität nicht antasten will.

Leider besteht aber in der Soziologie wenig Neigung, sich mit der Mensch-

Tier-Beziehung zu befassen. Die Ergebnisse der Verhaltensforschung werden zwar registriert und in zunehmendem Umfange auch verarbeitet, aber sonst ist die Mensch-Tier-Beziehung kein soziologisch beachtetes Thema, obwohl die rapide zunehmende Hobby-Tierhaltung oder der erfolgreiche Start immer neuer Tier-Sendungen im Fernsehen als deutliche Symptome einer sich ändernden Einstellung dazu anregen könnte. Auch innerhalb der Humansoziologie werden merkwürdigerweise jene Themen vernachlässigt, die schon ganz nahe an die Probleme der Mensch-Tier-Beziehung heranreichen, nämlich die Frage nach den Beziehungen zwischen dem erwachsenen, gesunden und kulturell hoch entwickelten Menschen einerseits und dem Menschen, der hinsichtlich Alter, Gesundheit und Kulturniveau erheblich unter diesem Standard bleibt, andererseits. Es gibt zwar Ansätze einer Soziologie der Naturvölker, aber eben nur für sich, während die Frage nach der Beziehung zwischen Menschen unterschiedlicher Kultur- oder Humanitätsentfaltung nur gelegentlich gestellt wird, obwohl sie für viele Sozialaufgaben wie Erziehung, Kranken- und Altenpflege oder Entwicklungshilfe von wesentlicher Bedeutung wäre. Dieses Schweigen ist umso auffälliger, als Schelsky (1950) mit seinem Aufsatz "Zum Begriff der tierischen Subjektivität" eine wichtige Voraussetzung für die soziologische Erhellung der Mensch-Tier-Beziehung geschaffen hat. Möglicherweise ist vor 25 Jahren einfach noch nicht verstanden worden, was Schelsky meint, wenn er sagt, daß wir die Subjektivität des Tieres "unmittelbar" erleben (1950, S.109), daß wir also der Analogieschlüsse von der eigenen Subjektivität auf die angenommene Subjektivität des Tieres nicht notwendigerweise bedürfen. Lorenz (1966, S.360) äußert sich ganz ähnlich: "Mein Wissen um das subjektive Erleben meiner Mitmenschen und meine Überzeugung, daß auch ein höheres Tier, etwa ein Hund, ein Erleben hat, sind miteinander nahe verwandt. Beide beruhen nicht auf Analogieschlüssen, wie das von Geisteswissenschaftlern sehr lange angenommen wurde."

Offensichtlich lernen wir nur ungern und mühsam, daß die spezifische Humanität in uns nur einen kleineren Teil unserer Natur ausmacht und daß viele der bisher für typisch human gehaltenen Eigenschaften schon im tierlichen und pflanzlichen Bereich wurzeln. Beim Reflektieren über subjektives Erleben von Mensch und Tier fragt Lorenz (1966, S.361) zunächst: "... welche Nervenvorgänge denn eigentlich *bei uns selbst* mit subjektiven

Erlebnissen einhergehen?" und antwortet dann: "Wir wissen längst, daß dies nur wenige unter sehr vielen sind. Viele ältere Psychologen und viele Geisteswissenschaftler nahmen als ganz selbstverständlich an, daß es die komplexesten, auf der höchsten Integrationsebene sich abspielenden zentralnervösen Vorgänge seien, die in unserem subjektiven Erleben aufleuchten... Dies entspricht der Vorstellung, daß die Seele in der Pyramide der zentralnervösen Vorgänge gewissermaßen die Spitze einnehme..." Man kann also folgern, daß menschliches Erleben organisch meistens gar nicht in *dem* Organbereich lokalisiert ist, über den nur der Mensch verfügt, sondern in einer viel einfacheren biologischen Schicht.

Inzwischen ist 1973 das aufregende Buch von Tompkins und Bird "The Secret Life of Plants" erschienen (1974 auch in deutscher Übersetzung) und hat einen heftigen Meinungsstreit von Befürwortern und Gegnern ausgelöst. Dabei geht es um nichts Geringeres als den Versuch zu beweisen, daß nicht nur Mensch und Tier, sondern auch die Pflanze über detaillierte arterhaltende Informationen, Empfindungen und Gefühle (?) verfügt. Die verschiedenartigsten Pflanzen, aber auch noch kleinere und kleinste Pflanzenteile sollen in der Lage sein, auf Gefährdung und Tod meßbar zu reagieren, und zwar nicht nur gegenüber pflanzlichem Leben, sondern gegenüber jedem Leben überhaupt. So entstand die Hypothese vom "zellularen Bewußtsein" allen Lebens (11).

Die Soziologie der Lebewesen wird sich in einem ständigen Vergleichen der unter Lebewesen beobachtbaren Sozialbeziehungen weiter entwickeln. Dabei wird man artspezifische Unterschiede wie artübergreifende Gemeinsamkeiten feststellen, wodurch auch für die Humansoziologie neue Erkenntnisse möglich sind. Fortschritte in der Soziologie der Lebewesen setzen also eine vergleichende Soziologie voraus, die zunächst mit den Kategorien der Humansoziologie arbeitet, aber auch neue Kategorien finden muß, um die Vielfalt außermenschlicher Sozialbeziehungen zu erfassen. Ob und wie schnell sich diese vergleichende Soziologie entwickeln wird, bleibt abzuwarten. Anstöße der vergleichenden Ethologie sind jedenfalls vorhanden, aber sie werden offensichtlich erst dann aufgegriffen, wenn sie, wie im Falle der Aggressionsforschung, zur Kontroverse herausfordern.

II. Kapitel: Materialien zur interspezifischen Soziologie

1. Die alle Lebewesen umfassende Beziehung

Das allen Lebewesen Gemeinsame ist der allgemeinen Biologie zugeordnet, die das Menschliche, Tierliche und Pflanzliche bei aller Unterschiedlichkeit und Differenzierung auch unter übergeordneten Aspekten betrachtet. Dabei ist es wichtig, deutlich zu machen, wie schwierig es ist, Mensch, Tier und Pflanze gegeneinander abzugrenzen. Wenn wir schon Mühe haben, d e n Menschen zu beschreiben, dann ist es fast unmöglich, d a s Tier in seiner Variationsbreite zwischen Einzellern und Primaten zu definieren oder etwa Einzeller pflanzlicher Art gegenüber solchen tierischer Art abzugrenzen.

Die aus der Antike tradierte Symbolik der scholastischen Seelenlehre (vgl. Illies 1971, S.83-98) mit ihrer einprägsamen Gliederung des Lebendigen in eine anima vegetativa, die den Pflanzen zugeordnet wird, eine anima sensitiva, die das Tier belebt, und schließlich eine anima rationalis, die dem Menschen vorbehalten ist, entspricht nicht den Befunden der Biologie, die für alle Lebenserscheinungen die gleichen fundamentalen Bausteine (z.B. die genetische Substanz DNS), gleiche Elementarfunktionen (z.B. Zellatmung oder Eiweißsynthese), gleiche Abhängigkeiten von den ökologischen Fakten und die gemeinsame Unterwerfung unter die Gesetze der Evolution festgestellt hat.

Auf der Grundlage dieser biologischen Gemeinsamkeit beruhen dann auch die wenigen für alle Lebewesen gültigen Gesetzmäßigkeiten des Sozialen: der Einsatz der Eigenschaften zur Erhaltung des einzelnen Lebens und der Art sowie die Interdependenz zwischen den Produzenten, Konsumenten und Destruenten organischer Substanzen. Umgekehrt kann man sagen: auch die Erscheinungsformen des Sozialen dienen der Erhaltung des Lebens, gleichgültig, ob es sich um Formen der Aufzucht, Führung und Rivalität innerhalb der eigenen Art handelt oder um die verschiedenen Möglichkeiten interspezifischer Beziehungen. Schließlich ist in diesem Zusammenhang auch an die Folgen zu denken, die ausgelöst werden, wenn das biologische Gleichgewicht

der Arten gestört wird, oder wenn die ökologischen Lebensbedingungen eine
Veränderung erfahren; auch solche Faktoren können sich auf das Sozialverhalten der Lebewesen auswirken.

2. Die intra- und interspezifische Beziehung unter Pflanzen

Die inner- und zwischenartlichen Beziehungen der Pflanzen sind Gegenstand
der Pflanzensoziologie, einer Disziplin, deren Zuordnung zur Soziologie
aus verschiedenen Gründen umstritten ist (Ziegenfuß 1956, S.XVIII), und
die neuerdings häufiger als Biocönologie oder Phytocönologie bezeichnet
wird; vgl. hierzu König (1970), Stichwort "Biosoziologie". Interessante
Formen des pflanzlichen Zusammenlebens sind die symbiotischen, parasitären und allelopathischen (12) Beziehungen, wie sie zum Teil auch im Sozialverhalten anderer Lebewesen zu beobachten sind.

3. Die Beziehung zwischen Tier und Pflanze

Zwischen tierlichem und pflanzlichem Leben besteht eine fundamentale Abhängigkeit. So wie tierliches Leben (den Menschen eingeschlossen) meist
vom Sauerstoff abhängt, so bedürfen die grünen Pflanzen des Kohlendioxyds,
das in der Atmosphäre nur mit einem Anteil von 0.03 - 0.04 % vorhanden ist,
aber durch den Verbrennungsprozeß im tierlichen Organismus reichlich produziert wird. Die Pflanzen benötigen dieses Abfallprodukt zur Photosynthese und geben dafür Sauerstoff ab.

Viel offensichtlicher ist die Abhängigkeit der Tiere von den Pflanzen hinsichtlich der Nahrung, weil das Tier entweder unmittelbar von der Pflanze
lebt oder von Tieren, die innerhalb der Nahrungskette von Pflanzenfressern
leben, während die weitaus meisten Pflanzen ihrerseits in der Lage sind,
aus unbelebter Materie zu leben. Die Pflanze dient dem Tier aber nicht nur
als Nahrung, sondern oft auch zur Wasserversorgung, als Unterschlupf oder
Nistmaterial. Umgekehrt profitiert die Pflanzenwelt von den Tieren, sei es
durch Bestäubung, Samenstreuung, Bodenbelüftung oder Humusbildung. Dabei
kann im Falle der Bestäubung die differenzierte Aufeinanderabstimmung

zwischen Pflanze und Insekt durchaus als eine Art "Interaktion im Zeitlupentempo der Evolution" angesehen werden; vgl. Tinbergen (1967, S.80 ff.). Ein Sonderfall der Tier-Pflanzen-Beziehung entsteht dadurch, daß es Giftund Heilpflanzen gibt, die von den Tieren entweder gemieden oder bei Bedarf gesucht werden.

4. Die intraspezifische Tier-Tier-Beziehung

Das Zusammenleben von Tieren gleicher Art ist das Forschungsobjekt der traditionellen Tiersoziologie. Als Familien, Rudel, Scharen, Herden, Schwärme, Völker und Staaten (bei Insekten) wurden die sozialen Gebilde der Tiere schon im vorwissenschaftlichen Bereich bezeichnet. Portmann (1969) unterscheidet zunächst akzidentelle Gesellschaften (z.B. Schwärme der Wanderheuschrecken oder Schlafgesellschaften gewisser solitärer Insekten) von essentiellen Gesellschaften, "in denen durch gegenseitige Abhängigkeit Lebenserscheinungen entstehen, welche im isolierten Leben einer solchen Tierform nicht auftreten würden." (Portmann 1969). Essentielle Gesellschaften können auf zweierlei Weise entstehen: durch Differenzierung wie bei Insektenvölkern oder durch Integration nicht blutsverwandter Artgenossen.

Tiersoziologie war ursprünglich viel umfassender konzipiert, worauf insbesondere Peters (1956) hingewiesen hat. Vor allem war sie nicht auf den innerartlichen Bereich festgelegt, wie sich nach deutscher Tradition bei Deegener (1918) und nach amerikanischer Gepflogenheit bei Allee (1951) nachweisen läßt.

Trotz der inzwischen erfolgten Einengung, die nur gelegentlich (so von Hediger 1952) durchbrochen wird, kann Tiersoziologie auf verschiedene Weise betrieben werden. Es kann je nach Interessenlage entweder das bei den verschiedenen Tierarten Gemeinsame oder mehr das Spezifische, aber auch mehr das Formale der sozialen Gebilde oder mehr das soziale Verhalten erforscht werden. Ein Überblick findet sich bei Peters (1956) und Portmann (1969). Aus der Fülle der neueren Monographien: Chauvin (1964), Dimond (1972), Portmann (1964), Remane (1971), Tinbergen (1967).

5. Die interspezifische Tier-Tier-Beziehung

(a) DER ANSATZ VON P. DEEGENER: Das Verhältnis zwischen Tieren verschiedener Art ist ein wenig beachteter Zweig der Zoologie. Wie die ursprünglich weit angelegte Soziologie nach v. Wiese den "Zusammenhang der lebendigen Geschöpfe" betraf und zur Humansoziologie schrumpfte, so hat auch die Tiersoziologie zwar nicht den überartlichen, aber doch weitgehend den zwischenartlichen Aspekt vernachlässigt. So bleibt der heutige Betrachter interspezifischer Tierbeziehungen auf die wenigen Informationen angewiesen, die er der frühen Tiersoziologie, der allgemeinen Zoologie und einigen vereinzelten Aufsätzen entnehmen kann.

Den ersten und umfassendsten Versuch, die vielfältigen Formen des sozialen Lebens der Tiere in einer systematischen Ordnung darzustellen, hat Deegener (1918) unternommen. In seinem Buch "Die Formen der Vergesellschaftung im Tierreiche - Ein systematisch-soziologischer Versuch" behandelt er alle überhaupt beobachtbaren Gesellungsformen, beschreibt sie, nennt Beispiele und hat eine eigene Terminologie entwickelt, die möglicherweise nur deshalb nie zur Geltung kam, weil ihm in dieses Forschungsfeld eigentlich niemand gefolgt ist.

Hier der Grundriß seines Schemas: Akzidentelle und essentielle Gesellschaftsformen werden in je zwei Hauptgruppen: homotypische und heterotypische, also intra- und interspezifische gegliedert. Die interspezifischen Gesellungsformen werden dann weiter eingeteilt in reziproke und irreziproke, wobei als reziproke Gesellungen diejenigen gelten, in denen sich die Sozietätswerte auf alle Mitglieder erstrecken, während in irreziproken Gesellungen die Sozietätswerte ungleich bzw. einseitig zugeteilt sind oder auch unmittelbar zu Lasten des benachteiligten Partners gehen. Dabei erscheint das Ordnungsprinzip des gleich oder ungleich verteilten Sozietätswertes als nicht sehr glücklich, weil es zu subjektiv-menschlich erscheint. Ob die so gefundenen Kategorien dem heutigen Stande der Forschung noch entsprechen, ist eine Frage, die nur der Zoologe beantworten kann.

Deegeners Einteilung ist sehr differenziert. Wenn man seine Grobeinteilung in reziproke und irreziproke Gesellungsformen akzeptiert, könnte man die von Remane/Storch/Welsch (1974, S.277 ff.) unter dem Begriff "Synökie" zusammengefaßten Kategorien (13), nämlich Allianz, Mutualismus und Symbiose, in die Kategorie der reziproken Beziehungen, Räuber-Beute-Verhältnis und Parasitismus in die irreziproke Kategorie einordnen. Dabei ist zu beachten, daß die Übergänge gelegentlich ins Gleiten geraten können, etwa wenn der Einsiedlerkrebs bei Nahrungsmangel seinen Symbiosepartner, die Aktinie, als Beute betrachtet. Leider ist die Terminologie in diesem Bereich so heillos verworren, daß man ständig mit Widersprüchen rechnen muß. So schreibt z.B. Eibl-Eibesfeld (1972, S.339) zur Symbiose: "Wir wollen die Besprechung der zwischenartlichen Beziehungen mit einer kurzen Betrachtung der Symbiosen abschließen, die ja für den Verhaltensforscher von besonderem Reiz sind. Wie wir schon im Kapitel über die Ausdrucksbewegungen ausführten, erhebt sich bei solchen Partnerschaften das Problem der zwischenartlichen Verständigung. Im deutschen Fachschrifttum spricht man im allgemeinen dann von Symbiose, wenn zwei Tierarten sich zu beiderseitigem Vorteil zusammenschließen. Profitiert nur eine davon, ohne daß die andere deswegen Schaden erleidet, spricht man von Kommensalismus. Im englischen Schrifttum heißt das, was wir Symbiose nennen, Mutualismus; der Begriff Symbiose dient als Oberbegriff für die Erscheinungen des Parasitismus, Kommensalismus und Mutualismus."

(b) DER ANSATZ VON C. R. CARPENTER: Auch Carpenter hat (wie Hediger 1952, S.298 erwähnt) in seiner Untersuchung "Societies of Monkeys and Apes" (1942, S.180) eine Systematik entwickelt, die eine zwischenartliche Tier-Tier-Beziehung enthält:"Relations of the animals of one species to other species, especially of other primates but also of all animals and plants." Insgesamt umfaßt die Systematik folgende Kategorien: männliche Tiere untereinander, weibliche Tiere untereinander, männliche und weibliche Tiere zusammen, Vatertier und Jungtier, Muttertier und Jungtier, Jungtiere untereinander, das Einzeltier in seiner Gruppe, Einzelgänger und Gruppe, Gruppen untereinander und schließlich Beziehungen zwischen Tieren verschiedener Art. Die von Carpenter als 10. Kategorie genannten "Reactions to additional factors of ecology and climatology" überschreiten dann das gewählte System.

(c) DER ANSATZ VON H. HEDIGER: Hediger hat die Carpenterschen Kategorien in seinem Aufsatz "Beiträge zur Säugetier-Soziologie" (1952) näher beschrieben und mit Beispielen belegt. Dabei bringt er einige neue und wichtige Forschungsergebnisse ein, so die Konzeption der biologischen Rangordnung (1940) zwischen verschiedenen Arten mit gemeinsamen oder überlappenden Territorien bei gleichem Nahrungsanspruch. Die biologische Rangordnung besagt, daß die jeweils unterlegene Art sich zurückzieht, wenn Vertreter einer ranghöheren Art erscheinen. In Grenzfällen kann das Rangverhältnis auch in ein Raubtier-Beute-Verhältnis umschlagen, wie zwischen Walroß und Seehund. Auch hier ist unmittelbare Übertragung auf das Mensch-Tier-Verhältnis möglich. Dieses biologische Rangverhältnis ist offensichtlich die allgemeinste Kategorie, in die man generell auch das kollektive Mensch-Tier-Verhältnis einordnen kann.

Da innerhalb der Territorien dieser konkurrierenden Tierarten aber auch noch viele andere Tierarten zusammenleben, führt Hediger (1950, S.17) den Begriff der Mosaik-Verflechtung ein. Als Beispiel einer solchen Mosaik-Verflechtung führt er die Untersuchung von Linsdale (1946) über das Kalifornische Erdeichhörnchen an und folgert daraus drei verschiedene Möglichkeiten zwischenartlicher Beziehungen: das Raubtier-Beute-Verhältnis, das Verhältnis der biologischen Rangordnung und das Verhältnis der gegenseitigen Toleranz.

(d) EINZELNE ASPEKTE: Außer diesen biologisch begründeten Beziehungen kommen interspezifische Beziehungen zwischen Tieren vermutlich nur zufällig zustande, wenn Tiere wandern, wenn ökologische Veränderungen eintreten oder wenn der Mensch eingreift. Die Möglichkeiten menschlichen Eingreifens sind allerdings sehr vielfältig und können gar nicht alle aufgezählt werden. Geiger (1931, S.296) hat z.B. auf die Beziehung zwischen Schäferhund und Schafen hingewiesen. Das ist aber nur ein einziges Beispiel für die Fülle von zwischenartlichen Kontaktmöglichkeiten, die im Lebensraum des Menschen entstehen. Dabei sind Toleranz-, Freundschafts-, Rang-, Konkurrenz- und Feindschaftsverhältnisse denkbar. Häufige Gelegenheiten bieten sich im Zoo und Zirkus, in Tierhandlungen, Tierarztpraxen und in Familien mit artverschiedenen Haustieren. Ethologische oder tiersoziologische Untersuchungen liegen für diesen Bereich kaum vor; Hediger berichtet jedoch über ein interessantes Experiment mit Kuhreihern (14).

Die Frage nach der Möglichkeit zwischenartlicher Tierfreundschaften wird zwar häufig in Tiergeschichten und Bildreportagen behandelt (meistens geht es dann um temporäre Adoptionsbeziehungen), aber wissenschaftliche Untersuchungen gibt es offenbar nicht. Lorenz streift das Thema in seinem Hundebuch (1971, S.70-82). Dort berichtet er über das Verhältnis seiner Hunde zu den anderen in Haus und Garten lebenden Tieren. Der Bericht bewegt sich schließlich auf die Frage nach der Möglichkeit zwischenartlicher Tierfreundschaften zu. Der Regelfall friedlicher Beziehungen zwischen artverschiedenen Tieren ist neben der Symbiose die Toleranz oder im geschilderten Bereich ein durch das Gebot des Menschen garantierter "Burgfriede". Lorenz steht der interspezifischen Tierfreundschaft skeptisch gegenüber, nennt aber dann selbst das Beispiel einer Hund-Katze-Freundschaft, die er ausdrücklich als Freundschaft gelten läßt (15).

Ungelöst ist auch, wie differenziert Tiere andere Lebewesen von der unbelebten Umwelt unterscheiden können und zu welchen Unterscheidungen sie innerhalb der von ihnen als lebend wahrgenommenen Wesen befähigt sind. Manche Tiere erkennen mit Sicherheit nur ihre Artgenossen oder Tiere, zu denen sie eine biologisch begründbare Beziehung haben, wobei sich dieses Erkennen entweder an einigen typischen Merkmalen orientiert und dann nur die Art betrifft oder aber so differenziert arbeitet, daß innerhalb der Art auch das Individuum erkannt wird. Offen ist jedoch die Frage, wie andere Tiere in der jeweiligen Umwelt wahrgenommen werden und inwieweit Tiere Belebtes von nur Bewegtem unterscheiden können. Vertreter bestimmter Tierarten sind aber zu weitergehender Differenzierung befähigt. Manche sind offensichtlich in der Lage, nicht nur verschiedene Arten von Lebewesen zu unterscheiden, sondern innerhalb der Arten auch zwischen persönlich bekannten und fremden Vertretern einer Art. Vgl. hierzu, was Lorenz von seinem Hund Wolf I (vgl. Kapitel III, 2f) berichtet.

6. Die zwischenmenschliche Beziehung

Die Erforschung zwischenmenschlicher Beziehungen ist Gegenstand der Soziologie bzw. Humansoziologie. Sie ist hochentwickelt und verfügt bei aller Vielfalt der Konzeptionen und Schwerpunkte doch über einen reichen Bestand an gesichertem Wissen und erprobten Forschungsmethoden. Damit zusammenhängend hat sie ein begriffliches Instrumentarium geschaffen, das es erlaubt, auch schwierige Sachverhalte zu erfassen. Wenn also geprüft werden soll, ob es auch im Verhältnis des Menschen zu anderen Lebewesen Beziehungen gibt, die den zwischenmenschlichen Sozialbeziehungen entsprechen, dann ist es sinnvoll, die neuen Sachverhalte zunächst einmal mit den traditionellen Begriffen der Humansoziologie zu untersuchen. Zeigt es sich, daß humansoziologische Grundbegriffe wie etwa Interaktion und Sozialisation, Gruppe, Status und Rolle, Norm und Sanktion, Ehe und Familie usw. analog verwendbar sind, dann kann man auch bei der Mensch-Tier-Beziehung von humananalogen Sozialbeziehungen sprechen. Max Weber (1956, S.8) hat diesen methodischen Weg jedenfalls angedeutet, als er auf die Frage, was die Tiersoziologie der Humansoziologie einbringen könne, meinte, daß man vom Tierlichen nicht auf das Menschliche schließen könne: "Jedenfalls ist nicht von da aus das 'Verständnis' menschlichen sozialen Handelns zu erwarten, sondern gerade umgekehrt: mit menschlichen Analogien wird dort gearbeitet und muß gearbeitet werden. Erwartet darf vielleicht werden: daß diese Analogien uns einmal für die Fragestellung nützlich werden: wie in den Frühstadien der menschlichen sozialen Differenzierung ... der Bereich rein mechanisch- i n s t i n k t i v e r Differenzierung im Verhältnis zum individuell sinnhaft Verständlichen und weiter zum b e w u ß t rational Geschaffenen einzuschätzen ist."

Inzwischen hat der Verlauf der Forschung diese Erwartung tatsächlich erfüllt, wobei allerdings ein Umstand zu beachten ist: Nicht Humansoziologen haben sich der neuen Aufgabe zugewandt, sondern Zoologen haben soziologische Fragestellungen und Methoden übernommen. Dabei ist es zu Veränderungen der ursprünglich humansoziologischen Methode und Terminologie gekommen, was der Tiersoziologie zustatten kam, aber nun die Vergleichbarkeit der Befunde teilweise erschwert.

7. Das Verhältnis des Menschen zur Pflanzenwelt

Das Verhältnis des Menschen zur Pflanzenwelt ist vielfältig; es reicht von der liebevollen Zuwendung zu individuellen Exemplaren oder einzelnen Arten über züchterisches oder wissenschaftliches Interesse bis zur unmittelbaren oder mittelbaren Nutzung. Die Pflanze ist dem Menschen vielerlei: Schmuck, Dekoration und Geschenk, Genuß- und Nahrungsmittel, Arznei, Rauschmittel und Gift, Futtermittel, Rohstoff oder Unkraut; oft wird die Pflanze auch nur im Kollektiv als Anlage, Park, Wiese, Feld, Wald, Steppe oder summarisch nur als Vegetation wahrgenommen.

Schönheit, Nutzen, Schaden und Kosten sind vorherrschende Beurteilungskriterien. Dazu kommen verschiedene Assoziationen, die wir mit Pflanzen verbinden: Feste und besondere Anlässe, Erinnerungen, Jahreszeiten, Heimat, Reisen oder ferne Länder.

Der Pflanze als Lebewesen und Geschöpf sind wir uns im Alltag nicht bewußt; und der Gedanke der Schonung ist uns nur in Verbindung mit öffentlichen Anlagen oder seltenen und geschützten Arten vertraut. Erst die naturfeindliche Entwicklung unserer Städte und der forschreitende Prozeß der Umweltvernichtung durch Verschmutzung, Vergiftung, Versteppung und Erosion hat uns deutlich gemacht, wie kostbar und lebenswichtig die Pflanzenwelt ist.

Erst jetzt, und nur um des Menschen selbst willen, beginnt man, sich um das menschliche Existenzminimum an natürlicher Umwelt zu sorgen. Wie die Tiere, so gehören auch die Pflanzen zu dem Bereich des "nicht von Menschen Gemachten" (Grzimek 1964) und damit Unersetzlichen dieser Welt. Nicht nur das Tier, auch der Mensch ist vom Fortbestand des pflanzlichen Lebens abhängig, und zwar nicht nur unter dem Gesichtspunkt der Ernährung, sondern auch im Hinblick auf den Wasser- und Sauerstoffhaushalt der Natur. Vielleicht waren bisher Verhältnis und Verteilung der Vegetationsmasse gegenüber den Erfordernissen tierlichen und menschlichen Lebens und in Relation zu den von Menschen verursachten Zivilisationsschäden noch erträglich (der Vorrat war über Jahrmillionen hin unerschöpflich), heute müßten ernsthafte Bemühungen anlaufen, um der Gefahr für die Biosphäre unseres Planeten rechtzeitig zu begegnen, sofern dies bei der Kumulation der

Probleme überhaupt noch möglich ist. Vgl. hierzu Osborn (1950), Hornsmann (1951), Carson (1962), Dorst (1966), Taylor (1970), Briejèr (1971), Graham (1971), Widener (1971) und Palmstierna (1972).

In Analogie zu den Kategorien der Mensch-Tier-Beziehung (vgl. Kapitel IV) kann man auch das Verhältnis zur Pflanze unter biologischen, ethischen, emotionalen oder materiellen Aspekten sehen. Sie kann auch Objekt der Forschung, Beobachtung, Besichtigung und Darstellung sein oder einen Symbolwert für uns haben. Im Bereich der individuellen Beziehungen können uns einzelne Pflanzen auch alte und gute Bekannte, Beschützer und Schützlinge sein. Sozialbeziehungen sind möglich, soweit der Mensch zu individuellen Pflanzen eine unmittelbare Du-Beziehung aufnimmt, was meistens über eine emotionelle Teilnahme erfolgt, wobei die menschliche Zuwendung mit der Erinnerung an Ereignisse, Menschen und Tiere verbunden sein kann. Bei Guardini (In Spiegel und Gleichnis, 1932, S.34) findet sich ein Text, der zeigt, wie sehr sich der Mensch auch der Pflanzenwelt verbunden fühlen kann: *"Wie geheimnisvoll standen doch all die Gewächse in diesem Licht! Jede Form gewann eine eindringliche Macht. Die Farben leuchteten stärker, und in ihrer Kraft war Tiefe. Es war, als werde die innere Gestalt gerufen und hebe sich aus dem Gebundensein dunkler Unvollkommenheit hervor; als werde ihr Wesen frei und rede: 'Siehst du mich?' Lauter kleine Persönlichkeiten schienen da zu stehen und jede sprach im frohen Behaupten des eigenen Wesens ein geheimnisvolles ich. Jede schaute her und wartete, ob nicht der Mensch, sein gewaltiges Ich stillend, endlich lerne, in Zwiesprache mit ihnen einzutreten. In solchen Augenblicken glaubt man zu ahnen, was das Paradies bedeutet haben mag."*

8. Die Mensch-Tier-Beziehung

(a) DIE BIOLOGISCHE NÄHE: Im Verhältnis des Menschen zum Tier wird die biologische Nähe spürbar. Ernst Aeppli (1951) hat dies am Phänomen des Träumens wie folgt beschrieben: "Es wird sehr oft von Tieren geträumt, selbst von jenen Menschen, die, ferne dieser Gestaltung der lebendigen Natur, keine irgendwelche Beziehungen zum wirklichen Tier mehr haben. Doch mag auch das Tier aus ihrem bewußten Lebenskreis verschwunden sein, in ihnen selbst ist es noch da, in ihrem Leib ist Tierverwandtes, und in ihrer Seele ist all das, was ihre Vorfahren an Tieren beobachteten, was sie, Tiere in ihren Dienst zwingend, mit diesen erfahren haben, dazu all das, was sie in die Tiere als Spiegelung eigenen menschlichen Wesens hineinsehen. Der Mitgenosse unseres Erdendaseins, das Tier, und sein Bild wohnen, vielleicht vertrieben aus der persönlich bewußten Welt, doch unvertreibbar in uns drin. In den Träumen kommt es zu uns und bietet uns seine Gestalt und sein Tun als das Gleichnis für unsere innere Gestalt und für unser Tun. Der Traum vom Tiere verbindet uns mit unserer eigenen tiernahen Instinktgrundlage, mit den natürlichen Funktionen unseres Leibes, dem Drange unserer Triebe. Nie sind wir vom Tiere ganz abgetrennt. Man erinnere sich nur der Tatsache, daß im Leibe der Mutter der werdende Mensch in raschester Entwicklung alle Stufen animalischer Existenzformen durchläuft, daß also jeder seine tierhaften Möglichkeiten durchrepetiert. Erst nachdem er diesen eigenartigen Erinnerungsweg erledigt hat, langt der Mensch dann an, wo er mehr und ein anderes wird als das Nur-Tier."

Jeder Mensch hat Beziehungen zu Tieren, auch wenn er sich dessen oft nicht bewußt ist, weil es keine Beziehungen zu einzelnen und individuell erkennbaren Tieren sind, sondern Beziehungen existenzieller Art, wie sie Aeppli beschrieben hat, oder Beziehungen kollektiver Art.

Von sozialen Beziehungen im engeren Sinne kann man aber erst sprechen, wenn eine gegenseitige oder mindestens einseitige Du-Evidenz gegeben ist. Diese Du-Evidenz geht im Regelfalle vom Menschen aus und trifft auf die verschiedenartigsten Tiere, darunter solche, die darauf vergleichsweise schnell, intensiv und differenziert reagieren können, bis hin zu solchen, die auch auf eine geduldige und gezielte Zuwendung des Menschen nicht reagieren können, weil ihnen die entsprechende Ausstattung fehlt. Generell kann vermutet werden, daß alle Formen interartlicher Tier-Tier-Beziehungen in analoger Weise auch zwischen Mensch und Tier feststellbar sind. Umgekehrt können aber nicht alle zwischen Mensch und Tier möglichen Beziehungen auch zwischen Tieren verschiedener Art hergestellt werden, weil offenbar nur der Mensch -mit einiger Mühe und nur unvollkommen- in der Lage ist, das Tier aus dessen artspezifischer Situation heraus zu verstehen.

Beim Vergleich zwischen Mensch und Tier kommt Geiger zu dem Ergebnis, daß
Tiere eine der sozialen Ausstattung des Menschen entsprechende Anlage mit-
bringen, die sich im Verhältnis zum Menschen bis zur "Du-Evidenz" entwik-
keln kann, und daß dann auch soziale Beziehungen zwischen Mensch und Tier
vorliegen. Es bestehen also auch zwischen Mensch und Tier gegenseitige und
mehrseitige Beziehungen mit vielfältigen Interaktionsmöglichkeiten, wobei
auch das Tier die Initiative ergreifen kann. Dabei wird die Regel vermutet,
daß sich die Intensität der möglichen Sozialbeziehungen am hinsichtlich
seiner Soziabilität schwächer ausgestatteten Partner orientiert, jedoch
mit der Möglichkeit, daß der Mensch seine volle Zuwendung in eine Beziehung einbringt und dadurch bei seinem Tierpartner bisher nicht bekannt gewordene (aber latent vorhandene) Interaktionsfähigkeiten weckt. Dabei muß
in Kauf genommen werden, daß die menschliche Einfühlung in das Tier durch
das Phänomen des Anthropomorphismus auch irregeleitet werden kann und das
Einfühlungsvermögen der Tiere mit großer Wahrscheinlichkeit nur zoomorph
denkbar ist.

(b) ALLGEMEINES ZUR MENSCH-TIER-BEZIEHUNG: Am Anfang jeder Zuwendung stehen Kontakt und Sympathie (Weiß 1950). Es ist anzunehmen, daß Tiere menschliches Wohlwollen fühlen und je nach den Umständen ihre Scheu ablegen.
Tiere lernen unsere Gewohnheiten, Eigenarten und Stimmungen kennen, und
zwar nicht nur Hunde, sondern viele andere Tiere, denen wir solches gar
nicht zutrauen würden. So berichtet z.B. Wermuth (1963, S.90 ff.) über
einen Brillenkaiman, der 1963 seit 12 Jahren in einer Familie lebte. Das
Tier kam etwa halbjährig (32 cm Größe, 125 g Gewicht) ins Haus und ist
nur auf 2 m und 50 kg herangewachsen. Wesentlich ist, daß die bloß räumliche Nähe zwischen Mensch und Tier noch keine eigentliche Beziehung
schafft, sondern erst die gefühlsmäßige Zuwendung, die das Tier zu erwidern
imstande ist. Esel und Hausschwein sind in der Umgebung des Menschen keineswegs gefördert worden, sondern im Vergleich zu ihren wild lebenden Artgenossen nur abgestumpft (Illies 1973, S.85), was allerdings nichts besonderes besagen will: auch Kinder, die keine Zuwendung erfahren, oder Erwachsene, die von der Kommunikation ausgeschlossen werden, bleiben in
ihrer Interaktionsfähigkeit zurück oder verlieren sie.

Ähnlich wie der Mensch im Kontakt zum Tier an diesem immer mehr artspezifische, aber auch davon abweichende individuelle körperliche oder charakterliche Eigenschaften entdeckt, so ist auch das Tier in der Lage, seinen menschlichen Partner immer besser zu erfassen. Hediger (1961, S.180) kommt zu dem Ergebnis, daß es häufig am Menschen liegt, ob eine solche Beziehung zustande kommt, weil er in seiner Zuwendung zum Tier "Katalysator der Tierseele" werden kann. Das ist ein Gedanke, der auch schon in der früheren Tierpsychologie auftaucht (Morus 1952, S.214).

(c) SONDERFÄLLE DER MENSCH-TIER-BEZIEHUNG: Natürlich ist das Mensch-Tier-Verhältnis von Tierart zu Tierart abgestuft. W e l c h e Tierarten kraft natürlicher Eigenschaften und entsprechender Entwicklungsfähigkeit zu einer Sozialbeziehung mit Menschen in der Lage sind, bzw. zu welchen Tierarten der Mensch den für Sozialbeziehungen erforderlichen Grad an Verständnis, Einfühlung und Kontakt aufbringen kann, ist noch nicht geklärt; darüber kann erst Genaueres gesagt werden, wenn die Kontaktmöglichkeiten mit a l l e n dafür in Frage kommenden Tierarten ausreichend erprobt worden sind.

(aa) BEZIEHUNG ZU HAUSTIEREN: So nehmen die Haustiere (16) und innerhalb dieser der Hund, das Pferd und die Katze eine besondere Stellung ein: "Mit keinem anderen Haustier steht der Mensch in so inniger psychischer Verbundenheit wie mit dem Hund, der ja seinem Herrn gegenüber geradezu zum Gedankenleser geworden ist, indem er auf feinste Ausdrucksformen reagiert. In zweiter Linie ist es wohl das Pferd, zu dem der Mensch in engem psychischem Rapport stehen kann; seine Domestikation ist in der jüngeren Steinzeit erfolgt, also zwischen dem 6. und 2. vorchristlichen Jahrtausend.

Vielleicht haben aber manche Katzenfreunde recht, wenn sie behaupten, daß zu ihrem Haustier, dessen Domestikation erst etwa vor 4000 Jahren eingesetzt hat, unter Umständen ebenso innige Beziehungen möglich sind" (Hediger 1961, S.277).

Es erscheint nun möglich, nochmals die Frage zu stellen, wie das Tier individuelle und engere Beziehungen zum Menschen wahrnimmt. Sicher ist, daß wir mit wissenschaftlichen Forschungsmethoden bis heute nur feststellen können, daß engere Mensch-Tier-Beziehungen darauf beruhen, daß die beteiligten Tiere den Menschen als Artgenossen wahrnehmen. Dennoch muß man sich fragen, ob so intelligente und mit dem Menschen so vertraute Tiere wie Hunde und Katzen ihre menschlichen Sozialpartner wirklich nur als Artgenossen wahrnehmen. Der Umstand, daß Mensch-Tier-Freundschaften viel häufiger sind als andere zwischenartliche Freundschaften (vgl. Ziffer 5 dieses Kapitels), unterstreicht diese Frage. Der Mensch ist, wie oben ausgeführt, für das Tier eben doch ein besonderer Partner: kein anderes Mitgeschöpf kann ein Tier in seinem Wesen besser verstehen als der Mensch, weil dieser dem Tier einesteils emotional nahesteht und gleichzeitig über das Wesen eines Tieres unvergleichlich viel mehr lernen kann als je ein Tier es vermag. Nur dem Menschen kann es bis zu einem gewissen Grad gelingen, jedes Tier in dessen jeweils arteigenem Wesen zu verstehen. Geiger hat (1931, S.306) hierzu etwas sehr Wichtiges berichtet: "So kann also offenbar die Niveauspannung, selbst wenn sie ungeheuerlich ist, reflektierend und bewußt durch E i n s t e l l u n g auf das Tier überwunden werden. Als ich Herrn Pfungst einmal fragte, ob er denn mit dem Tier in echtem Sozialkontakt zu stehen vermöge, antwortete er mir: wenn er mit einem Hund spiele, verhalte er sich als Hund. Die Formulierung trifft genau, worum es geht: das Tier, ebenso wie das -seinem psychischen Niveau nach von uns ebenfalls sehr differente- Kind, muß durchaus ernst in s e i n e r Art genommen werden, um an sein I c h und dessen Leben heranzukommen. Es ist notwendig zu vergessen, daß man ein erwachsener, intellektueller Mensch sei, wenn man mit Kindern oder Tieren als Subjekten verkehren will. Es ist individuell verschieden, inwieweit man dieses Vergessens des eigenen Niveaus fähig ist, und es ist natürlich auch der bedeutendste Tierkenner nicht imstande, jede beliebige Niveauspannung durch Einfühlung zu überwinden."

Aus der modernen Verhaltensforschung hat insbesondere Leyhausen (1973, S.165) einige wichtige Erfahrungen gesammelt: "Da Katzen ihnen fremde Wirbeltiere bei erster Begegnung ... als Mitkatzen behandeln, tun sie das auch bei der Begegnung mit Menschen, solange sie keine widersprechenden, d.h. in diesem Falle abschreckenden, Erfahrungen machen. Aufgrund dieser Verhältnisse ist es auch möglich, Jungkatzen bezüglich ihres Sexualverhaltens auf Menschen zu prägen ... Vertraute Personen erkennen sie außer an Gebaren und Stimme mit Sicherheit auch am Gesicht. Die im Verkehr mit

Menschen angewandten Verhaltensweisen entstammen größtenteils der Sexual- und Familiensphäre: Köpfchengeben, Flankenreiben, Belecken, Nasenkontrolle, und bei weiblichen Tieren das ganze Kokettier- und Werbeverhalten, gegebenenfalls auch das gesamte Abwehrverhalten. Dennoch gilt der Mensch meist nicht einfach als Artgenosse; denn die Beziehungen zwischen Katze und Mensch werden viel enger und freundschaftlicher, als sie es zwischen zwei Katzen je werden können. Alle meine gekäfigten Katzen, gleich ob einzeln oder zu mehreren gehalten, begrüßten stets zuerst mich bzw. den Pfleger, ehe sie sich dem mitgebrachten Futter zuwandten. Besonders fiel dies auf, wenn man wegen anderer Arbeiten eine Zeitlang die Tiere nur fütterte, ohne sich weiter mit ihnen zu beschäftigen. Ließ man sie dann aus Versuchsgründen einmal ein oder zwei Tage hungern, so war doch das erste bei der nächsten Fütterung nicht die Nahrungsaufnahme, sondern ein wahrer Begrüßungssturm mit hochgehobenem Schwanz, Köpfchengeben, wobei sich die Tiere oft im Leeren einer "imaginären" Streichelhand entgegen auf die Hinterbeine hoben ..., und intensives Flankenreiben an den Beinen des Pflegers. Erst danach wandten sie sich dem Futter zu, nahmen oft nur hastig ein paar Bissen, um dann wieder erst einige Zärtlichkeiten auszutauschen. Zu mehreren gehaltene Tiere können dieses soziale Bedürfnis nicht aneinander abreagieren, der Artgenosse ist hierzu nicht einmal als Ersatzobjekt tauglich. Auch in üblicher Weise frei gehaltene Katzen bedürfen zweifellos dieses Kontaktes mit dem Menschen ... So ist zwischen Menschen und solitären Katzenarten eine echte und dauernde Freundschaft möglich, wie sie bei Katzen unter sich nie vorkommt."

(bb) KINDER UND TIERE: Das konkrete Verhältnis des Menschen zum Tier hängt von vielen Einzelfaktoren ab, auf die hier nicht näher eingegangen werden kann. Ein besonders wichtiger Punkt soll aber nicht unerwähnt bleiben: das Verhältnis zwischen Kindern und Tieren. Busemann (1965, S.129) spricht ausdrücklich vom "Ich-Du-Erlebnis des Kleinkindes im Verkehr mit Tieren" und sagt: "Wenn nicht ausreichend menschliche Partner zur Verfügung stehen, läßt das Kleinkind andere Dinge sein Du sein, soweit möglich ein Lebewesen: Hund, Katze, Hühner, andere Haustiere, Vogel im Käfig, aber auch Gelegenheitspartner wie Schnecken, Ameisen usw. Das Tier spielt im sozialen Leben des Kindes noch im Schulalter eine sehr bedeutende Rolle. Diese Tatsache erinnert an ältere Kulturen, in denen Tiere nicht nur als Jagdbeute und als gezähmte Freunde, sondern auch im religiösen Leben eine unvergleichliche Bedeutung hatten. Der Mensch sah damals im Tier ein Du, dessen Sprache freilich nur besonders dazu begnadete Menschen verstanden, die aber mehr wußten als der Mensch, von manchen Volksstämmen sogar als ihre Ahnen verehrt wurden. Daran erinnert das Ich-Du-Erlebnis des Kleinkindes im Verkehr mit Tieren, die das Kind geradezu als im Wesen menschengleich und nur äußerlich verschieden betrachtet. Als ein Tierarzt wegen eines kranken Hundes zu Rate gezogen wurde, war ein fünfjähriges Mädchen sehr erstaunt, daß dieser sich als Mensch und nicht als ein Hund einfand. Tiermärchen gehören darum zu den beliebtesten Erzählstoffen dieses Alters, Tierbilder füllen die meisten Seiten der Bilderbücher aus. Daß Tiernamen zum Aufbau des begrifflich geordneten Weltbildes wesentliche Beiträge liefern, sei im voraus bemerkt."

Das Verhältnis zwischen Kind und Tier ist ein Optimalfall für die Sozialbeziehungen zwischen Mensch und Tier, weil die "Niveauspannung" (vgl. Geiger 1931, S.305) hier als Hindernis kaum eine Rolle spielt. "Du-Evidenz" ist hier noch unmittelbar gegeben, das Tier wird vom Kind als vielleicht merkwürdig aussehendes oder auch nur "verzaubertes" Mitkind, also vom Kind als Artgenosse empfunden; das wird besonders deutlich, wenn ein Kind mit Jungen höherer Säugetiere in Kontakt kommt; auf diesen Sonderfall der Kind-Tier-Beziehung hat Portmann (1956, S.66) hingewiesen. "Das Kind (17) lebt mit ihm in einer animistischen Welt", schreibt Schaal (1959, S.330) und meint damit auch die biologische Nähe zwischen dem Kind, das die spezifisch menschlichen Eigenschaften noch nicht oder erst ansatzweise entwickelt hat, und dem Tier, das über solche Ansätze nicht hinauskommt.

Ähnlich schreibt auch Hediger (1949): "Das Kind steht dem Tier näher, vor allem gefühlsmäßig näher als der Erwachsene und löst daher beim Tier auch andere Reaktionen aus. Deswegen darf sich ein Kind mit Tieren zuweilen Dinge erlauben, bei deren Anblick dem Erwachsenen oft unheimlich zumute wird." Vgl. auch Lorenz (1971, Kapitel "Hunde und Kinder"). Aus dem Faktum dieser besonderen Nähe kennt die Anthropologie des Kindes auch die etwas schockierende Frage: "Ist das Kind, bevor es die Sprache lernt, schon ein Mensch?", und wenn ein Kind in diesem Alter stirbt, "was stirbt dann: Ein Über-Affe, ein Unter-Mensch?" (Vgl. Langeveld 1968, S.3.)

Über das Verhältnis von Kindern und Jugendlichen zu Tieren liegen drei
Untersuchungen vor: Krüger (1934) hat Versuche mit Kindern im Alter von
5 Monaten bis 11 Jahren durchgeführt (18), Zillig (1961) bei 13-18jährigen
Mädchen (19), Morris (vgl. Kapitel I, 4f) an Kindern im Alter zwischen 4
und 14 Jahren. Wie lange die gefühlsmäßige Hinneigung zu Tieren andauert
und welche Bedeutung diesen Kontakten beigemessen wird, geht insbesondere
aus der Untersuchung von Zillig mit 13-14jährigen Mädchen hervor. Vgl.
ferner: Wichler (1931), Stückrath (1940), Hediger (1941), Plötz (1970).

(cc) BEZIEHUNG ZU PRIMATEN: Besonderer Erwähnung bedarf auch das Verhältnis zwischen dem Menschen und seinem unmittelbar nächsten Verwandten, dem
Menschenaffen. Nach Schenkel leidet dieses unter der als Regelfall anzunehmenden Unfähigkeit des Menschen, von seiner hierarchischen Einstellung
loszukommen. Schenkel (1968, S.1054) schreibt: "Zum Schluß sei noch auf
Grenzen der Verständigung zwischen Mensch und Menschenaffen hingewiesen,
die durch besondere Fixierung des Menschen bedingt sind. Die Beobachtungen
am freilebenden Gorilla (Schaller 1958) und Schimpansen (Lawick-Goodall
1971), (Albrecht und Dunnet 1971) haben zur Einsicht geführt, daß unter
sozial vertrauten Individuen intime Verbundenheit die Tendenz zur Beanspruchung von Rangprivilegien kaum aufkommen läßt. Besonderer Respekt wird allenfalls einem erfahrenen hochbetagten Individuum entgegengebracht. Wenn
aber der Mensch mit Tieren und besonders mit erwachsenen Menschenaffen
eine Beziehung anstrebt, so will er fast immer den tierlichen Partner beherrschen. Dadurch bricht er den 'Liebeskreis' und provoziert Auseinandersetzungen um die soziale Position. Von solchen privaten Strebungen abgesehen, neigt der 'kultivierte' Europäer zum Erleben seiner exklusiven Sondernatur und Sonderstellung als Typus. Er *will* den Menschenaffen als minderwertiges Wesen, als 'Nur-Tier' sehen. Die nämliche Haltung charakterisierte über Jahrhunderte die Europäer in ihrem Umgang mit sogenannten
'Wilden' oder 'Primitiven' und wirkt sich noch heute in der Apartheid-Politik der Südafrikaner und in den Rassenkonflikten der Vereinigten
Staaten aus. Durch solche Fixierungen verschließen sich dem Menschen ebensosehr Möglichkeiten der Verständigung als auch Einsichten in deren Wesen."

Das fast tragisch zu nennende Verhältnis der Menschen zu den Primaten hat
auch Altner (1974, S.35-54) unter der Kapitelüberschrift "Herren und
Herrentiere: Die Perversion einer Beziehung" ausführlich beschrieben.

(dd) ANDERE SONDERFÄLLE: Eine andere Ausnahmesituation besteht bei Menschen, die an ihrer menschlichen Umgebung gescheitert sind ("Seit ich die Menschen kenne, liebe ich die Tiere", vgl. Gerhard Zoebe 1967, S.28).
Solche Tierliebe ist von Menschenverachtung mitbestimmt und von daher
auch belastet. Grzimek (1965) hat auf dieses Phänomen ausdrücklich hingewiesen. Anders liegt der Fall, wenn Menschen aus ungewollter Isolierung
auf das Tier als einzig möglichen Partner angewiesen sind; (vgl. Kapitel
IV, 2g). Unter wieder anderen Voraussetzungen muß die Beziehung gesehen
werden, die zwischen seelisch Kranken und Tieren bestehen kann. Oft ist
dieser Kontakt der einzig überhaupt mögliche oder ein erster Schritt zur
Wiedergewinnung zwischenmenschlicher Kontakte, weil die Beziehung zum
Tier elementarer ist. Das Tier kann dem Menschen zum therapeutischen Helfer werden; Teirich (1964) hat darüber berichtet. Inzwischen meldet "Die
Zeit" (1974, Nr.15) von gezielten Versuchen und ersten Erfolgen an der
Ohio State University.

9. Systematik möglicher Beziehungen unter dem Aspekt der Du-Evidenz

Ehe in den folgenden Kapiteln die Frage nach den Sozialbeziehungen zwischen Mensch und Tier weiterverfolgt wird, erscheint es sinnvoll, die
schon beschriebenen Beziehungen noch in einem systematischen Überblick
darzustellen, gleichgültig, wie wenig zu einzelnen Kategorien gesagt werden kann.

Dabei ist noch ein besonderer Hinweis nötig. Zunächst ist vorausgesetzt,
daß Beziehungen durch räumliche und zeitliche Gegebenheit möglich sind.
Ferner ist Du-Evidenz unter ganz verschiedenen Aspekten zu sehen: zunächst
als die sinnliche, emotionale und intellektuelle Fähigkeit eines Lebewesens, ein anderes Lebewesen als "Du" zu erkennen *(Du-Evidenz-Fähigkeit)*,

wobei diese Fähigkeit ganz oder teilweise fehlen, ständig oder nur zeitweilig ausfallen kann; ferner kann es gesehen werden als Bereitschaft, das erkennbare "Du" auch wirklich erkennen zu wollen. *(Du-Evidenz-Bereitschaft)*. Hiermit wird zugleich angenommen, daß Du-Evidenz-Bereitschaft eine dynamische Größe ist; sie kann ausgeweitet, intensiviert und durch Übung disponibler und effektiver gemacht werden, sie kann aber auch eingeschränkt, vorenthalten, unterdrückt und ebenfalls durch Übung dauernder und progressiver Abstinenz abgebaut werden. Du-Evidenz-Bereitschaft ist als eine Einstellung im Sinne des Begriffes "attitude" zu verstehen. Schließlich kann Du-Evidenz als auch feststellbarer Sachverhalt verstanden werden, der gegeben ist, wenn das erkennbare "Du" im anderen erkannt i s t *(Du-Evidenz-Gegebenheit)*.

Die empirische Feststellbarkeit dieser drei Evidenzformen ist unterschiedlich. Du-Evidenz-Fähigkeit ist eine Frage der sinnlichen, emotionalen und intellektuellen Ausstattung eines Lebewesens und insofern auch erheblich leichter festzustellen als etwa Sympathie und Zuneigung, die der Du-Evidenz-Bereitschaft vorgelagert sind. Du-Evidenz-Gegebenheit ist fast synonym mit dem von Hediger eingeführten Begriff "intimacy" (vgl. Kapitel I, 5d) und muß -sofern die Hypothese von der Möglichkeit interspezifischer Sozialbeziehungen brauchbar sein soll- mit soziologischen Termini beschreibbar sein; die von Schenkel erwähnte "Verständigung" wäre ein erstes Beispiel.

Die drei Aspekte werden so zu Begriffen, die in einer bestimmten Weise ineinandergreifen. Du-Evidenz-Fähigkeit (künftig als E-Fähigkeit oder einfach EF bezeichnet) ist die ausstattungsmäßige Grundlage.[20] Wo sie fehlt, kann sich nichts weiter entwickeln, wo sie aber vorhanden ist, kann sie als weitere notwendige Komponente die Du-Evidenz-Bereitschaft (E-Bereitschaft, EB) hinzukommen und beim Eintreten einer entsprechenden Kontaktsituation einen sozialen Prozeß einleiten, der dann zur Du-Evidenz-Gegebenheit (E-Gegebenheit, EG) führen kann. Dieser Prozeß kann je nach den Umständen sehr kurz sein und fast schlagartig verlaufen wie im Falle der Prägung, oder er kann sich über einen langen Zeitraum erstrecken wie im Falle der Angleichung (vgl. Anm.4).

Zwischenmenschliche Beziehung: In diesem Bereich ist die E-Fähigkeit eigentlich selbstverständlich. Sie fehlt beim Embryo und entwickelt sich beim Säugling vom 6. Monat an.

Temporärer Normalfall fehlender E-Fähigkeit ist die eingeschränkte Wahrnehmung im Schlaf; Ausnahmefälle sind die Bewußtlosigkeit und einige Formen der Geisteskrankheit. Anders ist es mit der E-Bereitschaft; sie kann, wie oben beschrieben, eingeschränkt sein oder ganz fehlen. Wo E-Fähigkeit und E-Bereitschaft fehlen, kann auch der Mensch seinem Artgenossen gegenüber keine E-Gegebenheit herstellen, also auch keine soziale Beziehung stiften, sondern nur Objekt einer EG, Objekt einer einseitigen Sozialbeziehung sein, die ein anderes e-fähiges und e-bereites Lebewesen einseitig zu ihm aufgenommen hat oder aufrecht erhält; die letztere Möglichkeit bezieht sich auf den Fall, daß eine zunächst gegenseitige Beziehung durch den EF- und bzw. oder EB-Verlust eines Partners nicht zerfällt, sondern durch den in seinen Sozialqualitäten ungeschädigten Partner einseitig aufrecht erhalten wird. Es folgt nun eine Zusammenstellung aller theoretisch denkbaren zwischenmenschlichen Beziehungen:

(1) Mensch mit EF und EB	Gegenseitige Sozialbeziehung	Mensch mit EF und EB
(2) Mensch mit EF und EB	Einseitige Sozialbeziehung	Mensch mit EF ohne EB
(3) Mensch mit EF und EB	Einseitige Sozialbeziehung	Mensch ohne EF und EB
(4) Mensch mit EF ohne EB	Keine Sozialbeziehung	Mensch mit EF ohne EB
(5) Mensch mit EF ohne EB	Keine Sozialbeziehung	Mensch ohne EF und EB
(6) Mensch ohne EF und EB	Keine Sozialbeziehung	Mensch ohne EF und EB

Mensch-Tier-Beziehung: Während bei der zwischenmenschlichen Beziehung die E-Gegebenheit meistens an der fehlenden E-Bereitschaft und weniger an der E-Fähigkeit scheitert, ist die Situation bei der Mensch-Tier-Beziehung gerade umgekehrt. Die Zahl der außermenschlichen Lebewesen, die zur Du-Evidenz befähigt sind, ist bei der gewaltigen Fülle der Insekten und Kleinst-Lebewesen gering. Aber es liegt noch keineswegs fest, welche Tierarten oberhalb dieser Grenze zur Du-Evidenz befähigt sind. Um dies feststellen zu können, müßte die zur E-Fähigkeit nötige Mindestausstattung qualitativ und quantitativ meßbar gemacht werden. Verständlicherweise kann ein solches System nur schrittweise und bei ständiger Überprüfung erarbeitet werden. Wie schon früher angedeutet, wäre zu vermuten, daß zwischen der durch den Menschen eingebrachten Zuwendungsintensität bzw. Zuwendungsdauer und der Reaktion der Tierpartner oberhalb einer bestimmten Ausstattungsgrenze eine Beziehung besteht, d.h. daß die Interaktionsfähigkeit der Tiere ab einem bestimmten Punkt und bis zu einem bestimmten Punkt der jeweils investierten Zuwendung des Menschen proportional ist. Dabei wäre für die Versuchsanordnung noch die methodische Frage zu klären, ob den tierlichen Probanden neben dem Kontakt mit ihrem menschlichen Trainer noch andere Kontakte mit Artgenossen oder Tieren anderer Arten anzubieten sind oder nicht.

Beim Durchdenken der nachstehend aufgezählten möglichen Mensch-Tier-Beziehungen müssen einige dieser Möglichkeiten noch näher begründet werden, nämlich alle, die davon ausgehen, daß ein Tier zwar evidenzfähig, aber nicht evidenzbereit ist. Wir müssen die Möglichkeit akzeptieren, daß e-fähige Tiere unsere Kontaktwünsche entweder nicht beachten bzw. sich ihnen entziehen oder sie ausdrücklich ablehnen. Wir erfahren dadurch, daß auch Tiere je nach Art und individueller Eigenart eine beschränkte Verhaltensfreiheit (21) und ein entweder durchschnittliches oder besonderes Schicksal haben. Der Mensch kann Tiere vieler Arten mit Zwangsmethoden seinem Willen gefügig machen (alte Dressur mit Starkzwang), aber die emotionale Zuwendung eines Tieres, sein Vertrauen -das was Hediger "intimacy" nennt- kann man auch vom Tier nicht erzwingen.

(1) Mensch mit EF und EB	Gegenseitige Sozialbeziehung	Tier mit EF und EB
(2) Mensch mit EF und EB	Einseitige Sozialbeziehung	Tier mit EF ohne EB
(3) Mensch mit EF und EB	Einseitige Sozialbeziehung	Tier ohne EF und EB
(4) Mensch mit EF ohne EB	Einseitige Sozialbeziehung	Tier mit EF und EB
(5) Mensch ohne EF und EB	Einseitige Sozialbeziehung	Tier mit EF und EB
(6) Mensch mit EF ohne EB	Keine Sozialbeziehung	Tier mit EF ohne EB
(7) Mensch mit EF ohne EB	Keine Sozialbeziehung	Tier ohne EF und EB

(8) Mensch ohne EF und EB   Keine Sozialbeziehung   Tier mit EF ohne EB

(9) Mensch ohne EF und EB   Keine Sozialbeziehung   Tier ohne EF und EB

Mensch-Pflanze-Beziehung: Die Beziehung des Menschen zur Pflanze ist leicht überschaubar, weil von einer Sozialbeziehung nur die Rede sein kann, wenn sie durch den Menschen einseitig hergestellt wird. Hier die Zusammenstellung der denkbaren Möglichkeiten:

(1) Mensch mit EF und EB   Einseitige Sozial-   Pflanze ohne EF und EB
                             beziehung

(2) Mensch mit EF ohne EB   Keine Sozialbeziehung   Pflanze ohne EF und EB

(3) Mensch ohne EF und EB   Keine Sozialbeziehung   Pflanze ohne EF und EB

Intraspezifische Tier-Tierbeziehungen sind den Beziehungen zwischen Menschen untereinander analog, sofern es sich um Tierarten mit E-Fähigkeit handelt. Für den Hund könnte der Katalog denkbarer Möglichkeiten im Prinzip also aussehen wie beim Menschen auch:

(1) Hund mit EF und EB   Gegenseitige Sozial-   Hund mit EF und EB
                             beziehung

(2) Hund mit EF und EB   Einseitige Sozial-   Hund mit EF ohne EB
                             beziehung

(3) Hund mit EF und EB   Einseitige Sozial-   Hund ohne EF und EB
                             beziehung

(4) Hund mit EF ohne EB   Keine Sozialbeziehung   Hund mit EF ohne EB

(5) Hund mit EF ohne EB   Keine Sozialbeziehung   Hund ohne EF und EB

(6) Hund ohne EF und EB   Keine Sozialbeziehung   Hund ohne EF und EB

Würde man versuchen, einen solchen Katalog etwa für Marienkäfer aufzustellen, so käme nur die Möglichkeit 6 in Frage, da in diesem Falle keine ausreichende Du-Evidenz feststellbar wäre.

Interspezifische Tier-Tier-Beziehungen: Wie schon in Kapitel II,4 ausgeführt, ist dieser Bereich auffallend wenig untersucht. Prinzipiell ist er mit dem Bereich der Mensch-Tier-Beziehung vergleichbar, jedoch mit einem bedeutungsvollen graduellen Unterschied: das Tier ist vermutlich nur ausnahmsweise in der Lage, einseitige Sozialbeziehungen zu einem anderen Lebewesen von sich aus aufzunehmen. Der Katalog zwischenartlicher Tier-Tier-Beziehungen enthält folgende Möglichkeiten:

(1)	Tier A mit EF und EG	Gegenseitige Sozialbeziehung	Tier B mit EF und EB
(2)	Tier A mit EF und EB	Einseitige Sozialbeziehung	Tier B mit EF ohne EB
(3)	Tier A mit EF und EB	Einseitige Sozialbeziehung	Tier B ohne EF und EB
(4)	Tier A mit EF ohne EB	Einseitige Sozialbeziehung	Tier B mit EF und EB
(5)	Tier A ohne EF und EB	Einseitige Sozialbeziehung	Tier B mit EF und EB
(6)	Tier A mit EF ohne EB	Keine Sozialbeziehung	Tier B mit EF ohne EB
(7)	Tier A mit EF ohne EB	Keine Sozialbeziehung	Tier B ohne EF und EB
(8)	Tier A ohne EF und EB	Keine Sozialbeziehung	Tier B mit EF ohne EB
(9)	Tier A ohne EF und EB	Keine Sozialbeziehung	Tier B ohne EF und EB

Beziehungen zwischen Tier und Pflanze oder zwischen Pflanzen untereinander: Diese Bereiche kommen für soziale Beziehungen mit großer Wahrscheinlichkeit nicht in Frage. Das Tier ist allem nach nicht in der Lage, eine Pflanze zoomorph zu sehen, ausgenommen, wenn sie beim Tier zufällig einen Reiz auslöst, der normalerweise nur tierlicher Herkunft sein kann. Das gelegentlich hochdifferenzierte Zusammenwirken pflanzlicher und tierlicher Attraktionsmechanismen bei der Bestäubung bleibt davon unberührt.

III. Voraussetzungen der Mensch-Tier-Beziehung

1. Verstehen und Verständigung

Einmal abgesehen davon, daß der Mensch kraft seiner Phantasie auch einen Maikäfer oder einen Grashalm personifizieren und zu dem so personifizierten Wesen eine einseitige Sozialbeziehung herstellen kann, setzt die gegenseitige Sozialbeziehung auch gegenseitige Du-Evidenz und Interaktionsfähigkeit voraus; sie verlangt also auch beim außermenschlichen Sozialpartner verschiedene Eigenschaften, die trotz bestehender Niveauspannung eine gewisse Gemeinsamkeit ermöglichen. Zu diesen Eigenschaften gehört für beide Teile ein Mindestmaß an Kommunikation und eine von beiden Teilen erkennbare Ausstattung mit sozialen Fähigkeiten.

(a) DIE FRAGE NACH DER ZWISCHENARTLICHEN VERSTÄNDIGUNG ist komplex. Glücklicherweise ist die Forschungsentwicklung bis 1960 von Kainz (1961) ausführlich behandelt worden, aber eine vergleichbare Zusammenfassung der seither erzielten Ergebnisse liegt nicht vor.

Interartliche Verständigung zwischen Mensch und Tier ist auf verschiedene Weise möglich, etwa als beschränktes oder auch weitgehendes Verstehen von interartlichen Informationen durch den Nicht-Artgenossen. Dies ist z.B. auch dann der Fall, wenn ein Hund einzelne Worte oder Wortfolgen seines Herrn zuverlässig versteht, wobei dieses Verstehen erheblich weiter reicht, als man im allgemeinen annimmt; vgl. Kalbhenn (1951) und Lorenz (1971, S.97). Eine höhere Form der Verständigung liegt vor, wenn innerartliche Informationen aktiv eingesetzt werden, etwa wenn der Mensch ein Tier mit dessen innerartlichem Lockruf anruft und dieser Anruf dann auch befolgt wird; vgl. Lorenz 1964, S.16. Noch komplizierter wird die Verständigung, wenn ein Partner sich mitteilen möchte, aber nicht verstanden wird und darum nach anderen Möglichkeiten sucht, sich verständlich zu machen (Lorenz 1953, S.13): "Der Hund, der mich mit der Nase anstößt, zum Wasserhahn läuft, die Pfoten auf den Spülstein legt, sich nach mir umsieht und winselt, *will* nur verständlich machen, daß ihn dürstet, und der Ausdruck, den er für seinen Wunsch findet, ist frei erfunden und nicht ererbte Instinktbewegung."

(b) SYSTEMATISCHE VERSUCHE, MIT PRIMATEN "ins Gespräch zu kommen", sind bis vor kurzem immer erfolglos geblieben. Man hat übersehen, daß diejenigen Tiere, die in der Lage sind, menschliches Sprechen nachzuahmen, dem Menschen gegenüber offenbar kein ausreichendes Mitteilungsbedürfnis haben und im Regelfall auch nicht intelligent genug sind, um das System der Wortsprache zu durchschauen. Andererseits hat man übersehen, daß denjenigen Tieren, die ein hohes Maß an Mitteilungsbedürfnis und Intelligenz haben, die anatomische Voraussetzung zur Erlernung der Menschensprache fehlt; vgl. Overhage (1972, S.243 ff.). Tiere mit hohem Mitteilungsbedürfnis und ausreichender Intelligenz müssen also in Analogie zu dem stummen bzw. taubstummen Menschen gesehen werden. Das amerikanische Forscherehepaar Gardner berichtet denn auch über den Versuch, ein weibliches Schimpansenkind "Washoe" in der Taubstummen-Zeichensprache ASL (American Sign Language) zu unterrichten (ebd. S.235 ff.). Bis 1970 hat Washoe insgesamt 100 Worte gelernt. Erfolgreicher als die Gardners war das Forscherehepaar Premack (Premack und Premack 1973); es arbeitet seit 1966 mit der Schimpansin "Sarah", jetzt etwa 12 Jahre alt. Sarah's Wortschatz besteht aus 130 Begriffen, die durch Plastikchips mit abstrakten Symbolen dargestellt werden: z.B. Viereck für Banane, Dreieck für Apfel. Die verwendeten Plastikzeichen stehen aber nicht nur für Substantive, die reale Dinge der Umgebung bezeichnen, sondern auch für Verben und Adjektive sowie für Zeichen grammatischer Funktionen. Formal gesehen, hat Sarah also nicht reden gelernt, sondern schreiben, und zwar mit einem "Ganzwort-Setzkasten", der 130 Teile enthält.

Wie geht nun diese Arbeit vor sich? Nach Absolvierung des Elementarkurses (vgl. Premack und Premack 1973, S.415 ff.) wird der Informationsaustausch durch den Trainer eingeleitet, indem er einen Satz an die Tafel heftet. Die Plastikchips sind mit einem Metallblättchen versehen und können so an eine magnetische Wandtafel geheftet werden.

Mit diesem System lernte Sarah Aussagen verschiedener Art, so z.B.: Mary geben Rosine Sarah. Rosine verschieden von Apfel. Apfel und Banane sind Früchte. Es wurden aber auch Beurteilungen und Unterscheidungen gelernt, wie ja und nein, groß und klein, gleich und verschieden; dazu eine ganze Skala von Farben. Ein weiterer Fortschritt wurde erzielt, als Sarah die Konditionalverbindung w e n n - d a n n lernte.

Nach diesem Ausbildungsstand kann man auch die durch v. Randow (1970) berichtete Reaktion auf eine nicht eingehaltene Zusage glauben: Nachdem Sarah als Belohnung für die Erfüllung eines Auftrages ein Stück Schokolade bekommen sollte, man ihr aber einen Ball gab, ging sie an die Tafel und heftete folgende Zeichen an: Ball sein nicht Schokolade. Im Prinzip sind auch die von Rumbaugh am Yerkes Primatenzentrum von Atlanta (vgl. "Der Spiegel" Nr. 25, 1974) mit der dreieinhalbjährigen Schimpansin "Lana" durchgeführten Versuche nicht anders angelegt. Statt der Plastikzeichen werden Tasten einer Informationsmaschine gedrückt, die dann über einen Komputer laufen, der den Zeichenaustausch festhält und gleichzeitig gewisse Fehler anzeigt. Selbstverständlich korreliert diese Kommunikationsfähigkeit mit der Intelligenz, die für verschiedene Tierarten ansatzweise erforscht wurde; vgl. hierzu insbesondere Köhler (1963) und Rensch (1965).

(c) VERSUCHE MIT DELPHINEN: Große Hoffnungen hat noch vor wenigen Jahren der Delphinforscher John C. Lilly (1969) geweckt. Er ging davon aus, daß Delphine sozial lebende Tiere sind, die ein im Vergleich zu anderen Tierarten hochentwickeltes Gehirn haben und zur innerartlichen Verständigung über ein differenziertes System von Lautäußerungen verfügen, deren Frequenz teilweise oberhalb des menschlichen Hörvermögens liegt . Die moderne Delphinforschung ist aber noch sehr jung und in ihren Ergebnissen bereichsweise kontrovers. Die von Lilly erweckten Hoffnungen haben sich jedenfalls nicht erfüllt.

(d) VON DER MÖGLICHKEIT EINER UNMITTELBAREN VERSTÄNDIGUNG KANN MAN NUR IN DER FRAGEFORM SPRECHEN. Allerdings ist zu vermuten, daß auch in solchen Fällen kleinste, vom Informator unbewußt gegebene Anzeichen mit im Spiel sind. Dabei sollte man nicht vergessen, daß eben diese Fähigkeit verschiedener Tiere, Gefühle, Wünsche und Absichten des Menschen an dessen unbewußtem Mikro-Ausdruck abzulesen, eine erstaunliche Wahrnehmungsmöglichkeit ist, über die der Mensch nicht annäherungsweise verfügt. Nach Mitteilung von Hediger (1967) hat Pfungst mit einem hierfür besonders konstruierten Gerät nachgewiesen, daß Pferde in der Lage sind, "mimische Bewegungen von weniger als ein fünftel mm Auschlag wahrzunehmen." Das allein ist schon eine große Leistung. Wenn aber nach dem Katzschen Gesetz

(vgl. Anm.5) das Tier dem Menschen im emotionalen Bereich besonders nahe
steht, warum soll dann nicht auch beim Tier Gefühlsartiges beteiligt sein?
Oder woher soll das Tier sonst die Information haben, w i e es die einzelnen Signale des menschlichen Mikro-Ausdruckes deuten soll? Vgl. hierzu
auch, was Lorenz von seiner Schäferhündin Tito berichtet (22).

(e) GRENZEN DES MITTEILBAREN: Die Kommunikation zwischen Mensch und Tier
ist aber nicht nur eine Sache der möglichen Verständigung, sondern zugleich auch eine Frage nach dem Mitteilbaren selbst; denn dieses Mitteil-
bare muß doch dem Bereich des gemeinsam Zugänglichen angehören. Mit anderen Worten: auch wenn der Hund unsere Sprache sprechen und verstehen
könnte, *ausdrücken* und *begreifen* könnte er nur, was *innerhalb* seines Er-
lebnis- und Denkhorizontes läge. Ähnliches gilt übrigens auch für Kinder
im Gespräch mit Erwachsenen, für Laien im Gespräch mit Fachleuten und
für Spezialisten verschiedener Gebiete untereinander.

2. Sozialverhalten und moralanaloges Verhalten

(a) ANLAGE UND LERNFÄHIGKEIT: Neben der interartlichen Kommunikation ist
es vor allem noch die Gemeinsamkeit im Sozialverhalten, die uns hilft,
das Tier als ein uns verwandtes Wesen zu erkennen und zu akzeptieren.

Aufgrund der im Kapitel I, 4d schon erwähnten Analogie im Sozialverhalten
von Mensch und Tier kann die soziologische Definition der Moral als Ganzes
der jeweils geltenden Sozialnormen einer Sozietät für Mensch und Tier in
ähnlicher Weise gelten. Auch menschliche Moral ist heute noch weitgehend
als innerartliche Gruppenmoral anzusehen, und Mitmenschlichkeit ist prinzipiell nichts anderes als jede Form innerartlicher Mit-Tierlichkeit
auch. Das heißt dann bei Steinbacher (1967): "Der Entschluß zur Mitmenschlichkeit liegt jedenfalls tief im Animalischen verankert".

Der Begriff des moralanalogen Verhaltens wurde vermutlich 1956 in die
ethologische Terminologie eingeführt, und zwar durch einen Aufsatz von
Konrad Lorenz mit dem Titel: "Moral-analoges Verhalten geselliger Tiere"
(1956). Er wählte diese Bezeichnung für das bei vielen sozialen Tieren
zu beobachtende Schonungsverhalten gegenüber Artgenossen, eine "Humani-

sierung" des Kampfverhaltens, die der Mensch bisher noch nicht in ausreichendem Maße gelernt hat. Inzwischen wird der Begriff des moralanalogen Verhaltens auch auf andere Bereiche ausgedehnt, insbesondere die aufopfernde Sorge für die Jungen. Weniger bekannt sind Leistungen wie: Geburtshilfe, Rettung verwundeter Artgenossen, Respektierung fremden Eigentums und fester Paarbeziehungen (vgl. Wickler 1972b S.14o-164); auch über Euthanasie (?) wird berichtet (23).

Die in einer Tier-Sozietät geltenden Normen bestehen aus einem System angeborener und erlernter Verhaltensweisen, wobei die erlernten Verhaltensweisen oft in Konkurrenz zum angeborenen Verhalten stehen, also das Triebverhalten korrigieren und einengen. Die Übermittlung der erlernbaren Verhaltensregeln erfolgt durch eine hierarchisch organisierte Weitergabe an die jeweils heranwachsende Generation. Dabei ist der Bereich des Lernbaren begrenzt und die Möglichkeit des Lernens sozialer Verhaltensweisen durch einen von Art zu Art unterschiedlich ausgeprägten Sozialtrieb angelegt. Das einzelne Tier ist also nicht frei, o b und w a s es lernen will oder nicht, sondern es bleibt in einen Lernzwang eingebettet, der jedoch unterschiedliche Abweichungen und neue Entwicklungen z.B. in der Art von Traditionsbildung (24) zuläßt. Tierkinder und Jungtiere bringen also -wie das Menschenkind auch- angeborene Triebe und Verhaltensweisen mit, und beide lernen im Sozialisationsprozeß von ihrer jeweiligen Erwachsenen-Umwelt. Joachim Illies (1971, S.161) drückt das für die tierliche Entwicklung so aus: "Auf das handelnde 'Es' , das beim Tier die Summe seiner Triebabläufe darstellt, setzt sich ein Über-Es, nämlich die internalisierte Autorität des ranghöchsten Herdengenossen." Die Entwicklung zwischen Tier- und Menschenkind trennt sich erst, wenn im Menschenkind das Ichbewußtsein entsteht. Für den Menschen spricht man bis zur Pubertät von einem infantilen Gewissen; es ist autoritätsbestimmt und nicht autonom, wobei der Grad der durch den Menschen erreichbaren Autonomie erst noch zu diskutieren wäre. Tierliches und infantiles Gewissen sind sich analog, und das menschliche Gewissen entwickelt sich über dieses Niveau hinaus nur in dem Maße, wie es Autonomie erreicht.

(b) ENTSTEHUNG DES ALTRUISMUS: An der Entstehung altruistischer Verhaltensweisen können nach Argyle (Soziale Interaktion, Köln 1972, S.19o)

verschiedene Faktoren beteiligt sein, darunter auch der Evolutionsprozeß.
Argyle verweist auf verschiedene Versuche mit unterschiedlich gefütterten
Primaten. Dabei konnte beobachtet werden, wie die hungrigen Tiere sowohl
auf Bettelgesten hin, aber oft auch unaufgefordert von ihren Artgenossen
versorgt wurden. Über ähnliche Untersuchungen berichtet auch Schoeck
(1968, S.88): "Yerkes beobachtete Ende der dreißiger Jahre bei seinen
Schimpansen Anzeichen für eine Art soziales Gewissen. Er nennt es gelegentlich auch Altruismus. Die Rücksichtnahme auf den anderen, Handlungs-
hemmungen aus einem schlechten Gewissen ihm gegenüber (und nicht aus
reiner Furcht) gehören zu den wichtigsten Ergebnissen der Evolution, und
Yerkes glaubte gerade bei den Menschenaffen Hinweise für die Geschichte
dieses Gefühls finden zu können, weil bei den Menschen viel von seiner
Entstehung tief im Unbewußten oder Unterbewußtsein begraben sei oder aus
Bescheidenheit und Scham verborgen bleibe". Holmes (1945) erklärt den Altruismus als eine Form der Arterhaltung in der Gruppe: "For all social
animals altruism has a very real value in the struggle for existence.
Animal societies everywhere are mutual benefit associations, and the
altruistic instincts which make for social solidarity and effective
cooperation would be favoured by natural selection as well as variations
that aid the individual *per se.*"

(c) BRUT- UND NACHWUCHSPFLEGE: Aus diesem Bereich ist besonders auf die
unter Stachelmäusen (Dieterlen 1962) und Delphinen (Grzimek 1957) übliche Geburtshilfe zu verweisen. Zum Schutze der besonders gefährdeten
Jungtiere sind Tiere sowohl zu individuellen Leistungen, aber auch zu
kollektiver Verteidigung befähigt; so wird von Dröscher (1967, S.93 f.)
besonders eindrücklich berichtet: "In einer Gnu-Herde war gerade ein
Junges geboren worden. Von diesem Augenblick an dauert es 13 Minuten, bis
das Kleine auf die langen, staksigen Beinchen kommen und laufen kann.
Das sind, kaum zur Welt gebracht, die gefährlichsten Minuten in seinem
Leben. Denn zur Zeit der Gnu-Geburten streichen allerlei Raubtiere,
Hyänen, Schakale und Löwen, nahe der Herde auf der Suche nach leicht zu
fassender Beute umher. Nach wenigen Minuten hatte schon eine Hyäne von
der günstigen Gelegenheit Wind bekommen und trabte los. Da geschah etwas
Faszinierendes: Ein Teil der erwachsenen Herdenmitglieder hatte genau
bemerkt, was hier gespielt wurde, und bildete augenblicklich eine breite

Front, um das immer wieder zu Boden knickende Baby gegen die Hyäne zu decken. Gnu neben Gnu, zeigten sie dem Feind eine respektable Reihe spitzer Hörner. Als der Räuber das sah, trollte er resignierend von dannen".

Etwas differenzierter liegt der Fall bei Delphinen. Sie leisten nicht nur Geburtshilfe, sondern führen auch komplizierte Rettungsaktionen durch. Gegenstand solcher Rettungsaktionen kann auch der Mensch sein; jedenfalls hält Hediger (1965, S.97) die bekannt gewordenen Fälle für sicher beglaubigt.

(d) LUG UND TRUG BEI TIEREN: Der Bericht zum Thema moralanaloges Verhalten wäre unvollständig, wenn die Möglichkeit des von der Norm abweichenden Verhaltens nicht erwähnt würde. Ein amüsantes Thema ist die Lüge und Irreführung zum eigenen Vorteil. Friedrich Kainz lehnt es zwar ab, bei Tieren von Lügen zu sprechen, aber auch er räumt ein, daß man ohne Sprache ebenso gut lügen kann (1961, S.141). So wird immer wieder von irreführenden Alarmsignalen berichtet, um lästige Konkurrenten am Futterplatz zu verjagen. (Wickler 1972, S.133 f.) Aber auch im Bereich der Sexualnormen gibt es Übertretungen, wie Friedrich Kainz (1961, S.147) an einer pavianesischen "Frau Potiphar" nachweist. Zur Frage des moralanalogen Verhaltens haben sich insbesondere Overhage (1972, S.285-296), Rauh (1969, S.159-17o) und Wickler (1972 b, S.13o-139) geäußert.

(e) REUEVERHALTEN UND "ÜBER-ES": Abschließend noch der Hinweis auf ein von Hundefreunden oft beschriebenes Phänomen, das Reueverhalten. Lorenz unterscheidet dabei zwei verschiedene Situationen. Die eine ergibt sich, wenn der Hund ein erlerntes Gebot übertritt, wobei ein solches Gebot auch auf das Verhalten gegenüber Dritten gerichtet sein kann. Lorenz berichtet von seinem Hund Wolf I, den er als blutgierigen Jäger bezeichnet, daß er kein Tier verletzt habe, sofern "er nur w u ß t e , daß das betreffende Wesen unserem Tierbestand angehörte " (1971, S.116).
Die Unterweisung des Hundes beschreibt Lorenz anschließend so: "Ich rief meinen Hund ... an die Transportkisten, stieß ihn mit der Nase sanft auf die Fasane, versetzte ihm ein paar leichte Klapse und äußerte dazu drohende Worte" (S.117). Trotzdem kam es später zu einem Konflikt, als der Hund einem wilden Fasan gleicher Art begegnete. Lorenz beschreibt diese

Episode so: "Ich kam an einem schönen Frühlingsmorgen in den Garten und
sah, erstaunt und empört, meinen prächtigen Wolf inmitten der Wiese stehen,
einen Fasan im Fang! Der Hund hatte mich nicht bemerkt, so daß ich ihn un-
gestört beobachten konnte. Wolf schüttelte weder den Fasan, noch tat er
sonst etwas, er stand nur still da, mit dem Vogel im Maul und merkwürdig
ratlosem Gesicht. Als ich ihn anrief, zeigte er keine Spur schlechten Gewissens, sondern kam, die Rute erhoben und den Vogel noch immer im Maul
tragend, auf mich zu. Da sah ich, daß er einen wilden Jagdfasan gefangen
hatte, also nicht einen unserer freilaufenden Gold- oder Silberfasane.
Offensichtlich hatte sich der hochintelligente Hund in einem schweren Ge-
wissenszweifel befunden, ob dieser eine, in unseren Garten eingedrungene
Jagdfasan zu den geheiligten Tieren zähle oder nicht. Er hatte ihn
wahrscheinlich zuerst für rechtmäßiges Wild gehalten und gefangen, dann
aber, vielleicht weil der Geruch an verbotene Hühnervögel erinnerte, ihn
nicht getötet, wie er es sonst mit jeder Jagdbeute getan hätte. Wolf war
daher sogleich bereit, mir die Entscheidung zu überlassen, merkbar er-
leichtert, dies tun zu können. Der Jagdfasan, der völlig unverletzt war,
hat jahrelang in einem unserer Flugkäfige gelebt ..." (S.112). Die andere
Form des Reueverhaltens hat einen ganz anderen Hintergrund. Sie tritt
spontan in Erscheinung, wenn der Hund versehentlich seinen Herrn oder
einen "sympathischen Bekannten" beißt. Die Reaktionen sind so deutlich
und lange anhaltend, daß man daraus auf ein sehr intensives Schuldgefühl
schließen muß (vgl. Lorenz 1971, S.114). *Einen Freund oder befreundeten
Vorgesetzten zu beißen, muß besonders unter Hunden ein schweres Vergehen
gegen die innerartliche Norm darstellen. Hieraus wäre zu folgern, daß
sozial lebende Tiere, die zu einem Menschen ein zoomorphes Artgenossen-
Verhältnis haben, diesen Menschen auch in die ihnen geltende Gruppennorm
einbeziehen, d.h. daß ein Tier in diesem Falle auch von seinem menschlichen Partner das innerartliche Normverhalten erwartet und daß ein Tier
auch dem Menschen gegenüber die im innerartlichen Umgang üblichen
Sanktionen gegen Normverstöße anzuwenden versucht, aber auch hinzunehmen
bereit ist.*

An zwei wichtigen Themenbereichen, interartlicher Verständigung und
moralanalogem Verhalten, ist nun deutlich gezeigt worden, wie schwer
es ist, menschliches und tierliches Verhalten zu unterscheiden, bzw.

graduell oder prinzipiell zu unterscheiden.

Vieles, was man heute dazu sagen kann, ist vermutlich in einem Jahrzehnt schon wieder überholt. "Vergessen wir nicht", sagt Adolf Portmann,"daß es kaum zwanzig Jahre her ist, daß zum erstenmal das soziale Verhalten, die soziale Gliederung einer Tiergruppe wirklich objektiv untersucht worden ist, daß wir erst in diesen letzten Jahren die Bedeutung einzelner gefühlsbetonter Stellen im Lebensraum oder auch im Zeitsinn höherer Tiere zu erkennen und zu untersuchen anfangen" (1963, S.278).

3. Bemerkungen zum Mensch-Tier-Unterschied

Die Aneinanderreihung so vieler humananaloger Eigenschaften und Leistungen könnte nach Keiter (1969, S.227) den Verdacht nahelegen, in der Verhaltensforschung bestehe eine Tendenz, den Menschen gegenüber der Tierwelt abzuwerten. Dies ist, wie Keiter dann weiter ausführt, sicherlich nicht der Fall; vgl. auch Lorenz (1973, S.223 ff.). Wir müssen aber davon ausgehen, daß der Mensch in seiner tradierten Selbstüberschätzung noch immer fest verwurzelt ist und eben *nicht* über so viel Distanz verfügt, die es ihm erlauben würde, die Nähe vom Tier voll zu akzeptieren. Die soziologische Feststellung, daß die Rivalität unter Rangnahen härter ausgefochten wird als zwischen Ranghohen und Rangniedrigen, scheint auch hier zu gelten. Vgl. hierzu auch die Bemerkung von Schenkel (Kapitel II, 8c) über das besonders belastete Verhältnis zwischen dem Menschen und seinen allernächsten tierlichen Verwandten. Zur Sonderstellung des Menschen gibt es eine umfangreiche Literatur; vgl. insbesondere Overhage (1932, S.15 ff.) und Hofer/Altner (1972).

Die Frage, ob die Sonderstellung des Menschen gradueller oder prinzipieller Art sei, wird noch immer in mehreren Disziplinen und unter verschiedenen Gesichtspunkten diskutiert. Hier zwei Stellungnahmen, die eine Verringerung des früher angenommenen Abstandes erkennen lassen, zunächst von Kunz (1968, S.243): "Für viele Merkmale, die prima vista als spezifisch menschlich imponieren, lassen sich bei Tieren in sorgfältigen Vergleichen ähnliche Kennzeichen oder keimhafte Ansätze zu solchen aufzeigen. Wo das vorerst nicht gelingt, bleibt es trotzdem fraglich, ob die restlichen,

allein dem Menschen eignenden Züge zur Postulierung eines radikalen
Wesensunterschiedes ausreichen." Ähnlich auch Otto Koehler (1968c, S.63):
"Alle die früher zu Hunderten ausgesprochenen Antithesen: Der Mensch hat
Vernunft, das Tier Instinkt - Homo faber: Der Mensch stellt Werkzeuge
her - Homo ludens: Der Mensch spielt, das Tier nicht, und wie sie alle
heißen, sind durchlöchert: Ohne Instinkte wäre der Mensch ein hilfloser
Krüppel und könnte keinen halben Tag leben. Höhere Tiere stellen Werkzeuge her und spielen. Und wenn sie zwar nicht sprechen, so zeigen sie
doch unabdingbare Vorstufen und Vorbedingungen unserer Sprache, die sie
uns übereignen mußten, wenn wir als erste zu sprechen beginnen sollten".

Wenn wir Leistungsvergleiche anstellen, sollten wir nicht auf der einen
Seite von menschlichen Genies und auf der anderen Seite von Blattläusen
ausgehen. Das Tier verfügt je nach dem Grad seiner Entwicklung über ein
arteigenes mehr oder weniger starres und differenziertes Instrumentarium
angeborener oder erlernbarer Fähigkeiten, woraus sich ein hohes Maß an
Verhaltenssicherheit ergibt. Dazu ist es mit arteigenen Spezialbegabungen
ausgestattet, durch die es uns (bald absolut, bald relativ) oft weit
überlegen ist; das betrifft sowohl Körperkraft und körperliche Fähigkeiten wie auch die verschiedenen Bereiche der sinnlichen Wahrnehmung
und Orientierung.

Wir sollten uns aber auch die geschichtlich gewordene und zivilisatorisch
organisierte Menschheitsleistung nicht auf die individuelle Haben-Seite
verbuchen. Zugegeben, es gibt große Leistungen, aber sie werden nur von
wenigen Spezialisten vollbracht, deren Leistung in allen anderen Bereichen dann oft sehr bescheiden ist: auch der Mensch kann nicht alle
menschlichen Leistungen in sich vereinigen. Die menschliche Überlegenheit beruht in hohem Maße auf der arbeitsteiligen sozialen Organisation
seines Lebens; damit hat er aber nicht nur gewonnen, sondern als Individuum auch verloren, indem er zu einer Art menschlichen Ameise wurde. Im
übrigen sind die Lernprozesse, die zur Bildung von Gruppen und Großorganisationen geführt haben, bei Mensch und Tier durchaus vergleichbar. Dabei hat uns die gegenüber den Tieren weit überlegene Intelligenz noch
nicht dazu befähigt, innerhalb unserer Spezies ein einigermaßen friedliches und vernünftiges Zusammenleben zu organisieren; vgl. hierzu auch

Lorenz (1963, S.357 ff.).

Aus Tradition und Neigung ist der Mensch bei aller anthropomorphen Sicht im Einzelfall noch immer versucht, seine Distanz auch zu den höchstentwickelten Tieren erheblich vergrößert zu sehen. Wie tief diese oft unbewußte Überheblichkeit sitzt, läßt sich daran erkennen, daß in einigen Sprachen, z.B. der deutschen, für alles, was das Tier betrifft, auch eigene Begriffe entstehen. Das hat schon Schopenhauer (Grundlage der Moral I, 19, 7, Sämtliche Werke Bd. 3, S.635) festgestellt:" ... entsprechend finden wir, auf dem populären Wege, die Eigenheit mancher Sprachen, namentlich der deutschen, daß sie für das Essen, Trinken, Schwangersein, Gebären, Sterben und den Leichnam der Tiere ganz eigene Worte haben, um nicht die gebrauchen zu müssen, welche jene Akte beim Menschen bezeichnen, und so unter der Diversität der Worte die vollkommene Identität der Sache zu verstecken...". Vgl. hierzu auch Duwenhorst (1962) und Heinemann (1970).

Im Sinne dieser Sprachregelungen bezeichnen wir besonders hochgeschätzte Eigenschaften wie Hilfsbereitschaft, Großmut oder Mitgefühl als menschlich oder human (25), die gegenteiligen Eigenschaften aber als tierisch, viehisch, bestialisch oder brutal. In diesem Sprachgebrauch sind wir Erben einer völligen Verkennung und Verteufelung des Wesens der Tiere, Opfer eines die Tierwelt diffamierenden Vorurteils.

IV. Konkrete Möglichkeiten der Mensch-Tier-Beziehung

1. Kollektive Beziehungen

Weitaus die meisten Beziehungen zwischen Mensch und Tier beruhen nicht auf individueller Du-Evidenz, sondern das jeweils andere Wesen wird, wenn überhaupt, nur als einzelnes Exemplar einer Kategorie wahrgenommen, wobei allerdings immer die Möglichkeit besteht, daß ein beliebiges Einzelwesen durch irgend ein Ereignis aus seiner kollektiven Existenz heraustritt und für ein bestimmtes Einzelwesen einer anderen Art zum unverwechselbaren Individuum wird, etwa wenn man als Autofahrer ein Tier verletzt hat und es dann versorgt und möglicherweise zu sich nimmt.

Die kollektive Beziehung ist auch die Regel für die Masse unserer zwischenmenschlichen Kontakte: für den Benützer der Autobahn sind die vielen tausend Menschen, denen er begegnet, nur andere Verkehrsteilnehmer, die er zu berücksichtigen hat. Oder wer für die Opfer einer Naturkatastrophe spendet, denkt in einer Kategorie, und zwar formal gesehen nicht anders als ein Schalterbeamter hinsichtlich des Publikums oder ein Autor im Gedanken an seine Leser oder wie immer man diese Beziehung konkretisieren will.

(a) DAS TIER UNTER BIOLOGISCHEM ASPEKT: Der erwachsene Mensch sieht im Tier meist ein je nach biologischer Nähe artverwandtes (und dann oft auch vermenschlichtes) oder artfremdes Lebewesen. Im großen Zusammenhang wird das Tier als Teil der Natur angesehen. Das Tier seinerseits nimmt den Menschen vermutlich nur als Mittier gleicher, ähnlicher bzw. anderer Art, oft aber auch nur als Kumpan oder ein Stück Umwelt wahr (26). Nach Hediger (1965a, S.9o f.) wird der Mensch von Vögeln und Fledermäusen oft als Lande-, Ruhe- oder Nistplatz angesehen. Für Beutelbären kann schon ein menschliches Bein zum Baumstamm werden. Ähnliches gilt nach Geiger (1931, S.294 f.) für den Rhinozerosvogel (Madenhacker); "er hält sich in der Nähe des Rhinozerosses auf, lebt von den Insekten, die er auf dessen Körper findet und wird geduldet. Umgekehrt fungiert er objektiv für den Dickhäuter als Warner... Ich sehe keinen zureichenden Grund, hier ein geselliges Verhältnis anzunehmen. Das Rhinozeros ist dem Vogel Futterplatz - sonst nichts". Anders beurteilt Hediger (1965a, S.89 f.) das Verhalten eines afrikanischen Vogels, des Honiganzeigers, der Menschen, Paviane und Honigdachse zu wilden Bienenstöcken führt "in der Erwartung, daß diese Wesen, denen eine Vorliebe für Honig gemeinsam ist, die für den Vogel unzugänglichen Waben freilegen, so daß er zu Wachs und Bienenbrut gelangen kann, auf die er außerordentlich erpicht ist."

(b) DAS TIER UNTER ETHISCH-RECHTLICHEM ASPEKT: Das Tier kann dem Menschen Mitgeschöpf sein, woraus sich eine religiös begründete Norm für das Verhalten des Menschen gegenüber dem Tier ableiten läßt. Tierschutz ist allerdings auch aus dem bloßen Faktum abzuleiten, daß "der Mensch als einziger aus der Biosphäre emanzipierter Organismus" eine gewisse Verantwortung für seine belebte Umwelt hat (vgl. R.Bornkamm 1971); Bates (1967, S.14o) spricht davon, daß der Mensch ein "ökologisches Gewissen" entwickelt.

Unter rechtlichem Aspekt kann das Tier als *Lebewesen anthroponomen Rechts* gelten. Das zu schützende Rechtsgut ist nach dieser Anschauung nicht das Tier, sondern der Mensch, der entweder durch Schaden an seinen Tieren materielle Einbußen erleidet oder dessen sittliches oder ästhetisches Gefühl verletzt wird, wenn er Augenzeuge tierquälerischer Handlungen wird. Auch das Argument, daß ein Tierquäler seelisch verroht und dadurch seinen Mitmenschen gefährlich werden kann, zielt nur auf das Interesse des Menschen ab. Dieses Argument hat eine lange Tradition und ist bei Thomas von Aquin (vgl. Anm.5) ebenso klar ausgedrückt wie bei Kant (Metaphysik der Sitten, 2. Teil, § 17). Sie war bis ins 2o. Jahrhundert maßgeblich und ist in der Bundesrepublik eigentlich erst durch das neue Tierschutzgesetz von 1972 überwunden worden und auch da mehr nur in der theoretischen Begründung als in den Ausführungsbestimmungen; vgl. hierzu Ennulat/Zoebe (1972) und Lorz (1973).

Älter als diese rein anthroponome Sicht ist die zunächst religiös fundierte Anschauung, daß alle Lebewesen kraft göttlicher Schöpfung grundsätzlich ein je eigenes natürliches Lebensrecht haben. Nach dieser Lehre ist das Tier auch unabhängig vom Menschen ein zu schützendes Rechtsgut, weil ihm - gleichgültig aus welchen Gründen - ein eigenes Lebensrecht zuerkannt

wird, das durch die Rechtsordnung zu schützen ist. Das subjektive Recht
des Tieres kann aber nur durch den Menschen positiv gesetzt und im Einzelfall vertreten werden. Nach dieser Theorie ist das Tier ein *Lebewesen
anthroponomen und natürlichen Rechts*.

(c) DAS TIER UNTER EMOTIONAL WERTENDEM ASPEKT: Unter diesem Gesichtspunkt
erscheint das Tier dem Menschen in verschiedenen Abstufungen der Zuneigung oder Ablehnung als sympathisch oder unsympathisch, wobei sich verschiedene Tierarten einer weitverbreiteten Sympathie erfreuen, andere als
unheimlich oder abscheuerregend empfunden werden (vgl. Illies 1973, S.131
ff.). Krüger (1934), Zillig (1961)und Morris (1973, S.2o4-229) haben diese
Zu- oder Abneigung bei Kindern untersucht. Einzelne Tierarten sind dem
Menschen auch deswegen unsympathisch, weil sie einer anderen, vom Menschen besonders geliebten Tierart nachstellen; von dieser Art Antipathie
sind häufig die Katzen betroffen.

Beim Tier ist vermutlich die Angst vor dem Menschen so beherrschend, daß
sich eine emotionale Einstellung nur individuell ergeben kann. Nur von
einigen Haustieren könnte man sagen, daß sie sich dem Menschen gerne anschließen. Aus dem Bereich der nicht domestizierten Tiere gilt nach
alter Überlieferung insbesondere der Delphin als anthropophil. Aristoteles,
Plinius und Aelian haben darüber berichtet (vgl. Perfahl 1970, S.3o, 68,
92, 98, 129). Die zoologische und ethologische Forschung hat diese liebenswürdigen Eigenschaften weitgehend bestätigt.

(d) DAS TIER UNTER DEM ASPEKT DER GEFÄHRLICHKEIT: Unter dem Gesichtspunkt der Gefährlichkeit sind hier alle Tierarten zu nennen, die den
Menschen unmittelbar angreifen, wobei zu unterscheiden wäre, ob der Angriff in echter oder vermeintlicher Verteidigung erfolgt wie bei Raubkatzen, bzw. als Angst- oder Schreckreaktion wie bei Schlangen, oder ob
der Angriff auf den Menschen als Beute abzielt wie beim man-eater
(vgl. Hediger 1965a, S.86), bei Haien oder Piranhas (südamerikanische
Raubfische, die auch Menschen angreifen). Zu erwähnen ist auch die südamerikanische "Mörderbiene" (apis melliflora adansoni), eine Züchtung
mit ausgesprochen unerwünschtem Ergebnis: eine gegen andere Bienen, andere
Tiere und den Menschen aggressive Art; da sie nicht nur einzeln, sondern

auch im Schwarm angreift, ist sie lebensgefährlich. Ein Sonderfall ist
gegeben, wenn Zwinger- oder Kettenhunde einen Menschen anfallen oder
töten. In diesem Falle ist nicht der Hund, sondern der Dresseur bzw. der
Hundehalter verantwortlich (vgl. Grzimek 1974).

Ferner sind hier alle Tierarten zu nennen, die den Menschen als Krank-
heitsüberträger oder Krankheitserreger in Gefahr bringen können. Para-
siten können dem Menschen je nach Art gefährlich oder auch nur lästig
werden. Mittelbaren Schaden können Tiere durch Sachbeschädigung oder
einfach als Schädlinge durch Gefährdung der menschlichen Ernährungsgrund-
lage anrichten. Ferner kann uns das Tier als Ruhestörer, als Wege- und
Gesimsebeschmutzer oder schließlich als Verkehrshindernis lästig werden
oder Gefahr bringen.

Aus der Optik des Tieres ist der Mensch sicher das gefährlichste aller
Mit-Tiere. Hediger (1965a, S.85 ff.) schreibt: "Die Feind-Bedeutung ist
bei weitem die häufigste. Wo immer der Mensch im Freileben des Wild-
tieres erscheinen mag, gibt er Anlaß zur Flucht; er steht als Universal-
feind gewissermaßen im Brennpunkt der tierlichen Fluchtreaktionen. Schein-
bare Ausnahmen machen nur die pseudozahmen Tiere, die seit Jahrtausenden
in menschenfreier Umgebung gelebt haben, wie etwa gewisse Robben und
Pinguine in antarktischen Gebieten, die einheimischen Tiere der Galapagos-
Inseln usw."

Ob das Tier auch mittelbare Gefährdung durch den Menschen wahrnehmen
kann, ist wohl nur in Fällen von Nestraub denkbar. Alle übrigen Schäden,
wie z.B. durch Gifte, Maschinen oder Fahrzeuge könnten nur von Tieren
mit ausgeprägtem Geruchssinn mit menschlichen Urhebern in Verbindung gebracht werden.

(e) DAS TIER UNTER DEM ASPEKT DER MENSCHLICHEN ERNÄHRUNG UND NUTZUNG:
Das Tier ist die traditionelle Jagd- und Fangbeute des Menschen. Jagd ist
in ihren frühgeschichtlichen Formen immer verbunden gewesen mit dem Bemühen, die Tötung zu rechtfertigen oder die Seele der getöteten Tiere zu
versöhnen (vgl. Illies 1973, S.54 ff.). Dieses Schuldgefühl ist -wenn
auch unterschiedlich verteilt- unzerstörbar geblieben bis zum heutigen

Tag (vgl. Rudolph 1972). Es hat sich in der Form gewandelt, ist aber vermutlich auch heute noch der treibende Grund für die Humanisierungstendenz im Jagdgeschehen; vgl. hierzu insbesondere Wilke (1945), Ortega y Gasset (1953, S.1oo f.), Kirchhoff (196o) und Richter (1966). Soweit ein Revierinhaber mehr Heger als Jäger ist, kann er sich den Tieren seines Reviers gegenüber auch als Beschützer empfinden. Außerdem ist zu einzelnen, dem Jäger individuell bekannten Tieren auch ein engeres Verhältnis denkbar.

Zum Nutzen des Menschen sind aber auch vielfältige andere Beziehungen denkbar. Die älteste Form ist die Züchtung, Haltung und Nutzung, wobei die Nutzung sowohl am lebenden wie auch am getöteten Tier in Frage kommt; Geiger (1931, S.299) spricht von einem Ausbeutungsverhältnis. Diese Beziehung kann sehr distanziert und inhuman sein, wie bei den modernen Legebatterien und Mastboxen, die je nach Tierart entweder mit Ganztagsbeleuchtung oder in ständiger Dunkelheit und immer weiter eingeschränkter Bewegungsfreiheit die Lebensbedingungen der Tiere in einer ihre Eigenart deformierenden Weise verändern.

Auch die Tötung des Haustieres ist von Anfang an mit Schuldgefühlen verbunden gewesen. Nach biblischer Überlieferung (vgl. Kapitel VII, 2b) war Tötung zunächst nur im Opfer möglich, wobei die nach damaliger Vorstellung ans Blut gebundene Seele unantastbar blieb (vgl. Landmann 1959, S.47 ff., Rudolph 1972 und Illies 1973, S.95 f.) Dieses Schuldgefühl ist bis heute durch einzelne Repräsentanten immer wieder deutlich ausgesprochen, von der Umwelt aber mit jeweils zeitgemäßen Argumenten verurteilt oder verdrängt worden. Auch hierzu haben sich Rudolph (1972) und Illies (1973, S.91 ff.) geäußert. Rudolph unterscheidet in seiner Untersuchung zwischen dem einer Tötung vorausgehenden Mitleid und nachfolgender Reue; beide sind Erscheinungsformen, die zum Teil angeboren, zum Teil erworben sein können. Interessant ist, daß auch Wissenschaftler, denen man im Regelfall ein stark unterkühltes Verhältnis zu ihren Tieren vorwirft, diese Tötungshemmung kennen; vgl. hierzu Anm.27b.

Das Verhältnis zu Nutztieren muß aber nicht notwendigerweise oberflächlich sein, sondern die Tiere können sogar in die Familie integriert sein, Wohnung und Stall gehen ja oft auch räumlich ineinander über. Man ist versucht, an biblische Bilder, z.B. 2. Sam. 12, zu denken, wo eine solche

Lebensgemeinschaft als Gleichnis beschrieben wird. Einzelne Züge dieser
Einheit haben sich bis in unser Jahrhundert erhalten. Geiger (1931, S.299f.)
zitiert Knut Hamsun, (Landstreicher S.483 f.) um diese Einheit und ihren
Wandel zu schildern: "Jetzt haben sie oben in der Nordgemeinde angefangen
Kälber aufzustellen, sie eine Zeitlang zu füttern und sie dann zum
Schlachten in der inneren Gemeinde zu verkaufen. Sie bekommen Geld dafür
... Es ist etwas Böses und Gemeines mit diesen Kälbern . . . sie aufstellen und mit ihnen gut bekannt werden und sie dann den feinen Leuten
zum Essen hinbringen! Wie war das früher? Ja, wir zogen unsere Tiere auf
und gewannen sie lieb, und es kam doch gar nicht vor, daß wir eine Kuh
verkauften, ohne zu wissen, ob sie es an dem neuen Platz auch gut haben
würde, es war doch mehr, wie *wenn wir ein Kind fortgaben ...*".
Ähnlich äußert sich auch Schenkel (1968, S.1o47 f.):"Bauernfamilien ziehen
ihre Rinder oft mit viel persönlicher Hingabe auf - wenigstens in der
Schweiz. Jedes 'Haupt' hat seinen Namen von klein auf (27)."

Das Tier unter dem Gesichtspunkt der Nutzung ist Ware. Hediger (1965a,
S.117) hat sich dazu wie folgt geäußert: "Betrachten wir zunächst das
Tier als Ware, und zwar das lebende Tier als tote Ware. Diese bedenkliche
Bedeutung tritt vor allem in Situationen auf, in denen der Mensch mit
Massen von Tieren zu tun hat, in denen das Tier einen Handelswert besitzt
und Gegenstand des Handels wird. Da genügt zur Anschauung schon ein Blick
auf den Fischmarkt, den Geflügel- oder Viehmarkt, den Vieh- und Tierhandel, den Transport solcher Tiere usw. Zu dieser Einschätzung der Tiere
als Ware gehört auch ihre Rolle als Hobby, Objekt und Spielzeug, gelegentlich auch als Statussymbol oder Dekorationsmittel, in allen Fällen aber
immer wieder als Handelsobjekt."

(f) DAS TIER ALS OBJEKT DER FORSCHUNG, BEOBACHTUNG, BESICHTIGUNG UND
DARSTELLUNG: Mensch und Tier sind beide Gegenstände der Forschung, Beobachtung, Besichtigung und Darstellung, jedoch mit dem Unterschied, daß
(von Rückfällen abgesehen) die Würde und Unversehrtheit des Menschen
nicht beeinträchtigt werden darf, das Tier diesen Schutz aber nur in
sehr beschränktem Umfang genießt. Gegenstand der Forschung kann das Tier
in verschiedener Hinsicht sein: es kann aus biologischen, zoologischen
(vgl. Morris 1973, S.212), ethologischen, veterinärmedizinischen, human-

medizinischen, pharmazeutischen, kosmetischen, landwirtschaftlichen, ernährungswissenschaftlichen oder wirtschaftlichen Gründen zum Objekt der Forschung werden. Der Forscher kann dabei ein sehr enges und persönliches Verhältnis zu seinen Tieren gewinnen, wie dies bei den Ethologen häufig der Fall ist, aber auch für andere Forschungsbereiche gelegentlich beschrieben wird, so z.B. durch v. Holst (1970). Die veterinärmedizinische Forschung ist eng mit der Tiermedizin selbst verbunden, und es ist klar, daß die Beziehung zwischen Arzt und Patient für den Zweck der Heilung von großer Bedeutung ist; vgl. Seiferle (1960b) und Brummer (1973). In dem Bereich der Forschung, die das Tier nur erforscht, weil entsprechende Versuche mit Menschen nicht zulässig sind, muß im Regelfall mit einem distanzierten Verhältnis gerechnet werden. Der Streit um diese Versuche ist oft recht unsachlich geführt worden, und die vergleichsweise reiche Literatur sagt über das Verhältnis zwischen Mensch und Tier in dieser Situation wenig aus, das für den soziologischen Aspekt von Belang wäre.

(g) DAS TIER ALS SYMBOL: Das Tier ist oft nur mittelbar ein Gegenstand unseres Interesses. So kann es für den Menschen auch als Symbol für etwas ganz anderes Bedeutung gewinnen, wobei dann allerdings der Symbolgehalt oft auf das Tier selbst übertragen wird. So wurden die Singvögel zu Boten des Frühlings, die Zugvögel zu den Begleitern des Herbstes. Die Möve kündet (je nach der Position des beobachtenden Menschen) Wasser oder Land. Andere Tiere werden mit guter oder schlechter Vorbedeutung, mit menschlichen Hoffnungen, Tugenden oder Schwächen in Verbindung gebracht. Auch Einzeltiere werden gelegentlich nicht um ihrer selbst willen geliebt oder abgelehnt, sondern weil sie uns an ein besonderes Ereignis oder eine Person erinnern. Geiger (1931, S.301) erwähnt als Beispiel einen Papagei, der geliebt wird, weil sich die verstorbene Mutter in den letzten Lebensjahren die Zeit mit ihm vertrieben hatte. Morris (1973, S.212) faßt diese Kategorie besonders weit, indem er auch die emotionale Wertung als eine symbolisch bedingte versteht.

2. Individuelle Beziehungen

(a) MENSCHEN UND TIERE ALS ARTGENOSSEN: Wann immer ein Tier zu

Menschen engen Kontakt findet, kann es nach dem bisherigen Stand der Forschung den Menschen nur als Artgenossen wahrnehmen. Diese Fähigkeit, den Menschen als Artgenossen anzunehmen, ist in der Tierwelt weit verbreitet, wenn auch nicht uneingeschränkt. Hediger (1965a, S.96 f.) nimmt verschiedene Tiere aus, generell alle wirbellosen Tiere und im Regelfall auch die Fische (S.96). Daß diese Zoomorphisierung des Menschen bis zum Artgenossen tatsächlich eintritt, ist nicht umstritten; sie ist daran zu erkennen, daß der Mensch durch seinen Tierpartner in den jeweils vergleichbaren Situationen genauso behandelt wird, wie man es unter tatsächlichen Artgenossen immer wieder beobachten kann. "Die Übertragung des artspezifischen Zeremoniells", schreibt Hediger (S.94),"sei es des Kämpfens, des Grüßens oder Balzens- auf den vertrauten Menschen läßt sich nicht anders erklären als eben dadurch, daß das betreffende Tier im Menschen nicht länger ein Wesen fremder Art sieht, sondern ein artgleiches." Diese Beobachtung ist von großer Wichtigkeit; ja sie ist bisher der vermutlich einzige empirisch gefundene Beleg dafür, daß Tiere den Menschen als Sozialpartner akzeptieren.

Spielt der soziale Kontakt in einer Gruppe eine Rolle, so wird auch der Mensch in die Regeln des artspezifischen Gruppenlebens einbezogen. Auch in der Tiergruppe mit Menschen besteht ein Rang-, Sympathie- und Kontaktgefälle, das von jedem Gruppenmitglied empfunden wird. Von seinen tierlichen Gruppenmitgliedern wird der Mensch in das Rivalitäts- und Partnerschema einbezogen, auch wenn er die in ihn gesetzten Verhaltenserwartungen nicht oder nicht voll erfüllt. Handelt es sich bei der Tiergruppe um eine Gehegeeinheit im Zoo oder um eine Dressurgruppe im Zirkus, so muß der Wärter oder Dompteur -sofern er seine Aufgabe ungeschoren erfüllen will- in den Status des Super-Alpha-Tieres hineinwachsen;(vgl. Hediger 1965a, S.94). Neuerdings ist es einzelnen Forschern auch gelungen, Anschluß an eine Wildtiergruppe zu finden (van Lawick-Goodall 1971).

Auch der Mensch kann das Tier bewußt oder unbewußt als Mitglied der eigenen Familie betrachten. Die menschlichen Familienmitglieder bringen ihm unterschiedliche Sympathie oder auch Antipathie entgegen; es besteht ein Rang-, Sympathie- und Kontaktgefälle. Schenkel (1968, S.1o5o f.) beschreibt z.B.,wie sich ein Pavian vom Adoptivkind einer Menschenfamilie immer weiter nach oben durchsetzte. Die Möglichkeit, daß einzelne Familienmitglieder vom Tier als geschlechtsgleiche Rivalen bzw. geschlechtsverschiedene Partner empfunden werden und daß dann auch das betroffene menschliche Gruppenmitglied mit analogen Rivalitätsgefühlen reagiert, ist gegeben: "Tiere können ... im Menschen u.a. artgleiche, geschlechtsgleiche Rivalen sehen; das tut unter Umständen auch der Mensch. Ich könnte hier lange aus der Sprechstunde eines Zoodirektors erzählen; es gäbe ein Buch für sich. Darin wäre u.a. von Männern die Rede, die unter Tränen einen Affen ablieferten, weil ihre Frau schließlich erklärt hatte: Entweder ich oder der Affe, aber nicht beide! Es müßten auch Fälle von Sodomie, von Tieren als menschlichen Geschlechtspartnern, Erwähnung finden" (Hediger 1965a, S.111).

Die Aufnahme des Tieres in die Familie erfolgt entweder unbeabsichtigt und langsam - oft gegen den Widerstand einzelner Mitglieder - oder in voller Absicht, sei es durch Adoption eines Tierbabys oder als Aufnahme eines erwachsenen Tieres, wie es Eipper am Beispiel seiner Dogge Senta (1955, S.12 ff.) ausführlich beschreibt.

Eine Information bei Kinsey ergab, daß jeder seiner Reporte einen Abschnitt über Sexualbeziehungen zwischen Mensch und Tier enthält. Sind die Tiere der aktive Teil, so sehen sie im Menschen einen Artgenossen und begegnen ihm ohne Einschränkung. Was beim Tier aber ein sozusagen "verzeihlicher Irrtum" ist, muß bei Menschen schon deswegen anders beurteilt werden, weil der Mensch dem Irrtum der Artgleichheit nicht unterliegen, das Tier also nicht"ernst"nehmen kann.

Aus der Fülle möglicher Sozialbeziehungen sollen nun noch einige besonders besprochen werden: Bekanntschaft, Kameradschaft, Kooperations- oder Schutzverhältnisse, Freundschaft, Feindschaft, Adoptivverhältnis, Ersatz- und Herrschaftsverhältnisse.

(b) MENSCHEN UND TIERE ALS BEKANNTE: Das innermenschliche Bekanntschaftsverhältnis auf Tiere auszudehnen, klingt zunächst sehr anthropomorph; aber da zwischenartliche Freundschaften unbestritten sind, muß es wohl eine der häufigsten Vorstufen, eben die Bekanntschaft, auch im zwischenartlichen Zusammenleben geben. Ein Bekanntschaftsverhältnis zwischen

Mensch und Tier liegt vom Menschen aus gesehen dann vor, wenn die Sozialpartner sich gegenseitig individuell kennen und entsprechende Verhaltensweisen pflegen. Bekanntschaft mit Tieren wird meistens in der häuslichen Nachbarschaft, mit Tieren befreundeter Familien, mit tierlichen Pensionsgästen oder im Zoo geschlossen.

Der Gedanke, daß Tiere menschliche Bekannte haben können, liegt nahe, wenn man bei Hediger (1965a, S.99) liest, wie ein dem verstorbenen Alpha-Tier nachrückendes Beta-Tier die Verhaltensweisen seines Vorgängers übernimmt: "Gegenüber den menschlichen Freunden des ehemaligen Alpha-Cebus Pfyfer verhielt sich der nachrückende Boby in höchst überraschender Weise: Er übernahm es sofort nach dem Tod seines Vorgängers, dessen Freunde in der gleichen auffälligen Art zu begrüßen, was diese begreiflicherweise tief beeindruckte, denn sie hatten - wie ich selber - nach Pfyfers Tod beim Betreten des Affenhauses eine allgemeine Stille erwartet. Zwei bezeichnende Einzelheiten sind bei dieser erstaunlichen Übernahme von Freundschaften besonders hervorzuheben: Das Verabreichen von Leckerbissen spielte dabei keine Rolle. Niemals habe ich - als einer dieser Freunde - diesen beiden Cebus irgendwelches Futter gebracht. Die Begrüßungsreaktion hatte also nichts mit Futtererwartungen zu tun, sondern beruhte offensichtlich nur auf dem Erlebnis, einen guten Bekannten, einen Sozialpartner, wiederzusehen."

(c) KOOPERATION UND KAMERADSCHAFT: Im Rahmen dieser Beziehungsform werden insbesondere die zwischen Jäger bzw. Schäfer und Hund oder die zwischen Reiter und Pferd bestehenden engen Interaktionsverhältnisse eingeordnet, soweit sie nicht schon die Intensität und Intimität einer individuellen Freundschaft erreicht haben. Buytendijk (1958, S.89) nimmt in diesem Falle ein kooperierendes "Handeln" an. Hediger (1965, S.89) sieht eine ähnliche Bedeutung, die er aber mehr als eine Symbiose betrachtet. Mitarbeiterbeziehung besteht aber auch zu Polizeihunden, Zirkustieren und gelegentlich auch zu Versuchstieren. Geiger (1931, S.305) bezeichnet solche Beziehungen als "Werk- und Leistungsverbindungen". Als Sonderfall der Kooperations-Beziehung ist das Verhältnis zwischen dem blinden Menschen und seinem Blindenhund anzusehen. Erst seit man von der Ausbildung mit dem "Starkzwang" abgekommen ist und die zwar aufwendigere, aber dem

Tier und seiner späteren Aufgabe angemessenere "Humanmethode" anwendet, kann das Tier in diesem besonderen Verhältnis als Mitarbeiter, ja auch als Kamerad oder Freund verstanden werden.

Das Tier wird vom Menschen auch oft als Kamerad empfunden, wenn Menschen und Tiere über längere Zeit in Gesellschaft leben und beide zur Bewältigung gestellter Aufgaben beitragen. Vgl. hierzu Welk (1941, S.2o4 ff.): "Sven Hedin erzählt".

(d) MENSCH UND TIER ALS BESCHÜTZER UND SCHÜTZLING: Der Mensch kann das Tier als Beschützer empfinden, z.B. ein Kind, das sich in Begleitung des Familienhundes sicher fühlt und auch wirkungsvoll verteidigt wird, weil der Hund seine ihm zugedachte Rolle ausfüllt. Häufiger ist allerdings der Fall, daß der Mensch ein Tier als Schutzbefohlenen betrachtet, sobald er sich eines Tieres in dessen Not oder Gefährdung annimmt; dieses Verhalten kann mit gelegentlicher Fütterung beginnen und weitergehen bis zur Aufnahme verwaister, verjagter, verfolgter oder verletzter Tiere. Das Beschützer-Schützling-Verhältnis kann je nach den Umständen zeitlich begrenzt oder von Dauer sein; es kann auch Durchgangsphase zu einer dauernden Freundschaft werden. In der Literatur sind viele Beispiele dieser Art bekannt (28).

Inwieweit Tiere die Hilfeleistung durch einen Menschen als solche erkennen und darauf mit besonderer Anhänglichkeit reagieren, wie dies oft berichtet wird, hängt vermutlich von der Situation ab, in der die Hilfe erfolgt. Ist diese Situation sehr drastisch und die Hilfsaktion leicht erkennbar, so kann der Rettungsvorgang vermutlich schon von höherentwickelten Tieren als solcher wahrgenommen werden. Geiger (1931, S.285) spricht von einem "Erlebniswissen" der Tiere gegenüber dem "reflektierten Wissen" des Menschen.

(e) MENSCH UND TIER IN FREUNDSCHAFT: Interartliche Freundschaften, die von Symbiosen deutlich unterschieden werden müssen, sind sowohl zwischen Tieren wie auch zwischen Tieren und Menschen, ja sogar zwischen Tieren, die in traditioneller Feindschaft leben (vgl. Dröscher 1968, S.157 f.), möglich. Lorenz (1971, S.8o f.) hält die Freundschaft unter Tieren verschiedener Art für äußerst selten.

Das Tier kann den Menschen als Freund empfinden, gleichgültig ob es sich dabei um eine Paarbeziehung handelt, oder ob das Tier Mitglied einer menschlichen Familie ist und dann innerhalb der Gruppe besondere Freundschaften hegt. Unerläßliche Voraussetzung einer Freundschaft ist jedoch das persönliche gegenseitige Kennen, aus dem sich dann eine Freundschaft entwickeln kann.

Über die besondere Freundschaft zwischen Mensch und Hund hat sich Lorenz (1964a, S.130 f.) wie folgt geäußert: "Für mich ist es ein merkwürdig angenehmer, ja geradezu erhebender Gedanke, daß der uralte Bund zwischen Mensch und Hund von beiden vertragschließenden Parteien freiwillig und ohne jeden Zwang unterzeichnet worden ist. Alle anderen Haustiere sind auf dem Umweg über echte Gefangenhaltung zum Haustier geworden, ausgenommen die Katze, die ist aber auch heute noch kein richtiges Haustier. Und alle Haustiere sind leibeigene Sklaven, nur der Hund ist ein Freund. Gewiß, ein ergebener, ein *untergebener Freund:* Allmählich, im Laufe der Jahrtausende ist es nämlich in den besseren Hundefamilien üblich geworden, nicht mehr einen *Hund* zum Leiter des Packs zu erwählen, wie es in der Wildnis üblich war, sondern den Leiter der Menschenhorde als solchen zu betrachten. Tatsächlich neigen Hunde, insbesondere charaktervolle, starke Individuen, dazu, den jeweiligen pater familias als ihren Herrn zu betrachten...

Einer der wunderbarsten und rätselhaftesten Vorgänge ist die Herrenwahl eines guten Hundes. Plötzlich, oft innerhalb weniger Tage entsteht eine Bindung, die um ein Vielfaches fester ist als alle, aber auch alle Bindungen, die zwischen uns Menschen je bestehen. Es gibt keine Treue, die nicht schon gebrochen wurde, ausgenommen die eines wirklich treuen Hundes...

Rätselhaft ist der 'Treueschwur', jener endgültige Anschluß des Hundes an einen Herrn. Gerade bei Hundekindern, die aus einem Zwinger kommen, erfolgt er ganz plötzlich, innerhalb weniger Tage. Die empfängliche Periode für diesen wichtigsten Vorgang des ganzen Hundelebens liegt bei Aureushunden etwa zwischen acht Monaten und anderthalb Jahren, bei

Lupushunden etwa um den sechsten Monat." Vgl. hierzu auch, was Leyhausen über Freundschaften mit Katzen berichtet (s. Kapitel II, 8c aa).

Die Tierliebe des Menschen ist schillernd, vielfältig und vielschichtig; sie kann gelegentlich sogar den Rang väterlicher und jedenfalls selbstloser Liebe erreichen, wie sie etwa der Züricher Völkerrechtler Max Huber (1969, S.1o2) indirekt erkennen läßt, wenn er berichtet, daß er in seinem vermutlich letzten Lebensjahrzehnt -entgegen langer Gewohnheit- keinen Hund mehr "anschaffte" mit der Begründung: "weil man das Leben eines solchen Tieres nur unter besonderen Umständen an ein altes und voraussichtlich bald endendes menschliches Leben binden darf. Ein Tier ist nie ein Spielzeug, es ist eine Seele und ein Schicksal."

(f) MENSCH UND TIER IN FEINDSCHAFT: Soweit eine solche Feindschaft kollektiv begründet ist, wurde darüber schon berichtet. Obwohl in der Literatur wenig Anhaltspunkte zu finden sind, muß es vermutlich doch auch individuelle Abneigungen und ausgesprochene Feindschaften geben, die von beiden Seiten ausgehen können. Auf Seiten des Menschen kann Feindschaft aus Antipathie, Eifersucht, echter oder vermeintlicher Untreue des Partners, gekränkter Eitelkeit oder durch ein dem Tier unterlaufenes Mißgeschick entstehen. Erst vor einigen Monaten hat -einer Zeitungsmeldung zufolge- ein Rennpferdbesitzer seinem Tier nach verlorenem Rennen die Kehle durchschnitten.

Auf Seiten des Tierpartners kommen insbesondere Eifersucht und Mißhandlung in Frage. Hiervon zu unterscheiden ist die Feindschaft, die ein Hund auf echte oder auch nur vermeintliche Feinde seines Freundes überträgt; vgl. Lorenz (1964a, S.74) und Schenkel (1968, S.1o51).

(g) MENSCH UND TIER ALS GEGENSEITIGER ERSATZ FÜR FEHLENDE ARTGENOSSEN: Für isolierte oder vereinsamte Menschen kann das Tier zum hilfreichen Ersatz für menschlichen Umgang werden. Schon Geiger (1931) S.3o5) hat auf diese Sonderform der zwischen Mensch und Tier möglichen Sozialbeziehung hingewiesen. Aber auch der umgekehrte Fall ist denkbar. Jedes sozial lebende Tier schließt sich dem Menschen enger an, wenn es allein gehalten wird. Das ist vermutlich auch der Grund, warum z.B. Wellensittiche als sozial lebende Tiere schneller und mehr sprechen lernen, wenn sie auf den Menschen als einzigen Partner angewiesen sind.

(h) DAS TIER IM ADOPTIONSVERHÄLTNIS: Unter deutlich soziologischem Aspekt wird das Adoptionsverhältnis, bei dem "der Mensch Elternrolle, ein Jungtier Kinderrolle übernimmt", von Schenkel (1968, S.1o49) beschrieben. Natürlich sind auch solche Eltern-Kind-Verhältnisse dem entwicklungspsychologisch bedingten Wandel unterworfen, was von unwissenden Adoptiveltern dann als Undankbarkeit ausgelegt wird. Nur die Katzen behalten nach Schenkel (S.1o5o) "ihre Rolle dem Menschen gegenüber weitgehend bei; sie suchen bei ihm jene Zärtlichkeit, die der mütterlichen Pflege mit der Zunge entspricht, zeigen die Verspieltheit, wie sie im Mutterbereich auftritt, und betteln wie Jungtiere um Futter. Aus diesen Tatbeständen verstehen wir die Stabilität der Mensch-Katze-Partnerschaft. Aber auch sie hat ihre Grenzen. Katzen, besonders junge, sind wundervolle Spielpartner, speziell für Knaben. Für Mädchen bedeutet es oft eine Enttäuschung, daß sich Jungkatzen nicht nach Belieben wie hilflose Säuglinge bemuttern lassen. Auch nicht alle Erwachsenen wissen mit Katzen etwas anzufangen. Ihre eigenartige Unabhängigkeit im Tun und Lassen wird von den einen hochgeschätzt, von den anderen abgelehnt. Den Grund zur Ablehnung bildet offenbar eine besondere menschliche Tendenz: für Erwachsene gehört zur persönlichen Beziehung im allgemeinen ein Rangaspekt, und das Streben geht meist nach der ranglich höheren Stellung. Es liegt dem Menschen oft weniger an der Elternrolle im Sinne von Pflege und Betreuung, als an der Herrscher- und Führerrolle".

Adoptionsverhältnisse sind sowohl innerartlich wie interartlich möglich. "Vom Elefanten abgesehen, werden die verschiedensten Tiersäuglinge von Frauen -und nicht nur bei Naturvölkern, sondern auch bei hochzivilisierten- als eigene Säuglinge akzeptiert" (Hediger 1965a, S.112).

Daß Tiere Menschenbabys aufziehen, wird seit der Romulus- und Remus-Legende immer wieder berichtet, ist aber noch immer umstritten, auch im Falle der indischen Wolfskinder; vgl. Hediger (1965a, S.113 ff.) und Franz Steinbacher (1967, S.162 ff.).

(i) DAS TIER ALS OBJEKT DER UNTERDRÜCKUNG ODER VERWÖHNUNG: Unbefriedigte "Geltungssucht, Machthunger, Lust am Beherrschen" (Bernhart 1961, S.154) können Ursache einer despotischen Herr-Knecht-Beziehung sein, in die ein Tier gezwungen wird. Sowohl Freundschafts- wie Adoptionsverhältnisse können sich zu einem despotischen Verhältnis entwickeln. Gelegentlich ist aber auch das umgekehrte Verhältnis zu beobachten; Schenkel (1968, S.1050) schreibt: "Allerdings gibt es auch Fälle, in denen der Mensch ein Haustier so verwöhnt, daß er gleichsam dessen Sklave wird. Mancher Tiernarr erzählt stolz, welche ausgefallenen Ansprüche sein vierbeiniger Partner stellt."

V. Die inhumane Herrschaft des Menschen

1. Fehlverhalten und Wertblindheit

Im vorausgegangenen Kapitel sind die verschiedenen Kategorien des Mensch-Tier-Verhältnisses möglichst werturteilsfrei referiert worden. Eine Ethik der Lebewesen müßte aber ihren auf die Gestaltung konkreter Beziehungen tendierenden Sinn verfehlen, wenn sie nicht auch mögliche moralische Fehlformen des Verhaltens berücksichtigte. Wir müssen bei der ethischen Würdigung der Mensch-Tier-Beziehung davon ausgehen, daß die in Kapitel IV beschriebenen Beziehungen noch nicht die Wirklichkeit sind, sondern daß diese Beziehungen je nach dem Grad des moralischen Bewußtseins des handelnden Menschen veränderbar sind, und zwar auch in Richtung auf das Inhumane, wie dies auch von Soziologen wie Horkheimer (1959) und Hofstra (1962) behandelt wurde.

Fehlformen des menschlichen Verhaltens sind auch in diesem Bereich unter verschiedenen Aspekten zu beurteilen. Solange der Mensch sich einer Schuld nicht bewußt ist, kann sein oft unbewußt egoistisches Handeln (29) auch moralisch nicht beurteilt werden; und solange die wertsetzenden und wertverändernden Institutionen einer Gesellschaft den ganzen Bereich unseres interartlichen Verhaltens entweder ausklammern oder vernachlässigen, tragen sie die Verantwortung für die weitverbreitete Wertblindheit in diesem Bereich. Es ist in dieser Situation also erlaubt, zunächst einmal die einem humanen Mensch-Tier-Verhältnis entgegenstehenden Widerstände außer Acht zu lassen und auf eine Beantwortung der ethischen Frage zu drängen, wobei die traditionelle Antwort: "Niemand darf einem Tier ohne vernünftigen Grund Schmerzen, Leiden oder Schäden zufügen", nicht akzeptabel ist, solange die "vernünftigen Gründe" nicht auch auf ihre moralische Vertretbarkeit hin überprüft sind. Das neue deutsche Tierschutzgesetz von 1972, dem die zitierte Formulierung entnommen ist, macht einen Versuch, das Unvertretbare verbal auszudrücken und gesetzlich zu regeln, aber moralisches Bewußtsein kann es nicht vermitteln.

Wenn man in Rechnung stellt, was die Menschheit im Verlaufe ihrer Religions- und Geistesgeschichte an ethischen Vorstellungen entwickelt hat und wenn man damit dann unseren gegenwärtigen Entwicklungsstand vergleicht, muß man fast zwangsläufig zu dem Ergebnis kommen, wie es Hume (1962, S.18-28) formuliert hat, nämlich daß offensichtlich jede Zeit ihre eigenen "blinden Flecken" habe, die den Menschen daran hindern, die Ungeheuerlichkeit bestimmter Verhaltensweisen wertend zu erkennen, wobei diese "Blindheit" entweder dadurch entsteht, daß man wie fasziniert immer nur in Richtung auf den der jeweiligen Epoche als übergeordnet geltenden Wert blickt und daneben alles andere übersieht bzw. als minderrangig ansieht, oder daß man -das Furchtbare ahnend oder auch wissend- die damit verbundene Belastung verdrängt. Diese Möglichkeit wird insbesondere von Horkheimer (1959) in seinem nachstehend zitierten Auszug erörtert. Bei der Würdigung muß man allerdings berücksichtigen, daß die mitgeteilten Beispiele nicht generalisieren, sondern nur als Beispiele die These belegen sollen, daß Inhumanität jeder Art nur auf dem Hintergrund allgemeiner Gleichgültigkeit entstehen kann. Horkheimer schreibt: "In totalitären Staaten herrscht der Schrecken. Ohne daß ihnen ein Verbrechen nachgewiesen wäre, werden Menschen gefangengehalten, gefoltert, barbarisch ermordet. Je weiter die materiellen und die geistigen Kräfte solcher Staaten entwickelt sind, desto geheimer müssen die Schandtaten sich vollziehen, besonders dort, wo hinter den Machthabern keine fremden Kanonen stehen. Der Fanatismus geriete ins Stocken. Wenn nicht aus Solidarität mit den Opfern, so doch aus genuiner Achtung vor dem Leben würden viele von der Herrschaft sich abwenden, die die verborgenen Mittel kennen, durch die sie sich fortsetzt. Aber, wenn sie es auch ahnen, so wissen sie es doch nicht, und so lange wird ihnen die Lüge eingehämmert, bis sie es nicht einmal mehr ahnen und nach dem Sturz der Herrschaft sagen dürfen: wir haben es nicht geahnt.

Fern von Deutschland, wartete ich vor Jahren nachts auf einem Bahnhof. Auf einem Gleis weit draußen stand ein Zug mit brüllendem Vieh. Er war schon lange gefahren, und das Schlachthaus war noch fern. Der freundliche Beamte erklärte mir, die Wagen seien eng bepackt und die Stücke, die bei der rüttelnden Fahrt gestürzt seien, lägen unter den Hufen der anderen. Die Türen könnten nicht geöffnet werden, das Vieh erhalte kein Wasser auf dem Transport. Es dauere manchmal viele Tage. Auf die Frage, ob eine Änderung möglich sei, meinte er, das entscheide wohl die Kalkulation. Wenn der Verlust durch die Anzahl beim Transport verendeter Tiere die Kosten für zusätzliche Wagen und fürs Tränken übersteige, stehe eine pfleglichere Behandlung in Aussicht. Übrigens sei Verschickung durch die Bahn noch human; bei Lastkraftwagen gingen mehr Tiere ein; sie würden zertrampelt. Das war bei Nacht in doppeltem Sinn, denn nur wenige wissen davon. Würde es sich ändern, wenn es alle wüßten? Ich zweifle daran.

In Deutschland, in den Jahren nach dem ersten Weltkrieg, hörte ich bei einem berühmten Professor Physiologie. Es war ein großes Kolleg, und wir waren viele Studenten. Manche Ausführungen waren von Demonstrationen begleitet. Im ersten Teil des Semesters war eine Katze so aufgeschnallt, daß sie ihren Kopf nicht bewegen konnte. Eines ihrer Augen war gewaltsam aufgerissen und ein starker elektrischer Lichtstrahl fiel hinein. Die Studenten wurden langsam vorbeigeführt, um sich zu überzeugen, daß der Hintergrund des Auges phosphoreszierte, wie der Professor es behauptet hatte. Im zweiten Teil des Semesters war ein Hase gefesselt. Auch er konnte den Kopf nicht bewegen. Der Schädel war aufgemeißelt und die halbe Hirnschale lag frei. Jedesmal, wenn ein Student vorbeikam, berührte der Professor eine oder die andere Stelle des Gehirns, um zu zeigen, daß dadurch ein Glied des Tieres zuckte, also mit jener Stelle verbunden war. Im dritten Teil brachte der Professor sechs Tauben ins Kolleg. Das Gehirn war ihnen herausgenommen. Er ließ sie im Auditorium flattern, um unzweideutig darzutun, daß sie die Orientierung verloren hatten. Der Beweis gelang. Was den Tieren geschah, ahnte er nicht bloß, wußte er nicht bloß, er tat es. In wievielen Semestern es sich wiederholte, welche weiteren Demonstrationen sonst noch geboten wurden, weiß ich nicht.

Ich kenne eine gescheite, moralische Frau. Sie wäre, wie man so sagt, zu keiner unanständigen Handlung fähig. Ihr Schicksal hat es mit sich gebracht, daß ihr ein Beruf ermöglicht wurde, in dem Experimente an lebenden Tieren Routine sind. Meine Frage, ob Unempfindlichkeit so weit wie möglich verbürgt sei, erwiderte sie durch ein leises Nein. "Ich kann aber dort nicht weggehen", fügte sie als Erklärung auf die nächste, nicht geäußerte Frage hinzu. Sie hätte ihr Brot verloren. Sie tat es um der Laufbahn willen, wenngleich sie es mißbilligte. Jetzt ist

sie avanciert und braucht es nicht mehr auszuführen. Sie muß es anordnen.
Wahrscheinlich versucht sie sogar, es zu mildern. Die Kraft zum Widerstand
findet sie nicht. Vor der allmächtigen Gleichgültigkeit der Gesellschaft
muß ihr das Opfer, das ihre Familie mitbeträfe, als sinnlos erscheinen.
An ihrer Stelle spränge sogleich ein anderer ein. Sie ist bloß müde und
resigniert. Die geistige Atmosphäre wird durch Zeitung, Rundfunk, Fernsehen und zahllose andere Mittel der Meinungsbildung bestimmt. Wie ver-
möchte die Stimme des einzelnen, der sich zum Sprecher der Tiere macht,
gegen die massiven Interessen ihrer Herren sich durchzusetzen? Es ist
kein Terror gegen die Menschen nötig, damit sie den unnötigen gegen die
Tiere dulden; die Gewohnheit tut das ihre von selbst. Die Steigerung
der Lebenserwartung und des Lebensstandards, der Güter höchste in der
automatisierten Welt, soll alles rechtfertigen, nicht bloß das zweck-
bedingte, sondern das zusätzliche, sinnlose, fahrlässige Leiden der
Kreatur, das in den Verliesen des Gesellschaftsbaues angerichtet wird.
Solchem Fortschritt angemessener als der offizielle Optimismus ist noch
die Trauer jener Frau, die ihre Schuld nicht vergessen kann.

Die Art, wie die moderne Menschheit ihr zusätzliches Leben erkauft, die
fieberhafte Herstellung von zweifelhaften Luxusgütern und unzweifelhaften
Zerstörungsmitteln, die Genialität der Produktion, die keine Zeit zum
Denken läßt, drückt dem so Gewonnenen rückwirkend den Stempel auf. Mit
aller Findigkeit und Raschheit, allem wunderbaren Scharfsinn zieht die
Gesellschaft durch die skrupellose Vergewaltigung dessen, was draußen
ist, zugleich Stumpfheit und Borniertheit, Leichtgläubigkeit und An-
passungsbereitschaft ans jeweilige Mächtige und Zeitgemäße als herrschen-
de Gemütsverfassung groß. Zwischen der Ahnungslosigkeit gegenüber den
Schandtaten in totalitären Staaten und der Gleichgültigkeit gegenüber
der am Tier begangenen Gemeinheit besteht ein Zusammenhang. Beide leben
vom sturen Mittun der Massen bei dem, was ohnehin geschieht."

Diese von der Gesellschaft anerzogene Stumpfheit ermöglicht es auch, daß
neben der aus dem Bewußtsein verdrängten Inhumanität eine gegenläufige
Bewegung entsteht und weiter zunimmt, ohne daß uns der Widerspruch auf-
fällt. Auf dieses merkwürdige Phänomen hat insbesondere Hofstra (1962)
hingewiesen: "Einer der Gegensätze, die ich meine, ist der zwischen der

einerseits verdinglichten, besser gleichgültigen oder harten Haltung,
die bei einem nicht geringen Teil der Menschen sowohl dem Tier als auch
dem Mitmenschen gegenüber besteht. Andererseits kann die Zunahme einer
empfindsameren Haltung, einer stärkeren sozialen und humanen Sensitivität
festgestellt werden. Einerseits nehmen wir einen wachsenden Gebrauch,
sogar oft eine Ausbeutung der Natur und der Tierwelt wahr; andererseits
bei vielen Menschen ein wachsendes Bewußtsein, daß Tiere leiden können,
daß man der Grausamkeit entgegentreten muß, daß Tiere Geschöpfe mit Gefühl sind, daß wir ihnen gegenüber Verpflichtungen haben. In ein und
denselben Menschen leben diesbezüglich oft merkwürdige Widersprüche.
Luxuriös eingerichtete Kliniken für Haustiere, vor allem für die geliebten Hunde und Katzen, können zum Beispiel in Amerika mit bis vor
kurzem rohen Schlachtmethoden zusammenfallen. Viele, die ein Haustier mit
gefühlvoller Sorglichkeit behandeln oder die Angst vor ein wenig Schmerz
haben, wenn es den eigenen, teuren Körper betrifft, haben das Töten von
Tieren zum Verbrauch, für den Sport oder die Mode, die Art und Weise, wie
das geschieht, und den Grad der Notwendigkeit niemals als ein Problem, ge-
schweige denn als eine Schuld oder einen Gewissenskonflikt empfunden.
Jeder von uns kennt die weichherzigen Damen, die ihren Hund oder das
Kätzchen verwöhnen und heftig empört sind, wenn sie sehen oder hören,
daß einem Tier Leid zugefügt wird, die aber in verschiedensten Fällen
ohne die geringste Störung ihres Gefühlslebens einen Pelzmantel tragen,
mit dessen Herstellung -vor allem wenn er von einem wild lebenden Tier
stammt- sehr viel Grausamkeit verbunden sein kann, noch viel mehr, als
bei dem schlechten Betragen, das man in der eigenen Umgebung bemerkt
und wogegen man mit Recht protestiert."

2. Ängste, Schmerzen und Leiden der Tiere

An der Tatsache, daß Tiere in aller Welt und in unvorstellbarer Zahl
mißhandelt und geschunden werden, ändert auch der Umstand nichts, daß wir
unsere Haustiere im Regelfalle gut behandeln; auch zu Zeiten allgemein
geübter Sklaverei hat es Patrone gegeben, die ihre Sklaven menschenwürdig
behandelt haben. Insgesamt müssen wir uns das Urteil von Portmann
(1959, S.489 f.) gefallen lassen, daß wir mit unserer Macht zum Todfeind

aller Geschöpfe geworden sind, ähnlich auch Oehlkers (1957, S.67): "Für die Tier- und Pflanzenwelt ist der Mensch das schlechthin satanische Wesen; mit überlegenen unheimlichen Mächten ausgestattet geht er in allem seiner Willkür nach".

Dabei ist die Überlegung, daß Tiere weniger leiden, weil ihre Schmerzempfindlichkeit geringer ist und sie die dem Menschen eigene Zukunftsangst nicht haben, nur bedingt richtig, seit neuere Untersuchungen über den Schmerz bei Mensch und Tier (Schmidke 1951, Westhues 1955, Keele/Smith 1962 und Loeffler 1972) vorliegen und seit wir wissen, daß Tiere auch seelisch leiden und sich in fast ständiger Fluchtbereitschaft befinden: "Daß die Angst aber nicht nur den Menschen, sondern auch das Tier befallen, ja sogar beherrschen kann, weiß jeder, der Tiere schon genauer beobachtet hat. Denn Angst ist eine durchaus vitale Erscheinung, die genau so zum Leben gehört wie der Stoffwechsel, die Reizbarkeit, die Lust und der Tod, und darum allem Lebendigen eigen ist, dem Tier sowohl wie dem Menschen" (Seiferle 1952, S.781); Hediger (1959, S.929) hat also Recht, wenn er schreibt: "Das erste, was die Natur verlangt, ist, sich fürchten zu lernen. Nicht durch Hunger und durch Liebe erhält sie das Getriebe, wie Schiller meinte, sondern vielmehr durch rechtzeitige und zweckmäßige Flucht, die ihrerseits dauernde Fluchtbereitschaft und Aufmerksamkeit im Dienste der Feindvermeidung zur Voraussetzung hat. Diesen Zustand des ewigen Auf-dem-Qui-vive-Seins, wie es für das gesamte Tierleben so bezeichnend ist, darf man wohl mit chronischer Furcht oder vielleicht mit dauernder Angst vergleichen... selbst im Schlaf bleibt das Tier in den Fluchtkreis eingeschlossen..."

Tieren ist die Angst vor ihren Feinden oder gefährlichen Situationen entweder angeboren oder durch Erfahrung anerzogen; aber sie erleben auch Krankheit, Hilflosigkeit, Siechtum und Tod an sich selbst und anderen; nur so können sie auch ihre arterhaltenden Verhaltensweisen einschließlich sozialer bzw. therapeutischer Hilfsmaßnahmen den sich ändernden Verhältnissen anpassen.

2. Formen des Fehlverhaltens

Jede der in Kapitel IV genannten Beziehungen ist auf die moralische Vertretbarkeit zu prüfen; insbesondere kann aber jedes menschliche Verhalten von der ethischen Norm abweichen, wobei diese Norm, von den bestehenden Gesetzen abgesehen, nur in vagen Umrissen besteht. Die nachfolgende Zusammenstellung kann also nur vorläufig und subjektiv sein, u.a. auch deshalb, weil es nur wenig zuverlässige und umfassende Unterlagen gibt; einen guten Einblick geben Weichert (1974) und Carding (1975). Ohne Anspruch auf Vollständigkeit, objektive Richtigkeit in allen Details und angemessene Gewichtung der enthaltenen Urteile soll das menschliche Fehlverhalten zur Sprache gebracht werden, auch wenn man weder alle Scheußlichkeiten im Detail schildern, noch alle Formulierungen soweit abstrahieren kann, als ob man ein gefühlloses Wesen sei.

(a) INHUMANE JAGD- UND FANGMETHODEN: Jagd in Verbindung mit entsprechender Hege ist nicht nur sinnvoll, sondern auch nötig, um das biologische Gleichgewicht zu erhalten, Siechtum und Krankheit möglichst auszuschalten. Wo entgegen diesen Richtlinien gehandelt, mit Tellereisen oder Schlingen gefangen (30) oder auf inhumane Art getötet wird, wo angeschossenes Wild unbeachtet bleibt, wo Schonzeiten nicht eingehalten werden und wo nur Trophäen oder Rekorde gesammelt oder bloßer Leidenschaft nachgegeben wird, kann von Jagd nicht mehr gesprochen werden. Wer so handelt, verletzt das Ethos der Jagd, das Ortega y Gasset (1953, S.100 f.) fordert; vgl. ferner Gusovius (1971), Kirchhoff(1960), Richter (1966) und Wilke (1945). Die illegale Sonderform der Jagd ist die Wilddieberei; sie ist besonders verwerflich, weil sie neuerdings meist aus Gewinnsucht und ohne jede waidmännische Fairness begangen wird, oft sogar besonders grausam. Gelegentlich werden die Tiere auch mit dem Auto verfolgt, abgeschossen, angeschossen oder einfach überfahren.

Eine Sonderform entwürdigender Jagd betrifft die Tötung der Robbenbabys und die millionenfache Vernichtung der Zugvögel im Süden: 200 Millionen jährlich allein in Italien (Weymar 1972); die gleiche Zahl wird auch von der Zoologischen Gesellschaft von 1958, Frankfurt (Mitteilungsblatt 2/1972, S.5) genannt. Leider ist auch weiterhin mit einem Anwachsen dieser Zahlen zu rechnen. Nach Mitteilung der Zoologischen Gesellschaft (Mit-

teilungsblatt 11/1972, S.6) sind erst neuerdings wieder 4oo Lizenzen
zur Aufstellung von Netzen erteilt worden. Die Zahl der geblendeten Lock-
vögel ist von 19oo im Jahre 1969 auf inzwischen 3ooo angewachsen. Was
der deutsche Leser nicht weiß, ist der Umstand, daß ein steigender Anteil
der in Italien gefangenen Vögel von der Bundesrepublik wieder importiert
wird. Einer AP-Meldung vom August 1974 zufolge, scheitert das Importver-
bot an der Weigerung der Bundesländer Bayern, Baden-Württemberg und Saar-
land, einem entsprechenden Beschluß der anderen Länder beizutreten. Die
Situation wird in den Mitteilungen der Zoologischen Gesellschaft von 1958
(Heft Juli/August 1974) ausführlich referiert.

Von den Zugvögeln abgesehen, wäre Italien längst leergeschossen, wenn
nicht geschäftstüchtige Importeure für ständigen Nachschub sorgen würden:
196o wurden insgesamt 60.000 Stück Klein- und Federwild eingeführt (Das
Tier, H.5, 1961, S.46). Das alles ist nicht mehr Jagd. Auch in anderen
Ländern wird es üblich, Wildtiere einzuführen, freizulassen und dann
wieder abzuschiessen, so auch in Genf, dem zweitkleinsten Kanton der
Schweiz mit 43o Jägern. Nach einer Meldung von AP (abgedruckt in den
Badischen Neuesten Nachrichten vom 21.5.1974) hat das Volk von Genf aber
entgegen den Wahlempfehlungen der meisten Parteien eine Volksabstimmung
erzwungen und dann mit 25.776 gegen 1o.748 Stimmen ein gesetzliches Jagd-
verbot durchgesetzt, das künftighin nur dann wieder gelockert werden
kann, wenn das biologische Gleichgewicht gestört würde.

Auch im Fischfang muß zwischen moralisch und biologisch vertretbaren
Methoden einerseits, Quälerei und rücksichtloser Ausbeutung andererseits
unterschieden werden. Quantitativ unerheblich mag vielleicht die nach-
lässige Herzlosigkeit mancher Hobby-Fischer sein, die dem gefangenen
Tier den Angelhaken einfach ausreißen, um es dann ungetötet im Plastikbeutel ersticken zu lassen. Leider nimmt die Zahl solcher Hobby-Angler
ständig zu und wird in Ländern mit freien Fischwässern (ohne Angelschein
und Altersbegrenzung) zum Ausgangspunkt zunehmender Verrohung der Jugend.
Auch die Verwendung lebender Fische als Köder ist eine barbarische Praxis:
"Auch Kinder, die gerne fischen, können also zusehen, wie man einer
lebenden Elritze einen oder mehrere Angelhaken in den zappelnden Leib
sticht, um damit größere Fische zu fangen. Beißt keiner an, so stirbt die

Elritze langsam. Natürlich ist die Elritze nicht annähernd so schmerzempfindlich wie der Mensch; man kann ihr aber wohl nicht jede Schmerzempfindung absprechen; sie ist immerhin ein Wirbeltier, wie nach naturwissenschaftlicher Auffassung der Mensch auch. Zudem dürfte es verfehlt sein, zum Zeitvertreib oder als Sport -überhaupt- solche Methoden ausüben zu lassen" (Hediger, 1965, S.118). Belastend ist auch der Gedanke, daß die Masse aller gefangenen Seefische meistens nur dem durch nichts abgekürzten Erstickungstode ausgeliefert bleiben. Vgl. hierzu auch Brühl (1930) und Jäger (1964).

Wo die Jagd zur Ausrottung ganzer Tierarten führt, schlägt die Quantität des Tötens in die Qualität der Ausrottung um. Dies zu verhindern ist das Ziel des "World Wildlife Fund" und der langjährigen Anstrengung von Grzimek; vgl. auch Ziswiler (1965).

(b) INHUMANE HALTUNG UND TÖTUNG VON NUTZTIEREN: Die landwirtschaftliche Tierhaltung wird problematisch, sobald sie in die Form des Produktionsbetriebes übergeht. Legebatterien oder Mastboxen mit Ganztagsbeleuchtung und immer weiter eingeschränkter Bewegungsfreiheit verändern die Lebensbedingungen der Tiere in einer nicht mehr vertretbaren Weise; Harrison (1965) hat hierüber ausführlich berichtet. Vgl. ferner Best (1971), Grauvogel (1971) und Schultze-Petzold (1972).

Das neue Tierschutzgesetz trägt den Forderungen zur Tierhaltung in § 2/1 wie folgt Rechnung: "Wer ein Tier hält, betreut oder zu betreuen hat, muß dem Tier angemessene artgemäße Nahrung und Pflege sowie eine verhaltensgerechte Unterbringung gewähren, darf das artgemäße Bewegungsbedürfnis eines Tieres nicht dauernd und nicht so einschränken, daß dem Tier vermeidbare Schmerzen, Leiden oder Schäden zugefügt werden." Konsequenzen für die Tierhaltung haben sich daraus noch nicht ergeben und sind aus wirtschaftlichen Gründen auch nicht zu erwarten. Grzimek hat (1973) die ganze Misere nach dem neuesten Stande beschrieben. Vgl. hierzu auch Leyhausen (1969) sowie die wissenschaftlichen Gutachten mit den teilweise abweichenden Stellungnahmen der Ethologen (Information, Deutsche Tierfreunde, Nr. 32 und 32).

Ein unter Mißbrauch der vererbungswissenschaftlichen Forschung ent-

stehender Zweig der Tierquälerei ist die nur an der wirtschaftlichen
Nutzung orientierte Züchtung neuer Rassen im Hinblick auf die Wünsche
ihrer menschlichen Verbraucher oder Halter. Daß dabei dann oft besonders
anfällige und lebensuntüchtige Rassen entstehen, spielt beim Züchter keine
Rolle. Nach Mitteilung der Frankfurter Allgemeinen Zeitung vom 9.1.1971
hat die Deutsche Forschungsgemeinschaft ein Fünfjahresprojekt zur Erforschung der Schäden, die sich aus der nur am wirtschaftlichen Nutzen
orientierten Zucht und Haltung ergeben, finanziert.

Ein wichtiger Zweig des Tierschutzes für Schlachttiere ist die Humanisierung der Transporte; vgl. hierzu insbesondere Gerweck (1965), Drawer
(1971), Bywater (1972) und Pieterek (1972).

Die Verhältnisse an den Schlachthöfen selbst haben sich nur insoweit gebessert, als humane Betäubungsmethoden vorgeschrieben wurden und auch beachtet werden. Wobei zur Humanisierung auch gehört, daß die Tiere abgesondert von den anderen und rechtzeitig betäubt werden, d.h. ehe sie, an
den Hinterbeinen aufgehängt, langsam auf den Schlachtstand zurollen. Auch
in unserem zivilisierten Westeuropa werden von 200 Millionen jährlicher
Schlachtungen noch immer 60 Millionen ohne jede Betäubung durchgeführt.
Nach Weichert (1974) werden auf der ganzen Welt jährlich ca 1000 Millionen Tiere geschlachtet und davon schätzungsweise mehr als die Hälfte ohne
Betäubung. Dabei sind Geflügel, Kleintiere und Fische nicht mitgerechnet.
Lorz (1974) hat diesen bedrückenden Sachverhalt unter dem Aspekt einer
Verbesserung des Schlachtrechtes ausführlich dargelegt.

Auch das Töten von Kleintieren in Küchen und Feinkosthäusern erfolgt oft
mehr unter dem Gesichtspunkt der Bequemlichkeit für den Menschen als dem
der Humanität für das Tier. Zum Thema "Tiere als Nahrung des Menschen"
siehe Illies (1972). Zur Frage nach den vertretbaren Tötungsmethoden wird
verwiesen auf: Korkhaus (1957), v. Düring (1959), Wittmer (1956, 1959),
Ullrich (1959), UFAW-Publikationen (1968, 1971).

In den Bereich der Nutztierzucht gehört u.a. auch die Pelztierzucht, die
in der Regel aber nicht mehr fundamentale, sondern nur modische Bedürfnisse befriedigt; und das um den Preis oft vieler Tiere.

Bei Robben müssen es nach dem Diktat der Mode und Eitelkeit sogar Babytiere sein, die man vor den Augen ihrer Mütter mit Knüppeln erschlägt. Auch Karakul-Lämmer werden kurz nach der Geburt getötet oder wegen der besonders geschätzten Breitschwanzqualität noch vor der natürlichen Geburt aus dem Leib der Muttertiere herausgeprügelt (vgl. Landmann 1959, S.75 und Weichert 1971).

(c) INHUMANE HALTUNG VON HAUS- UND HOBBYTIEREN: Hier sind zunächst die traditionellen Haustiere gemeint, also Hunde, Katzen, Vögel, Geflügel und Kaninchen. Üblich gewordene und meist unbewußte Mißhandlungen erfolgen durch zu enge oder überhaupt überflüssige Ankettung, schlechte Unterbringung oder Vernachlässigung. Überzählige Tiere werden oft inhuman getötet, ausgesetzt oder Tierfängern ausgeliefert. Kleintierzucht ist vielfach unbewußte Quälerei, und das Schlachten geschieht nicht immer in humaner Weise.

Eine spezielle Quälerei ist das im Elsaß übliche "Stopfen" der Gänse. Die Leber wird dadurch auf ein Gewicht von 800-1000 gr gebracht. Steigender Wohlstand der Verbraucher und eine hohe Verdienstspanne für die Erzeuger läßt Verbrauch und Export immer weiter ansteigen. Nach einem Bericht der Stuttgarter Zeitung vom 24.2.1971 werden jährlich rund 75.000 Gänse auf diese in Deutschland längst verbotene Weise gemästet.

Das Elend der Zug-, Last- und Reittiere geht zwar zurück, ist aber in wenig entwickelten Gebieten noch immer ein weit verbreitetes Übel. Geschirre und Sättel sind oft Marterwerkzeuge und werden von bequemen Herren über lange Zeiträume nicht abgenommen; vgl. Siegmund (1958, S.275).

Ein ganz neues und ständig sich ausweitendes Feld der Tierquälerei wird vom Tierhandel erschlossen, der den Bedarf nach Hobby- und Modetieren weckt und befriedigt. Exotische Tiere haben oft ein schreckliches Schicksal hinter sich, bis sie gefangen sind und den Transport überlebt haben. Aber auch wenn sie in einem Haushalt untergekommen sind, ist ihr Leben im Regelfall bedauernswert, weil ihnen die ihrer Natur angemessene oder wenigstens erträgliche Haltung nicht geboten werden kann. Oft kommt es zu aussichtslosen "Erziehungsversuchen"; die Tiere werden nervös, aggresiv und dann auf die eine oder andere Art wieder "abgeschafft". Oft werden die Tiere auch durch unsachgemäße Haltung in unseriösen Zoohandlungen physisch und psychisch krank.

Der Umsatz von Hobbytieren nimmt gewaltige Ausmaße an und wird durch reichhaltige Angebote noch immer weiter gesteigert. "Der Spiegel" Nr. 46 vom 8.11.1971, S.89 nennt für die Haustierbestände in der Bundesrepublik folgende Zahlen: je 3 Millionen Hunde, Katzen und Wellensittiche, 1 Million Goldhamster und Meerschweinchen, 2 Millionen Vögel, 1o.ooo Affen, 1oo.ooo Schildkröten und 15 Millionen Zierfische. Nach der gleichen Quelle setzte das Kaufhaus Karstadt 1971 "für 3 Millionen Mark an lebender Ware um". Entsprechend sind auch die Kosten für Unterhalt, Pflege und Luxus. Laut "Zeitmagazin" (Nr. 35 vom 1.9.72, S.14) geben allein die Hunde- und Katzenhalter der Bundesrepublik jährlich 3,7 Milliarden DM aus.

Zu welchen Exzessen diese Einstellung zum Tier als Luxusgeschöpf führen kann, ist dem schon erwähnten "Zeitmagazin" (S.17) zu entnehmen: "Da schläft ein Tier in einer Decke aus Mongolenlamm oder frequentiert einen Massagesalon. Wird es einmal krank, zieht Frauchen aus der gemeinsamen Schlafstätte auf ein Sofa um, um dem Hund das Ruhelager zu lassen. Andere Hundehalter beheben leichte Halsschmerzen mit Maiglöckchentropfen, fliegen bei ernsten Schwierigkeiten jedoch einen Spezialisten aus Paris ein oder bemühen eine Psychoanalytikerin in England. Eine Besitzerin: "Vielleicht verwöhne ich das Tier ein bißchen zu sehr. Aber ich hänge unglaublich an diesem Hund... zu Weihnachten bekommt er sein eigenes kleines Bäumchen!"

Die Tiere fühlen sich in solcher Umgebung keineswegs wohl; im Gegenteil: der Reinlichkeitstick mit den Sprays gegen alles macht sie krank, und für ein gelegentliches Herumtollen würden sie gerne auf allen anthropomorph verfälschenden Unsinn verzichten. Das alles hat mit Tierliebe und erst recht mit Tierschutz nichts mehr zu tun. Hier ist auch die Forderung voll berechtigt, daß der Kampf zur Linderung menschlicher Not Vorrang hat gegen solche Exzesse sinnloser und denaturierender Verwöhnung.

Immer mehr Warenhäuser gehen dazu über, wachsende Zooabteilungen einzurichten; und kein Gesetz verbietet den Verkauf an Unkundige oder Kinder, die von den Lebensnotwendigkeiten dieser Tiere wenig oder nichts wissen.

Die meisten dieser Tiere sind als Haustiere ungeeignet. Bestenfalls sterben sie schon nach kurzer Zeit, sobald das Interesse erlahmt und die Pflege lästig wird; manchen Tieren hat die Natur aber ein so zähes Leben gegeben, daß sie jahrelange Mißhandlungen überleben.

Besonders fahrlässig oder auch gewissenlos ist der Verkauf ungeeigneter Tiere an oder für Kinder. Schlosser (1954, S.32) teilt ein Warenhausangebot folgenden Wortlauts mit: "Tausend Buchfinken mit Drahtkäfig á DM 1,45". Ähnlich geht es mit billigen Zierfischen, die (zu Geschäftseröffnungen gelegentlich sogar gratis) in einem Plastikbeutel abgegeben werden, um nach kurzer Zeit im Einmachglas an Sauerstoffmangel zu verenden. Unverständlich ist auch der wachsende Import an Schildkröten, die meist gekauft werden, weil sie als besonders anspruchslos gelten. Im Regelfall ist das Leben der aus mediterranem Klima eingeführten Tiere vom Transport bis zu ihrem Tod eine nur zeitweilig unterbrochene Qual; vgl. Kolar (1967, S.53 ff.) und Mylius (1971).

Kulminationspunkt vieler Tier-Tragödien ist die Urlaubszeit. Riegel hat darüber in "Christ und Welt" vom 11.9.1964 wie folgt berichtet: "Ein nahezu ehernes Gesetz verlangt, daß man sich was Lebendiges in der Wohnung hält. Ein anderes nicht minder rigoroses, undisputierbares Gesetz des Lebens in Paris will, daß man der Großstadt im Sommer so schnell wie möglich und so ausgiebig wie möglich entflieht... Seit Jahren beunruhigen sich die'echten'und die professionellen Tierfreunde über die steigende Verbreitung einer wegen ihrer Einfachheit geradezu idealen Methode, das Haustierproblem zur Ferienzeit zu lösen: man setzt sie aus wie Wechselbälger. Heuer erreichte die zur reputierlichen Tierliebe in krassem Kontrast stehende Übung beängstigende Rekordausmaße.

Einen, der eben seinen Hund zum Auto hinausgejagt hatte und sich mit Höchstgeschwindigkeit davonzumachen anschickte, griffen sie auf, der verteidigte sich zeitgemäß:'Glauben Sie vielleicht, es fällt mir leicht, meinen lieben kleinen Hund auszusetzen? Aber zeigen Sie mir mal das Hotel, wo sie zur Ferienzeit Tiere aufnehmen. Wo soll ich ihn lassen? Bei Bekannten? Hab ich nicht. Im Tierasyl? Wo ist das? Und wenn schon:

Da möcht ich meinen Hund nicht wissen, eingesperrt im Zwinger. Soll ich ihn vielleicht töten lassen, das arme Vieh? Niemals! oder vielleicht, nur aus Tierliebe, auf meinen Urlaub verzichten? Das ist ja nun auch zu viel verlangt. Also setz ich ihn aus, der bringt sich schon durch, und vielleicht kommt er wieder zurück, wenn wir wiederkommen, die Tiere sind ja gescheit.' Solcherlei Argumentationen erbittern die Tierschützer schier noch mehr als blankes Eingeständnis, daß ein'Tier schließlich ein Tier' sei:'Zur Rohheit und Gefühllosigkeit auch noch die Heuchelei, das ist schon unerträglich!'Tatsache sei, daß doch wohl ein großer Teil dieser angeblich so tierliebenden Großstädter in Wirklichkeit keinerlei Gefühl für die Kreatur mehr besitze. Für sie sei das Haustier allenfalls noch ein Dekorationsgegenstand. Sie seien sogar schlicht zu faul, zum Tierasyl zu fahren, oder nicht bereit, die Kosten für eine Tierpension für ihren besten Freund aufzubringen.

Kaum läßt sich erklären, was sich hunderte und tausende Male in diesem Sommer begab: An den Ausfallstraßen der Hauptstadt hielten die Autos reihenweise an, die Tür kurz geöffnet, ein Hund oder eine Katze, ein Vogel oder eine Schildkröte flogen heraus, und der Wagen brauste mit Vollgas davon, während die Hunde jedenfalls meistens noch eine Weile japsend und winselnd hinterherzujagen versuchten.
Im Bois de Boulogne und im Bois de Vincennes, dort zweckmäßigerweise gleich in der Nähe des Zoos, fanden die Sonderstreifen des Tierschutzvereins, die schon aus früheren Erfahrungen darauf warteten, an Bäume angebundene Hunde und Katzen zu Dutzenden und Hunderten, während des ganzen Sommers wurden es Tausende.Auf den Ästen kreischten hilflos Wellensittiche und Papageien. Selbst in den Straßen der Stadt mußten herrenlose Schafe, Ziegen, Füchse, Vögel und allerlei exotisches Getier aufgesammelt werden, die einfach (und die wenigen Leute, die dabei ertappt wurden, fanden bezeichnenderweise auch gar nichts dabei, dies zuzugeben) ihrem Schicksal überlassen worden waren. Irgendwer, so denken sich diese Tierfreunde, wird sich schon der Tiere annehmen, die Stadt ist groß, und außerdem gibts ja den Tierschutzverein, die werden schon was tun.
Die Parkteiche quollen über vor darein entleerten Goldfischpokalen.'Die Aquarienbesitzer zumindest,' résümierte man beim Tierschutzverein nicht

ohne Sarkasmus, 'scheinen humaner geworden zu sein.' Früher ist es geradezu 'allgemeine Übung' gewesen, seine Fische, ehe man in Urlaub fuhr, kurzerhand in die Toilette zu entleeren und die Spülung zu ziehen...

Selbstverständlich machen die Tierpensionen zur Ferienzeit noch immer das beste Geschäft und sind voll besetzt. Auch die Tierasyle werden in dieser Zeit bis zur Grenze des Möglichen in Anspruch genommen... Freilich erklärt das allein noch nicht die Gleichgültigkeit und Gefühlsstumpfheit, mit der Tausende ihre Tiere einfach auf die Straße jagen oder im Wald an die Bäume binden. Leute, die sich für 3oo bis 5oo Franc zimmerhohe Hamsterkäfige zulegen, finden nichts dabei, die Tiere, wenn sie fürs nächste wieder genug an ihnen haben, mit den Köpfen aneinanderzuschlagen und in den Müll zu werfen, bis sie Lust auf ein neues Tierleben im Heim verspüren. Dann erstehen sie eben an den Kais ein paar andere.'Ein rein mechanistisches Spielzeug-Dekorations-Verhältnis zum Tier', folgern die Soziologen".

Leider ist das hier beschriebene Vorgehen in vielen Ländern, auch in Deutschland, England und den USA zu beobachten. Hier ein Auszug aus dem Bericht des Welt-Tierschutzbundes (Das Recht der Tiere, 1963, Heft 1/2, S.28 f.): *"Dogdumping.* Die 'Dumps', das sind die Abfallberge. Man dumped etwas, was Abfall ist. In Amerika sind Hunde Abfall. Dies haben in Westdeutschland die Bewohner, vor allen Dingen die Tierheime,gemerkt, die in der Umgebung amerikanischer Besatzungswohnbauten beheimatet sind. Wenn ein Regiment verlegt wird, so irren in den Straßen herrenlose Hunde - auch Katzen - umher. Man fährt nach Hause. Der Hund ist zum Abfall geworden. Da er nicht in die Mülltonne paßt, läßt man ihn im leeren Haus. Sollte ein Deutscher auf den Gedanken kommen, daß die Amerikaner vielleicht nicht wissen, daß es in Deutschland Tierheime gibt oder daß man in einer Zeitungsannonce nach einem guten Heim für den Hund suchen könne, so muß auf die Tatsache hingewiesen werden, daß in Amerika jährlich Millionen von Tieren gedumpt werden.

Millionen von Amerikanern ziehen im Sommer aus der Stadt in die ländliche Umgebung. Der Einsamkeit wegen schafft man sich einen Hund an. Oder für die Kinder zum Zeitvertreib. Wenn im Herbst der Rückzug in die Stadtwohnung angetreten wird, so sitzt auch der Hund im Wagen. Nur wenn man die Stadt erreicht, ist kein Hund mehr da. Unterwegs gedumpt.

Die Hündin hat Junge. Wenn man die Jungen nicht gleich ersäuft, so werden sie gedumpt, wenn man sieht, daß die Nachbarschaft schon mit Hunden eingedeckt ist und man keine Abnehmer mehr findet. Und wenn die Hündin zum zweiten Male wirft, so hat man die Schweinerei satt, und auch sie wird gedumpt."

(d) INHUMANER SPORT: Der Begriff "Sport" wird für viele Sachverhalte mißbraucht, das hat schon Bernhard Shaw (1927/28) pointiert vertreten. Da es unmöglich ist, allen vermeintlichen und zum Teil auch anerkannten Sportarten nachzugehen, die mit Tierquälerei verbunden sind, soll hier nur e i n Beispiel nach dem Bericht von Gordian (1956) genannt werden: "Das Taubenschießen ist, ähnlich wie in England das Pferderennen, der Zeitvertreib einer Schicht von Snobs, die künstliche Erregung brauchen, um ihrer Existenz nicht vollkommen überdrüssig zu werden... Bei den nationalen Wettschießen werden Preise ausgesetzt, die in die Tausende gehen. Die Teilnehmer müssen gut trainiert sein und jahrelang Dutzende von Tauben totgeschossen haben, um in Form zu bleiben. Die Tauben, die man verwendet, sind von allen Rassen, vornehmlich aber die 'Zuritos', die in Spanien gezüchtet werden, eine ungewöhnlich schnelle Art mit langen Flügeln und starken Muskeln ...

Für Leute mit menschlichem Gefühl ist ein Vormittag auf einem Taubenschießplatz das bedrückendste Erlebnis, das man sich vorstellen kann. Drei junge Burschen, die man 'Corridori' nennt, bereiten die armen Kreaturen fürs Sterben vor. Sie beschneiden ihnen die Steuerfedern, damit sie beim Fliegen wie Betrunkene durch die Luft schwanken und auf diese Weise das Schießen erschweren, und setzen sie in einen Käfig, der 27 Meter vom Schützen entfernt aufgestellt wird. Zuweilen weigert sich ein Tier, zu fliegen. Dann reißt man ihm ein paar Federn aus und streut Salz auf die Wunden, damit es sich, vom Schmerz gequält, in die Luft erhebt. Der Schütze hat zwei Schüsse zur Verfügung, aber oft genug trifft er nicht gut. Dann fällt das Tier auf die Erde und schlägt verzweifelt mit den Flügeln, bis ihm einer der 'Corridori' die Kehle zudrückt. Dieses feige Morden findet täglich... statt. Die Plätze sind von Drahtzäunen umgeben, in denen sich die Tauben, wenn sie nicht getroffen werden, verfangen. Selbst die Prämie der Freiheit wird ihnen bei diesem unfairen Vergnügen verweigert."

Leider wird diese Art "Sport" noch immer in verschiedenen südeuropäischen und südamerikanischen Ländern ausgeübt. Das Zweite Deutsche Fernsehen hat am 1.5.1974 unter dem Titel "Tauben zum Töten" ausführlich berichtet.

(e) INHUMANE TIERKÄMPFE: Beim Stierkampf ist der spanische vom portugiesischen zu unterscheiden, der unblutig verläuft. Der spanische Stierkampf ist auch in Südfrankreich und Lateinamerika üblich. Jeder Kampf dauert etwa eine halbe Stunde. Regelmäßiges Opfer ist der Stier, häufig sind es auch Pferde und nur ganz selten der Mensch. Obwohl seit 1567 von Papst Pius V. (1566-1572) verboten, wurde er unter Josef Bonaparte wieder eingeführt und ist zu einer sich ausweitenden Institution geworden. "So findet unter dem Jubel der Menge jedes Jahr in über hundert Arenen Spaniens (ebenso wie in Mexiko, Kolumbien und Venezuela) das immer gleiche Schauspiel statt..." (Karasek 1971). Neuerdings haben Stierkämpfe aber auch in Jugoslawien und Kuwait stattgefunden.

Eine in den USA verbreitete Form des Tierkampfes ist das Rodeo. Die Tierschutzvereine wenden sich insbesondere gegen 3 extreme Auswüchse: das "Steer Busting", wobei der "Cowboy dank überlegener Technik und eines guten Pferdes dem Stier keine Chance läßt. Dabei geht es darum, den Stier so geschickt mit dem Lasso an den Hinterläufen zu erwischen, daß das Tier beim ruckartigen Zuziehen der Schlinge meterweit durch die Luft fliegt. Danach wird der Stier am Seil durch die Arena geschleift, bis er sich nicht mehr regt." Die weiteren Beanstandungen betreffen die Tricks, mit welchen die Pferde, meist alteingerittene Tiere, zu ihren wilden Sprüngen gezwungen werden: Elektroschocks, Sporen und eine ausgesucht schmerzhafte Sattelung; vgl. Badische Neueste Nachrichten vom 3o.12.1971.

Neben diesen Tierkämpfen sind auch noch andere Tiermißhandlungen in barbarischem Brauchtum und überlieferter Gedankenlosigkeit verankert. Zwar ist die Zahl der betroffenen Tiere vergleichsweise niedrig, aber die Verbindung von Feststimmung, Kindern und zur Schau gestellter Grausamkeit ist doch ein erschreckendes Indiz für die Haltung, die ein solches Geschehen ermöglicht. Gemeint sind das jährliche "Gänseköpfen" in Lückringen bei Höxter (Bericht: Neue Revue Nr. 42 vom 18.1o.197o, S.56) und das "Hahnenköpfen" in Speck bei Düsseldorf (Bericht: Die Zeit,

Magazinbeilage vom 3o.1o.197o, S.2o f.). In beiden Fällen werden lebende Tiere mit dem Kopf nach unten aufgehängt (Kopf und Hals ragen aus einem Plastikeimer) und mit einem Messer geköpft; da erschwerende Bedingungen erfüllt werden müssen (in einem Fall wird der Eimer mit dem Tier hin und her geschwungen, im anderen Fall muß der Hobby-Schlächter mit verbundenen Augen agieren), haben die Tiere oft lange zu leiden.

Leider kann sich auch kirchliches Brauchtum als Tierquälerei erweisen, wie Axel Munthe (Das Buch von San Michele, 1931, Kapitel 3o) berichtet: "Vom ersten Tage der Karwoche an stellte man in jedem Weinberg, unter jedem Olivenbaum Schlingen auf. Tagelang wurden Hunderte kleiner Vögel, einen Bindfaden am Flügel, von Dorfjungen durch die Straßen gezerrt. Verstümmelte Symbole der heiligen Taube, sollten sie in der Kirche freigelassen werden, um bei der Jubelfeier der Auferstehung Christi als Sinnbild zu dienen. Aber nie wieder stiegen sie empor in den Himmelsraum. Eine Weile flatterten sie hilflos und verängstigt umher, ehe sie sich in den Fenstern die Flügel knickten, um dann niederzufallen und am Boden zu sterben. Bei Tagesgrauen war ich oben auf dem Kirchdach gewesen, während mir Maestro Nicola, sehr widerstrebend, die Leiter hielt, um einige Fensterscheiben einzuschlagen; aber nur ganz wenige der unglücklichen Vögel fanden den Weg zur Freiheit."

(f) INHUMANE TIERVERSUCHE: Ein Problem für sich ist der aus der früheren Vivisektion entstandene Tierversuch. Die wissenschaftliche und humanitäre Auseinandersetzung zwischen der überwältigenden Mehrheit, die den Tierversuch für notwendig und gerechtfertigt hielt, und einer Minderheit, die ihn ablehnte, wurde seit Ende des letzten Jahrhunderts und für lange Zeit heftig und oft unsachlich geführt. Die besondere Problematik des Tierversuches besteht darin, daß bestimmte Versuche nur dann wissenschaftlich sinnvoll sind, wenn die Reaktionen des nicht betäubten Tieres beobachtet und registriert werden können.

Für die Beschreibung der verschiedenen Arten des Tierversuches kann auf die am Ende des Abschnittes zusammengestellte Literatur verwiesen werden. Hier genügt es, auf die für die juristische Beurteilung übliche Einteilung (vgl. Bestelmeyer 1935, S.11 und Müller 1953, S.35) hinzuweisen;

sie unterscheidet zwischen Versuchen, die unmittelbar der Diagnose und
Therapie dienen und Versuchen im Bereich der zweckfreien Forschung oder
der Demonstration bzw. Übung im Bereich der medizinischen Ausbildung.
Eine ähnliche, aber nach Verbrauchergruppen gewonnene Gliederung findet
sich bei v. Düring (1959). Lorz (1973, S.141) unterscheidet zwischen
Forschungs-, Erprobungs- und Lehrversuchen.

Zur Würdigung der Gesamtproblematik spielt auch der quantitative Aspekt
eine Rolle. Verständlicherweise ist es schwierig, Zahlen für den Weltverbrauch
an Versuchstieren zu nennen, wobei Insekten (für die Erprobung von
Schädlingsbekämpfungsmitteln) und Kleinstlebewesen außer Betracht bleiben.
Es gibt nur ein Land auf der Erde, in dem das Verfahren zur Genehmigung
und Überwachung der Tierversuche das ernsthafte Bemühen zeigt, den
"Verbrauch" an Versuchstieren aus ethischen Gründen einzuschränken. England
hat mit seiner mehrfach verschärften "Cruelty to Animals Act" von
1876 die rechtliche Grundlage geschaffen, deren Einhaltung von einem
Unterhaus-Ausschuß überprüft wird. Ein jährlicher Bericht gibt detaillierte
Auskunft über alle nach einem besonderen Kategorienschema registrierten
Experimente. Für 1970 betrug die Gesamtzahl aller Experimente
5.580.876. In der Bundesrepublik kann diese Zahl nur geschätzt werden;
Ennulat/Zoebe (1972, S.70 f.) beziffern den "Verbrauch" auf 10-12
Millionen jährlich. Die Differenz beruht aber nicht nur auf dem strengen
Genehmigungs- und Kontrollverfahren, sondern die englische Versuchstierhaltung
ist verständlicherweise auch teurer, weil bessere Pflege mehr
kostet. Außerdem gibt es eine Gruppe von Wissenschaftlern (Universities
Federation for Animal Welfare), die ständig daran arbeitet, mit wissenschaftlichen
Mitteln auf eine Beschränkung der Tierversuche hinzuwirken.

In ständiger Auseinandersetzung mit der "Research Defence Society" sind
wichtige Fortschritte erzielt worden; vgl. hierzu Hume (1962, S.57-70),
Strasser (1963) und Lane-Petter (1966). Die Ergebnisse sind in folgenden
UFAW (Universities Federation for Animal Welfare) Publikationen festgehalten:
The UFAW-Handbook on the Care and Management of Laboratory Animals,
4. Aufl. 1972, London und Edinburgh, The Use of Animals in Toxological
Studies (UFAW 1969), The Rational Use of Living Systems in Bio-Medical
Research (UFAW 1972).

Natürlich bleibt der ständige Interessenkonflikt insofern, als in jedem
Einzelfalle neu zu entscheiden ist, ob die einem Versuch zugrundeliegenden
Erwartungen das damit verbundene Maß an Schmerzen, Leiden und Schäden
der Versuchstiere rechtfertigt. Die Zahl der jährlich "verbrauchten" Versuchstiere
und die publizierten Ergebnisse nähren immer wieder den Verdacht,
daß die vom Gesetz verlangte quantitative und qualitative Schonung
nicht immer ernst genug genommen wird.

Im Hintergrund dieser Auseinandersetzung stehen zwei Fragen: die moralische
und die methodische.

Die philosophische Ethik hat sich seit Descartes bis Schweitzer erheblich
gewandelt. Müller (1953, S.32 ff.) schreibt: "Die Ethik der Ehrfurcht
vor dem Leben läßt als gut nur die Erhaltung und Förderung von Leben gelten.
Alles Vernichten und Schädigen von Leben, unter welchen Umständen
es auch erfolgen mag, ist böse. Diese Trennung zwischen Gut und Böse ist
so unmißverständlich, klar und natürlich.
Und doch können Komplikationen entstehen. Wie hat der ethische Mensch
sich zu verhalten bei einem Konflikt zwischen seinem Willen zum Leben
und dem Willen zum Leben eines Etwas, das ihn umgibt? Oder anders formuliert:
Das Interesse an der Erhaltung des eigenen Lebens, die notwendige
Selbstbehauptung, kann im einzelnen Fall so stark sein, daß es nur durch
einen Eingriff in anderes Leben gewahrt werden kann. Wie behauptet sich
der ethische Mensch in dieser 'grausigen Notwendigkeit'?

Albert Schweitzer gibt schon durch seine Formulierung 'grausige Notwendigkeit'
zu verstehen, daß die Ehrfurcht vor dem anderen Leben nicht bis zur
Selbstaufgabe des eigenen führen muß. In einem solchen Kollisionsfall
müsse der Mensch sich selbst entscheiden, inwieweit er ethisch bleiben
könne und inwieweit er sich der Notwendigkeit der Vernichtung und Schädigung
von Leben unterwerfen und damit Schuld auf sich nehmen müsse.'Nur
subjektive Entscheide kann der Mensch in den ethischen Konflikten treffen.
Niemand kann für ihn bestimmen, wo jedesmal die äußerste Grenze der Möglichkeit
des Verharrens in der Erhaltung und Förderung von Leben liegt.
Er allein hat es zu beurteilen, indem er sich dabei von der aufs höchste
gesteigerten Verantwortung gegen das andere Leben leiten läßt.'

Diese Ethik der Ehrfurcht vor dem Leben gibt uns eine geeignete Grundlage für die Entscheidung der Frage, ob und inwieweit der Mensch in das Leben und die Gesundheit des Tieres eingreifen kann, ob also die Vornahme von Versuchen am lebenden Tier auch sittlich gerechtfertigt ist und innerhalb welcher Grenzen.

Wir müssen von dem grundsätzlichen Postulat der Ehrfurcht vor allem Leben ausgehen, von der Heiligkeit allen Lebens. Deshalb können menschliche Interessen schlechthin nicht den Eingriff in das tierische Leben rechtfertigen. Es muß vielmehr in jedem einzelnen Fall geprüft werden, ob er auch wirklich notwendig ist, und eine sorgfältige Abwägung der beiderseitigen Interessen erfolgen. Schweitzer sagt hierzu:'Diejenigen, die an Tieren Operationen oder Medikamente versuchen oder ihnen Krankheiten einimpfen, um mit den gewonnenen Resultaten Menschen Hilfe bringen zu können, dürfen sich nie allgemein dabei beruhigen, daß ihr grausames Tun einen wertvollen Zweck verfolge. In jedem einzelnen Fall müssen sie erwogen haben, ob wirklich Notwendigkeit vorliegt, einem Tier dieses Opfer für die Menschheit aufzuerlegen.'"

Theologisch wird das Tierexperiment wie folgt gerechtfertigt: Da dem Menschen gemäß Gen. 9,3 neben der pflanzlichen auch tierische Nahrung eingeräumt wird, sind die Tiere dazu bestimmt, dem Leben des Menschen zu dienen. Und da auch das Tierexperiment dem Schutz des menschlichen Lebens dient, ist es dadurch auch gerechtfertigt; vgl. Miller (1953/54).

Die Gegenposition argumentiert so: Zwar sind die Tiere der Herrschaft des Menschen unterworfen, aber diese Herrschaft ist an die Gottesebenbildlichkeit gebunden, die jede eigennützige Willkür ausschließt. Die bloße Macht, die wir über die Tiere haben,wie auch unsere Fähigkeit, aus Tierversuchen Nutzen für den Menschen zu ziehen, geben uns noch nicht das Recht, solche Versuche auch durchzuführen, denn Machbarkeit und Vorteil sind keine Kriterien der Moralität. Ferner muß beim Erleiden von Schmerzen zwischen Mensch und Tier unterschieden werden. Der Mensch, mindestens aber der Christ, kann aus ertragenem Leiden Läuterung und Segen gewinnen; Lawler (1965), der an dieser Gegenposition gearbeitet hat, sagt daher: "human suffering is not of itself an evil to be negated no matter what the cost."

Schließlich ist auch zu beachten, daß die Frage der moralischen Zulässigkeit in dem Maße an Gewicht zunimmt, in dem die Effizienz des Tierversuches zweifelhaft wird. Mit anderen Worten, wenn der *notwendige* Tierversuch vom nur *möglicherweise sinnvollen* bzw. vom *sinnlosen* sauber abgrenzbar wäre, dann könnte auch der moralisch vertretbare Bereich gegen den nicht vertretbaren leichter abgegrenzt werden. Es ist also unbedingt notwendig, den Tierversuch auch als medizinische Methode zu erörtern. Selbstverständlich kann in diesem Bereich dann nur das Urteil von Medizinern, Veterinärmedizinern und Biologen maßgeblich sein.

Es geht also um die Frage, ob, und wenn ja, unter welchen Voraussetzungen der Tierversuch eine sinnvolle Forschungsmethode ist. Die überwältigende Mehrheit aller Experten ist davon überzeugt, daß der medizinische Fortschritt einen erheblichen Rückschlag erleiden würde, wenn alle Experimente verboten würden; und es besteht auch kein Zweifel, daß die Medizin dieser Methode enorme Erfolge verdankt. Dennoch ist es berechtigt, die Frage zu stellen, ob nicht wie in allen anderen Wissenschaften auch in der Medizin die Methoden dem Wandel unterworfen sind.

Die Brauchbarkeit des Tierversuchs kann jedenfalls nicht vorwiegend mit vergangenen Erfolgen belegt werden, sondern bedarf der ständigen Überprüfung. Vor allem besteht der dringende Verdacht, daß die Ergebnisse durchgeführter Versuche nicht in ausreichender Weise zur Kenntnis genommen werden, sondern daß gleiche Versuche unter gleichen Bedingungen und mit gleichen Ergebnissen immer wieder neu durchgeführt werden, nur weil es immer mühsamer wird, sich durch die Überfülle vorhandener Literatur durchzuarbeiten. Solcher Leerlauf ist schon aus volkswirtschaftlichen und forschungspolitischen Gründen abzulehnen, bei Tierversuchen aber auch aus ethischen Gründen.

Weiterführende Literatur: Ciaburri (1933), Bestelmeyer (1935), Frei (1937), Bargmann (1952), Müller (1953), Miller (1953/54), Messing (1955), Herold (1956), Maerker (1958), v.Düring (1959), Grzimek (1961), Strasser (1963), Lawler (1965), Lane-Petter (1966, 1972), A. Mayr (1966, 1967), K. Mayr (1966), Kraft (1968), Gunst (1969), Gärtner (1971), Heine (1971), Brophy (1972), Macdonald (1972), Merkenschlager (1972), Sabisch (1972), Stevens (1975).

VI. Die Frage nach den ethischen Folgerungen

1. Deutungs- und Rechtfertigungsversuche

Das menschliche Gewissen war und bleibt aufgerufen, gegen das Maß der vermeidbaren Leiden Zeugnis abzulegen. Das Problem, wie der darum Wissende mit seiner Last und Ohnmacht fertig wird, ist damit aber nicht gelöst; Lösungsversuche sind zu verschiedenen Zeiten und auf unterschiedliche Weise unternommen worden (vgl. Bernhart 1961, S.191 ff. und Hume 1957, S.91 ff.): Von Jesaja durch die alle Lebewesen einschließende Friedensvision einer künftigen "neuen Erde" (vgl. Kapitel VII, 3);von Buddha durch die Lehre von der ausgleichenden und daher auch läuternden Gerechtigkeit im System der Seelenwanderung; von Paulus durch die Einbeziehung der außermenschlichen Kreatur in die eschatologische Erlösung der Welt (vgl. Kapitel VIII, 2);durch Descartes und Malebranche (vgl. Bernhart 1961, S.194), die behaupten, das Tier könne nichts empfinden, also auch nicht leiden; durch Albert Schweitzers Ethik von der Ehrfurcht vor dem Leben und in gewissem Sinne auch durch Teilhard de Chardin, der uns auf die Vollendung der Schöpfung durch Evolution hoffen läßt; oder schließlich durch Bloch, der eine Tendenz zur Humanisierung der Natur zu erkennen glaubt, und zwar durchaus im Sinne von Jesaja oder, wie der "Spiegel" (Nr. 34, 1972, S.1o1) schreibt, als "die Versöhnung von Menschen, Tieren, Steinen und Sternen als Ziel des Universums." In ganz andere Richtung zielt die Erklärung von Horkheimer. Er hat keine Vision, er sieht nur das Ausmaß des menschlichen Versagens, kombiniert mit der Unfähigkeit und Unwilligkeit des Menschen, dieses Versagen zur Kenntnis zu nehmen.

Die Auswirkung dieser Gedanken auf die Bildung sozialethischer Normen ist gering; denn die Sozialethik ist bis heute nur für die Regelung zwischenmenschlicher Beziehungen zuständig, und erst wenn nun auch andere Lebewesen Sozialpartner des Menschen sein können, dann fallen für den Menschen auch seine zwischenartlichen Beziehungen unter die sozialethische Norm. Das heißt nicht, daß unsere Beziehung zur außermenschlichen Schöpfung bisher völlig ungeklärt war, aber es ist doch bis heute weitverbreitete Meinung, daß sich die Pflicht der Nächstenliebe nur auf den Mitmenschen bezieht. Hier besteht sogar weitgehendes Einvernehmen zwischen der öffentlichen Meinung und der theologischen oder philosophischen Ethik: entweder wird der ganze Komplex übersehen, oder er wird in drei Zeilen abgetan wie etwa von Häring (Das Gesetz Christi, 8. Aufl. 1967, Bd.2, S.34o): "Die unvernünftigen Tiere und die übrige unvernünftige Schöpfung bewundern und lieben wir um ihres Schöpfers willen, aber sie sind nicht Gegenstand der christlichen Tugend der Nächstenliebe, der caritas, weil sie der beseligenden Freundschaft mit Gott nicht fähig sind, die doch das Band der christlichen Nächstenliebe ist."

Angesichts dieser Einstellung ist verständlich, daß Schweitzer (1974, Bd. 2, S.362 f. = Kultur und Ethik, Kapitel 2o) die drastische Feststellung trifft: "Wie die Hausfrau, die die Stube gescheuert hat, Sorge trägt, daß die Türe zu ist, damit ja der Hund nicht hereinkomme und das getane Werk durch die Spuren seiner Pfoten entstelle, also wachen die europäischen Denker darüber, daß ihnen keine Tiere in der Ethik herumlaufen." Schweitzers Urteil wäre sicher etwas differenzierter ausgefallen, wenn er Bregenzers "Tier-Ethik" (1894) gekannt hätte. Bregenzer zeigt nämlich, daß sich die Ethik durchaus um das Tier gekümmert hat (31), daß sich aus den vielen Ansätzen aber entweder keine durchschlagkräftige Konzeption entwickelt hat oder der Mensch zu dickfellig war, sich davon betroffen zu fühlen.

Für den ethischen Bereich wäre insbesondere auf Karl Chr. Fr. Krause hinzuweisen (vgl. Bregenzer 1894, S.2o8 ff.); nach ihm hat der Mensch eine moralische Verpflichtung gegenüber den Tieren, weil die Liebe dem Menschen gebietet, des anderen Würde anzuerkennen, und zu diesen "anderen" gehören auch die Tiere. Nach Krause haben die Tiere aber auch Rechte, die der Mensch sozusagen als "Vormund" wahrzunehmen hat.

Dieser Gedanke ist auch unter juristischen Gesichtspunkten ernsthaft erwogen worden, insbesondere von Engelhardt (1889). Giberne (1931) hat hierüber insbesondere im Rahmen der französischen Rechtstradition berichtet (S.92-173) und gleichzeitig den Ausweg aus dem offensichtlich unzureichenden Denkschema gezeigt. Er erinnert sich der These Ulphians, wonach das Recht das Leben a l l e r beseelten Wesen ordnet. (S.32) und so den Unterschied zwischen Rechtssubjekt und Rechtsobjekt seines diskriminierenden Charakters enthebt. Beseelte Wesen sind je nach dem Grade ihrer Höherentwicklung leidensfähig und schmerzempfindlich. Giberne (S.187) folgert also: "L'animal souffre. Cela suffit. Il a dès lors un droit, même s'il est dépourvu de raison, car la souffrance est un mal, et c'est un impératif catégorique que d'éviter à autrui des douleurs inutiles."

Philosophie und Rechtswissenschaft haben auf tradierten Grundlagen eine eigene Tierrechtslehre entwickelt; vgl. hierzu insbesondere die neueren Zusammenfassungen von Spitaler (1958), Maurer (1960), Kotter (1966) und Zoebe (1967).

2. Tierschutz als Reaktion

(a) ENTWICKLUNG DES TIERSCHUTZES: Der Tierschutz als organisiertes System von Absichten und Handlungen zum Schutz der Tiere gegen Mißhandlungen nahm im vergangenen Jahrhundert seinen Anfang. Schlosser (1954, S.58 f.) berichtet: "Der Schatzkanzler von England, Lord Erskine, brachte 1809 im Unterhaus einen Gesetzentwurf zum Schutz der Arbeitstiere gegen Mißhandlung ein; er wurde abgelehnt. Dasselbe geschah bei einem zweiten Versuch. Als 1821 der Irländer Richard Martin abermals einen solchen Entwurf vorlegte, betrachtete es das Haus wie einen ungeheuren Spaß, und als jemand den Schutz auch auf die vielen Lastesel ausdehen wollte, brach ein solches Gelächter los, daß der Berichterstatter Martins Antwort nicht verstehen konnte.

So begann die Tierschutzbewegung: winzig klein, verlacht, gezwungen, sich in eine Welt hineinzukämpfen, in der Grausamkeit nicht an und für sich, sondern nur dann verurteilt wurde, wenn Menschen Schaden oder Ärgernis daraus entstand. Da Tiere gleich Sachen galten, so konnte es geschehen, daß der Diebstahl eines kostbaren Pelzes bestraft wurde, aber nicht die Grausamkeit gegen die Tiere, denen man ihre Pelze abgezogen hatte, und daß eine Frau, die angeklagt war, Dutzende von Katzen lebendig gehäutet zu haben, freigesprochen wurde, weil sich kein Besitzer der Katzen meldete, der durch sie geschädigt worden wäre. Aber 1822 hatten die Pioniere

einer aussichtslosen Sache einen Erfolg: Martin und Lord Erskine zusammen
setzten die Annahme des ersten Schutzgesetzes durch. Es galt nur für Pferde
und Vieh; Hunde, Katzen und Esel einzubeziehen, gelang nicht.

Martin und Reverend Broome gründeten damals (1824) den ersten Tierschutzverein der Welt. Ihre Arbeit ging mühsam und stetig weiter, und 1835 wurde
die Ausdehnung des Schutzgesetzes auf alle Haustiere erreicht. Ein Quäker
war es, der, ohne selber viel davon zu hoffen, den Entwurf im Parlament
vorlegte; daß er angenommen wurde, hatte seinen Grund in etwas, das mit den
Tieren direkt nichts zu tun hatte: die Prinzessin Viktoria, die später
Königin wurde, und ihre Mutter hatten dem kleinen Verein ihr Protektorat
gewährt; ihnen wollte man nicht mißfallen."

Nach Lehner (1929, S.32) bestand in England bereits 177o "ein Tierschutzgesetz, in dem mit Geldstrafen zu fünf, zehn Schillingen oder auch mehr
solche Menschen bestraft werden, welche gegen Tiere grausam verfahren."
So haben die Tiere durch das Recht zwar einen geringfügigen Schutz, wie
eh und je aber die volle Härte des Gesetzes erleiden müssen. Strafprozesse
gegen Tiere sind seit den Anfängen der Rechtsgeschichte bis auf den
heutigen Tag bekannt (32).

In Deutschland scheint besonders der Münchner Tierschutzverein erfolgreich
gewesen zu sein. Hölscher (195o, S.17o f.) zitiert einen Artikel der
Kölnischen Zeitung vom 6. Juli 185o, wonach der Münchener Verein 5ooo Mitglieder zählte und eine weitreichende, auch fremdsprachliche Aufklärungs-
arbeit leistete. Dieser Mitteilung zufolge soll z.B. auch die französische
Lex Grammont (vgl. auch Giberne 1931, S.125 ff.) durch die Münchener
Initiative ausgelöst worden sein.

(b) DER GESETZLICHE TIERSCHUTZ IN DEUTSCHLAND: Im strafrechtlichen
Schutz der Tiere hat die Entwicklung folgenden Verlauf genommen: Im
Anschluß an das englische Vorbild wurden auch in deutschen Ländern Tier-
schutzvereine gegründet, 1837 der erste in Stuttgart (Bregenzer 1894,
S.3o5), und in den Ländern Tierschutzgesetze erlassen, 1838 das erste in
Sachsen.

Auch wenn der Wortlaut der verschiedenen Gesetze oder Verordnungen variiert, im Kern entsprechen alle der Fassung des bis 1933 in Kraft gebliebenen § 36o Ziff. 13 des Reichsstrafgesetzbuches (Lehner 1929, S.1), wonach bestraft wird, wer "öffentlich oder in Ärgernis erregender Weise Tiere boshaft quält oder roh mißhandelt". In den folgenden Jahrzehnten wurde immer wieder versucht, das Höchststrafmaß von RM 15o,-- zu erhöhen und die Erfordernisse der Öffentlichkeit, Ärgerniserregung, Boshaftigkeit und Rohheit zu eliminieren. Von Hippel (1891 S.139) hat die Tatbestände der Tierquälerei verdeutlicht und folgende Neufassung vorgeschlagen: "Mißhandlung von Tieren wird mit Geldstrafe bis zu M. 3oo,-- oder mit Gefängnis bis zu drei Monaten bestraft". Nach langjährigen Beratungen hat dann die Reichsregierung am 12.11.1924 einen amtlichen Entwurf beschlossen und 1925 veröffentlicht. Der neue Tierschutzparagraph 333 (Lehner 1929, S.21) lautet: "Wer ein Tier absichtlich quält oder roh mißhandelt, wird mit Gefängnis bis zu 6 Monaten oder mit Geldstrafe bestraft". Diese Fassung wird dann aber erst im Rahmen des Gesetzes zur Abänderung strafrechtlicher Vorschriften vom 25.5.1933 als § 145b in das RStrGB eingefügt. Giese/Kahler (1951 , S.5f.) kommentieren wie folgt: "Durch diese neue Fassung wurde, abgesehen von der Verschärfung der Strafe, die nicht mehr Übertretungs-, sondern V e r g e h e n s s t r a f e ist, der Tatbestand der Tierquälerei erheblich erweitert; die Tierquälerei wird nicht mehr unter dem Gesichtspunkt bestraft, daß menschliche Empfindungen und Gefühle vor dem Anblick einer Tierquälerei geschützt werden sollen, es steht nicht mehr das menschliche Interesse im Vordergrund, sondern es wird anerkannt, daß das Tier wegen seiner selbst geschützt wird. Der heute geltenden Auffassung von der Schutzwürdigkeit des Tieres wird allerdings insofern noch nicht genügend Rechnung getragen, als die Tierquälerei a b s i c h t l i c h erfolgt sein muß. Da hiernach eine auf Tierquälerei gerichtete Absicht des Täters zum Vergehenstatbestand gehört, ist zweifellos manche Handlung, die sich als bewußt tierquälerisch darstellt, ungesühnt geblieben, weil ein auf Herbeiführung einer Tierquälerei gerichteter Wille des Täters nicht nachweisbar war.

Dieser immer noch unbefriedigende Zustand führte zu der mit verstärktem Nachdruck erhobenen Forderung nach einem besonderen Reichstierschutzgesetz, das, im Einklang mit dem Kulturstand des deutschen Volkes stehend, gegenüber der Vielgestaltigkeit von Sonderverordnungen in den einzelnen deutschen Ländern und der dadurch bedingten Rechtsunsicherheit und Rechtsungleichheit möglichst weitgehende reichseinheitliche Bestimmungen über den Tierschutz schaffen sollte.

Ihre Erfüllung fanden diese anerkannten Wünsche in dem Erlaß des R e i c h s t i e r s c h u t z g e s e t z e s   v o m 24. N o v e m b e r 1 9 3 3. "

Dieses Gesetz ist bis zum 3o.9.1972 mit nur geringfügigen Änderungen in Kraft geblieben, obwohl bereits 1961 mit Bundesdrucksache IV/85 ein Antrag zum Entwurf eines neuen Tierschutzgesetzes vorgelegt wurde; die Bundesministerien für Ernährung, Inneres und Justiz vertraten im September 1963 gemeinsam die Auffassung, daß eine Novellierung weder zweckmäßig noch erforderlich sei(Zoebe 1967a, Bd.2, S.179). Erst in der 5. Legislaturperiode wurde dann ein neuer, wesentlich verbesserter Antrag eingebracht.

Der neue Entwurf ist gekennzeichnet durch eine Anerkennung der neuesten Forschungsergebnisse (Abg. Rutschke, Deutscher Bundestag, -5. Wahlperiode- 64. Sitzung, Bonn 12.1o.1966, Protokoll S.3125): "Wenn aber, wie ich im Rahmen dieser Ausführungen hier natürlich nur andeuten konnte, der Unterschied zwischen Menschen und Tieren nicht so groß ist, wie wir vielfach glauben oder wenigstens geglaubt haben, so ergibt sich daraus geradezu logisch auch eine Verminderung des Unterschiedes in der Rechtsstellung. In dem Maße, wie man den Begriff des Tieres als bloße Sache aufgeben muß, ihm also eine gewisse Persönlichkeit zuzusprechen genötigt ist, hat diese auch Anspruch auf Rechte, die einem beliebigen Schalten wie mit einem leblosen Eigentum entgegenstehen. Dazu soll nun der vorliegende Gesetzentwurf die Voraussetzung schaffen".

Diese neue Rechtsstellung wird vom Abgeordneten Rollmann (Prot. S.3122) in dem auf dem Wege des strafrechtlichen Schutzes gewährten Rechts auf Leben und körperliche Unversehrtheit gesehen, dem gegenüber die Tötung oder sonstige Beeinträchtigung besonders geregelt wird.

Wichtig erscheint auch die bewußt vorgenommene Unterscheidung zwischen Schmerzen und Leiden: "Gerade weil die Frage der Schmerzempfindung des

Tieres in der Wissenschaft und in der Rechtssprechung der vergangenen
Jahrzehnte beträchtliche Schwierigkeiten bereitet hat, wird ein auch
auf Leiden ausgedehnter Schutz des Tieres von großer praktischer Bedeutung
sein. Wer ein Tier hungern oder dürsten läßt, der fügt ihm vielleicht
keine Schmerzen zu, bereitet ihm aber sichtlich Leiden. Auch bei der
Regelung des Rechts der Tierversuche soll der Tierschutz über das geltende
Recht hinaus auf Leiden ausgedehnt werden" (ebd.). Eine nochmalige Ver-
zögerung der abschließenden Lesung des Gesetzes ergab sich aus den
Interessengegensätzen und Meinungsverschiedenheiten hinsichtlich des
Kupierens der Ohren bei Hunden und hinsichtlich der Vorschriften für
die industrielle Aufzucht, Mast und Haltung von Geflügel und anderen
Schlachttieren. Ab 1.1o.1972 konnte das Gesetz dann in Kraft treten. Ein
Verzeichnis der juristischen Tierschutzliteratur findet sich bei Felix
(1958).

3. Probleme des Tierschutzes

(a) DER ERMESSENSSPIELRAUM: Das neue Tierschutzgesetz gewährt dem Tier
einen gegenüber früher weitergehenden, aber doch nur relativen Schutz.
Der Grundsatzparagraph 1, Satz 2 lautet: "Niemand darf einem Tier ohne
vernünftigen Grund Schmerzen, Leiden oder Schäden zufügen." Im Rahmen
dieser Grundsatzregelung bestehen weitere Verbote und Vorschriften oder
werden noch erlassen. Dennoch bleibt dem Bürger und Richter ein weiterer
Ermessensspielraum, weil er innerhalb dieses Spielraums über die ausreichende Vernünftigkeit seiner Rechtfertigungsgründe entscheidet. Wenn
also die Frage nach der Verhältnismäßigkeit zwischen Zweck und Mittel
nicht gestellt wird, dann bleibt auch das neue Gesetz unzureichend; vgl.
hierzu auch Ennulat/Zoebe (1972, S.4o f.)

(b) DIE SCHWÄCHE DES STRAFRECHTLICHEN SCHUTZES: Eine weitere Frage ist,
inwieweit das neue Gesetz überhaupt bekannt ist, beachtet und in seinem
strafrechtlichen Teil angewendet wird. Auch das beste Tierschutzgesetz
kann nicht verhindern, daß eine schwer abschätzbare Zahl von Verstößen
unverfolgt bleibt, weil verständliche Hemmungen bestehen, Haus- oder
Wohnungsnachbarn anzuzeigen. Daß in der Bundesrepublik dennoch jährlich

in etwa 1o.ooo Fällen (Diederichs 1964) Anzeige erstattet wird, ist erstaunlich. Trotzdem bleibt der strafrechtliche Schutz so lange unzureichend, bis die Tierschutzinstitutionen mit amtlichen Befugnissen ausgestattet oder kommunale Tierschutzinstanzen geschaffen werden, wie dies z.B. in Duisburg (Diederichs 1964) schon erfolgt ist.

(c) DER PÄDAGOGISCHE ASPEKT: Das Tierschutzgesetz kann die gewünschte Wirkung nur erbringen, wenn seine Intention in der Bevölkerung verstanden und akzeptiert wird. Tierschutz hat also einen ethischen und pädagogischen Aspekt. Das hat der Abgeordnete Rutschke gelegentlich der ersten Lesung im Deutschen Bundestag (1966, 64. Sitzung, Protokoll S.3123) deutlich gesagt: "Die Ehrfurcht vor dem Leben des Tieres, sein Schutz vor Schmerzen, Leiden oder Schäden kann nicht durch das Gesetz allein dekretiert werden, dessen sind wir uns wohl bewußt. Tierschutz ist vor allen Dingen eine Frage der Gesinnung, der Einstellung zum Tier als einem Mitgeschöpf Gottes, der Erziehung unseres Volkes und seiner jungen Generation und der Praxis, die draußen im Lande geübt wird." Ähnlich auch Schlosser (1953, S.127): "Eine Erziehung, wie die Freunde der Tiere sie sich wünschen, führt zur Menschlichkeit von einer Stelle aus, an der selten angesetzt wird und von wo der Zugang zu den guten Kräften des Herzens doch besonders leicht wäre. Denn das, was mit dem Wort Menschlichkeit gemeint ist, beweist sich nicht gegenüber den Überlegenen, es ist immer Billigkeit, Güte und Rücksicht gegen die Schwächeren. Am frühesten, in seiner eindrucksvollsten Zeit, kann sie sich in einem kleinen oder jungen Menschen entfalten im Umgang mit denen, unter denen er selbst einmal nicht der Schwächere, sondern der Überlegene ist: mit den Tieren. Hier kann ein Kind schon über seinen eigenen kleinen Kreis hinaus lieben und helfen lernen."

Auf die besondere Beziehung zwischen Kind und Tier ist schon in Kapitel II, 8c (bb) hingewiesen worden. Erlebnisse mit Tieren können für die Entwicklung der kindlichen Persönlichkeit von großer Bedeutung sein, wie Albert Schweitzer detailliert beschrieben hat (33). Auch die beklemmende Schilderung von Wolf (34), der berichtet, wie er zum ersten Mal das Schlachten eines Kaninchens erlebte, läßt ahnen, welche seelische Erschütterung von solchen Erlebnissen ausgehen kann.

Auch Lorenz (1971, S.47 f.) sieht einen pädagogischen Bezug: "Im allgemeinen verstehen es die Hunde sehr gut, sich einer allzu lästigen und quälenden Aufmerksamkeit der Kinder erfolgreich zu entziehen - und gerade darin liegt ein hoher pädagogischer Wert: da nämlich normal geartete Kinder stets großen Gefallen an der Gesellschaft der Hunde finden und dementsprechend traurig sind, wenn diese von ihnen davon laufen, so wird den kleinen Menschen sozusagen von selbst beigebracht, wie sie sich zu verhalten haben, um von den Hunden als wünschenswerte Gesellschafter betrachtet zu werden. Kinder, welche auch nur einigermaßen mit angeborenem Taktgefühl begabt sind, lernen so bereits in zartestem Alter, Rücksicht zu nehmen - gewiß eine wertvolle Erwerbung".

Je kleiner die Familie ist, desto bedeutsamer kann das Tier in der Funktion des Schutzbefohlenen werden. Möglicherweise ist ein Schutzverhältnis zwischen Geschwistern auch nicht immer erreichbar, weil das Ranggefälle so gering ist, daß eher eine Rivalität als eine Abhängigkeit entsteht. Die im Rivalitäts- oder Wettbewerbsverhältnis geforderte Verhaltensweise ist aber nicht Fürsorglichkeit, sondern Fairness; diese hat eine Chance, sich durch die erzieherische Macht der möglichen Gegenseitigkeit selbst zu entwickeln. Im Umgang mit Menschen oder anderen Lebewesen, die uns völlig hilflos ausgeliefert sind, fällt aber jede in der möglichen Gegenaktion des anderen liegende Beschränkung unseres Verhaltens weg; also muß das Kind das für diese Sozialbeziehung richtige Verhalten in besonderer Weise lernen (35). Daß dies in aller Welt nicht genügend geschieht, ist ein wesentlicher Grund für die Exzesse gegen Wehrlose, seien es nun Tiere oder Kinder, Kranke, Alte oder Gefangene.

Das Kind bedarf also der Erziehung zu fürsorglichem Verhalten, wobei unter Ausnützung optimaler Entwicklungsphasen des Kindes jeweils angemessene Methoden erforderlich sind. Inhaltlich sollte zunächst die Fähigkeit zur Empathie (vgl.Anm. 10) erreicht werden. Ist das Kind dann auf ein generelles Mitfühlen hin disponiert, so kann der nächste Schritt, andersartige Bedürfnisse des jeweils anderen zu erkennen und zu respektieren, unternommen werden. Das Kind kann lernen, sich in die oft ganz anderen Lebensbedingungen, Erfordernisse und Wünsche seines Partners hineinzudenken oder hineinzufühlen, eine Fähigkeit, die immer wieder,

ja lebenslänglich geübt werden muß, bis man schließlich im Alter auch
erwachsene Kinder und spielende Enkel von der anderen Seite des Lebens
her verstehen lernen muß.

Da das Kind die Hilfsbedürftigkeit aber oft nur an kleinen, auch ihm
unterlegenen Tieren erleben kann (vgl. Stern 1921, S.331 f.), wird die
Erziehung zur Fürsorglichkeit zuerst in der Beziehung zum Kleintier geübt, und zwar zuerst am Spielzeugtier, so absurd dies dem Erwachsenen
auch erscheinen mag. Davon hat inzwischen auch die psychologische Spiel-
zeugberatung Kenntnis genommen. In dem vom Arbeitsausschuß Gutes Spielzeug herausgegebenen Handbuch "Gutes Spielzeug" (Ravensburg 6/1964,
S.36 f.) heißt es: "Etwa mit einem Jahr braucht das Kind etwas, worauf
es seine Liebe konzentrieren kann. Spielzeug zum Liebhaben ist für die
Entwicklung des Gefühlsbereichs eminent wichtig. Jedes Kind braucht ein
Spielzeug aus dieser Gruppe, bis es echte Freundschaftsbeziehungen
knüpfen kann ... Der Teddybär nimmt unter allen Tieren seit vielen Jahren
eine Sonderstellung ein. Er wird nicht als der 'Bär' empfunden, sondern
einfach *als ein Wesen zum Liebhaben. Er ist Spielzeug, Lebensgefährte,
Leidensgenosse und Freund. Jedes Kind sollte ihn besitzen* ...
Beim größeren Mädchen wird die Puppe zum 'richtigen Kind', das nun sach-
kundig umhegt wird. *Aus der Beschäftigung mit den Stofftieren sollte allmählich eine liebevolle Betreuung lebender Tiere werden.* Andere Kinder
werden als Spielpartner wichtig, aus dem ersten lockeren Miteinander
wird ein Spiel in der Gemeinschaft. Kameradschaft und Freundschaft erhalten nach und nach ihre volle Bedeutung ..."

Im gelenkten und überwachten Umgang mit imitierten und lebendigen Tieren
lernt das Kind in einer seinem Alter und seinen Erlebnismöglichkeiten
angemessenen Weise Zuneigung, Fürsorglichkeit und Mitempfinden gegen andere (aber noch als gleichrangig empfundene) Lebewesen. Die Fähigkeit
zu dialogischer Identifikation wird in einer konkreten Sozialbeziehung
erlebt. Allerdings muß der Erwachsene darauf achten, daß er das Kind
nicht überfordert: nicht jedes Tier ist für den Umgang mit Kindern beliebigen Alters geeignet; Adrian (1971) hat entsprechende Ratschläge erarbeitet. Prof. Leemann vom Kantonalen Tierspital Zürich hat dazu

(vgl. Anm. 35 b) einige Forderungen aufgestellt. Hieraus ergibt sich, daß Kinder unter 6-7 Jahren zur Mitbetreuung von eigens für sie gehaltenen Tieren kaum geeignet sind. Ganz anders liegt der Fall, wenn es ein von Vater oder Mutter versorgtes "Familientier" gibt. Hier kann schon ein zwei- bis dreijähriges Kind erste Kontakte erleben, insbesondere, wenn der Tierpartner ein Hund ist. Wer sich für eine solche Früherziehung zur Menschlichkeit entscheidet, muß allerdings auch sein eigenes Verhalten unter Kontrolle haben.

Der Umgang mit Tieren kann auch bereits gefährdeten Kindern helfen. Die berühmt gewordene "Kinderfarm" der Cunninghams ist dafür ein überzeugender Beleg. Ein Bericht von Pizer:"Vater von achttausend Kindern", findet sich in "Das Beste aus Reader's Digest" 1966, Nr. 4, S.186-196.

(d) TIERSCHUTZ ODER MENSCHENSCHUTZ: In der Diskussion über den Tierschutz taucht immer wieder das Problem auf, ob es richtig ist, sich um die Tiere zu kümmern, solange es nicht gelingt, die Leiden der Menschheit auch nur einigermaßen einzudämmen; vgl. hierzu auch Schultze-Petzold (1971, S.82). Wer etwa wie der Hamburger Kinderschutzbund weiß, zu welchen Kindesmißhandlungen Erwachsene fähig sind (jährlich ca. 2-300 gerichtliche Verurteilungen, darunter 80-90 Mißhandlungsfälle mit Todesfolge; vgl. Badische Neueste Nachrichten vom 5.6.1971), wird diese Frage sicherlich verstehen, insbesondere, wenn er die Berichte über luxuriöse Tierhaltung lesen muß.

Andererseits muß man sich fragen, ob hier eine echte Alternative zwischen Tier- und Kinderschutz besteht, denn Tierschutz, Kinderschutz und jede Form zwischenmenschlicher Hilfe beruhen doch auf der Bereitschaft, dem jeweils Schwächeren zu helfen. Wo immer solche Hilfe im Einzelfalle geleistet wird, kommt sie als Gesinnung allen zugute; und wo Tierliebe etwa mit Menschenhaß verbunden ist, muß sowieso eine seelische Erkrankung angenommen werden.

Der Zusammenhang zwischen Tier- und Menschenquälerei ist schon immer gesehen, aber noch nicht genügend untersucht worden.

Gerlach (1967, S.12) kommt zu dem Ergebnis: "... die Tierquälerei entspringt derselben Nichtswürdigkeit wie die Folterung von Menschen, dem Mißbrauch der Macht, die Schmerzen und Leiden zufügt, weil sie niemand daran hindern kann". Hume (1957, S.84) berichtet: "Dr. W.M.S. Russell (1956) has been conducting a personality test with the object of measuring the correlation between certain attitudes towards animals and what is called the 'authoritarian personality', and the results so far obtained indicate that a positive correlation exists." Entsprechendes hat ja auch Horkheimer (vgl. Kapitel V,1) angenommen.

Hallie, der speziell über die Grausamkeit gearbeitet hat (1971, S.40), stellt fest: "Grausamkeit gegen Tiere geht nahtlos in Grausamkeit gegen Menschen über". Lorenz (1969/70) schreibt: "Die Unfähigkeit, Mitleid zu haben, spielt auch eine bedeutende Rolle bei Fällen offener Gewalt gegen schwache alte Leute, deren sich Jugendliche oft schuldig machen." Schultze-Petzold (1971, S. 82) mißt diesem Zusammenhang ebenfalls große Bedeutung bei: "Zum anderen gehen wir davon aus, daß die tierquälerische Behandlung eines Tieres tiefgehende psychische Auswirkungen hat. Der Mensch hat an sich eine Grundverbundenheit mit dem Tier. Wenn er nun ein Tier quält und dies immer wieder tut, wird sich die 'Reizschwelle' dieses Vorgangs immer mehr senken. Er wird also diesen Vorgang zwar an einer Stelle als häßlich und als Schuld empfinden; er drängt ihn dann aber ab. So gerät sein Fehlverhalten völlig außer Kontrolle und kommt emotionell bei irgendeiner Gelegenheit in seinem Leben wieder mit einer erschreckenden Brutalität an die Oberfläche. Insofern hat der Tierschutz hier sehr enge Beziehungen auf die Verhaltensweisen des Menschen in unserer heutigen Gesellschaft."

Auch unter kriminologischem Aspekt wird dieser Zusammenhang gesehen. Lorz (1973, S.27) schreibt: "Es darf daran erinnert werden, daß Gewaltverbrecher häufig Tierquäler sind oder waren." Vgl. auch H.v. Hentig: Der jugendliche Vandalismus, Düsseldorf 1967, S. 74 f.

VII. Die Schöpfungsethik des Alten Testamentes

1. Die biblische Position in der Schöpfungsgeschichte

Die abendländische Tradition der Mensch-Tier-Beziehung ist bestimmt durch die Überlagerung der vorchristlichen Vorstellungen und Gewohnheiten durch das seinerseits in jüdische, griechische und römische Tradition verwobene Christentum.

(a) DIE WIEDERENTDECKUNG DER GESCHÖPFLICHEN EINHEIT beruht wesentlich(36) auf der von Karl Heim eingeleiteten Verarbeitung der seit Darwin erzielten Fortschritte der naturwissenschaftlichen Forschung (Heim 1952). Köberle (1964, S.22) resümiert wie folgt: "Heim stellt fest: nach dem Zeugnis der Schrift bildet die gesamte Schöpfung, angefangen vom Staubkorn bis hin zum Menschen, eine große, zusammengehörige Einheit. Sie ist Kreatur und steht als solche unter dem Gesetz des Werdens und Vergehens Gott gegenüber, der allein Unsterblichkeit hat. Diese Wahrheit kommt zum Ausdruck in dem Zeugnis des Predigers Salomonis: ' Denn es geht dem Menschen wie dem Vieh. Wie dies stirbt, so stirbt er auch.' Oder es sei erinnert an das prophetische Wort, wo von allen Geschöpfen gesagt wird: ' Du nimmst ihren Odem weg, so vergehen sie und werden wieder zu Staub. Du läßt deinen Odem wehen, so werden sie geschaffen, und du erneuerst die Gestalt der Erde.' Auch Paulus nimmt Römer 8 die ganze Schöpfung in menschlichen und untermenschlichen Bereichen zusammen. Er sieht sie wie eine große Familie in Weh und Hoffnung vor Gott ausgebreitet und auf ihn hin ausgerichtet. Gott allein als der Absolute steht jenseits dieses ganzen Zusammenhangs." Wiederentdeckt ist damit aber auch die frühkirchliche Tradition von der Brüderlichkeit der Kreatur, die auch den Sperling noch in den Raum der göttlichen Gnade und Fürsorge einschließt.

Die Einheit der Schöpfung beruht auf den Berichten der Genesis: Mensch und Tiere werden von Gott erschaffen und als lebende Wesen bezeichnet. Barth hebt mit Recht hervor, daß mit der Erschaffung der Seetiere und Vögel im Schöpfungsprozeß ein neuer Abschnitt beginnt, indem Leben höherer Organisation als bisher erschaffen wird, auf das nun grundsätzlich und bis einschließlich des Menschen die Bezeichnung "lebendes Wesen" (nephesch chajjah) angewendet wird (Barth 1970, III/1, S.194): "Aber nun zeigt sich die Einheit der hier anhebenden und beim Menschen endigenden besonderen Schöpfung der *nephesch chajjah*, daß v 22 ein bis jetzt nicht sichtbares Element des göttlichen Sprechens und Handelns sichtbar wird: 'Gott s e g n e t e sie - die schwimmenden und die fliegenden Tiere - und sprach: Seid fruchtbar und mehret euch und füllet die Wasser des Meeres, und die Vögel sollen sich mehren auf der Erde'. Von einer Segnung des Lichtes, der Feste, der Erde, der Pflanzen, der Gestirne war nicht die Rede gewesen. Segnung ist das Wort Gottes, sofern dieses einem Geschöpf eine bestimmte Kraft oder Wohltat zuspricht und damit - weil es das Wort Gottes ist - zueignet, die ihm in seiner künftigen geschöpflichen Eigenbewegung zugute kommen soll. Das Licht, die Feste, die Erde, die Pflanzen, die Gestirne bedürfen keines Segens, weil sie keine *nephesch chajjah* sind, keine geschöpfliche Eigenbewegung vollziehen, sondern ihren Dienst versehen, indem sie das sind, was sie sind. Sie sind gewissermaßen von Haus aus gesegnet. Als ein besonderes Segenswort ist auch der der Erde v 11 zugesprochene Auftrag, daß sie 'grünen' soll, nicht zu verstehen, weil die Erde das wohl durch sich selbst, aber nun doch nicht aus sich selbst, sondern nur auf Grund des göttlichen Schöpfungsbefehls zu tun in der Lage ist. Streng genommen können als Gegenstand des Segens Gottes doch erst die vom fünften Tagewerk an aufgezählten Geschöpfe in Betracht kommen. Was auf Grund seiner Schöpfung in Eigenbewegung, als *nephesch chajjah* lebt, das bedarf, wenn seine Eigenbewegung nicht Entfernung von Gott und damit seinen Untergang, sondern Gedeihen nach Gottes Willen bedeuten soll, des Segens Gottes.

Es handelt sich aber hier um die schlichteste und umfassendste Form dieses Gedeihens, nämlich darum, daß das Geschöpf sich fortpflanze und mehre und also den ihm zugewiesenen Raum - hier des Wassers und der Luft - wirklich einnehme. Das geschieht bei der Pflanze in ihrem Zusammenhang mit der Erde, ohne daß sie eine Eigenbewegung vollziehen, eine *nephesch chajjah* sein müßte ... Die Pflanze bedarf zu ihrer Fortpflanzung keines besonderen Segens durch das Wort Gottes,weil sie ihn wesensmäßig schon hat.Das

Tier, zu dessen Fortpflanzung 'zwei zueinander passende Wesen sich spontan
zueinander gesellen müssen' (B. Jacob) bedarf des Segens, d.h. es bedarf
des Wortes Gottes auch mit Rücksicht auf die von ihm spontan zu vollziehenden Lebensakte. Es bedarf nicht nur der Gegenwart, sondern der B e g l e i -
t u n g des kräftigen Wortes Gottes. Diese Begleitung des Geschöpfs durch
den Schöpfer, vermöge dessen es in die Lage kommt und in der Lage bleibt,
eigene Lebensakte - nun doch nicht ohne, sondern m i t der auch zu einem
geschöpflichen Lebensakt unentbehrlichen Kraft Gottes - zu vollziehen,
ist der Segen Gottes, von dem V 22 die Rede ist. Dieser Segen blickt darauf hin, daß mit der Geschichte des Menschen und als deren Substrat eine
Naturgeschichte, eine Geschichte der Erhaltung und Erneuerung des geschaffenen Lebens als solchen ihren Gang nehmen soll und wird. Indem das
Wort Gottes die dessen bedürftigen Geschöpfe von den Fischen und Vögeln
bis zum Menschen selbst hin segnet, sorgt es in dieser höheren Ordnung für
die Möglichkeit und Wirklichkeit der Naturgeschichte. Es sorgt in und mit
ihrer Begründung auch für die Erhaltung der Erde als des menschlichen
Wohnraumes. Es sorgt nun also im Besonderen dafür, daß auch jene Nachbarschaft des Menschen in Gestalt der anderen *nephesch chajjah* erhalten bleiben wird. Sein Wort als sein Segen allein kann das schaffen. Sein Wort als
sein Segen s c h a f f t das aber tatsächlich."

(b) DER PARADIESISCHE FRIEDE: Nicht nur der Mensch, auch die Tiere werden
gesegnet (Gen 1,22), und allen wird pflanzliche Nahrung (Gen 1,29,30) zugewiesen. Da nach v. Rad (1964, S.43) die Pflanze nach althebräischer Anschauung keinen Anteil am Leben hat, ist durch dieses Speisegebot der Friede innerhalb der lebendigen Geschöpfe nicht gestört. Dieses, Mensch und
Tier jeweils getrennt auferlegte Gebot ist für die Intention des Schöpfers
von entscheidender Bedeutung. V. Rad (1964, S.47) schreibt: "Das ist die
einzige Andeutung von dem paradiesischen Frieden in der Schöpfung, wie sie
aus Gottes Hand gegangen und wie er gottgewollt war." Ähnlich äußert sich
auch Schmidt (1973, S.150 f.): "Der 'Tierfriede' besteht zwischen Mensch
und Tier (V 29) und zwischen den Tieren untereinander (V 30). Die Tiere
werden noch nicht getötet; wohl aber die Pflanzen, denn sie haben nicht
im gleichen Maße am 'Leben' Anteil." Für Groß (1967, S.84) ist diese Friedensordnung "eine durchgreifende teleologische Ordnung für den ganzen

Kosmos des Geschaffenen." Anders Westermann (1966 ff. S.223): für ihn ist
Gen. 1,28f. weniger Speisegebot als vielmehr "Gewährung" oder "Zuweisung",
wobei die positive Nennung verschiedener Pflanzen eine mögliche andere
Nahrung nicht ausschließt. Barth (1970, III/1, S.234 ff.) formuliert so:
"Wir hören, daß Gott den Menschen und den Tieren die Pflanze - wir hören
also nicht, daß er dem Menschen das Tier und den Tieren das Tier zur Nahrung verordnet habe. Sie sagt vielmehr mit diesem Verschweigen: daß Gott
der Schöpfer gerade das nicht getan habe. Die Mensch und Tier von Gott
dem Schöpfer zugewiesene Kost ist - ob uns das durchführbar und lustig
däucht oder nicht - die vegetarische Kost. Hier wird es sichtbar: die dem
Menschen übertragene Hoheit über das Tier ist keine Herrschaft über Leben
und Tod, sie ist keine Blutgerichtshoheit. Und auch den Tieren selbst und
unter sich ist diese Gewalt von Gott dem Schöpfer nicht gegeben. Wo diese
Gewalt von Mensch und Tier gebraucht wird, da wird sie, von ihrer Schöpfung her gesehen, illegitim gebraucht. Sie wird einer besonderen Legiti-
mierung im Zusammenhang einer ganz anderen Ordnung bedürftig sein. Daß die
Schöpfungssage als solche von praehistorischen, und zwar auch von prae
n a t u r - historischen Beziehungen und Verhältnissen redet, das wird hier
sehr drastisch sichtbar. Im naturhistorischen Sichtfeld scheint es nicht
viele Bereiche zu geben, wo Ernährung nicht auch Fleischgenuß, wo also
Leben nicht auch Tötung anderen Lebens in sich schlösse. Aber der biblische Zeuge blickt über den naturhistorischen Sichtbereich hinaus. So darf
man an der Schwierigkeit oder Unmöglichkeit, sich die Ausführung der hier
Mensch und Tier gegebenen Verordnung vorstellig zu machen, nicht Anstoß
nehmen. Wichtig ist allein die Frage nach dem Sinn, in welchem die Sage
von dieser Verordnung geredet hat. Es sind zwei Aspekte, die dafür in Betracht kommen dürften. Der eine ist dieser: Der Raum, in den die Sage
blickt und den sie schildert, ist eben der Raum des von Gott bewirkten
W e r d e n s der Kreatur. Das bedeutet aber: der Raum des Lebens, das
zwar als zeitliches Leben das Vergehen in sich schließt, nicht aber den
Tod, die Zerstörung, die Vernichtung, in dem darum auch die Tötung des
Lebens nicht in Frage kommen kann - der Raum des von Gott gegebenen und
begrenzten Daseins und eben darum nicht der Raum des von den Geschöpfen
untereinander zu führenden Kampfes ums Dasein - der Raum des von Gott
gestillten und eben darum nicht des willkürlich um sich greifenden und

damit an Anderen sich vergreifenden Bedürfnisses. Die Schöpfung ist der Friede: der Friede zwischen dem Schöpfer und dem Geschöpf und der Friede zwischen den Geschöpfen untereinander. Daß der Mensch sich laut der von der Sage wiedergegebenen Verordnung von den Samen der Kräuter und von den Früchten der Bäume und daß sich die Tiere von Gras und Kraut nähren, das bricht diesen Frieden nicht, das bestätigt ihn vielmehr; denn damit vernichten sie die Vegetation nicht, damit genießen sie von ihrem ihnen gemeinsam zugewiesenen Überfluß. Fleischnahrung aber setzt Tiertötung voraus, und diese ist unwiderrufliche Vernichtung eines im Unterschied zur Pflanze einmalig, individuell lebenden Wesens, ein Bruch dieses Friedens. Der biblische Zeuge hat es vermieden, sich in die Schilderung eines 'goldenen Zeitalters' zu verlieren, er weiß und sagt aber - und das ist der eine Sinn jener Verordnung - daß die Schöpfung des Kosmos durch Gott jenen Friedensbruch nicht vorsieht. Er beschreibt die Beziehung von Kreatur zu Kreatur wohl als Ernährung, aber eben nicht als Zerstörung der einen Kreatur durch die andere. Er erzählt darum in beredtem Schweigen, daß Gott die Tiere vor dem Zugriff des Menschen wie vor ihrem gegenseitigen Zugriff dadurch geschützt habe, daß er beide an die Hervorbringungen der Pflanzenwelt verwies. Erst unter der ganz anderen Ordnung des auf die Schöpfung folgenden, aktiv und passiv g e f ä h r l i c h e n Seins der Kreatur, erst im geschichtlichen Bereich, der der Bereich des Zwischenfalls und Sündenfalls sein wird, wird das anders werden, wird eine dem Friedensbruch zwischen Gott und Mensch angemessene, diesen Bruch berücksichtigende Regelung der Beziehung zwischen Kreatur und Kreatur Platz greifen, in welcher die Tötung des Tieres und damit die tierische Ernährung erlaubt und sogar geboten sein wird."

Das den Tieren gegebene Speisegebot wird verschiedentlich angezweifelt, so auch von Bernhart (1961, S.213 f.): "Was die Tierleiden selbst betrifft, so müssen wir uns in das Schweigen finden, in das sich Thomas mit den älteren Theologen überhaupt teilt. Er hat es sicherlich als Gesetz der Schöpfung hingenommen, wie aus einer wichtigen Stelle über den Stand des Tieres im Paradies zu folgern ist. Bei der Frage, ob der Mensch im Unschuldsstande über die Tiere geherrscht habe, stellt sich Thomas dieses Bedenken: Was in gegenseitiger Zwietracht ist, widersteht einer einheitlichen Beherrschung; nun sind viele Tiere, so Wolf und Schaf, in naturhafter Feindschaft, also konnten auch nicht alle Tiere unter der Herrschaft des Menschen zusammengehalten werden. Darauf gibt er die folgende Antwort: 'Wenn manche sagen, daß die Tiere, die jetzt wild sind und andere töten, im Urstand nicht bloß gegen den Menschen, sondern auch gegen die anderen Tiere zahm gewesen seien, so ist dies ganz ohne Sinn und Verstand. Denn durch die menschliche Sünde ist nicht die Natur der Tiere gewandelt worden, so daß ehemals die Tiere, die heute das Fleisch anderer fressen, wie Löwe oder Falke, von Kräutern gelebt hätten. Demnach wäre unter gewissen Tieren Zwietracht von Natur gewesen. Mußten sie deshalb der Herrschaft des Menschen entzogen sein? Nein, so wenig, als diese *discordia naturalis* sie der Herrschaft Gottes entzogen hätte, dessen Fürsehung in diesem Ganzen waltet. Ihr Vollstrecker aber wäre der Mensch gewesen, wie durch ihn auch jetzt noch Hühner dem Hausfalken zum Futter dienen.'

Die heutige Erd- und Lebensgeschichte wird nichts gegen den Gedanken einzuwenden haben, daß mit der Entstehung der Tierwelt auch das wechselseitige Auffressen gegeben war. Es ist auch nicht anzunehmen, dieser Vorgang sei ohne die Affekte der Not ums Leben, ohne Abwehr, Angst und Flucht, sei endlich ohne Schmerzempfindung verlaufen. Thomas hat es sich wohl selber nicht anders vorgestellt: denn ihm ist mit der paradiesischen Ordnung die Vorstellung verträglich, daß der Falke das Huhn zerfleischt hat."

Es ist sicherlich unbestritten, wenn Westermann (1966 ff. S.226) feststellt: "Eine nachweisbare Epoche, in der es weder für Menschen noch für Tiere tierische Nahrung gab, hat es nicht gegeben." Trotzdem kann Westermann mit guten Gründen unmittelbar fortfahren: "Dennoch redet die urgeschichtliche Aussage von Gn I 29f. von Wirklichkeit. Die hier ausgesagte Wirklichkeit hat zwei Aspekte: Der erste ist auf das Dasein der Tiere und Menschen bezogen. Es spricht aus diesen Worten, die einer Menschheitstradition entsprechen, ein Wissen von einer Vorgeschichte der Menschen und der Tiere, die anders war als die Gegenwart. Wir können es auch so sagen: Daß sowohl die Tiere wie die Menschen eine Entwicklung zu dem gegenwärtigen status durchgemacht haben, ist in dieser Tradition schon bewußt, auch wenn sie noch über keinerlei Kriterien verfügt, diese Entwicklung zu erforschen. Wesentlich ist allein, daß sie die Tiere wie die Menschen als Gewordene versteht. Es zeigt sich hier wieder, daß das Reden von Schöpfer und Schöpfung durchaus vereinbar ist mit der Erkenntnis einer Entwicklung.

Der andere Aspekt ist auf das Daseinsverständnis bezogen. Der Mensch erfährt und empfindet in seinem Dasein in der Welt an dieser Stelle einen Mangel oder etwas Verkehrtes oder etwas Sinnwidriges: daß zum Dasein von Lebewesen das Töten von Lebewesen gehört. Die Erfahrung und Empfindung dieser Sinnwidrigkeit hat sich mit dem Wissen des Herkommens aus einer anderen, der Gegenwart jenseitigen Urwelt verbunden ... Von da aus wird die Entsprechung, die dieses Urzeitmotiv findet, deutlich: In den Texten, die von dem Tierfrieden reden ..., sind die beiden gleichen Faktoren wirksam: eine Wirklichkeitserfahrung der Störung und der Sinnwidrigkeit und ein Wissen von einer Zukunft, das hier aber aus der Geschichte des Gottesvolkes, vor allem der Prophetie, erwachsen ist."

Die Vorstellung eines ursprünglich friedlichen Zusammenlebens der Schöpfung entspricht nach Westermann (1966 ff. S.225) alter Menschentradition, "weil sie nicht auf einen Raum und nicht auf einen Kulturkreis beschränkt ist... Das 'Menschheitliche' an dieser Tradition ist ein Wissen, daß das Töten von Lebewesen zur Ernährung anderer Lebewesen nicht richtig und d.h. nicht im ursprünglichen Willen des Schöpfers angelegt sein kann, obwohl es in der gegenwärtigen Welt notwendig ist."

Gen. 1,28 f. ist somit der unverzichtbare Hintergrund der großen Friedensvision, die dann bei Hosea 2,10 und Jesaja 11,2 f. ihren gewaltigen Ausdruck findet und in Römer 8 zum Inhalt eschatologischer Verheißung wird.

(c) DIE STELLUNG DES MENSCHEN IN DER SCHÖPFUNG: Innerhalb der Schöpfungseinheit wird dem Menschen ein besonderer Platz zugewiesen: er wird nach dem Bilde Gottes geschaffen (Gen. 1,27). Die Einheit der Schöpfung ist also in sich gegliedert, dabei sind die Abstufungen des Lebendigen erkennbar. Die Pflanzenwelt wird auf bloßes Gebot hin und ohne das bei der Erschaffung von Tieren und Menschen übliche unmittelbare Wirken Gottes von der Erde hervorgebracht.

Die Tiere werden von Gott in ihren Lebensräumen erschaffen, auch die gewaltigen und die unscheinbaren. Eine Reihenfolge: Seetiere, Vögel und Landtiere ist erkennbar, wird aber nicht einheitlich gedeutet wie auch das Fehlen der Segnung (37) nach der Erschaffung der Landtiere. Der Segen selbst bedeutet nach v. Rad (1964, S.43) "die lebenserhaltende Gotteskraft, von der aus sie imstande sind, das empfangene Leben von sich aus auf dem Wege eigenen Zeugens weiterzugeben."

Als letztes Werk wird dann nach den Landtieren der Mensch erschaffen. Dabei fallen einige Besonderheiten des Berichtes auf: der feierliche Beschluß zur Erschaffung, die Ebenbildlichkeit und der Herrschaftsauftrag. Zur pluralen Form des Beschlusses gibt es verschiedene Kommentare; Schmidt (1973, S.129 f.) hat sie kritisch referiert. Für die Stellung des Menschen in der Schöpfung ist v. Rads Interpretation (1964, S.45) der pluralen Form von besonderem Interesse. Sie weist einerseits auf die Vorstellung eines "himmlischen Hofstaates" hin, andererseits soll eben dadurch auch verwehrt werden, "die Ebenbildlichkeit allzu direkt auf Gott, den Herren, zu beziehen ..." Dementsprechend ist der Sinn von V. 26 f.: "der Mensch ist von Gott elohimgestaltig und elohimartig geschaffen", wobei Güte und Weisheit als die wesentlichen Eigenschaften der Elohim gelten.

In diesem Zusammenhang verweist von Rad auf Ps. 8,6: "Du hast ihn wenig niedriger gemacht denn Gott, und mit Ehre und Schmuck hast du ihn gekrönt." Nach Kraus (1960, S.70) bedeutet das: "Der Mensch hat unmittelbar unter den himmlischen Wesen, die Jahwes königlichen Thronsitz umgeben ... seinen ihm von Gott zugewiesenen Platz in der Schöpfung. Er ist - in alttestamentlicher Begrifflichkeit ausgedrückt - elohimartig erschaffen ..."

Besonderes Kennzeichen dieser herausgehobenen Stellung ist die in V. 7-9 beschriebene Herrschaft, V. 7 generell auf die Schöpfung bezogen, 8 und 9 auf die Tiere; hier "durchmustert der Psalmist mit Hochgefühl des Menschen Herrschaftsgebiet, dem Königssänger vergleichbar" (Gunkel, zitiert nach Kraus, 1960, S.71).

Der Mensch des 8. Psalmes ist aber zugleich auch der des 90., gewaltige Dimensionen in sich beschließend: Größe und Schwäche, die sich erst in der Harmonie des 104. Psalmes auflösen.

Was mit der Eigenschaft "Gottesebenbildlichkeit" konkret gemeint ist, kann aus den dafür in Frage kommenden Stellen (Gen. 1,26; 1,27; 5,1; 5,3 und 9,6) nicht befriedigend geklärt werden; vgl. Schmidt (1973, S.136).

Es gibt nach Schmidt (S.136 ff.) aber eine ägyptische Tradition, wonach der Pharao Ebenbild oder Abbild Gottes ist. Nur in dieser Tradition ist nach Schmidt (S.40 f.) auch Ps. 8,6 erklärbar: "Die Überlieferung, aus der Ps. 8 schöpft, beschreibt den Menschen als König. Ihm gebühren eigentlich die Prädikate, die den Menschen schildern ...".

Eindeutiger als die Beschreibung des Wesens ist die Aufgabe des elohimartigen Menschen ausgesprochen: "Die ist nun aufs Klarste umrissen in Herrschaft in der Welt, insbesondere über die Tierwelt." Von Rad gebraucht hier den Vergleich mit der Tradition irdischer Großkönige, in den Provinzen ihrer Reiche Abbilder als Symbole ihrer machtausübenden Präsenz aufzustellen. So ist der Mensch als lebendiges Abbild Gottes "recht eigentlich der Mandatar Gottes, dazu aufgerufen, Gottes Herrschaftsanspruch auf Erden zu wahren und durchzusetzen. Das Entscheidende an seiner Gottesebenbildlichkeit ist also seine Funktion an der außermenschlichen Welt" (v. Rad 1964, S.46). Die Herrschaft des Menschen ist also mittelbar, wie dies bereits im Benennungsakt (Gen. 2, 19/20) erkennbar wird: Gott ist es, der dem Menschen seine Mitgeschöpfe zuordnet, damit er sie benenne und damit sein "Mandat" anträte.

Die Aufforderung Gottes an Adam, die Tiere zu benennen, hat mehrere relevante Aspekte. Zunächst ist sie der vielleicht deutlichste Ausdruck der kreatürlichen Nähe zwischen Mensch und Tier. Westermann (1967 ff., S.311) weist ausdrücklich darauf hin, daß dieser Auftrag nur in Bezug auf die Tiere erfolgt und nicht in Bezug auf die Welt der Dinge, auch nicht der Pflanzen. Nur die Tiere sollen benannt werden, "weil sie dem Menschen am nächsten sind", und weil sie von Gott dem Menschen zugeordnet waren.
Barth (1970 III/1, S.198) schreibt: "Die biblische Schöpfungssage hat den Menschen wohl in seiner ganzen Eigenart, aber nicht isoliert, sondern in dieser Umgebung und Gesellschaft gesehen: in der Kameradschaft der zahmen, der kriechenden, der wilden Tiere des Landes, die wie er selbst und wie vorher die Wassertiere und die Vögel - aber nun unübersehbar, nun in seiner unmittelbaren Nähe, nun als seine unzertrennlichen Gefährten - lebende, d.h. in selbständiger Bewegung lebende und in freien Zeugungsakten sich fortpflanzende Wesen sind."

Benennung der Tiere heißt, ihnen Namen geben; das ist ein in jüdischer und altorientalischer Tradition bedeutsamer Vorgang, der zwischen dem Benennenden und dem Benannten eine mit Rechten und Pflichten ausgestattete Beziehung stiftet. Insofern ist es sicher richtig, wenn die Kommentare im Regelfalle (so Schmidt und v. Rad) die Benennung als Herrschaftsakt ansehen. Westermann (1967 ff., S.311) schließt aber jede magische Beherrschung der Tiere ausdrücklich aus und betont statt dessen: "Es ist die Absicht des Schöpfers, die Namengebung dem Menschen zu überlassen. Damit wird eine allererste Autonomie des Menschen in einem begrenzten Bereich zum Ausdruck gebracht. Der Schöpfer hat die Tiere gebildet, und der Mensch kann nichts an ihnen ändern, er muß sie so annehmen, wie Gott sie ihm zuführt. Hier aber setzt seine eigene Möglichkeit und seine eigene Fähigkeit ein: er gibt den Tieren Namen und in diesen Namen die Bestimmung, die sie damit für ihn erhalten." Einem bisher unbenannten Wesen einen Namen geben und ein Wesen bei seinem Namen rufen, ist aber nicht nur ein Akt des Einordnens, sondern auch des der Einordnung vorausgehenden Erfassens, denn man kann nur richtig einordnen, was man in seinem Wesen auch erkannt hat. Henry (1958, S.15) sagt also sicher mit Recht: "In der Namengebung bekundet sich die Erfahrung eines Anderen, das in irgendeinem Sinne ein vertrautes Du ist". Soziologisch gesehen könnte man sagen, daß in der Namengebung die Du-Evidenz ihren Ausdruck findet. Insgesamt ist die Benennung also die Konstituierung einer für beide Teile wichtigen Beziehung zwischen Adam und den Tieren. Einen Namen zu erhalten und bei diesem gerufen zu werden ist für das Tier vielleicht in einer ähnlichen Weise wichtig wie die Zusicherung Gottes an den Menschen in Jes. 43,1: "Ich habe dich bei deinem Namen gerufen; du bist mein."

Die Tiere gehören zu dem im Schöpfungsplan vorgesehenen Umgang des Menschen. Kraft ihrer besonderen Fähigkeiten eignen sich viele Tiere zu diesem Umgang; das soll der Mensch aber selbst herausfinden. Daß die Tiere aber allesamt nicht in der Lage sind, dem Mann die Frau zu ersetzen, darf nicht verwundern. Bei der Exegese von Gen. 2,20, letzter Satz: "aber für den Menschen ward keine Gehilfin gefunden, die um ihn wäre", wird offensichtlich zu wenig berücksichtigt, daß hier weniger nach dem in der Schöpfungshierarchie Gleichgestellten und Gleichartigen, sondern nach dem komplementären Partner gesucht wird. Adam will also nicht den artgenössischen Bruder, sondern die artgenössische Frau, das klingt schon im Tenor der Verse 23f. - von

Gunkel (1964, S.13) als "Bräutigamsjubel" gekennzeichnet - mit. Westermann (1966 ff., S. 310f.) warnt denn auch vor den extremen Deutungen durch Hempel und Vriezen (38).

Gott hat den Menschen zum Herren seiner Schöpfung gemacht, und zwar ohne direkten Hinweis, wie diese Herrschaft auszuüben sei. Liedke (1972), der sich zur Konzeption des dominium terrae detailliert geäußert hat und dessen Konzeption hier referiert wird, spricht (1972, S.44) von einer Ambivalenz dieser Herrschaft, die erst im Kontext der Ebenbildlichkeit ihre Zielrichtung erhält. Nach Westermann (1966 ff., S.217) bedeutet das Geschaffensein des Menschen nach dem Bilde Gottes bestimmt auch, "daß der Schöpfer ein Geschöpf schuf, das ihm *entspricht*, zu dem er reden kann, und das ihn hört." Liedke (1972, S.45) erläutert: "Entsprechung zwischen Gott und Mensch kann im Hinblick auf das dominium terrae nur bedeuten, daß der Mensch die Erde so zu beherrschen habe, wie Gott über seine Welt herrscht." Entsprechend auch Westermann (1966 ff. S.219): "Auf keinen Fall ist das Herrschen über die Tiere im Sinne der Ausbeutung durch den Menschen gemeint." Nach Jahwistischer Überlieferung hat der Mensch den Garten (= die Welt) bekommen, "um ihn zu *bebauen* und zu *bewahren*. 'Bebauen und bewahren' ist demnach die authentische Interpretation des dominium terrae. Allerdings ist die Fähigkeit zu bebauender und bewahrender Herrschaft an das Ebenbild Gottes-Sein des Menschen gebunden. Entspricht der Mensch diesem Anspruch nicht, fällt er aus diesem Entsprechungsverhältnis heraus, dann pervertiert er das dominium terrae. Und genau das ist die Aussage der Bibel, schon des Jahwisten (vgl. Gen. 3), besonders aber des Neuen Testaments, daß der Mensch diesen Anspruch der Gottesebenbildlichkeit nicht erfüllen konnte und kann" (Liedke, S.45 f.). Vgl. hierzu auch Altner (1974, S.58 f.), Gunneweg (1971) und Pangritz (1963, S.69): "Die uns anvertraute Herrschaft über die Geschöpfe müßte, wenn wir doch nach dem Bilde Gottes geschaffen sind, eine Herrschaft nach dem Vorbilde Gottes sein, d.h. eine Herrschaft in Güte und Verantwortlichkeit. Als Herren der Tierwelt dürften wir im Tier nicht gleichgültige Sachen und allenfalls gewinnbringende Waren sehen, sondern unsere lebendigen Mitgeschöpfe, für die wir dem Schöpfer verantwortlich sind. Fremdes Leben ist in unsere Hand gegeben, so wie einem gütigen und weisen Herrscher das Leben und die Wohlfahrt seiner Untertanen anvertraut ist."

an ihn selbst in sich: Wer bist denn du, der Mensch, der du jetzt zur Erhaltung, Pflege, Bereicherung und Verschönerung deines Lebens auch noch dieses wagen zu müssen behauptest? Was ist es denn mit deinem Leben, zu dessen Gunsten du diesen Eingriff und Vorstoß machen zu müssen meinst? Es geht dabei nicht ab ohne die Erinnerung an die Verkehrung, unter der das ganze geschichtliche Dasein der Kreatur leidet: eine Verkehrung, deren Schuld nicht beim Tier, sondern schließlich doch nur im Menschen selbst zu entdecken ist. Tiertötung gibt es eigentlich nur als Appell an Gottes versöhnende Gnade, als deren Darstellung und Verkündigung. Tiertötung bedeutet ja zweifellos das Gebrauchmachen von dem Angebot eines fremden, eines unschuldigen Opfers, die Inanspruchnahme seines Lebens für das unsrige. Der Mensch muß gute Gründe haben, mit solchem Anspruch ernst zu machen. Seine wirklichen und vermeintlichen Lebensnotwendigkeiten berechtigen ihn sicher nicht dazu. Er muß durch die Erkenntnis der Treue und Güte Gottes, der ihn trotz und in seiner Schuld nicht fallen läßt - wie er das von der Sündflut errettete und auch durch die Sündflut keineswegs besser gewordene Noah-Geschlecht nicht fallen ließ - dazu e r m ä c h t i g t sein. Er frevelt, wenn er es ohne diese Ermächtigung tut. Er frevelt, wenn er sich selbst damit etwas herausnimmt und erlaubt. Er wäre wohl tatsächlich schon auf dem Wege zum Menschenmord, wenn er im Töten der Tiere freveln, wenn er das Tier m o r d e n würde. Morden darf er auch das Tier nicht. Er kann es nur töten: Im Wissen, daß es nicht ihm, sondern Gott gehört, daß er es mit seiner Tötung ihm übergibt, um dann das, was er für sich braucht und wünscht, wieder von ihm zurückzuempfangen. Tiertötung ist im Gehorsam nur möglich als ein im tiefsten ehrerbietiger Akt der Buße, der Danksagung, des Lobpreises des begnadigten Sünders gegenüber dem, der der Schöpfer und Herr des Menschen und des Tieres ist. Tiertötung ist, wenn mit der Erlaubnis und unter dem Gebot Gottes vollzogen, ein p r i e s t e r l i c h e r Akt von e s c h a - t o l o g i s c h e m Charakter: mit gutem Gewissen nur vollziehbar im Rückblick und Ausblick auf Schöpfung und Vollendung als die Grenzen des Bereichs, in welchem die Nötigung dazu überhaupt in Frage kommt - im Gedanken an die Versöhnung des Menschen, in welchem Gott selber die Versöhnung der Welt mit sich selber vollzogen hat" (42).

Wie alt die Bedenken hinsichtlich der Fleischnahrung sind, kann man bei mehreren Kirchenvätern nachlesen. Schon der heilige Hieronymus schrieb 393 in seiner Streitschrift "Contra Iovinianum" (I, 18): "Das Fleischessen ... war bis zur Sintflut unbekannt. Danach wurde es wegen unseres Herzens Härtigkeit durch Moses konzediert. Nachdem aber Christus kam am Ende der Zeiten und das Omega zum Alpha zurückführte, das Ende wieder in das Prinzip, den Anfang zurückzog, essen wir kein Fleisch mehr"; zitiert nach Skriver (1967, S.81). Hieronymus steht mit dieser Einstellung nicht allein, ja man kann davon ausgehen, daß es in der Urgemeinde für lange Zeit eine beachtliche Minderheit gab, die dem Fleischgenuß aus verschiedenen Gründen entsagte (43).

(c) DIE BIBLISCHE TENDENZ DER MENSCHLICHEN HERRSCHAFT: Die nur scheinbar absolutistische Herrschaft des Menschen wird nicht nur durch Gen. 9,4,10 und 15 wieder zur eingeschränkten Herrschaft, sondern auch dadurch, daß Gott sich mehrfach als Herr und Beschützer der gesamten Schöpfung erweist, daß zwischen Gott und den Tieren eine unmittelbare, dem Menschen verborgene Beziehung besteht und daß die biblische Weisung eindeutig in die Richtung geht, die übertragene Herrschaft nicht nur im Auftrag, sondern auch nach dem Vorbild Gottes auszuüben.

(aa) GOTT BLEIBT HERR UND SCHÜTZER ALLER GESCHÖPFE: Obwohl die Tiere nun der Herrschaft des Menschen unterworfen sind, bleiben sie in der Einheit der Schöpfung. Psalm 104 gibt davon Bericht: der Mensch inmitten der Natur, wo jedes Geschöpf seinen ihm zugewiesenen Platz und Lebensanspruch hat: die Zedern im Libanon, die Fische im Wasser, die Vögel in den Bäumen, die Gemsen in den Bergen und der Mensch auf seinem Acker; vgl. hierzu Henry (1958, S.35 f.): "Der Verfasser des 104. Psalmes, dessen Abhängigkeit von dem berühmten Echnatonhymnus längst erkannt worden ist, hat sich jedenfalls gedrungen gefühlt, über sein ägyptisches Vorbild hinauszugehen und durch die Anwendung der Vokabel 'bikeš' auf das Tier dessen Verhältnis zur Gottheit dem Gottesverhältnis des Menschen anzugleichen. Die Vorstellung des tierlichen Notrufes an den Gott konnte von hier aus einen kräftigen Auftrieb empfangen und im Rahmen israelitischer Zeugnisse gelegentlich das hymnische Motiv, den Lobpreis der Gottheit durch Wild und Haustier, Gewürm und Vögel überhöhen (Jes. 43, 20; Ps. 148, 10). Junge Raben schreien zu Gott um Hilfe (Hiob 38, 41), und Hunger leidende Tiere erheben ihr Angesicht zu ihm (Ps. Sal. 5, 10). Joel 1, 20 wird berichtet, wie die Tiere beim

Auch der gottesebenbildlich geschaffene und von Gott zur Beherrschung der
übrigen Schöpfung eingesetzte Mensch bleibt Teil der Schöpfung. Dabei ist
es umstritten, ob der Mensch gottesebenbildlich erschaffen wurde, um die
Erde in Gottes Auftrag zu beherrschen (so Schmidt 1973, S.142), oder ob
der Herrschaftsauftrag eine Folge der gottesebenbildlichen Erschaffung ist,
wie v. Rad (1964, S.46) schreibt; ganz ähnlich auch Barth (39). Wichtig
ist jedoch, daß der Herrschaftsauftrag in jedem Falle an die Gottesebenbildlichkeit oder Elohimartigkeit gebunden ist, wobei diese Eigenschaft nach
Barth (1970, III/1, S.206) "keine Qualität des Menschen" im Sinne eines den
Menschen aus der Schöpfung heraushebenden und unverlierbaren Privilegs ist.
Gott wendet sich dem Menschen in einer unmittelbareren Weise als den Tieren
zu, nur das ist das entscheidende Merkmal. Barth (S.268) schreibt: "Es gibt
eine allgemeine von Gott ausgehende Belebung oder Beseelung. Von ihr lebt
das Tierreich. Der Mensch wird aber so zum lebenden Wesen, so zur Seele,
daß Gott ihm den Lebensodem in die Nase haucht, er wird es in dieser höchst
direkten, höchst *persönlichen*, höchst *besonderen* Aktion".Dennoch bleibt der
Mensch grundsätzlich "in der Nachbarschaft und so im Zusammenhang der ganzen Schöpfung ... innerhalb und nicht oberhalb der Kreaturgrenze" (Barth
1970, III/2, S.345).

2. Die biblische Position nach dem Sündenfall

(a) DAS TIER IN DER SCHICKSALSGEMEINSCHAFT DES MENSCHEN: Der Sündenfall
reißt die ganze Schöpfung mit in die Katastrophe des Fluches. Zwar wird
dieser Fluch durch die Aktivität der Schlange eingeleitet, aber die Exegese
sieht in der Schlange doch mehr die Verkörperung des Bösen (vgl. v. Rad
1964, S.74 f.), insbesondere hinsichtlich des Fluches, der die Schlange
trifft (Gen. 3,14 f.). Dennoch könnte Gen. 3,15 ein Symbol für den nun ge-
brochenen Schöpfungsfrieden sein. So äußert sich jedenfalls Landmann
(1961, S.94): "Erst nach der Vertreibung aus dem Paradies hört, gleichzeitig mit dessen verschwenderischer vegetabilischer Fruchtbarkeit, an deren
Stelle der Acker nunmehr Dornen und Disteln trägt, auch der Friede zwischen
Mensch und Tier auf. Und wie es immer das Prinzip des Jahwisten ist, ein
Allgemeines durch das Medium eines Konkreten zu sagen, so auch hier: 'Ich

will Feindschaft setzen zwischen deinem (der Schlange) Samen und ihrem
(des Weibes) Samen. Derselbe soll dir den Kopf zertreten, und du sollst
ihn in die Ferse stechen' (Gen. 3,15). Damit ist im weiteren Sinne gemeint,
daß zwischen Mensch und Tier überhaupt jetzt die Möglichkeit des Sich-
feind-seins begonnen hat.

Gleichzeitig hat auch der Friede der Tiere untereinander ein Ende. Am Tage,
an dem Adam aus dem Garten ging, so heißt es in den apokryphen 'Jubiläen'
(3,28), die neben späten Legenden noch manches Alte enthalten, was in der
Genesis der strengeren kanonischen Redaktion zum Opfer fiel, 'verstummten
alle wilden Tiere, das Vieh, die Vögel und alles, was geht und sich bewegt; denn sie hatten miteinander alle mit Einer Lippe und Einer Sprache
gesprochen.' Auch für sie also beginnt jetzt, wie dann auch für die Menschen,
die babylonische Sprachverwirrung und damit der Krieg."

Vom Tier ist nach dem Sündenfall erstmals wieder die Rede, als Kain und Abel
opfern (Gen. 4, 3,4): Kain von den Früchten des Feldes, Abel von den Erst-
lingen seiner Tiere. Ohne jeden ersichtlichen Grund wird Abels Tieropfer
gnädig, Kains Fruchtopfer ungnädig angenommen; vgl. v. Rad (1964, S.84 f.).
In der Folge kommt es dann zum Brudermord (Gen. 4,8). Gleichgültig, wie dies
alles zu deuten ist: "auffällig bleibt, daß mit der ersten Tötung der Tiere,
selbst zum Zweck eines Opfers, der erste Mord vom Menschen am Mitmenschen
verknüpft ist" (Huber 1959, S.28 f.).

Der Abfall von der gesetzten Ordnung wird immer deutlicher, breitet sich
immer weiter aus. Gott reute es, "daß er den Menschen gemacht hatte auf
Erden" (Gen. 6,6). So kommt es zur Sintflut, die auch die eigentlich
schöpfungsgehorsame Tierwelt (vgl. Barth 1970, III, S.198 und Verhey 1960,
S.30) in die unverschuldete Fluchgemeinschaft (vgl. Strack/Billerbeck 1965,
S.247) hineinreißt.

(b) DIE HERRSCHAFT DES MENSCHEN GEMÄSS GENESIS 9,2-4: Aber mit Noah und
den Seinen wird von jeder Tierart ein Paar (Gen. 6, 19f.) gerettet. Nach
der Rettung opfert Noah. "Und der Herr roch den lieblichen Geruch und
sprach in seinem Herzen: Ich will hinfort nicht mehr die Erde verfluchen
um der Menschen willen; denn das Dichten des menschlichen Herzens ist

böse von Jugend auf. Und ich will hinfort nicht mehr schlagen alles, was da lebt, wie ich getan habe." Den Menschen wird der alte Segen erneuert (Gen. 9,1) und eine despotisch anmutende Macht über die Tiere verliehen (Gen. 9,2 f.): "Furcht und Schrecken vor euch sei über alle Tiere auf Erden und über alle Vögel unter dem Himmel, über alles, was auf dem Erdboden kriecht, und über alle Fische im Meer; in eure Hände seien sie gegeben. Alles, was sich regt und lebt, das sei eure Speise; wie das grüne Kraut habe ich's euch allen gegeben." Groß (1967, S.85) kommentiert: "Nach der Sintflut wird die Stellung des Menschen als Herrscher über die Erde zwar sanktioniert, aber statt des Friedens ist Furcht und Schrecken in die animalische Kreatur eingezogen. Seine Weltherrschaftsaufgabe wird dem Menschen neu zugesichert in der vollen Verfügungsgewalt über die Tierwelt, die ihm nunmehr als Nahrung dienen soll. Mit dieser neuen Art von Verfügungsmacht über die Tiere ist jedoch gleichzeitig der Urglückszustand dahingeschwunden, und die Schöpfungsordnung des Natur- und Tierfriedens ist getrübt, Entzweiung und Zwietracht hat die Harmonie des Tierfriedens abgelöst. Doch diese gestörte Urordnung wird im Bundesschluß Gottes mit Noe, der auch auf die Tierwelt ausgedehnt wird, als neue Ordnung bestätigt (Gen. 9,9 f.). Natürlich kann es sich bei der Ausweitung des Bundes auf die Tiere nur um eine metaphorische Bezeichnung für den Zustand der neuen Ordnung handeln. Immerhin kommt darin der Gedanke eines im Rahmen der irdischen Ordnung erträglichen Verhältnisses zwischen Mensch und Tier und Tier und Tier in der Zusicherung der Erhaltung der Arten zum Ausdruck, wenn auch von einem eigentlich friedlichen Verhältnis keine Rede mehr sein kann."

Gegenüber der Regelung in Gen. 1,28 scheint die Herrschaft des Menschen nun absolutistische Züge anzunehmen: die Tiere werden ihm zur Beute und Nahrung. Die Schroffheit dieser neuen Ordnung fällt umso mehr auf, obwohl auch die Tiere in den Noahbund (Gen. 9,9 ff.) aufgenommen werden: "Siehe ich richte euch einen Bund auf und mit eurem Samen nach euch und mit allem lebendigen Getier bei euch, an Vögeln, an Vieh und an allen Tieren auf Erden bei euch, von allem, was aus dem Kasten gegangen ist, was für Tiere es sind auf Erden."

Wenn diese ausdrückliche Einbeziehung der Tiere nicht völlig sinnlos sein soll, muß sie als neue Einschränkung der in Gen. 9,2 gerade erst erweiterten Verfügungsgewalt des Menschen angesehen werden. Westermann (1966 S.621) spricht von einer Spannung, die eine "Einschränkung der Freigabe" des Lebens der Tiere erfordert. Das geht auch aus der Bedingung hervor, an die der Fleischgenuß geknüpft wird, denn die anschließende Verordnung in Gen. 9,4: "Allein esset das Fleisch nicht, das noch lebt in seinem Blut", ist in Verbindung mit Lev. 17 eine deutliche Einschränkung. Nach damaliger Anschauung ist das Blut Leben und Seele zugleich (vgl. Rüsche 1930), und eben das Blut ist dem Menschen vorenthalten. Tötung ist nur als Opfer (40) mit dem entsprechenden Ritus erlaubt. Westermann geht mit seiner Ausdeutung aber noch einen wesentlichen Schritt weiter (41). Wer sich am Blut, auch dem der Tiere, vergreift, lädt selbst Blutschuld auf sich. Konsequenterweise ist dann auch die Jagd gemäß Lev. 17,13 ausdrücklich verboten. So wird deutlich gemacht, daß der Anspruch des Menschen auf das Leben der Tiere ein begrenzter ist, daß ihm dieses Leben nicht gehört, sondern nur anvertraut ist (Ps.50,10f.).

Die Kluft zwischen dem Bund einerseits und der Verfügung über das Leben der Tiere ist damit etwa nicht aufgehoben, aber gemindert. Dennoch melden einige Kommentatoren Bedenken an, Gen. 9,3 als Vorschrift zu akzeptieren. Roche (1939, S.32) meint, daß es sich um ein Zugeständnis handelt: "God seems to have given His people permission to eat flesh in the same tone of voice in which He gave them permission to have kings." In ähnlicher Weise sprechen auch v. Rad (ATD, Bd. 2, S.109) und Westermann (1966 ff., S.621) nur davon, daß die Fleischnahrung freigegeben wurde. Auch Barth (III/4, S.403 f.) nimmt differenziert Stellung: "Gibt es eine Freiheit des Menschen zur Tötung des Tieres, dann bedeutet das also auf alle Fälle die Übernahme einer q u a l i - f i z i e r t e n, nun gewissermaßen v e r d o p p e l t e n Verantwortlichkeit. Ist schon die seiner Herrschaft über das lebende Tier ernst genug, so nimmt ihr spezifisches Gewicht zu, wenn er sich genötigt sieht, diese Herrschaft damit auszuüben, daß er ihm sein Leben nimmt. Anders als unter dem Druck von Nötigung kann das offenbar nicht geschehen. Noch viel weniger als alles Andere, was sich der Mensch dem Tier gegenüber ohnehin herausnimmt, kann dies ihm selbstverständlich sein und unbesehen gewagt werden. Er wird diese Nötigung zur Defensive und zur Offensive gegen die Tierwelt niemals als eine natürliche behandeln, sie niemals als ein normales Element in sein Weltbild und seine Lebenspraxis einbauen dürfen. Es muß bei dem E r s c h r e c k e n vor dieser Möglichkeit auch dann, wenn er von ihr Gebrauch macht, sein Bewenden haben. Sie schließt die verschärfte Rückfrage

Ausbruch einer furchtbaren Heuschreckenplage nach Gott verlangen, und den
Erschrockenen wird die tröstliche Anrede ihres Schöpfers zuteil: 'Fürchtet
euch nicht, ihr Tiere des Feldes' (Joel 2, 22). Im gleichen Sinne sind für
den Beter des 36. Psalms Mensch und Tier Empfänger umfassender Gotteshilfe:
toschi[a]. Welch ein Gedanke, den die Heilige Schrift mit diesen ergreifen-
den Motiven dem Menschen des 20. Jahrhunderts nahe bringt: auch das Tier
ist nicht nur Materie, sondern beseeltes Wesen, von Gott gewollt, auf ihn
hin ausgerichtet, von ihm geschützt und geliebt, gleich dem Menschen von
seinem Erbarmen lebend. Das gewaltige Kapitel Hiob 39 ist ein großartiger,
von Leidenschaft erfüllter Ausdruck solcher Gewißheit."

Die Einheit der Kreatur ist Einheit im Lob des Schöpfers, Einheit in der
Verheißung, aber auch Einheit in der Buße, wie Landmann (1959, S.45) besonders betont: "Deshalb hüllen sich, um den Untergang der Stadt abzuwehren,
in Ninive auch die Tiere zum Zeichen der allgemeinen Buße in Säcke (Jon.
3, 8). Aber Gott erbarmt sich der Stadt, 'in welcher sind mehr denn hundert
und zwanzig tausend Menschen, die nicht wissen Unterschied, was rechts oder
links ist, dazu auch viele Tiere' (Jon. 4, 11)." Als Glieder der Schöpfung
stehen auch die Tiere unter Gottes Schutz: "Herr, deine Güte reicht, soweit
der Himmel ist, und deine Wahrheit, soweit die Wolken gehen. Deine Gerechtigkeit steht wie die Berge Gottes und dein Recht wie eine große Tiefe. Herr
du hilfst Menschen und Vieh" (Ps. 36, 6 f.).

Obwohl dem Menschen unterworfen, behält das Tier eine unmittelbare Beziehung
zu seinem Schöpfer (Ps. 50, 10 f.): "Alle Tiere im Walde sind mein und das
Vieh auf den Bergen, da sie bei tausend gehen. Ich kenne alle Vögel auf den
Bergen und allerlei Tier auf dem Felde ist vor mir"; so ist nicht verwunder-
lich, daß die Tiere auch unter Gottes Gesetz (Gen. 9,5 f. sowie Ex. 19,12 f.
und 21, 28) und Auftrag stehen: zur Strafe (Lev. 26, 22; Num. 21,6; Jer.
8,17) oder zur Rettung (1. Kön. 17, 4 und 6). Durch besondere Gnade kann
das Tier dem Menschen aber auch noch in anderer Weise zum Schicksal werden,
wie Bileams Eselin, die, den Engel des Herrn erkennend, das Leben Bileams
rettet, indem sie trotz Schlägen stehen bleibt (Num. 22,22 ff.).

(bb) GEHORSAM UND FREIHEIT DER GESCHÖPFE: Nicht alle Stellen, in welchen vom Tier die Rede ist, haben zur Frage nach der Mensch-Tier-Beziehung etwas beizutragen (vgl. Petersen, 1928 und Pangritz, 1963), auch die nicht, in welchen die Eigenschaften einzelner Tierarten dem Menschen als Vorbild hingestellt werden, also etwa der Fleiß der Ameise (Spr. 6,6 ff.). Von anderer Qualität ist jedoch der Vergleich in Jer. 8, 7: "Ein Storch unter dem Himmel weiß seine Zeit, eine Turteltaube, Kranich und Schwalbe merken ihre Zeit, wann sie wiederkommen sollen, aber mein Volk will das Recht des Herrn nicht wissen". Henry (1958, S.44 f.) bemerkt dazu: "Stellen dieser Art muten fast neuzeitlich an. Sie sind gezeichnet von einer tiefen Skepsis gegen den Menschen, dieses orientierungsloseste Wesen der Schöpfung, das starrsinnig nur sich selber folgt, nichts mehr ahnend von der ihm eingesenkten Setzung Gottes. Wieviel bittere Erfahrung spricht aus solchen Worten, wieviel schmerzliches Wissen um hartnäckige Unbelehrbarkeit und wieviel liebende Zuwendung zur Welt des Tieres, in welcher göttliche Ordnung gelebt und bewahrt wird. Es scheint, als seien diese Sätze schon stark geprägt von dem aus der Erfahrung religiösen Versagens entstandenen Gefühl, daß der Mensch außerhalb der einst Mensch und Tier umfassenden Schöpfungseinheit stehe, sich selbst von ihr gelöst habe, während das Tier noch von der Geborgenheit der alten Ordnung umschlossen ist. Wie dem auch sei, eines jedenfalls wollten die Propheten mit diesen prägnanten Sätzen ihren Hörern nahebringen: das Tier ist dem Menschen an einem wesentlichen und vielleicht entscheidenden Punkt überlegen. Es lebt nach dem Gesetz, nach dem es berufen ward, und es lebt darin mit seinem Schöpfer. Der Mensch hingegen hat das Gesetz seiner Berufung, das ein religiöses ist, in sich zum Schweigen gebracht. Er lebt deswegen nicht mehr mit seinem Schöpfer, ja ist ihm bereits so fern gerückt, daß er nicht einmal um diese Tatsache weiß." Diesen gleichen Gedanken hat auch Barth(1970, III/1, S.198 f.) ausgesprochen (44).

(cc) TENDENZ UND DETAILS DER BIBLISCHEN WEISUNG: Gottes Rolle als Schutzherr seiner Schöpfung, auch der außermenschlichen, drückt sich in verschiedener Weise aus. Einmal indem er sie verheißt und wahrnimmt, dann aber auch dadurch, daß er auf den offensichtlich auch der subhumanen Schöpfung möglichen Hilferuf reagiert.

Unbeschadet dieser unmittelbaren Beziehung zwischen Gott und seinen außermenschlichen Geschöpfen besteht aber auch noch eine mittelbare, indem die dem Menschen übertragene Herrschaft im erkennbaren Gegensatz zu der schroffen Formulierung in Gen. 9,2 f. näher beschrieben wird. Zu diesen punktuellen Richtlinien gehört an biblisch bedeutsamer Stelle (Ex. 20,10) auch das Einbezogensein der Haustiere in die Sabbatruhe der Großfamilie: "aber am siebenten Tag ist der Sabbat des Herrn, deines Gottes; da sollst du kein Werk tun noch dein Sohn noch deine Tochter noch dein Knecht noch deine Magd noch dein Vieh noch dein Fremdling, der in deinen Toren ist."
Ex. 23,12 gibt auch die Begründung: "auf daß dein Ochs und Esel ruhen."
Landmann (1959, S.65) schreibt: "Wie bei den Römern gehören eben auch die Haustiere zur familia." In die gleiche Kategorie solcher Einzelvorschriften gehören auch Deut. 25,4: "Du sollst dem Ochsen, der da drischt, nicht das Maul verbinden." Oder gewichtiger: Deut. 22,4: "Wenn du deines Bruders Esel oder Ochsen siehst fallen auf dem Wege, so sollst du dich nicht von ihm entziehen, sondern sollst ihm aufhelfen."

In den Sprüchen Salomonis 12,10 findet sich dann die situationsunabhängige Regel: "Der Gerechte erbarmt sich seines Viehs; aber das Herz des Gottlosen ist unbarmherzig." Pangritz (1963, S.86) erläutert: "Wörtlich aus dem Urtext übersetzt heißt das Wort: Der Gerechte kennt die Seele seines Viehs, d.h. er weiß, wie es seinem Vieh zumute ist, während das Herz der Gottlosen grausam ist. Hier ist zunächst einmal das Tier als unser beseeltes Mitgeschöpf verstanden, nicht als bloßer Besitz, über den wir verfügen können, wie es uns beliebt. Das Wissen um die Seele des Tieres, die Kenntnis seiner Lebensbedürfnisse und Wünsche verpflichtet den Gerechten, den Menschen, der nach dem Willen Gottes leben möchte, dem Tier, das ihm dient, brüderlich zu helfen, sich seiner zu erbarmen, statt gefühllos und kalt an seinen Lebensbedürfnissen vorüberzugehen. Grausamkeit gegenüber dem Vieh, Gefühllosigkeit und Roheit dem Tier gegenüber ist das Kennzeichen der Gottlosigkeit, während die Frömmigkeit sich auch in einem verstehenden und freundlichen Verhalten zur Tierwelt kundtut."

Wie man in Israel das Mensch-Tier-Verhältnis empfand, kann aber auch unbeabsichtigt und sozusagen am Rande berichtet werden wie in der Geschichte der Brautsuche des Elieser (Gen. 24,10 ff.). Petersen (1928, S.30) hat auf diese

Stelle hingewiesen: "Von großer Bedeutung für den Tierfreund ist das Gebet Eliesers, des Hausvogts Abrahams, als er dem Sohne seines Herrn, Isaak, eine Braut suchen soll. Der Hausvogt bittet Gott, ihn das rechte Weib daran erkennen zu lassen, daß das Weib ihm auf die Bitte um einen Trunk Wasser für sich selbst antworten möge: 'Trink, ich will deine Kamele auch tränken' (24,14). Der Hausvogt hat hier sicherlich gefolgert, daß das Weib, das sich der Tiere annimmt, auch in anderer Beziehung ein guter Mensch sei."

Auch eine Gleichniserzählung (2. Sam. 12,1 ff.) bedarf noch der Erwähnung, weil sie ein Zeichen für die Verbreitung und Tiefe der menschlichen Zuwendung zum Tier ist. Henry (1958, S.11 f.) hat diese unbeabsichtigte Nebenauskunft für das damalige Mensch-Tier-Verhältnis besonders deutlich gemacht: "Ein armer Mann hält sein einziges Lamm gleich einer Tochter, läßt es von seinem Bissen essen, aus seinem Becher trinken, an seinem Busen ruhen. Dieses rührende Idyll birgt den Kerngedanken des Gleichnisses, welcher darin liegt, daß der Reiche dem Armen nicht nur einen Geldwert, sondern einen Herzenswert entriß, als er ihm dieses Lamm nahm und für seine Zwecke tötete. Die Beziehung der Erzählung auf die hinterlistige Verfügung der einzigen Frau eines Mannes läßt an solcher Deutung keinen Zweifel. Die gleichnishafte Abbildung innigster menschlicher Gemeinschaft durch ein Freundschaftsverhältnis zwischen Mensch und Tier konnte nur aus einem warmen Gefühl für dieses entstehen, und das spontane Aufbrausen des Königs, dem das im Rahmen der Gleichniserzählung Geschehene zur Rechtsbeurteilung vorgetragen wird, zeigt unzweideutig, daß die Verletzung solchen Gefühles als Frevel empfunden wurde".

3. Die neue Erde in der prophetischen Vision

Der in der Urschöpfung bestehende Friede zwischen den Geschöpfen ist durch den Sündenfall zerstört; aber die Sehnsucht nach Wiederherstellung bleibt bestehen und findet als Menschheitshoffnung vielfältigen Ausdruck; vgl. Groß (1967). Auch in der biblischen Tradition bleibt der in Gen. 1,29 f., (aber auch in Gen. 2,19) implizierte und durch Gen. 2,2 f. zurückprojizierbare Friedensgedanke eine gewaltige Perspektive der Hoffnung. Sie wird in Konzeptionen unterschiedlicher Kühnheit ausgedrückt, bald auf den einzelnen geschichtlichen Fall, bald auf eine generelle Zukunft bezogen.

So kann der Friede dadurch einkehren, daß die gefährlichen Tiere ausgetilgt (Ez. 34,25) bzw. "aus dem Lande getan werden" (Lev. 26,6) oder einfach nicht mehr da sind (Jes. 35,9). Hier schützt Gott im Einzelfall sein Volk vor gefährlichen Tieren, so wie er andererseits die Tiere auch als Vollstrecker seiner Strafe an den Menschen einsetzt (vgl. Pangritz 1963, S.90 ff.).

Grundsätzlich anders ist die Konzeption des friedlichen Nebeneinanders; in diesem Falle werden die gefährlichen Tiere dem Menschen gegenüber zum Frieden verpflichtet. Groß (1967, S.857) schreibt: "Der Mensch, der sich Gott ganz anheimgibt, hat mit den Steinen des Ackers einen Bund, und das wilde Getier ist zum Frieden mit ihm verpflichtet (Job. 5,23)." Dies könnte auch der Hintergrund der Danielsgeschichte sein und zugleich das Geheimnis für die merkwürdige Zutraulichkeit, mit der sonst gefährliche Tiere vielen Heiligen begegnet sind. Auch diese Lösung bleibt eine Ausnahmeregelung innerhalb des Zustandes der Friedlosigkeit; sie zeigt aber einen Weg, wie der Fromme im Wirkungskreis des eigenen Lebens den gestörten Frieden annäherungsweise wiederherstellen kann. Groß (1967, S.85) verbindet damit eine großartige Möglichkeit: "Als sittliche Aufgabe und Leistungsmöglichkeit ist den Menschen damit aufgetragen, sich auf einen neuen Zustand des Tierfriedens hinzubewegen."

Eben darum hat die durch persönliche Frömmigkeit entstehende partielle Versöhnung nur symbolischen Charakter als Sinnbild eines ursprünglich vorhandenen und für die Zukunft wieder verheißenen Friedens; sie ändert aber nichts am sonstigen Unheil. Darum bedarf es eines neuen unmittelbaren Eingreifens Gottes, wenn seine Schöpfung aus dem Fluch der Friedlosigkeit erlöst werden soll. Diese eschatologische Konzeption wird in zwei prophetischen Stellen ausgeführt: Hosea 2,18: "Und ich will zur selben Zeit ihnen einen Bund machen mit den Tieren auf dem Felde, mit den Vögeln unter dem Himmel und mit dem Gewürm auf Erden und will Bogen, Schwert und Krieg vom Lande zerbrechen und will sie sicher wohnen lassen." Der Verheißung geht die Rückkehr Israels zu seinem Gott voraus. Der Noah-Bund, unter dem die Schöpfung noch immer steht, wird abgelöst werden durch eine neue göttliche Ordnung, die den Frieden zwischen Mensch und Tier wiederherstellt.

Noch weiter und radikaler tendiert die Vision des Jesaja: nicht ein neuer
Bund wird geschlossen, sondern ein neuer Himmel und eine neue Erde werden
geschaffen, "daß man der vorigen nicht mehr gedenken wird, noch sie zu
Herzen nehmen" (Jes. 65,17). Diese Neuschöpfung ist auch notwendig, denn
sie verändert die Natur der Geschöpfe, und zwar so radikal, daß die Löwen
Stroh essen wie die Ochsen, daß der Wolf neben dem Lamme wohnt und der
Säugling vor der Höhle der Otter spielt. Wie bei Hosea, so wird auch hier
die Verheißung mit einer Voraussetzung verknüpft, die etwas darüber aus-
sagt, wie diese neue Welt - ihre Verwirklichung einmal vorweggenommen -
möglich geworden sei (Jes. 11,9): "... denn das Land ist voll Erkenntnis
des Herrn, wie Wasser das Meer bedeckt."

Hieran knüpft Henry (1958, S.37 f.) folgende Überlegungen: "Dieser das
Heilsbild abschließende Satz ist gelegentlich als redaktionelle Erweiterung angesehen worden, weil man Anstoß an dem Gedanken genommen hat, daß
die Tiere, von denen unmittelbar vorher die Rede war, auf Grund einer Got-
teserkenntnis, die sie früher nicht hatten, nunmehr keinen Schaden und
kein Unheil mehr anrichten werden. Möglicherweise vergewaltigt solche Kritik aber gerade die Absicht des Verfassers. Doch gleichviel, wer den Satz
geschrieben hat, ob er der ursprüngliche Schluß des Friedensbildes ist
oder später hinzugefügt wurde; er soll doch offenbar dem Leser verdeut-
lichen, daß die entworfene Szene ein Wunder umschließt, widersinnig für
den menschlichen Verstand, doch überzeugend in seinem religiösen Gehalt.
Es kann nicht anders sein: wenn das Heil Gottes sich vollendet, muß es
alle Wesen umfassen, die nach seinem Schöpferwillen ins Leben gerufen wurden. Dann wird ihr kämpfendes Widereinander, ihre Erbfeindschaft, die im
irdischen Erfahrungsbereich das Wesensmerkmal ihrer Art ist, ein Ende haben, weil sie alle des Gottes inne geworden sind, denn Frieden ist nur dort,
wo die Gottheit wahrgenommen wird - das gilt für das Tier nicht weniger als
für den Menschen; ein Gedanke von verwirrender Kühnheit, doch von andrin-
gender religiöser Überzeugungsgewalt. Göttlicher Heilswille umschließt die
Welt mit allen Kreaturen. Mensch und Tier in Schöpfung und Fall geheimnisvoll verbunden, Leid und Kampf des irdischen Daseins als Zeichen ihrer
Gottesferne tragend, werden gemeinsam erlöst ..."

Auch Groß (1967, S.93), Kaiser (1970, S.129) und Wildenberger (1972, S.458) messen V.9 besondere Bedeutung bei. Die Exegese der in so gewaltigen Bildern sprechenden Vision, durch die sogar die Schlange von ihrem Fluch erlöst wird (Fohrer 1960, S.154), hat diese Kühnheit nicht immer nachvollziehen können und die Bilder als Allegorie des Völkerfriedens gedeutet. Groß (1967, S.92) weist nach, daß diese Verengung auf den innerhumanen Frieden unzulässig ist: "Bezöge sich die Weissagung nur allegorisch oder symbolisch auf verschiedene Menschenklassen oder Völker, so wäre sicher ein menschliches Wesen in ihr selber nicht erwähnt. Wenn auch nicht alle Einzelzüge der Verheißung sich dinglich ereignen werden, so ist dennoch unberechtigt, in den Tieren nur symbolische Größen zu sehen. Im Gegenteil: in dem hier angenommenen Zusammenhang mit der Urzeit (Gen. 1,29 f.) hat die Stelle sicher auch den realen Inhalt, daß am Ende der Zeit die ursprüngliche Harmonie zwischen Tier und Tier, zwischen Tier und Mensch auf wunderbare Weise wieder in Erscheinung treten wird." Ganz ähnlich argumentiert auch Wildberger (1972, S.457). Die Jesaja-Vision ist also der machtvolle Ausdruck menschheitlicher Friedenshoffnung, die auf den Schöpfungsfrieden der Genesis zurückgreift und die neutestamentliche Heilserwartung (vgl. Kapitel VIII,3) begründet.

VIII. Die Schöpfungsethik im Neuen Testament

1. Die Schöpfung unter dem neuen Aspekt des Evangeliums

Das Neue Testament ist auch im Bezug auf unser Thema Kontinuum und Novum zugleich. Kontinuum ist es, weil es wie das Alte Testament generelle und spezielle Normen auch für den Bereich der geschöpflichen Ethik enthält, sowie Aussagen zur Einheit der Kreatur unter dem Schutz ihres Schöpfers, jetzt und im Hinblick auf die verheißene Erlösung. Neu ist, daß Gott nicht mehr unmittelbar zu seiner Schöpfung spricht, sondern durch den Gottessohn, und neu ist auch die ganz andere Verteilung der Gewichte, weil das Anbrechen des Gottesreiches einen unvergleichlich höheren Aktualitätsgrad gewinnt als die zeitlich unbestimmte Prophetie des Alten Testaments. Unter dieser Aspektverschiebung treten dann auch die Aussagen zum Seienden und jetzt Seinsollenden hinter der Hoffnung auf das Seinwerdende deutlich zurück, und zwar so, daß die Frage entstehen konnte, warum das Neue Testament nicht eine klare Aussage im Sinne einer weiteren Humanisierung des Mensch-Tier-Verhältnisses enthalte wie etwa das apokryphe Herrenwort: "Mensch, was schlägst du das Tier. Dreimal wehe euch, daß ihr nicht hört, wie es zum Schöpfer im Himmel klagt und um Erbarmen schreit. Wehe über den, über welchen es in seinem Schmerz schreit und klagt! - Schlage es niemals mehr, daß auch du Erbarmen findest" (45).

Hume (1962, S.182) schreibt: "Attention is often called to the fact that the New Testament does not contain any such command as 'Thou shalt be kind to animals'. But what is often overlooked is that it also does not contain any such command as 'Thou shalt not tolerate slavery'. The gospel does not work in that way. It works by generating humility and charity in the minds of men who obey it, and the natural consequence of such a state of mind is consideration for inferiors." Noch ausführlicher geht Landmann auf die gleiche Frage ein: "Wenn Jesus keine eigene Tierethik entwickelt, so mag das einesteils daran liegen, daß sein Hauptaugenmerk auf anderes gerichtet war; zum anderen war ihm als gläubigem Juden Tierethik selbstverständlich. Sie bildet ja einen Bestandteil der Tradition, der er selbst entstammte und die er als ganze nie bestritten hat. Was also hätte er für einen Grund gehabt, sie eigens zu predigen? Um dies zu erkennen, muß man bloß auf Jesus das methodische Prinzip heutiger geistesgeschichtlicher Forschung anwenden, jede Gestalt aus ihren Traditionszusammenhängen heraus zu verstehen. Identifiziert man einen Dichter, Denker oder Künder mit dem, was er selbst ausgesprochen hat, so übersieht man die Voraussetzungen, von denen er stillschweigend ausging, das Vätererbe, das in ihm lebendig war und dem er nur einen neuen Baustein hinzufügte. Erst indem man dieses unsichtbare Erbe dem sichtbaren Werk zuordnet, hat man die g a n z e Gestalt. Erst auf dem Hintergrund ihrer Überlieferung erkennt man sie in ihrer Totalität. Und so ist es auch mit Jesus. Läßt man mit ihm - was das Christentum freilich aus begreiflichen Gründen fast immer getan hat - etwas grundsätzlich Neues beginnen und begreift man ihn ganz nur von diesem Neuen her, so verkleinert und verarmt man ihn. Erst wenn man den jüdischen Jesus mit dem christlichen zusammennimmt, entdeckt man den wahren Jesus. Ähnlich wird ja heute auch der 'katholische Luther' entdeckt." (Landmann 1959, S.121). Man darf also mit Schweitzer (1974, Bd.5, S.138) die Frage so sehen und auch beantworten: "Sehr oft wird die Frage aufgeworfen, warum das Mitleid gegen die Kreatur nicht vom Christentum als Gebot aufgestellt worden sei, besonders da das jüdische Gesetz schon Bestimmungen der Fürsorge für die Tiere enthält. Die Erklärung ist darin zu suchen, daß das Urchristentum in der Erwartung des baldigen Weltenendes lebt und also den Tag für nahe bevorstehend hält, wo alle Kreatur von ihrem Leiden erlöst werden wird. Von der Sehnsucht aller Kreatur nach baldiger Erlösung redet der Apostel Paulus im achten Kapitel (Vers 18-24) des Briefes an die Römer. In jenen Versen spricht sich sein tiefes Mitempfinden mit den Geschöpfen aus. Weil nun aber das Aufhören der natürlichen Welt mit ihrem Leiden und Elend als so nahe angesehen wird, kommen für ihn Bemühungen zum Schutze der Tiere ebensowenig mehr in Betracht als solche zur Aufhebung der Sklaverei. So erklärt sich, daß das christliche Gebot der Liebe das Mitleid gegen die Tiere nicht ausdrücklich verlangt, obwohl es eigentlich darin enthalten ist."

Zum traditionellen und Kontinuität stiftenden Element gehören also zunächst alle Aussagen zur Einheit der Kreatur unter dem Schutz und der Verheißung Gottes, also Mt. 6,26 und 28 sowie Mt. 10,29: Gott sorgt für die Lilien, die Vögel und die Sperlinge, wie sollte er sich dann des Menschen nicht annehmen, der doch viel mehr ist als Pflanze und Tier, weil er in seiner Freiheit zur Verantwortung berufen ist. In diesen Verantwortungsbereich gehört die Herrschaft des Menschen in der Natur, neutestamentlich verankert in der generalisierenden Ermächtigung von 1. Kor. 3,22 f. "alles ist euer", gleichzeitig aber auch wieder eingebunden in die Ursache dieser Macht: "ihr aber seid Christi, Christus aber ist Gottes." Gautier (1965, S.112) hat auf den Zusammenhang zwischen dieser neutestamentlichen Ermächtigung und dem Herrschaftsauftrag der Genesis hingewiesen.

Auch die ethische Linie des Alten Testamentes wird bestätigt, so durch den Hinweis auf die selbstverständlich gewordene Ausweitung von Deut. 22,4 auf den Sabbat in Lk. 14,5: "welcher ist unter euch, dem sein Ochse oder Esel in den Brunnen fällt, und der nicht alsbald ihn hervorzieht am Sabbattage?" Die generelle Richtlinie, die das soziale Handeln des Menschen bestimmen soll, ist wie im Alten Testament in eine ganze Sammlung ethischer Normen eingebettet. Die Norm der Sprüche Sal. 12,10 "Der Gerechte erbarmt sich seines Viehs" ist in die Bergpredigt (Mt. 5,7) eingegangen: "Selig sind die Barmherzigen, denn sie werden Barmherzigkeit erlangen." Anzunehmen, daß diese Verallgemeinerung als Einschränkung der Barmherzigkeit auf den Menschen zu verstehen ist, dazu besteht kein Anlaß bei Jesus, der sich gemäß Joh. 10,12 und in deutlicher Anlehnung an Ps. 23 als den guten Hirten versteht und zugleich als das Lamm Gottes. Dennoch gibt es einige Stellen, die mißverständlich sind oder eine tierfeindliche Tendenz vermuten lassen könnten (46).

Grundsätzlich traditionell ist auch der Verweis auf das Künftige, den neuen Himmel und die neue Erde, wie 2. Petr. 13 und Offb. 21,1 belegen. Aber es ist dennoch eine neue Dimension, die in Röm. 8,18 ff. aufbricht.

2. Die neutestamentliche Vision

Die neutestamentliche Eschatologie interessiert im Hinblick auf die Frage, ob sie, die Jesajaprophetie fortsetzend, die ganze Schöpfung betrifft, oder ob eine Verengung auf die Erlösung des Menschen zu konstatieren ist, wie sie jedenfalls in der anthropozentrischen Tendenz der späteren Entwicklung erkennbar wird. Ein unmittelbarer Bezug zu Jesaja 65,17 wird in

2. Petr. 13 und Offb. 21,1 hergestellt, wo beidesmal vom neuen Himmel und
der neuen Erde die Rede ist. Kernstück der neutestamentlichen Heilserwartung - soweit sie sich nicht auf den Menschen verengt - ist Kol. 1, 15-23
in Verbindung mit Röm. 8, 18-23.

Die Kolosser-Stelle zeigt uns Christus in verschiedenen Bildern: als Ebenbild Gottes und Erstgeborenen aller Geschöpfe (V. 15), als den, durch den
alles geschaffen ist, was im Himmel und auf Erden ist (V. 16), als Haupt
des Leibes (V. 18) und schließlich (alles zusammenfassend): der, in dem
alle Fülle wohnen soll (V. 19) und der alles versöhnt, es sei auf Erden
oder im Himmel (V. 20). Also versöhnt er auch die Menschen, sofern sie in
der Hoffnung des Evangeliums bleiben, "welches gepredigt ist unter allen
Kreaturen" (V. 21-23). Vgl. hierzu auch Beinerts christologische Schöpfungstheologie (1974).

Conzelmanns Kommentar (1968) enthält für unsere Fragestellung einen wichtigen Gedankengang (S.137): Die Intention des Textes zielt darauf ab,
"die damals offensichtliche Gefahr einer dualistischen Zerreißung von Gott
und Welt, Schöpfung und Erlösung abzuwehren", die Welt soll wieder als Ort
verständlich gemacht werden, "an den Gottes Heil gelangt ist." Darum also
die gezielte Durchbrechung anthropozentrischer Enge durch den allumfassenden heilsgeschichtlichen Horizont, in dessen Zentrum der erlöste Mensch
seinen Platz hat, wie dann die Verse 20-23 zeigen, indem sich "kosmische
Friedensstifung" für den Menschen "als Vergebung der Sünden" (Conzelmann
1968, S.138) darstellt; auch im Sinne einer Erlösung aus Adams Urschuld,
in deren Folge die ganze Schöpfung in den Sog des Fluches geraten ist,
und aus dem sie nun wieder befreit wird. Gott ist nicht nur Schöpfer und
Retter des Menschen, sondern der ganzen Schöpfung; Strack/Billerbeck,
Bd. III (1965, S.627) zitieren in Verbindung zu Vers 20: "Gern wird von
Gott gesagt, daß er den Frieden zwischen den Geschöpfen mache." In diese
Richtung tendiert auch Feuillet (1966), während Kehl (1967) die Reichweite entmythologisierend soweit verkürzt, daß nicht mehr die Schöpfung
neu ersteht, sondern daß der mit Christus auferstandene Mensch ein neues
Verhältnis zur Schöpfung gewinnt und sie insoweit auch verändert; vgl.
hierzu auch Vögtle (1970, S.208-232).

Damit ist über die in unserem Zusammenhang viel häufiger zitierte Röm. 8-Stelle schon sehr wesentliches gesagt. Der Zusammenhang in Röm. 8 ist jedoch ganz anders: die Intention zielt darauf ab, die Gemeinde in Rom in ihrer zuversichtlichen Heilserwartung zu stärken. Darum knüpft Paulus auch bewußt an die tradierte Vorstellung einer die ganze Schöpfung erneuernden Heilswende an; denn "daß dieser Zeit Leiden der Herrlichkeit nicht wert sei, die an uns soll offenbar werden" (Röm. 8,18), ist auch in Jes. 65,17 schon gesagt: "Denn siehe, ich will einen neuen Himmel und eine neue Erde schaffen, daß man der vorigen nicht mehr gedenken wird, noch sie zu Herzen nehmen." Die Weite der Heilserwartung wird aber erst in Vers 19 deutlich, wenn vom "ängstlichen Harren der Kreatur auf die Offenbarung der Kinder Gottes" die Rede ist. Hier fällt das für die Exegese so wichtige Wort "Kreatur", griechisch "ktisis" und eigentlich mit "Schöpfung" zu übersetzen. *Entscheidend ist dabei, wann die Schöpfung insgesamt im Sinne von Kosmos oder nur als belebte Schöpfung gemeint ist und wann (primär oder auch ausschließlich) nur an die außermenschliche Kreatur oder aber nur an die Menschheit gedacht ist.* Im Theologischen Wörterbuch zum Neuen Testament Bd. III (S.999) erwähnt Foerster allerdings nur drei bzw. vier verschiedene Bedeutungen: "Ktisis kann bedeuten a) den Akt des konkreten Schaffens (Röm. 1,20); b) das Geschöpf (Röm. 8,39; Kol. 1,15); und c) die Schöpfung, und zwar entweder mit dem Akzent auf die Menschheit wie öfter im Rabbinat (vgl. Mk. 16,15; Kol. 1,23) oder auf der belebten und unbelebten, aber außermenschlichen Natur (Röm. 1,25, 8, 19-22) ..." Hieraus geht hervor, daß ktisis in der Römer 8-Stelle als außermenschliche Schöpfung zu verstehen ist. Den neuesten Stand dieser Diskussion referiert Käsemann (1973, S.222) und kommt nach Würdigung der Gegenposition zu folgendem Ergebnis: "Gleichwohl wird mit Recht heute zumeist primär an die außermenschliche Kreatur gedacht (vgl. Übersicht bei Kuss) und die Wendung pasa he ktisis 22 dafür geltend gemacht. Auf diese Weise gewinnt nicht bloß der Kontrast zu 23 ff. seine Schärfe. Paulus wurzelt damit auch in einer festen, schon at.lichen Tradition ..." Mit dieser Klärung ist die außermenschliche Kreatur in das von Paulus anvisierte Heilsgeschehen aufgenommen: Wie wir selbst, so ängstet sich auch die übrige Kreatur und sehnt sich mit uns danach, aus dem Dienst des vergänglichen Wesens in die herrliche Freiheit der Kinder Gottes zu gelangen.

Dennoch ist auch in diesem Zusammenhang die Sonderstellung des Menschen deutlich zu erkennen. Zwar ist die ganze Schöpfung der Eitelkeit (also der Vergänglichkeit, Nichtigkeit oder sogar Sinnlosigkeit) unterworfen, aber nicht als Folge einer gemeinsamen Schuld aller, sondern durch die Schuld des Menschen; in diesem Sinne äußern sich Guardini (1940, S.9), Gaugler (1945, S.300), Althaus (1963, S.83), Lampe (1964, S.458), Schlier (1965, S.603), Gerber (1966, S.69) und Käsemann (1974, S.225). Aber nicht nur im Fall, auch in der Erlösung geht der Mensch seinen Mitgeschöpfen voran, darum auch das sehnsüchtige Harren der außermenschlichen Kreatur auf die Erlösung und Verherrlichung der Kinder Gottes. Nach Gerber (1966, S.72) verläuft das Heilsgeschehen "als Prozeß nach einer gewissen Ordnung, einem göttlichen Heilsplan, nämlich zuerst Christus, dann die Söhne Gottes als Miterben Christi, dann die gesamte übrige Schöpfung." In diesem Sinne ist die Heilserwartung durchaus anthropozentrisch (47): die ganze außermenschliche Schöpfung wartet auf die Erlösung des Menschen. "Alle Kreatur ist auf dieses Ereignis wartend ausgerichtet und angespannt. Damit ist dem Menschen eine unendliche Verantwortung auferlegt: die Erfüllung aller Sehnsucht der Erde und des Himmels zu sein ..." (Schlier 1965, S.602).

Bis hierher bewegt sich die Exegese in einem gewissen Konsensus, und erst jetzt, wo man für eine kontroverse Auslegung eigentlich gar keinen Ansatz mehr sieht, führt Vögtle (1970) eine ganz unerwartete Variante ein. Zwar hat er sich in der ktisis-Diskussion nicht festgelegt, dennoch kommt er im Verlauf seiner detaillierten Exegese zu einem für die außermenschliche Kreatur niederschmetternden Ergebnis (S.190): "daß zwar die ganze Schöpfung bis jetzt zusammen seufzt und zusammen in Wehen liegt, ohne daß hier oder im folgenden auch nur andeutend vom Endschicksal der Schöpfung die Rede wäre ..." Die Schöpfung ist zwar schuldlos in die Fluchgemeinschaft des Menschen und unter dessen lieblose Herrschaft geraten, sie ängstet sich und seufzt mit ihr nach Erlösung, aber eben von dieser Erlösung bleibt sie ausgeschlossen. Die anthropozentrische Sicht wird so auf eine bisher nicht erreichte Spitze getrieben.

Nach Käsemann (1974, S.223) ist diese Exegese auch nur schwer in den Kontext paulinischen Denkens einzufügen: "Der Vergleich etwa mit 1. K. 15,24 ff. zeigt, wie singulär solche Reduktion im Rahmen paulinischer Eschatologie ist. So gewiß Christen in der Parusie ihr Heil erwarten, weil das "mit Christus" sich dann vollendet, so wenig wird die Parusie sonst unter ausschließlich anthropologischem Aspekt, nämlich als Manifestation der Gotteskinder, anvisiert ..."

Fast unmittelbar anschließend (S.224) faßt Käsemann das Ergebnis seiner Überlegungen zusammen (48), deren Tenor einmündet in "die große Verheißung für alle Kreatur bis in die außermenschlichen Bereiche hinein." So darf man mit Trilling (1965, S.264) sagen: "Soll der Mensch aus seinem todverfallenen Leben herausgeholt und zu einem dauernden Leben erneuert werden, so muß die *ganze Schöpfung* mit erlöst werden. Das ist die biblische Überzeugung von den ersten Zeilen des Buches Genesis bis zu den letzten Zeilen der Offenbarung des Johannes, wo der erlöste Mensch nur in einem 'neuen Himmel und einer neuen Erde' bestehen darf (Apk. 21,1)."

Dieses Künftige schauend, berichtet die Offenbarung des Johannes (5,13) über den Sieg des Lammes, über den Lobpreis der erlösten Kreatur: "Und alle Kreatur, die im Himmel ist und auf Erden und unter der Erde und im Meer, und alles, was darinnen ist, hörte ich sagen: Dem, der auf dem Stuhl sitzt, und dem Lamm sei Lob und Ehre und Preis und Gewalt von Ewigkeit zu Ewigkeit!" Die Römerbrief-Apokalypse enthält neben dem dominierenden eschatologischen Aspekt aber noch einen ethischen, der für unsere Fragestellung nach den Normen der Mensch-Tier-Beziehung von Bedeutung ist. Paulus fragt ja in Vers 26 ausdrücklich, was wir für das Kommen der Befreiung beten (oder allgemeiner gesagt), was wir als Christen tun sollen. Barth (1919, S.245) geht auf diese Frage so ein: "Und nun der *Weg* zu dieser 'Freiheit in der Herrlichkeit der Kinder Gottes', die noch nicht erfüllte Bedingung, daß es zu solcher Wiedergeburt des Ganzen kommen kann? Da stehen wir wieder am Ausgangspunkt unseres Spähens und Lauschens auf die Bewegung, die heimlich durch den Kosmos geht: wir warten auf das Hervorbrechen der göttlichen Herrlichkeit über uns, auf die Vollendung des in uns begonnenen guten Werkes - und *die ganze Schöpfung wartet eben auf uns:* 'auf die Offenbarung der Söhne Gottes' (8,19). Die Welt ist die Welt der Menschen. Der Mensch ist inmitten der ganzen Schöpfung der Ort, an dem ihr Gottes Herrlichkeit einst unmittelbar gegenwärtig war, dann verloren ging und nun sich wieder eröffnen will. Ist der Mensch gefangen, so ist auch die Natur gefangen. Ist der Mensch frei, so findet auch die Natur

ihre Freiheit wieder. Ist der Mensch blind, so ist auch die Natur in
Finsternis gehüllt. Wird der Mensch ein Schauender, so leuchtet auch in
der Natur Gottes ewige Kraft und Gottheit. 'Das Erscheinen der Söhne Gottes in ihrer wahren geheiligten Natur wird die Bande des Fluchs durchbrechen, welche heutzutage noch die Kreatur fesseln' (Godet). So brauchen
wir die Außenwelt wahrlich nicht mehr anzustarren als fremde feindselige
Gegenständlichkeit und Schicksalsmacht; die Dinge sind alle nicht außer
uns, sondern in uns, sofern wir mit ihrem innersten gegenwärtigen Wesen
verbunden sind in einer Gemeinsamkeit der Not und der Hoffnung. Unser Warten auf die Gotteszukunft darf darum nicht ein bloßes Warten auf Ereignisse in dieser Außenwelt sein, sondern wir sollen wissen, daß *wir* berufen
und befähigt sind, einmal die Mittler und Helfer der von uns zerstörten
Welt zu werden ..."

Eigentlich ist es erstaunlich, daß Paulus im Kontext von Vers 26, wo er
nach dem Beten fragt, nicht an die zweite Bitte des Vater-Unser erinnert
(Luk. 11,2): "Dein Reich komme". Mit dieser Bitte befinden wir uns nämlich
auf vertrautem Boden: wir haben den Durchblick der Jesaja-Vision, und wir
haben die Auskünfte Jesu über das Kommen dieses Reiches. Wir sind durch
Jesus deutlich in die Arbeit am Bau dieses Reiches gerufen (Mt. 9,37 f.
und 13,3 ff.), ein Auftrag, den Paulus in 1. Kor. 3,9 ausdrücklich wiederholt (49).

Das Kommen des Reiches Gottes beginnt nach Jesus inwendig in uns (Lk. 17,
21) und dokumentiert sich dann auch in entsprechendem Handeln (Mt. 7,21),
wie es die Bergpredigt vielfältig beschreibt und im "Trachten nach dem
Reiche Gottes" (Mt. 6,33) zusammenfaßt; vgl. hierzu auch Dilschneider
(1966), Moltmann (1966) und die Konzeption Tillichs von der "Ethik des
Reiches Gottes" (1966 Bd. 3, S.188).

3. Jesus und die Schöpfung

Für Jesu Verhältnis zur außermenschlichen Schöpfung könnte Mk. 1,12 f.
ein Schlüssel sein. Schon der zeitliche Kontext ist wichtig: Jesus befindet sich am Anfang seiner Sendung. Er hat die Taufe empfangen und wird als
Gottessohn bestätigt. Dann setzt unser Text ein: "Und alsbald trieb ihn

der Geist in die Wüste; (V. 12) und er war allda in der Wüste vierzig Tage und ward versucht von dem Satan und war bei den Tieren, und die Engel dienten ihm" (V. 13). Pater (1954/55, S.244) spricht von dem "erhabenen Zeitpunkt der irdischen Laufbahn" nach der Taufe im Jordan und vor dem Werk der Verkündigung; dann weist er auf den besonderen Umstand hin, daß Jesus die Einsamkeit nicht zufällig oder aus irgend einem Grunde aufsucht, sondern getrieben vom Geist. Trotz dieser wichtigen Umstände bietet der Text von sich aus keine Interpretation an; sie kann nur in einer langwierigen und sorgfältigen Würdigung der bisherigen exegetischen Versuche gefunden werden, wie sie Fascher (1965) unternommen hat. Mit David Friedrich Strauß beginnend, referiert er eigentlich jede Phase und Variante. Dabei kommt zu den schon erwähnten Umständen ein weiterer hinzu; er betrifft die offensichtlich besondere Art des Kontaktes: Jesus war nicht *bei* den Tieren, sondern *mit* den Tieren; und dieses "Sein mit den Tieren" (S.567) ist jedenfalls kein farbloses oder gar feindliches (50). Dies ist allerdings nur möglich, wenn man gemäß Mt. 4,2 und Lk. 4,2 davon ausgeht, daß Jesus in der Wüste entweder total gefastet oder mindestens vegetarisch gelebt hat und infolgedessen auch nicht gezwungen war, den Wüstentieren nachzustellen.

Fascher bietet dann zwei Interpretationen an, die sich eigentlich nur hinsichtlich des eschatologischen Bezuges bzw. Nichtbezuges unterscheiden. Für die eschatologische Interpretation wird mit der Taufe und bestandener Versuchung die messianische Zeit eingeleitet (S.568). Als Messias ist Jesus aber Herr der Elemente (Mk. 4,35 ff.) und Tiere, der diese Herrschaft dann auch an seine Jünger weitergeben kann (Mk. 16,18). Diese Herrschaft ist eine andere als die dem Menschen in der Genesis verliehene, denn es ist nicht die Herrschaft durch Gewalt, sondern es ist die Herrschaft durch Autorität und Liebe. Der Messias hat in diesem heilsgeschichtlichen Moment den paradiesischen Zustand wiederhergestellt (S.567): "welchen Jesaja 11, 6-9 weissagt. Es ist gewiß kein Zufall, daß der Prophet den Frieden zwischen den Tieren (Jes. 11,8) in der Sicherheit und Sorglosigkeit eines Säuglings gipfeln läßt, des hilflosesten unter allen Geschöpfen, welches gefahrlos mit Otter und Giftnatter spielen kann (vgl. Hes. 34,23 ff.). Somit sind die Tiere von Mk. 1,13 nicht bloß Staffage für die Wüste, um den Ort des Grauens zu illustrieren. Der Versucher ist nicht

bloß um der Menschen willen abgeschlagen, er ist besiegt worden, um den
F r i e d e n i n G o t t e s g e s a m t e r S c h ö p f u n g
w i e d e r h e r z u s t e l l e n, so daß es keine Feindschaft zwischen
Mensch und Tier, Mensch und Engel mehr gibt." Die andere, unmessianische
Version, geht davon aus (S.586): "daß in jedem Heiligen gleichsam der
Friede zwischen Mensch und Tier hergestellt wird. H. Lietzmann,'Geschichte
der alten Kirche' II. Aufl. 1953, Bd.4, S.127, berichtet, daß dem hl. Antonius die wilden Tiere dienten wie einst dem schuldlosen Adam im Paradies.
Der Asket und Heilige kann somit kraft seiner Lebensart die verlorene Gottesebenbildlichkeit zurückgewinnen, und das merken die Tiere sofort, indem
sie ihm gehorchen, aber nicht anderen Menschen."

Jesus wird in dieser Lebensweise zum Prototyp der späteren Heiligen; vgl.
hierzu noch Bernhart (1961, S.56 f.): "Der Evangelist versagt uns jeden
Wink zur Erklärung. Sucht man den Schlüssel rückwärts im Alten Testament,
so erscheint hier der paradiesische Mensch der Genesis (2,19), aber auch
der König der Endzeit bei Jesaja (11, 6-8). Um beide Gestalten scharen
sich sogleich die Gerechten der antiken Tierlegende und Apokalyptik und all
die christlichen Heiligen, denen das Tier in unbegreiflicher Witterung der
'Söhne Gottes' von selbst sich nahte. Die altchristliche Kunst scheute
sich nicht, Christus, den Lehrer und Erlöser der Völker, als Orpheus unter den Tieren darzustellen. So wird man das Markuswort nicht überlasten,
wenn man ihm den Sinn beilegt: in die gute Schöpfung ist durch Geschöpfes
Schuld eingebrochen die 'arge Welt', das finstere Reich des Bösen in Person. Nur der Menschensohn kann sagen: An mir hat er keinen Teil. Er schlägt
ihn, indem er als der schlechthin Heilige gegen ihn aushält bis zur physischen Erschöpfung. Wie vor Zeiten der Urfall ein kosmisches Schicksal gewesen ist, so jetzt das Offenbarwerden des Sohnes Gottes auch eine Bürgschaft für die Heimkehr des Alls in den göttlich-urgedachten Stand der
Dinge. In der Wüste, in Schauern der Einsamkeit, gewinnt er das Ringen
mit Satan. Vierzig Tage hat es gewährt: Das ist nach orientalischer Symbolsprache die Zahl für Zeiten der Not. Zum Ende umringen die Tiere den
Überwinder, und mit der unteren Schöpfung vereinigt sich zur Huldigung die
obere: die Engel dienen ihm, das heißt, sie stärken ihn mit Speise und
Trank. Man kann dabei an den Prototyp Elias denken, dem auf seiner vierzigtägigen Wanderung zum Horeb von Raben Speise gebracht wird (I Kön 17,6),

oder an den johanneischen Jesus, den seine wahre Speise, nämlich den Willen seines Vaters zu tun, der leiblichen Nahrung vergessen läßt (Jo.4,34). Wichtig ist für unsere Frage, daß dem, der den Satan abschlägt, Tier und Engel zugleich sich ergeben. So sammeln sich in dieser lapidaren Markus-Stelle als in einem Brennpunkt Strahlen aus der gesamten Schöpfungs- und Erlösungstheologie der Schrift. Diesem Kosmos, der unterwegs ist und in Wehen, ist durch Christi Werk die Hoffnung aufgetan, zur 'Freiheit in der Herrlichkeit' zu gelangen (Röm 8,21)." Von Mk. 1,12 f. her erhalten nun auch andere Aussagen mehr Gewicht. Fascher (1965, S.567) schreibt: "So gewinnen auch Lk. 10,19 und Mk. 16,18 ihren guten Sinn, und wenn diese Auffassung richtig ist, erweist sich Paulus mit Röm. 8,19-22 als echter Schüler Jesu. Es ist sicher nicht von ungefähr, daß er die Kreatur in die Erlösungserwartung der Menschen mit einbezieht, daß im Nachtrag Mk. 16,15 die Heilsverkündigung der gesamten Kreatur gilt und daß der Christus von Kol. 1,15, wie der Logos von Joh. 1,3 Mittler a l l e s Entstandenen ist. Stellen wie Mt. 6,26 ff. und 10,29 besagen ohnedies, daß Jesus alles Lebendige in der Obhut seines himmlischen Vaters weiß, und aus diesem Wissen um Gottes umfassende Fürsorge gewinnt der Mensch ja erst die Gewißheit, daß Gott erst recht für ihn sorgt. Es wäre ein sehr verengtes 'christliches Weltbild', wenn wir theologisch bloß über das Gott-Menschverhältnis oder über das Verhältnis von Mensch und Mitmensch diskutieren wollten und alle übrige 'Kreatur' säkularen Organisationen wie dem Naturschutz oder dem Tierschutz überließen."

Unter diesem Aspekt erhält dann auch die Geburt Jesu in einem Stall symbolische Bedeutung; vgl. Schneider (1953, S.10 f.), Baden (1963, S.129) und Pangritz (1963, S.48 f.). Noch bedeutsamer aber werden, wie von Fascher schon erwähnt, Mk. 16,15: "Und er sprach zu ihnen: gehet hin in alle Welt und predigt das Evangelium aller Kreatur." Pfliegler (1961, S.120) bemerkt hierzu: "Die Frohbotschaft soll nach dem Worte Christi 'jeder Kreatur' verkündet werden (Mk. 16,15; ebenso Kol. 1,13). In der Deutung des hl. Gregorius heißt das: dem Menschen verkündet werden, der von allen Rängen der Schöpfung, der Pflanzenwelt und der Tierwelt, etwas in sich trägt. Die Stelle heißt wohl: die Frohbotschaft soll über den Menschen auch zur Frohbotschaft für jede Kreatur werden, weil der Mensch durch seinen Fall jede Kreatur mit hinein in die Folgen des Falles ge-

rissen hat. Der Herr weilt, ehe er mit seiner Frohbotschaft vor die Menschen tritt, bei den wilden Tieren und den Engeln (Mk. 1,12)."
Ein gewaltiges heilsgeschichtliches Wort, wenn es so umfassend gedeutet werden darf. Akzeptiert man die extensive Deutung, dann ist das Problem aber nicht gelöst, denn die Frage muß nun lauten, w i e ein solcher Auftrag erfüllt werden soll. Mit Sicherheit nicht als Aufforderung, den Tieren zu predigen, so wenig, wie Jesus den Kindern predigte, die man zu ihm brachte (Mk. 10,13 ff.). Aber die Analogie könnte den Anhaltspunkt liefern: Jesus hat das vermutliche Argument der Jünger, die unvernünftigen Kinder würden ihrem Herrn nur lästig fallen oder ihn von Wichtigerem abhalten, nicht akzeptiert, sondern hat sie in seine Liebe eingeschlossen. Er hat dokumentiert: "Das Heil, das Er zu bringen hat, ist nicht nur den Großen oder etwa gar nur den Klugen zugedacht, sondern es ist auch den K l e i n e n und U n m ü n d i g e n (51) bestimmt, die sonst in dem Denken der alten Zeit kaum einer Beachtung für wert gehalten wurden" (Rienecker 1967, S.183 f.). Predigt im Sinne von Mk. 10,13 ff. ist also denkbar als Verkündigung, daß Gott alle Geschöpfe liebt und daß Christus alle Kreatur erlöst hat und daß es dem Menschen daher wohl anstehe, seine Herrschaft über die unmündigen Tiere väterlich und nicht despotisch auszuüben. Auch die Segnung der Tiere, wie sie in der Tradition der Kirche bis auf unsere Tage besteht (vgl. Hume 1957, S.94 ff.), *ist nicht Heilsvergeudung an Unwürdige, sondern Einbeziehung unserer unmündigen Mitgeschöpfe in das auch ihnen zugesagte Heil.*
Die Aufforderung an die Jünger, "das Evangelium aller Kreatur zu predigen", zielt unmittelbar auf den Menschen, aber durch dessen Herrschaft und Erlösung auch auf die übrige Kreatur. Zwischen Mk. 16,15 und Römer 8,20 ff. besteht eine unmittelbare, die Tendenz beider Aussagen gegenseitig stützende Verbindung.

4. Die ethische Tendenz des Neuen Testaments

Die ethische Denklinie geht von den Geboten der Nächstenliebe und der Barmherzigkeit aus. Im Alten Testament ist Barmherzigkeit primär eine Eigenschaft Gottes, die mit der verzeihenden Liebe eines Vaters verglichen wird (Ps. 103,13). Demnach ist auch der Mensch zur Barmherzigkeit fähig und wird deutlich aufgefordert, sie den Recht- und Hilflosen gegenüber zu üben: "... helft den Unterdrückten, schafft den Waisen Recht, führet der Witwen Sache"(Jes. 1,17). Barmherzigkeit geht nach alttestamentlichem Verständnis weit über das Gebot der Nächstenliebe hinaus. Sie ist eine zusätzliche Forderung gegenüber dem sozial, rechtlich und physisch Abhängigen, und es ist nur folgerichtig, daß gemäß Spr. Sal. 12,10 auch die dem Familienverband zugerechneten Tiere in den Schutz dieser Forderung einbezogen werden.

Nächstenliebe ist also zunächst nur die Liebe für den Volks- und Glaubensgenossen, der Anspruch auf eine bevorzugte Behandlung hat. Kein Wunder, daß Jesus auch dieses radikalisiert: "Denn so ihr liebet, die euch lieben, was werdet ihr für Lohn haben?" (Mt. 5,46). Was damit gemeint ist, hat er in verschiedenen Gleichnissen verdeutlicht. Jesus hebt die Trennung zwischen der auf Gegenseitigkeit beruhenden *Nächstenliebe unter Anspruchsberechtigten* einerseits und der *Barmherzigkeit als Liebe gegen Rechtlose* andererseits auf und verschiebt zugleich das Schwergewicht seiner Forderung von der Nächstenliebe, die er als selbstverständlich ansieht, bis hin zu den Extremen einer Liebe, die auch den Feind, den Schuldner und den geringsten Bruder einschließt. Darum ist in der Bergpredigt auch nur von der Barmherzigkeit (Mt. 5,7) die Rede. Jesus versucht, den Menschen auf die Barmherzigkeit als einzige vertretbare Verhaltensweise festzulegen, indem er verlangt, der Mensch solle die von Gott erfahrene Barmherzigkeit nun auch in der angemessenen Weise weitergeben (Luk. 6,36; Mt. 18,33; Jak. 2,13). Barmherzigkeit wird so zur Pflicht; das bloße Objekt der Barmherzigkeit rückt in den Stand einer nicht mehr begrenzten, wenn auch differenzierten Nächstenschaft auf (52). Aber auch damit tut der Mensch doch nur, was Gott zuvor an ihm getan hatte, indem Christus des Menschen Nächster und Bruder wurde.

Nächster ist nicht mehr der Partner eines durch Tradition eng umschriebenen Personenkreises, sondern Nächster ist der meiner Hilfe Bedürftigste, und das ist im Regelfalle der jeweils Geringste, mit dem sich Jesus ausdrücklich identifiziert (Mt. 25,40): "Was ihr getan habt einem unter diesen meinen geringsten Brüdern, das habt ihr mir getan." Es ist offensichtlich, daß diese Nächstenliebe auch als Geringstenliebe auf den hilf- und rechtlosen Mitmenschen abzielt. Trotzdem muß man sich fragen, ob zwischen der Barmherzigkeit gegenüber leidenden Mitmenschen und der Barmherzigkeit gegenüber leidenden Tieren wirklich ein so deutlicher Unterschied gemacht werden darf, bzw. ob Jesus diese Unterscheidung wollte? Nächstenliebe war alttestamentlich auf einen bestimmten Personenkreis beschränkt, während Menschen und Tiere außerhalb dieses Kreises nur Anspruch auf Barmherzigkeit haben konnten. Indem Jesus aber das Gebot der Nächstenliebe zu einem Gebot der Barmherzigkeit ausweitet, schließt er auch den Fremdling und das Tier (Ex. 20,10) mit ein. Dies wird in Lk. 13,15 und 14,5 ganz deutlich: auch am Sabbat und nicht nur am Werktag hat das Tier einen Anspruch auf menschliche Hilfe.

So liegt es also in der Tendenz und Dynamik des Liebesgebotes, daß Nächstenliebe als die Tugend dieser Welt ihre Grenzen übersteigt und in die unsere Welt erlösende Barmherzigkeit Gottes einmündet; und hier verbindet sich dann die eschatologische Hoffnung der ganzen Schöpfung mit dem Beitrag, den der Mensch zur Erfüllung dieser Hoffnung erbringen kann, denn: "Das verheißene 'Reich Gottes' wird durch die der Barmherzigkeit selbst eignende persönliche Beziehung zu Haupt und Gliedern immanent mitverwirklicht" (Angermair 1957, Bd. 1, Sp.1254). Menschliches Symbol dieser Barmherzigkeit wird Franziskus, wenn er alle Geschöpfe liebt, wenn er nicht nur den Armen und Aussätzigen, sondern auch noch den Tieren zum Bruder wird.

IX. Die theologisch-kirchliche Lehre

1. In der Tradition

(a) AUGUSTINUS: Zur Lehre der Mensch-Tier-Beziehung haben schon Origines und Hieronymus Beiträge geleistet, aber einen wesentlichen Einfluß hat erst Augustinus ausgeübt. Er hatte das aristotelische Seelensystem übernommen, im Tier aber dennoch "den apperzeptierenden, individualen und Individualität tragenden Ichpunkt gesehen" (Bernhart 1961, S.197) und im übrigen das Mensch-Tier-Verhältnis im Sinne der von Gott verordneten Herrschaft verstanden. "Augustin, der lieber, wie er sagt, auf allen Weltruhm verzichtet als eine Fliege getötet hätte" (Bernhart 1961, S.196), sieht diese Herrschaft nicht als Willkür; dafür steht sein Wort aus der doctrina christiana (I, 23,22): "Vierfach müssen wir lieben: erstens, was über uns ist, dann, was wir selbst sind, drittens, was neben uns ist, viertens, was unter uns ist" (53).

Augustin hat diese Forderung in seinem Tractatus in evangelium Johannis XXXIV, 3 (zitiert nach Harnack 1922, S.170): "Die Vielfalt der Barmherzigkeit Gottes kommt nicht nur zu dem Menschen, den er nach seinem Bilde geschaffen hat, sondern auch zu den Tieren, die er den Menschen untergeben hat. Von dem kommt auch das Heil des Tieres, von dem das Heil des Menschen kommt. Schäme dich nicht, solches von dem Herrn deinem Gott zu denken, wage es vielmehr und glaube es und hüte dich anders zu denken. Der dich heil macht, der heilt auch dein Pferd und dein Schaf, ja bis zum Kleinsten hin gilt's - auch deine Henne! ... Wird der es unter seiner Würde halten, Heil zu geben, dessen Würde es erlaubt, Schöpfer zu sein?"

(b) THOMAS VON AQUIN: Auf diesem Stande verbleibt die theologische und kirchliche Lehre bis zu Thomas von Aquin (54), der nach der Meinung von Hume (1957, S. 26 ff.) für die weitere Distanzierung des Menschen vom Tier verantwortlich ist; ähnlich äußert sich auch Bernhart (1961, S.100).

Soweit Thomas die Tierquälerei verbietet, geschieht dies um des Menschen willen, damit die an Tieren geübte Grausamkeit nicht auch auf Menschen übertragen wird. In der Summe wider die Heiden 3/112, letzter Abschnitt, sagt er: "Wenn aber etwas in der Heiligen Schrift gefunden wird, das verbietet, irgendetwas an Grausamkeit gegen die tierischen Seelenwesen zu begehen, ... so geschieht dies entweder, um das Gemüt des Menschen von der gegen Menschen zu verübenden Grausamkeit abzubringen, ... oder aber, weil die den (tierischen) Seelenwesen zugefügte Verletzung zum zeitlichen Schaden des Menschen ausgeht ..."

Positiver ist eine Aussage in S. th. 1-2/102 VI ad 8 (zitiert nach Schütz 1928, S.13): "Es ist doch klar, daß der Mensch, der gegen Tiere Mitleid hat, es auch um so mehr gegen Menschen hat; und darum wollte Gott, daß das jüdische Volk sich gewöhne an die Barmherzigkeit gegen den Menschen durch die Barmherzigkeit gegen die Tiere."

(c) DIE EINHEIT DER SCHÖPFUNG IN DER LITURGIE: Dennoch hat auch die Zeit um und nach Thomas das Gefühl für die Einheit der Schöpfung noch nicht verloren, das zeigt sich in der Kunst (vgl. Hume 1957, S.26) ebenso wie in der Liturgie. Hume (S.27) erwähnt die folgende Stelle der Weihnachtsliturgie: "O magnum mysterium, et admirabile sacramentum, ut animalia viderent Dominum natum, jacentem in praesepio". Ferner ist auf die Tradition der Tiersegnungen zu verweisen, die noch heute im Brauchtum vielfältig verankert sind. Hume (S.95) zitiert aus dem Rituale Romanum: "Benedictionem tuam, Domine, haec animalia accipiant: qua corpore salventur, et ab omni malo per intercessionem beati Antonii liberentur."

In diesen Zusammenhang gehört vermutlich auch folgendes von Schlosser (1954, S.81) mitgeteilte und der orthodoxen Kirche zugeschriebene Gebet: "O Herr, unser Gott, der Du uns Menschen zu Gehilfen auch die Tiere geschaffen und ihnen eine lebendige Seele, die Schmerz und Freude empfindet, gegeben hast - wir gedenken vor Dir auch dieser Deiner bescheidenen Geschöpfe, die mit uns die Bürde und Hitze des Tages tragen und ihr schuldloses Leben dem Wohl der Menschen opfern müssen. Wir bitten Dich, Du wolltest Dich auch ihrer in ihrem mannigfaltigen Schmerz und Leid erbarmen und bald den großen Tag der vollkommenen Erlösung und Befreiung anbrechen lassen, an dem auch die Kreatur frei werden wird von der Dienstbarkeit des vergänglichen Wesens."

(d) DAS VERHÄLTNIS DER HEILIGEN ZUR KREATUR: In besonderer Weise haben aber die Heiligen durch ihr persönliches Beispiel dem Gedanken der geschöpflichen Nähe zum Tier und der Sorge für das Tier Ausdruck verliehen. Bernhart (1961) faßt zusammen: "Der Glaube an die religiöse Verständigung zwischen Tier und Mensch, an ein Sichfinden beider im freien Bereich der alles Geschaffene durchherrschenden und tragenden Kraft Gottes, mehr noch die tausendmal erwiesene Erfahrung von der Macht des reinen guten Willens über die verängstigte Kreatur der vernunftlosen Wesenwelt, haben in der Frömmigkeit des Westens wie des Ostens paradiesische Idyllen wechselseitiger Vertraulichkeit geschaffen. Nicht allein Franziskus, der Bruder aller Dinge, der das verschüchterte Häschen an die Brust drückt, Lämmer von der Schlachtung loskauft und die Vögel zum Lob Gottes ermuntert, nicht allein die Bekenner seines Ideals, die wie der Fischprediger Antonius in einen geheimnisvollen Bezug zur Schöpfung treten, auch die Vor- und Nachwelt trachtet in erlesenen Männern und Frauen nach einem heiteren mystischen Austausch des Gemeinsamen, das zutiefst in allen Lebewesen grundgelegt ist. Trotz dem schematischen Verfahren, mit dem die alte Heiligenbeschreibung ihre Helden mit Zügen der Freundschaft und Dienstbarkeit der Tiere ausstattet, sind unschwer da und dort Striche einer individuellen Eigentümlichkeit aufzuspüren, ..." (S.175).

"Die Fülle der Berichte ergibt zum wenigsten den Eindruck, daß die Heiligkeit nicht ohne Wirkung auf die vernunftlosen Kreaturen bleibt. Die Kirche hat zwar manche von den mitgeteilten Erscheinungen nach der gewohnten strengen Prüfung der Tatsächlichkeit in ihre Heiligsprechungsakten aufgenommen, innerhalb ihrer Lehre aber der näheren Deutung und Erforschung der Phänomene freien Raum gelassen. Die Wissenschaft betrachtet alle Fälle dieser Art, soweit ihnen geschichtliche Glaubwürdigkeit zukommt, als ein Gebiet noch unerkannter Wechselwirkung zwischen dem auf tausendfach geheimnisvolle Art reizbaren Organismus des Tieres und demjenigen des asketisch verfeinerten und gleichsam einer nervös und seelisch höheren Ordnung angenäherten Menschen. Unzählbare Ereignisse und Besonderheiten im Leben der Heiligen, deren Wirklichkeit von einer ruhigen, unbefangenen Forschung nicht bestritten werden kann, begründen die feste Überzeugung, daß ein ungewöhnliches Maß von sittlicher Höhe und religiöser Selbstentäußerung sich auch in ungewöhnlicher physischer Einwirkung solcher Per-

sönlichkeiten auf die von ihnen berührte Umwelt zeigt. In diesem Sinne mag
man das Wort Dostojewskijs verstehen: 'Wer den Mönch nicht kennt, der kennt
auch die Welt nicht.' Sei dem wie immer, mögen hier Erscheinungen des Magnetismus, der Hypnose oder seelischer Übertragung vorliegen, die gemeinsame
Lehre der berührten Fälle lautet, daß vor der Reinheit, Güte und Gottverbundenheit des menschlichen Innern sich die Riegel lösen, durch die das
Böse Kreatur von Kreatur feindselig abgeschieden hat. Wo die Sünde überwunden und der Friede mit dem Gott des Guten wiederhergestellt ist, senkt
der Engel, der das verlorene Paradies behütet, sein Feuerschwert und läßt
auf der blühenden Schwelle Mensch und Tier und alle Wesen in heiterer Versöhntheit und Vertrautheit sich begegnen. Nach dem Offenbarwerden der Kinder Gottes sehnt sich die seufzende Schöpfung, in der Tiefe ihres Innern
fähig und bereit, dem Vorgesang des religiösen Menschen beizustimmen:
Laudate Dominum de terra - bestiae et universa pecora!" (S.183 ff.) Vgl.
hierzu auch Bernharts Monographie "Heilige und Tiere" (1959).

Auch Pangritz (1963, S.65) hat sich mit der Frage befaßt: "Ich kann es mir
nicht versagen, an ein Heft des verstorbenen Dichters Reinhold Schneider
zu erinnern: Daniel in der Löwengrube. Der Dichter deutet eine Plastik aus
dem ausgehenden 12. Jahrhundert, eine Darstellung dieser biblischen Geschichte im Wormser Dom. Zwei gewaltige Löwenhäupter ragen neben dem Propheten Daniel auf. Aber ihre Züge haben alle Wildheit des Raubtiers verloren. Sie haben für Daniel nichts Bedrohliches mehr. Er ist ihrer mächtig geworden. Die lächelnde Milde des Menschen, der durch tiefstes Leid
hindurch gegangen ist, verklärt sein Antlitz. Zu sanfter Beschwörung hat
er seine Hände erhoben. In den Tieren aber scheint eine unfaßbare Wandlung sich zu vollziehen. Die großen Augen blicken beinahe furchtsam, als
erwachten sie aus dumpfem, schwerem Traum. Sie lecken die Hand, das Knie
des Propheten. Das sind keine Bestien mehr. Fast wie Menschen schauen sie
drein, als habe der mittelalterliche Künstler sagen wollen: Sie waren
eigentlich die Gefangenen ihrer Raubtiernatur, nun aber sind sie erlöst
aus dem ängstlichen Harren, aus dem Seufzen der Kreatur, ihr eigentlich
von Gott gewolltes Wesen tritt ins Licht. Der Künstler von Worms hat mit
tiefer Weisheit dem Antlitz des Propheten die Züge Christi aufgeprägt:
Wo wir vom Erlöser befreit und gewandelt werden, vermögen auch wir die
Kreatur zu befreien und zu wandeln. Wo Christus bei den Tieren ist, da

kehrt das Paradies zurück. Vor dem Wormser Bildwerk und Reinhold Schneiders Ausdeutung mag es uns klar werden, wie tief und wie weit die Aufgabe ist, zu der der Mensch als 'Bruder des Tieres' gerufen ist, zugleich aber, wie groß die Hoffnung ist, die aus dem Seufzen der Kreatur unbewußt dem entgegenklingt, der von sich sagt: 'Siehe, ich mache alles neu.' "

Selbstverständlich darf die Heiligenliteratur nicht unkritisch herangezogen werden, wie Junge (1932) nachweist, weil Wunder im Sinne von Lk. 10, 19 zum zeitbedingt notwendigen Bestand der Heiligenlegenden gehörten: je wilder ein Tier und je unglaublicher seine Vertrauens- oder Gehorsamsbeweise, desto höher das Ansehen der sie bewirkenden Heiligen. Dennoch ist die bloße Unglaublichkeit eines Berichtes noch kein Kriterium der Unglaubwürdigkeit des Erzählers; dafür gibt es ausreichende Erklärungen und Belege (55).

(e) FRANZ VON ASSISI: Bei Franziskus wissen wir mehr, denn wir kennen den theologischen Hintergrund seiner besonderen Beziehung zur Schöpfung. Ein ganz unmittelbares Zeugnis verdanken wir Bonaventuras Legenda Sancti Francisci (in der frühneuhochdeutschen Übersetzung der Sibilla von Bondorf, gest. 1478), Kapitel 8, Abs. 6: "... die creaturen, wie klein si ioch werent, die namte er alle mit nammen 'bruder' vnd 'schwesteren', dor vmbe daz er wol wiste, das si ein anfang mit im hattent."

Die Welt war ihm ein Spiegel der Güte Gottes: "In jedem Kunstwerk lobte er den Künstler; was er in der geschaffenen Welt fand, führte er zurück auf den Schöpfer" (Celano II, 165). So nennt er die Elemente, die unbelebte Natur, die Pflanzen, Tiere und Menschen. Diese Gesamtschau wird nun in vielen Einzelbildern entfaltet: wie Franziskus die Würmer vom Wege aufhebt und an geschützten Orten ablegt, "damit sie nicht von den Vorübergehenden mit den Füßen zertreten werden" (Celano I, 80); wie ihm ein Fasan geschenkt wird, den er fliegen läßt (Celano II, 170); wie er mehrmals Fische ihrem Lebenselement zurückgibt (Celano I, 61); wie er einen Hasen und ein Kaninchen aus der Schlinge befreit (Celano I, 60); oder wie er schließlich gegen seinen Mantel zwei Lämmer loskauft, die ein Bauer nach barbarischer Sitte an Stricken zusammengebunden über der Schulter zum Markt bringt (Celano I, 79).

Die mit seinem Wirken verbundenen Tierlegenden zeichnen sich dadurch aus, daß er mit und an Tieren weniger erstaunliche Wunder als konkrete Hilfe bewirkt, und wo er hilft, tut er es weniger mit den übersinnlichen Kräften der Heiligen, sondern auf eine fast alltägliche Weise. "Und dieser Haltung entspricht auch die Bitte, die der hl. Franz nach Celanos Angabe an den Kaiser selbst richten wollte, um ein Gesetz zugunsten der Tiere in der Weihnachtsnacht zu erwirken" (Junge 1932, S.114). Auch die Vogelpredigt ist auf dem Hintergrund des Helfenwollens zu verstehen. Junge (S.66) schreibt: "Geschichtlich betrachtet, bildet diese Legende das franziskanische Beispiel für eine Gruppe von Erzählungen, die ich unter dem Begriff 'Predigtlegenden' zusammenfassen möchte. Ihre Analyse zeigt, daß zweierlei Voraussetzungen darin lebendig gewesen sein müssen. Einmal handelt es sich um die Auffassung des Tieres als einer dem Menschen der Gottheit gegenüber gleichgeordneten Kreatur, die wie der Mensch sittlicher Handlungen fähig und wie der Mensch erlösungsbedürftig ist; daneben steht dann der Glaube, daß der Weg zur Erlösung durch Lehre vermittelt wird. Diese Bedingungen sind auf griechischem Boden in den Legenden der Religionsstifter Orpheus und Pythagoras erfüllt, die auch den Tieren ihre weltbeglückende Lehre bringen wollen. In diesem Sinne fänden wir also in ihnen Vorformen der Tierpredigt."

In jüdischer und christlicher Tradition ist die Vorstellung vom Lobe Gottes durch die Tierwelt gemäß Jes. 43,20, Ps. 69,35 und Ps. 148 durchaus geläufig. Dementsprechend ist auch die Ermahnung, das Lob des Schöpfers zu singen, der wesentliche Inhalt der Vogelpredigt; Junge (S.119): "Der ganze Inhalt der Vogelpredigt des hl. Franz ist also nichts Neues. Franziskus nahm den Gedanken auf, der sich bereits bei Dracontius findet, daß die Vögel Gott für ihre Erschaffung preisen sollen, und baute ihn aus. Er ist dabei sicher auch von Matthäus 6,26 beeinflußt worden. Der eigene Reiz aber, der dieser Predigt anhaftet, liegt darin, daß Franziskus die konventionelle Methode der Beschreibung und Wertung des Vogelgesanges nach dem Muster des Ambrosius und Alcuin, an die sich eine moralische Anwendung auf den Menschen anzuschließen pflegte, beiseite ließ. Vielmehr kam er der Art, wie die Psalmisten das Getier zum Lob Gottes aufgefordert hatten, von neuem wieder nahe. Die Vögel wurden wieder gleichgestellte Kreaturen und verloren den farblosen Charakter von moralischen Beispielen."

Der äußere Vorgang der Vogelpredigt ist erst in späteren Fassungen ins Wunderbare gedeutet worden. Nach dem ursprünglichen Bericht ereignet sich alles auf ganz gewöhnliche Weise (56). Ein wichtiges und für Franziskus typisches Motiv, sich den Tieren so brüderlich zuzuwenden, ist sein Bestreben, sich den jeweils Geringsten seiner Brüder (Mt. 25,40) in besonderer Weise verbunden zu fühlen. Junge (S.116) schreibt: "Die Gleichstellung von Mensch und Tier, die für den Poverello so charakteristisch ist und die in der Anrede der Tiere mit 'Soror' und 'Frater' ihren deutlichsten Ausdruck findet, wird neben der Motivierung, die sich aus der symbolischen Tierauffassung und dem Kreaturgefühl gegenüber dem Schöpfer ergibt, auch einen starken Impuls aus Franziskus Neigung zur äußersten 'Verdemütigung' empfangen haben. Nicht nur den Armen und Aussätzigen diente er und nannte sie 'Bruder', sondern er wurde auch im Verhältnis zu dem, was noch geringer ist als der geringste Mensch, gegenüber dem Tier, zum Minder-Bruder." Hierzu paßt gut, daß Franziskus, der Überlieferung nach von Papst Innozenz III. verspottet und an die Schweine verwiesen, tatsächlich in den Hof zu den Tieren hinausging (vgl. Junge, S.68 f.).

Franziskus ist aber nicht nur der Bruder der Tiere, sondern in ganz besonderer Weise auch der seiner Mitmenschen (Celano II, 172): "Es nimmt nicht wunder, wenn ihn, den die Macht der Liebe den anderen Geschöpfen zum Bruder gemacht hatte, die Liebe Christi noch mehr denen zum Bruder machte, die mit dem Bild des Schöpfers gezeichnet sind." Daß diese Liebe etwas anderes ist als nur das exzentrische Weltgefühl eines religiösen Genies, ja daß seine Liebe nicht eigentlich franziskanisch, sondern biblisch ist, mag vielleicht überraschen, ist aber an dem Hinweis auf Röm. 8,21 deutlich erkennbar, wenn es bei Celano (I, 81) heißt: "Endlich nannte er alle Geschöpfe 'Bruder' und erfaßte in einer einzigartigen und für andere ungewöhnlichen Weise mit dem scharfen Blick seines Herzens die Geheimnisse der Geschöpfe; war er doch schon zur Freiheit der Herrlichkeit der Kinder Gottes gelangt." Mit anderen Worten: in dieser Liebe ist ein Teil vom "ängstlichen Harren der Kreatur" schon erfüllt.

Nigg (1962, S.37) hat Franziskus ein "Christussymbol des Mittelalters" genannt, und Dettloff (1956) warnt mit Recht davor, in Franziskus nur einen harmlosen Schwärmer zu sehen: "Ausweichen würden ihm alle Bequemen und noch nicht Bereiten, wenn sie es spürten, daß Franziskus kein Harmloser ist, sondern ein Mensch, ... der ... ernste Forderungen stellt ... Gewiß, Franziskus liebte die Blumen, die Bäume, die Tiere und die Menschen, die Sonne, den Himmel, das Wasser und das Feuer, weil Gott sie alle geschaffen hat; aber das sagt noch nicht alles. Jener einzigartige Umgang mit den Tieren vor allem ist ein Teil und zugleich die Bestätigung für die Erfüllung einer Aufgabe, die der Herr ihm gestellt hat, nämlich den Frieden Gottes wieder in die Welt zu tragen, einen Schein der wiederhergestellten Ordnung des Paradieses aufleuchten zu lassen ... Es braucht uns nicht zu wundern, ... daß ein Glanz des Reiches der Endzeit auf ihm lag, wie es Jesaja geschaut:'Der Wolf ist bei dem Lamm zu Gast, der Panther lagert bei dem Böcklein ...'."

Ähnlich äußerte sich auch Nigg (1962, S.88 f.): "In Franziskus' Naturverhältnis, das von göttlicher Liebe erfüllt war, wurde ein falscher Trennungsstrich korrigiert und zugleich etwas nachgeholt, was die Christenheit jahrhundertelang vernachlässigt hatte ... Noch heute ist diese kosmische Brüderlichkeit etwas Unfaßliches, wirkt doch Franziskus' Tierliebe unsagbar beglückend. Man spürt, wie bei dem Heiligen in dieser Beziehung eine Decke weggezogen und ihm ein ganz neuer Blick geschenkt worden war. Die Heiligung aller Geschöpfe war vollzogen und die große Heimkehr der gesamten Schöpfung zu Gott in die Wege geleitet. Da Franziskus 'zum Stand der ersten Unschuld zurückgekehrt' war, liegt bei ihm nichts Geringeres vor als die Wiederherstellung der paradiesischen Beziehung zur Kreatur. Dieses Wunder hatte eine Umwandlung der ganzen Natur zur Folge. Solange Franziskus lebte, waren 'alle Felder voll Fruchtbarkeit', und kaum war er gestorben, wurde 'die ganze Ordnung umgedreht' und 'die Schrecken der Hungersnot ergossen sich weit über die Lande'. Größer kann eine Gestalt nicht mehr geschaut werden, als Celano es mit diesen Worten tat. Dieses Naturverhältnis, das mit seiner Einführung bis zur solidarischen Leidensgenossenschaft aller Dinge fortschreitet, enthält tatsächlich das neue religiöse Weltgefühl, welchem dieser seraphische Mensch zum erstenmal Ausdruck gegeben hat. Es ist unangebracht, dieses mit gewöhnlichem Mitleid nichts zu tun habende Verhältnis zur Natur als Ketzerei des Herzens zu verdächtigen. Vielmehr ist darin der Versuch des Heiligen zu sehen, die göttliche Geschöpflichkeit der Natur von innen her zu erfassen. Diese Tat bildet eines der vornehmsten neuen Worte, die Franziskus der Christenheit zu sagen hatte. Die unerhörte Naturnähe des Franziskus ist nicht als modern anzusprechen, sie ist mehr, nämlich zukunftsweisend."

Franziskus ist jedoch eine zu singuläre Erscheinung, als daß er das christliche Mensch-Tier-Verhältnis nachhaltig hätte beeinflussen können. So nimmt das Gewicht der geschriebenen Lehre immer weiter zu, und soweit sie Veränderungen erfährt, wird die zwischen Mensch und Tier bestehende Kluft nur noch weiter vertieft. Auf die aristotelische Seelenlehre, das römische Recht und einen naturwissenschaftlichen Irrtum (Descartes) begründet, kann die Stellungnahme der Moraltheologie nur zu dem unbiblischen, aber jahrhundertelang unangefochtenen Schluß kommen: Da das Tier keine unsterbliche Seele hat, kann es nicht Person sein, und da es nicht Person ist, kann es nicht Träger von Rechts- oder Liebespflichten sein; vgl. Pfliegler (1961, S.113). Es ist erstaunlich, daß Franziskus auch bei Fällen offensichtlicher Rohheit sich nicht gegen die Rohheit selbst und erst recht nicht gegen die Rohlinge persönlich gewandt hat. Was seiner Haltung möglicherweise das Profil und seinem Anliegen die nach außen und in die Zukunft wirkende Gewichtigkeit versagte, war vielleicht dieser Verzicht auf eine deutliche Ablehnung. Der Mensch wird leichter *gegen* als *für* eine Sache mobilisiert; Franziskus wurde in seiner Haltung zu den Tieren offenbar nicht ernst genommen. Hätte er provoziert und wäre er dann verfolgt worden, so hätte sein Schicksal die Gemüter bewegt, man hätte über ihn und sein Anliegen gestritten, die damalige Theologie und Kirche hätten sich damit befassen, ihn schließlich akzeptieren oder ablehnen müssen; beides hätte seiner Sache mehr genützt als die wohlwollende Duldung, derer er sich erfreute. Dennoch: der ernste Christ und jeder mitleidsfähige Mensch bedarf dieser spektakulären Zeichen nicht. Er fühlt sich durch des heiligen Franziskus Beispiel beschämt, weil er - dieses vor Augen - nie mehr mit der primitiven Ausflucht leben kann, das Evangelium fordere schlechthin Unerfüllbares und die Bergpredigt sei nur eine unverbindliche Metapher.

(f) LUTHER: Für die Reformation war die Einheit der Schöpfung kein kontroverses Thema. Dennoch wird es von zwei so konträren Theologen wie Luther und Ignatius von Loyola in ihrer je eigentümlichen Weise aufgegriffen.

Luthers Denken von Gott ist so groß, daß er ungehemmt sagen kann: " ... Gott wird ein neu Erdrich und neuen Himmel schaffen, wird auch neue Pelverlin und Hündlin schaffen, welcher Haut wird gülden seyn, und die Haare oder Lodden von Edelsteinen. Da wird keiner den andern fressen, wie Kröten, Schlangen, und dergleichen giftige Thier, die um der Erbsünde willen hie vergiftet und schädlich sind" (Weimarer Ausgabe, Tischreden Bd. 1, S.568, Z.9-12). Häufig wird die Stelle aber in der bekannteren, doch offensichtlich nicht belegbaren Fassung zitiert: "Ich glaube, daß auch die Belferlein und Hündlein in den Himmel kommen und jede Kreatur eine unsterbliche Seele hat." Die Stelle wird insbesondere dann zitiert, wenn es um die Frage nach der Beseelung der Tiere geht (vgl. Anm.59).

Wie konkret Luther auch im Alltag sein besonderes Verhältnis zum Tier praktiziert, bezeugen zwei Briefe. Der eine berichtet über eine Jagd, an der er zwar nicht als Jäger, aber doch als Gast teilnehmen mußte (Weimarer Lutherausgabe, Abt.Briefe, 2, 380, 56). Der andere hier erwähnenswerte Lutherbrief vom Herbst 1534 ist an seinen Famulus Wolfgang Sieberger gerichtet, der es nicht lassen konnte, nach alter und auch deutscher Unsitte einen Vogelherd zu halten (57).

Theologischer Hintergrund dieser mehr gelegentlichen Äußerungen Luthers ist die deutliche Anlehnung an die Jesaja-Vision und eine Interpretation zu Römer 8,19, die erkennen läßt, daß er die außermenschliche Schöpfung als in den Heilsplan Gottes einbezogen glaubt, und daß er sich der fast sensationellen Wiederentdeckung dieser kosmischen Dimension bewußt ist. Hier das Zitat aus der Römerbrief-Vorlesung von 1516 (Weimarer Ausgabe Bd. 56, S.371): "Aliter Apostolus de rebus philosophatur et sapit quam philosophi et metaphysici. Quia philosophi oculum ita in presentiam rerum immergunt, ut solum quidditates et qualitates earum speculentur, Apostolus autem oculos nostros revocat ab intuitu rerum praesentium, ab essentia et accidentibus earum, et dirigit in eas, secundum quod futurae sunt. Non enim dicit 'essentia' vel 'operatio' creaturae seu 'actio' et 'passio' et 'motus', sed novo et miro vocabulo et theologico dicit 'expectatio

creaturae'." Es folgt die deutsche Fassung: "Anders philosophiert und
denkt der Apostel über die Dinge als die Philosophen und Metaphysiker.
Denn die Philosophen richten das Auge so auf die Gegenwart der Dinge, daß
sie nur ihre Besonderheit und Beschaffenheit beobachten. Der Apostel aber
wendet unsere Augen von der Betrachtung der Dinge, von ihrem Wesen und
ihren Eigenschaften weg und richtet sie auf das, was sie zukünftig sein
werden. Er spricht nicht vom Wesen oder Wirken der Kreatur, von ihrem Handeln, Erleiden oder ihrer Bewegung, sondern mit einer neuen, seltsamen und
theologischen Vokabel spricht er von der Erwartung der Kreatur (expectatio
creaturae)."

Was Luther damit meint, wird aus der späteren Predigt (1535) über Römer 8,
18 ff. deutlicher: "Dergleichen Rede findet man sonst nirgends in der
Heiligen Schrift, da aller Kreatur nicht allein gegeben wird, daß sie mit
großem Sehnen und Seufzen warte auf die Offenbarung der Kinder Gottes,
sondern sie wird auch hier gemacht zu einem Weibe, die in Kindsnöten liegt
... Darum hat man vor Zeiten auf der Kanzel recht gesagt, daß am jüngsten
Tag alle Kreatur über die Gottlosen Zeter schreien werden, daß sie ihrer
hier auf Erden mißbraucht haben, und werden sie anklagen als Tyrannen,
welchen sie haben müssen unterworfen sein wider alles Recht und Billigkeit. Dieses Exempel der Kreatur zeucht (zieht) S. Paulus hier an zum
Trost der Christen, als wollte er sagen: Seid nicht so traurig über eurem
Leiden, welches doch gar gering ist gegenüber der überschwänglichen Herrlichkeit, die hernach folgen wird; dazu seid ihr's allein nicht, die über
Unrecht schreien und Trübsal leiden. Alle Kreatur leidet mit euch und
schreiet darüber, daß sie der argen Welt unterworfen muß sein" (Weimarer
Ausgabe, Bd. 41, S.308).

(g) IGNATIUS VON LOYOLA: Aus der nachreformatorischen Zeit sind nur wenige Belege bekannt geworden. Frisch (1964) weist jedoch auf eine bisher
übersehene Stelle in den "Exerzitien" des Ignatius von Loyola hin: "Die
Aussöhnung des Sünders mit Gott bedeutet nicht nur seine Aussöhnung mit
den anderen Menschen, sondern auch mit der gesamten lebendigen Schöpfung.
Ist aber diese Sympathie des Menschen für die Tierwelt nicht eine äußerste Verfeinerung des geistlichen Lebens? Keineswegs! Sie kann eine bedeutende Rolle im ganzen christlichen Leben spielen, und zwar auf jeder

Stufe seiner Entfaltung.

Die 'E x e r z i t i e n' des Ignatius von Loyola geben ein gutes Beispiel hierfür. Nachdem ich über die Geschichte Noes und über die darin enthaltene Schicksalsverbundenheit des Menschen mit den Tieren nachgedacht hatte, verstand ich plötzlich eine Stelle im Text der 'Exerzitien', mit der ich lange nichts anzufangen wußte. In der zweiten Übung der ersten Exerzitienwoche betrachtet Ignatius die Häßlichkeit der Sünde. Am Ende dieser Betrachtung fordert er den Exerzitanten auf, das Gefühl der Verwunderung darüber zu erwecken, daß der Himmel, die Sonne, der Mond, die Sterne, die Elemente, die Früchte, Vögel, Fische und das Getier mich ertragen haben und daß die Erde sich nicht auftat, mich zu verschlingen (Nr. 60). Ich hatte diese Stelle während meiner jährlichen Exerzitien seit mehr als zwanzig Jahren immer wieder gelesen und als reine Dichtung empfunden. Ich hatte sie höchstens für einen anschaulichen Ausdruck jener christlichen Grundwahrheit gehalten, nach der die Sünde die Ordnung der Welt zutiefst gestört hat. Dabei hatte ich übersehen, daß Ignatius von Loyola ein sehr zurückhaltender Realist war. Im Lichte der Geschichte des Noe zeigte mir nun plötzlich dieser Text der 'Exerzitien' seine Tiefe und erschütternde Wahrheit: Wenn die Tiere und die Pflanzen in das ewige Schicksal des Menschen einbezogen sind, dann erscheint die Behauptung, daß die ganze Natur sich gegen meine Sünde auflehnt, als selbstverständlich. Ein Versagen gegen meine menschliche und christliche Berufung schadet nicht nur meiner persönlichen Vollkommenheit, sondern stört das 'Harren' der gesamten Schöpfung. So haben - in der Zeit Noes - die Sünder, die sich vom Quell des Lebens getrennt hatten, die Pflanzen und die Tiere dem Sterben überantwortet. Ist es nicht natürlich, daß die Schöpfung sich gegen mich erhebt, wenn ich mich gegen ihre Bestimmung vergehe?"

(h) CORNELIUS A LAPIDE: Die franziskanische Tradition kann für die weiteren Jahrhunderte nur noch punktuell belegt werden, wobei einzuräumen ist, daß eine systematische Forschung in diesem Bereich kaum betrieben wurde. So ist z.B. auch die von Schütz 1928 erschienene "Religiöse Verteidigungsschrift für die Tierwelt" eher ein Beweis für das Desinteresse der Kirchen, als eine Sammlung eindrucksvoller Bekenntnisse oder Argumente für ein humaneres Verhältnis zum Tier. So muß leider auch die Illusion zerstört werden, das Verbot der Stierkämpfe durch Pius V. im Jahre 1567 sei als Akt der Humanität auch gegenüber den Stieren und den oft qualvoll zu Tode kommenden Pferden gedacht gewesen. Die Lektüre des Dokumentes zeigt, daß dieser Gedanke keine Rolle gespielt hat (58).

Bei Schütz (1928, S.12 f.) findet sich ein Hinweis auf den von 1596-1626 in Löwen und anschließend in Rom lehrenden Exegeten Cornelius a Lapide: "Zu allen Büchern der Heiligen Schrift (mit Ausnahme der Psalmen und des Buches Job) verfaßte er umfangreiche Kommentare (Erklärungen), die weniger durch exakte Exegese des Literalsinnes, als durch reiche Ausführung des Moralsinnes im Anschluß an die Kirchenväter hervorragen. Sie sind eine ergiebige Fundgrube für Prediger. - Cornelius a Lapide nun schreibt über die Tiere: 'Fast alle Exegeten und Heiligen knüpfen besonders an den bekannten Ausspruch im Buche der Sprüchwörter an (12,10): 'Der Gerechte erbarmt sich des Viehes; aber das Herz des Gottlosen ist unbarmherzig'. Er erinnert an die 29. Homilie über den Brief des hl. Paulus an die Römer vom hl. Johannes Chrysostomus und bemerkt dazu: 'Die Gemüter der Heiligen sind äußerst sanft und menschenliebend, und diese Sanftmut dehnen sie auch auf die unvernünftigen Tiere aus. Nicht umsonst hat nämlich Gott im Gesetze vorgeschrieben, daß wir ein hingefallenes Tier aufrichten, das irrende Schaf auf den richtigen Weg setzen und dem dreschenden Ochsen nicht das Maul verschließen sollen'. Grade deshalb hatte Gott den Juden befohlen, sich der Tiere zu erbarmen, damit sie lernen sollten, sich des Nächsten zu erbarmen. Denn wenn sie gegen Tiere grausam wären, würden sie auch lernen, gegen Menschen grausam zu sein. Gott schrieb diese Rücksicht auf die Tiere nicht allein durch sein Wort vor, sondern er gab dazu das Beispiel. Er selbst trägt Sorge für die Tiere; heißt es doch beim Psalmisten 35,7: 'Du wirst Menschen und Tiere erhalten, o Herr!'

- 'Und Christus', sagt der hl. Bernardus, 'wurde in der Krippe zwischen Ochs und Esel gelegt,' damit er Menschen und *Tiere* erlösen sollte. Im Psalm 103,14 heißt es ferner: 'Er bringt das Heu für die Tiere hervor'. Und im Psalm 146,9 sagt der königliche Sänger: 'Er gibt den Tieren ihre Speise und den jungen Raben, die zu ihm rufen'. Diejenigen, die also gegen die Tiere barmherzig sind, ahmen Gott und Gottes Güte nach. So wissen wir also vom hl. Anselmus, daß er so sehr von Mitleid zu den Tieren ergriffen wurde, daß er sie beweinte, wenn sie sich in den Fallstricken der Jäger gefangen hatten.

Im 9. Bande in den Erklärungen zum Buche Ecclesiastikus, Kap. 7, sagt derselbe gelehrte Cornelius a Lapide zu den Worten: 'Hast Du Vieh? So sorge für sie!' (Im griechischen Text steht geradezu: 'Besuche sie, beaufsichtige sie!') 'Überlasse Dein Vieh also nicht den Dienstboten allein, sondern Du selbst schaue nach, ob sie gut von den Dienstboten, von den Knechten behandelt werden!' Gott empfiehlt aus einem dreifachen Grunde diese Aufsicht, da der Hausvater nicht allein für sich, sondern auch für seine ganze Familie *und für sein Vieh zu sorgen hat*. So muß sich denn auch die Güte und das Wohlwollen des Hausherrn nicht allein auf die Menschen, sondern auch auf die Tiere erstrecken.

Denn wie es eine Grausamkeit wäre, zu schwere Arbeit den Tieren aufzubürden oder ihnen die genügende Speise zu verweigern, ebenso ist es ein Zeichen von Milde gegen die Tiere, wenn ihnen das Futter zu bestimmten Stunden gereicht wird. *Endlich ist grade die Grausamkeit gegen die Tiere der Anfang der Grausamkeit gegen die Menschen*. Es ist eine feststehende Tatsache, daß Menschen, die grausam gegen Menschen sind, früher schon grausam gegen die Tiere waren. So ergötzte sich der Kaiser Nero oft damit, arme Tiere zu erwürgen: - das war seine Freude und Erholung. Der Wüterich Domitianus brachte Stunden zu mit dem Fangen und Martern von Fliegen. Mit einem goldenen Spießchen heftete er sie fest und tötete sie mit auserlesenen Qualen. Im Kommentar zum *Brief des hl. Paulus* an die Römer (Kap.8, 19) schreibt derselbe Exeget die Worte: 'Denn das Harren des Geschöpfes ist ein Harren auf die Offenbarung der Kinder Gottes'. Hier ist die Kreatur im eigentlichen Sinne gemeint, weil im Vers 28 die Kreatur den Menschen und Söhnen Gottes entgegengesetzt ist. So erklären diese Stelle ebenfalls der hl. Johannes Chrysostomus, Theodoret, Ambrosius, Hilarius usw."

(i) AUFKLÄRUNG UND PIETISMUS: Mit der beginnenden Aufklärung erwacht neues Interesse an der Natur und der Stellung des Menschen in der Schöpfung. Das Descartes'sche System beherrschte trotz seiner Gegner noch immer das Denken der Zeit, hat aber dann doch mehr und mehr Widerspruch erfahren.

Gleichzeitig wird es immer schwieriger, die Theologie von den anderen Disziplinen einigermaßen klar abzugrenzen. D. und R. Narr (1967) haben unter dem Titel "Menschenfreund und Tierfreund im 18. Jahrhundert" wichtiges und zum Teil kaum bekanntes Material zusammengetragen.

Vorkämpfer in diesem Widerspruch waren Hermann Samuel Reimarus (1694-1768) und Georg Friedrich Meier (1718-1777). Meier empfindet das mechanistische Prinzip nach Narr (S.294) "nicht zuvörderst als eine unrichtige Aussage über das Tier, vielmehr ist es ihm ein Affront gegen seine Weltanschauung, es ist eine Gotteslästerung." So wendet er sich in seinem 1749 in Halle erschienenen "Versuch eines neuen Lehrgebäudes von den Seelen der Thiere" auch gleich der für ihn zentralen Streitfrage zu, wobei er die Vielfalt und Entwicklungsfähigkeit der Tierseele (59) in oft überschwenglicher Weise preist. Für ihn ist die Natur ein vollkommenes Werk ihres Schöpfers, selbst der Tod, der den Seelen eine Höherentwicklung eröffnet, gewinnt dadurch seinen versöhnenden Sinn; in § 69 heißt es: "Nimmt man also an, daß die Seelen der Thiere durch den Tod an Verstand und Vernunft zunehmen: so wird ihnen alles das Übel, so sie bey ihrem Tode ausstehen, reichlich ersetzt. Gott ist ein gütiger Vater aller seiner Geschöpfe ... Gewinnen sie durch den Tod so viel: so ist das der Güte und allgemeinen Liebe Gottes so gemäß, daß durch diese eintzige Betrachtung meine Meinung annehmungswürdig ist." Das Problem des unschuldigen Leidens der Tiere wird dem Autor auf diese Weise gelöst, die Einheit der Schöpfung so wiederhergestellt, daß er in § 70 sagen kann: "Ich erblicke in dem verächtlichsten Wurme einen zukünftigen Verehrer Gottes."

Reimarus greift Descartes unmittelbar an (Zitat nach Narr -S.294-): "Cartesius geriet auf den Einfall, man könne alle Handlungen der Thiere aus dem bloßen Mechanismo erklären, ohne daß man ihnen eine Seele, Leben, Empfindung oder Vorstellung zueignen dürfte ... Je widersinniger diese Hypothese war, desto mehr gefiel sie anfangs denen, welche ihren Witz dabey sehen lassen konnten. Aber seit sie diesen blendenden Schimmer verloren hat, so dient sie bloß zum Beweise, daß große Geister, welche lauter neue Welten im Kopfe haben, nicht allemal Columbi sind." In zwei Werken "Die vornehmsten Wahrheiten der natürlichen Religion" (1754) und "Allgemeine Betrachtungen über die Triebe der Tiere" (1760) errichtet er das Gebäude einer vollkommenen Schöpfung. Sein wichtigster und bleibender Beitrag betrifft nach Narr (S.296) die Erkenntnis, daß "die Reaktionen der Tiere nicht einfach festgelegt sind, sondern daß innerhalb eines begrenzten Rahmens viele Handlungsmöglichkeiten gegeben sind ..."

Hamann, Schleiermacher und Herder führen diese Denkrichtung weiter. So sammelt sich das Material für eine Schöpfungsethik an, aber es fehlt der ordnende Geist, der diese Materialfülle systematisch verarbeitet; auch Friedrich von Ammon (1838) ist dies nicht gelungen. Seine Abhandlung über die "Moralische Stellung des Menschen gegen die Thiere" ist sehr kurz (6 Seiten) und dem 3. Bande seiner Sittenlehre als Anhang beigefügt.

In der Zeit des frühen 19. Jahrhunderts wird die Fülle der Schöpfung auch von der pietistischen Frömmigkeit entdeckt. Hauptvertreter sind Christian Adam Dann und Johann Michael Sailer. Exemplarischer Ausdruck dieser Richtung ist z.B. das Biberacher Gesangbuch von 1802. Es bringt in der Abteilung "Pflichtgemäßes Betragen gegen die Tiere, Pflanzen und Bäume" insgesamt vier Lieder. Hier ein Auszug:

> "Die Thiere, deren Herr du bist,
> (erwäg es Mensch, erwäg es Christ!)
> sind auch des Ganzen Glieder:
> Der Schöpfung Bürgerrecht verlieh
> Gott ihnen auch; o blick auf sie
> nicht mit Verachtung nieder!
>
> Sie, Wunder auch von Gottes Hand,
> durch ihren Bau dir nah verwandt,
> durch eingepflanzte Triebe:
> verraten oft des Denkens Spur,
> sind treue Kinder der Natur,
> genießen ihre Liebe...
>
> Du kannst, was deine Hand gemacht,
> was dein Verstand hervorgebracht,
> wenn dirs gefällt, zernichten.
> Das Thier ist ein Geschöpf von Gott;
> giebst du muthwillig ihm den Tod,
> wird dich sein Schöpfer richten."

Auf diesem Hintergrund ist denn auch Blumhardts Predigt über Römer 8,18 ff. (zitiert nach Tanner, 1950, S.69 f.) zu sehen: "Und soweit etwas lebendiges in der Schöpfung ist ... das seufzt, das ängstet sich, das schreit gleichsam aus den Tiefen der Erde wie aus den Höhen der Himmel, es schreit

wie ein Klageton: 'Herr, du Schöpfer aller Dinge, wann, wann kommt die
Zeit, daß wir aus diesem Dienst, aus diesem harten Dienst der Vergänglichkeit, der Verwesung herauskommen, daß wir uns in Himmel und Erde wirklich
freuen können deiner Herrlichkeit?' ... manchmal schlug es an mein Herz,
wenn der Sonnenbrand so viel töten wollte, und ich musste es mir recht
deutlich sagen: Auch das, und wenn alles klagt und sich ängstet, auch die
Blättlein verdorren, auch die Gräslein auf den Wiesen absterben, es ist
auch mit unserm Leiden zusammengehörig, und dieses Leiden alles muss der
Ausgangspunkt werden zu einem Vorwärts, der Herrlichkeit Gottes entgegen.
Ueberwunden soll etwas werden, und überwunden soll es werden in der Schöpfung, und überwunden auch in uns. Es haben schon viele Leute mich gefragt,
was denn sei mit dem schrecklichen Leiden, das durch die Schöpfung geht:
'Kann denn das ein barmherziger Gott geschaffen haben?' schreien unvernünftige, törichte Menschen. Der tiefe, tiefe Plan Gottes, der heilig wie
ein Weg durch die Jahrhunderte und Jahrtausende hindurch geht, der ist uns
ja im Einzelnen in seinen Erscheinungen nicht verständlich, aber es geht
ja vorwärts! Es geht vorwärts, es ist das Gesetz der Entwicklung auf Hoffnung, - auf Hoffnung ist unterworfen die Schöpfung der Eitelkeit."

2. Die Theologie der Gegenwart

(a) DIE WENDE DURCH SCHWEITZER, BARTH UND HEIM: Noch in der Zeit dieser
anthropozentrischen Verhärtung fällt dann Albert Schweitzers "Ethik der
Ehrfurcht vor dem Leben", das berühmt gewordene 21. Kapitel des 1923 erschienenen 2. Bandes seiner Kulturphilosophie (Bd. 1: Verfall und Wieder-
aufbau der Kultur, Bd. 2: Kultur und Ethik). Ausgangspunkt seiner Ethik
ist der Satz (1974, Bd.2, S.377): "Ich bin Leben, das leben will, inmitten von Leben, das leben will." An diesen Satz knüpft er folgende Überlegung: "Wie in meinem Willen zum Leben Sehnsucht ist nach dem Weiterle-
ben und nach der geheimnisvollen Gehobenheit des Willens zum Leben, die
man Lust nennt, und Angst vor der Vernichtung und der geheimnisvollen Beeinträchtigung des Willens zum Leben, die man Schmerz nennt: also auch in
dem Willen zum Leben um mich herum, ob er sich mir gegenüber äußern kann
oder ob er stumm bleibt.

Ethik besteht also darin, daß ich die Nötigung erlebe, allem Willen zum Leben die gleiche Ehrfurcht vor dem Leben entgegenzubringen wie dem eigenen. Damit ist das denknotwendige Grundprinzip des Sittlichen gegeben. Gut ist, Leben erhalten und Leben fördern; böse ist, Leben vernichten und Leben hemmen.

Tatsächlich läßt sich alles, was in der gewöhnlichen ethischen Bewertung des Verhaltens der Menschen zueinander als gut gilt, zurückführen auf materielle und geistige Erhaltung oder Förderung von Menschenleben und auf das Bestreben, es auf seinen höchsten Wert zu bringen. Umgekehrt ist alles, was in dem Verhalten der Menschen zueinander als böse gilt, seinem letzten Wesen nach materielles oder geistiges Vernichten oder Hemmen von Menschenleben und Versäumnis in dem Bestreben, es auf seinen höchsten Wert zu bringen. Weit auseinanderliegende, untereinander scheinbar gar nicht zusammenhängende Einzelbestimmungen von Gut und Böse fügen sich wie zusammengehörige Stücke ineinander, sobald sie in dieser allgemeinsten Bestimmung von Gut und Böse erfaßt und vertieft werden.

Das denknotwendige Grundprinzip des Sittlichen bedeutet aber nicht nur Ordnung und Vertiefung der geltenden Anschauungen von Gut und Böse, sondern auch ihrer Erweiterung. Wahrhaft ethisch ist der Mensch nur, wenn er der Nötigung gehorcht, allem Leben, dem er beistehen kann, zu helfen, und sich scheut, irgend etwas Lebendigem Schaden zu tun. Er fragt nicht, inwiefern dieses oder jenes Leben als wertvoll Anteilnahme verdient, und auch nicht, ob und inwieweit es noch empfindungsfähig ist. Das Leben als solches ist ihm heilig. Er reißt kein Blatt vom Baume ab, bricht keine Blume und hat acht, daß er kein Insekt zertritt. Wenn er im Sommer nachts bei der Lampe arbeitet, hält er lieber das Fenster geschlossen und atmet dumpfe Luft, als daß er Insekt um Insekt mit versengten Flügeln auf seinen Tisch fallen sieht.

Geht er nach dem Regen auf der Straße und erblickt den Regenwurm, der sich darauf verirrt hat, so bedenkt er, daß er in der Sonne vertrocknen muß, wenn er nicht rechtzeitig auf Erde kommt, in der er sich verkriechen kann, und befördert ihn von dem todbringenden Steinigen hinunter ins Gras. Kommt er an einem Insekt vorbei, das in einen Tümpel gefallen ist, so nimmt er sich die Zeit, ihm ein Blatt oder einen Halm zur Rettung hinzuhalten.

Er fürchtet sich nicht, als sentimental belächelt zu werden. Es ist das Schicksal jeder Wahrheit, vor ihrer Anerkennung ein Gegenstand des Lächelns zu sein. Einst galt es als eine Torheit, anzunehmen, daß die farbigen Menschen wahrhaft Menschen seien und menschlich behandelt werden müßten. Die Torheit ist zur Wahrheit geworden. Heute gilt es als übertrieben, die stete Rücksichtnahme auf alles Lebendige bis zu seinen niedersten Erscheinungen herab als Forderung einer vernunftgemäßen Ethik auszugeben. Es kommt aber die Zeit, wo man staunen wird, daß die Menschheit so lange brauchte, um gedankenlose Schädigung von Leben als mit Ethik unvereinbar einzusehen... Auf weite Strecken hin ist das innerliche Freiwerden von der Welt, das Sich-Selber-Treu-Sein, das Anderssein als die Welt, ja selbst die Hingebung an anderes Leben nur eine Sache der diesem Verhalten gewidmeten Aufmerksamkeit."

Schweitzer hat sein Werk nicht abgeschlossen; dennoch stellt es, wenn man es aus Aufsätzen und Predigten ergänzt, eine in sich abgeschlossene, wenn auch nicht voll ausdifferenzierte Konzeption dar, wobei diese Offenheit durchaus auch ein Vorteil sein kann. Neuenschwander (1974, S.324) hat dies deutlich gemacht und gezeigt, was Schweitzers Ethik leisten will: "Die Ehrfurcht vor dem Leben stellt die philosophische Übersetzung des neutestamentlichen Gebotes dar: 'Du sollst Gott lieben von ganzem Herzen, von ganzer Seele, von ganzem Gemüte und aus allen deinen Kräften und deinen Nächsten wie dich selbst.' Mit dem Einbezug der gesamten Kreatur vollzieht aber die Ehrfurcht vor dem Leben noch eine Erweiterung dieses Gebotes."

Je umfassender und radikaler ein Gebot formuliert ist, desto schwieriger ist es zu befolgen. Darum verlangt Schweitzer die Solidarität mit dem anderen Leben, wohl wissend, daß sie in dem unausweichlichen Konflikt nicht durchgehalten werden kann; denn die Ehrfurcht vor dem Leben vollzieht sich "... vor dem Leben innerhalb der Bedingungen unserer Realität, nämlich der Selbstentzweiung des Willens zum Leben, wobei ein Leben auf Kosten des anderen lebt. Sie ist nur partiell realisierbar. Und damit ergeben sich die konkreten Zusammenstöße mit der gegebenen Wirklichkeit" (Neuenschwander 1974, S.328).

Schweitzer läßt den Menschen in diesem Konflikt aber nicht ganz ohne Hilfe, sondern er nennt selbst einige Beispiele solcher Konflikte und deutet mögliche Richtlinien an (vgl. Neuenschwander 1974, S.328 ff.), deren wir uns zur Entscheidung im Einzelfall bedienen können; die Verantwortung für die dann getroffene Entscheidung bleibt jedoch beim einzelnen in jedem einzelnen Fall. Schweitzer kann und will uns keinen Weg zeigen, der es uns erlauben würde, diesen ständigen und in vielfältigen Formen auftretenden Konflikt mit ruhigem Gewissen zu bestehen. Im Gegenteil: wer bisher glaubte, guten Gewissens gehandelt zu haben, weiß nun, daß es eine Täuschung war (60).

Schweitzers ethische Anstrengung ist nur von ganz wenigen positiv aufgenommen worden, so - trotz aller Bedenken im Prinzipiellen - von Barth (61). Erst als die Theologie beginnt, die mit und seit Darwin erzielten Fortschritte der naturwissenschaftlichen Erkenntnis zu integrieren, kann die so lange unterbrochene Entwicklung weitergeführt werden, und es scheint, als ob der Durchbruch zur Ethik der Mitgeschöpflichkeit nun gelingen könnte. Eingeleitet wird dieser Durchbruch durch Karl Barths gewaltige "Lehre von der Schöpfung", in der die Einheit der Kreatur theologisch begründet und das Tier als Mitglied des Bundes zwischen Gott und seiner Schöpfung anerkannt wird.

Heim (1951, S.265 f.) schreibt: "Entweder die Welt besteht, wie Leibniz sagt, aus lauter einsamen 'Monaden ohne Fenster', die einander ewig fremd gegenüberstehen. Jede Monade geht ihren einsamen Weg, den außer ihr niemand kennt, zu Ende, um zuletzt in ewige Nacht zu versinken. Oder aber es gibt einen Allgegenwärtigen, von dem wir nicht nur sagen können: Vor ihm ist das Innere keines Menschen verborgen, sondern von dem das Bibelwort gilt: 'Vor ihm ist keine Kreatur unsichtbar, alles ist bloß und entdeckt vor seinen Augen.' Wenn das wahr ist und wir diese Wahrheit in unser Bewußtsein aufnehmen, dann werden wir zu dem Weltgefühl und Naturgefühl geführt, das die Menschen gehabt haben, die in der Bibel zu uns reden. Sie waren überzeugt, daß die ganze Schöpfungswelt, nicht nur die Menschheit, auch die Tier- und Pflanzenwelt, ja auch die anorganische Welt ein unmittelbares Verhältnis zu Gott hat. Zunächst die Tierwelt. Gott ist es, 'der dem Vieh sein Futter gibt, den jungen Raben, die ihn anrufen' (Ps. 147,9).

Von allen Tieren wird gesagt: 'Es wartet alles auf dich, daß du ihnen Speise gebest zu seiner Zeit' (Ps. 104,27). Aber nicht nur die Tiere, auch die Pflanzen nehmen teil an der jubelnden Anbetung Gottes: 'Alle Bäume des Feldes werden in die Hände klatschen' (Jes. 55,12). 'Alsdann werden jubeln alle Bäume des Waldes vor Jehova, denn er kommt, denn er kommt, die Erde zu richten' (Ps. 96,12; 1.Chron. 16,33). Aber nicht nur Tiere und Pflanzen stehen in Anbetung vor Gott. Auch die anorganische Welt wird mit hineingenommen in die jubelnde Gottesgemeinde, wenn Gott erscheint und sie offenbart. 'Es freue sich der Himmel und die Erde frohlocke; es brause das Meer, und was es füllt, es jauchze das Gefilde und alles, was darauf ist' (Ps. 96,11 f.). 'Die Ströme sollen in die Hände klatschen, die Berge insgesamt jubeln vor Jahve, denn er kommt, die Erde zu richten' (Ps. 98,8). 'Preist Jahve, alle seine Werke, an allen Orten seiner Herrschaft' (Ps.103,22). Das sind nicht bloß bildliche Ausdrücke und dichterische Wendungen. Denn im Neuen Testament wird noch deutlicher als im Alten die ganze Kreatur mit dem Menschen zu einer Lebenseinheit und Schicksalsgemeinschaft zusammengeschlossen. Die ganze Kreatur sehnt sich mit uns nach der Befreiung aus der Vergänglichkeit, der sie 'wider ihren Willen' unterworfen ist, und wartet auf die 'Enthüllung der Kinder Gottes', durch die 'auch sie selber, die Kreatur, befreit werden wird aus der Knechtschaft der Vergänglichkeit zur Freiheit der Herrlichkeit der Kinder Gottes. Denn wir wissen, daß die ganze Kreatur mit uns seufzt und mit uns in Geburtswehen liegt bis zu diesem Augenblick' (Röm. 8,19 ff.)."

(b) ANZEICHEN DER AKTUALITÄT: Das wachsende Interesse an der theologischen Besinnung über das Verhältnis des Menschen zur übrigen Schöpfung kommt in verschiedener Weise zum Ausdruck; so insbesondere durch eine zunehmende Beachtung dieser Thematik bei den Veranstaltungen kirchlicher Akademien, wie z.B.: 1952 in Tutzing (Das Tier), 1954 in Hohenheim (Die Stellung des Tiers in Schöpfungsordnung und Weltbild), 1955 in Hofgeismar (Mensch und Kreatur), 1956 in Arnsberg (Der Christ und das Tier), 1959 in Herrenalb (Der Mensch als Herr der Kreatur), 1961 in Dresden (Christ und Kreatur, Tagung der Inneren Mission), 1963 in Tutzing (Die unbeweinte Kreatur), 1971 nochmals in Hofgeismar (Mensch und Tier) und 1973 wieder in Herrenalb (Ehrfurcht vor dem Leben heute). Inwieweit die Ethik der Mensch-Tier-Beziehung auch ein Predigtthema geworden ist, kann man kaum feststellen; in der Tierschutzliteratur sind aber immerhin vier Predigten publiziert worden: Leicher (1960), Ljunberg (1961), Wagner (1962) und Groß (1974). Ferner wären zu erwähnen: eine Eingabe des 2. Vatikanischen Konzils und ein Memorandum an die Weltkirchenkonferenz in Uppsala (62) sowie ein öffentlicher Appell von Carl Amery (1974) an Papst Paul VI., anläßlich des Heiligen Jahres die Versöhnung unter den Menschen doch auch in dem Zusammenhang einer Versöhnung des Menschen mit der Erde zu sehen: "Geschichtlich bedeutet dies: Übernahme brüderlicher Verantwortung auch für die nichtmenschliche Schöpfung und damit Abbau eines Herrschaftsverhältnisses, das aus allen Mitkreaturen und allen Kräften der Erde und des Himmels Sklaven, Beutefutter und Werkzeug gemacht hat, ohne die so entstehende Zerstörung zu berücksichtigen." Einige kirchliche Äußerungen aus der ersten Hälfte unseres Jahrhunderts hat Hume (1957, S.57 ff.) zusammengetragen.

Gleichzeitig ist das Interesse an der belebten Natur durch den Fortschritt der Wissenschaft wesentlich intensiviert worden, und zwar sowohl durch die aufsehenerregenden Ergebnisse der Verhaltensforschung als auch durch die weite Verbreitung, die einzelne Autoren oder Themenbereiche gefunden haben. Der letzte entscheidende Anstoß ergab sich dann aus der begründeten Sorge um die Zukunft der Biosphäre überhaupt. Dabei ist deutlich zu unterscheiden zwischen dem vordergründigen Umweltschutz, der ausschließlich um des Menschen und seines maximalen Wohlbefindens willen gefordert wird, und einem Schutz der Biosphäre, der von der Verantwortung des Menschen für die Schöpfung ausgeht.

Auch Portmann (1971) hat sich mehrfach mit dieser Frage auseinandergesetzt. Er fordert, daß die Wissenschaft nach ihrem zweihundertjährigen Befreiungskampf nun aus eigener Verantwortung zu einer neuen moralischen Einheit des Handelns gelangen müsse, in der auch das Existenzrecht des nichtmenschlichen Lebens gesichert werde. Er appelliert an die Ehrfurcht vor der Natur und verlangt - sofern eine Katastrophe vermieden werden soll - die Erziehung für ein neues Verständnis der Natur und einen rechtlichen Schutz der Natur um ihrer selbst willen.

(c) DIE NEUERE LITERATUR ZUR SCHÖPFUNGSETHIK: Beim Blick auf die theologische Literatur seit 1950 fällt zunächst auf, wie wenig zum Fragenkomplex Mensch und Schöpfung überhaupt publiziert wird, wobei das wenige verständlicherweise meist auf das Mensch-Tier-Verhältnis beschränkt ist; es fällt aber auch auf, daß sich die kirchliche Hierarchie zusammen mit der Universitätstheologie (mit wenigen Ausnahmen) außerordentlich zurückhält. Es ist daher verständlich, daß dieses Schweigen schließlich zum Gegenstand kritischer Fragen oder gar des Vorwurfes wird, so bei Tanner (1950, S.7), Hume (1957, S.1), Huber (1959), Bernhart (1961, S.11 f.), Blanke (1961), Bornkamm (1962), Baden (1963), Skriver (1967) und Liedke (1972). Hier ein Zitat von Baden (1963, S.128): "Das christliche Denken war stets versucht, den Menschen aus der Natur, aus dem Kosmos auszuklammern und ihn allein zu betrachten; dieses Denken isoliert den Menschen, da er Sprache, Geist, Bewußtsein besitzt, inmitten der übrigen Kreatur. Wie ein Turm ragte der Mensch über die Schöpfung empor, weil er von Gott, wie die Genesis berichtet, nach seinem Bilde geschaffen war. Es gab kein Geschöpf, das sich solcher Gott-Nähe rühmen und mit dem Menschen an diesem Punkt in Widerstreit treten konnte ... Aber die Tatsache, daß Gott den Menschen nach seinem Bilde schuf, ihn als sein vornehmstes Geschöpf auf Erden inthronisierte, ihm die Erde untertan zu machen auftrug, diese Tatsache darf nicht dazu führen, den Menschen in seiner angeborenen Selbstüberschätzung zu stärken, ja dieser Selbstüberschätzung eine geradezu religiöse Weihe zu verleihen ... Der Mensch allein weiß sich im Mittelpunkt des göttlichen Interesses, der ewigen Liebe; auf ihn zielt die Erlösung, und um seinetwillen vollzieht sich die Heilsgeschichte. Die gesamte restliche Schöpfung jedoch versinkt in den Nebeln der Gleichgültigkeit und des göttlichen Desinteresses. Damit wird die Schöpfung endgültig abgewertet.

In einem solchen christlichen Weltbild, das sich ausschließlich auf den Menschen, auf sein Heil und seine Erlösung konzentriert, spielt das Tier keine Rolle. Die Tiere sind nur Statisten der Schöpfung; sie nähren sich kärglich von den Brosamen des Mitleids und der Sentimentalität, die von des Menschen Tische fallen. Der Mensch ist ausschließlich mit sich selbst, mit seiner Schuld, seiner Verlorenheit, seinem Heil beschäftigt, da er der Tiere nur noch als flüchtiger Schatten gewahr wird. Das Tier vegetiert unter Ausschluß der Öffentlichkeit; unter solchen Umständen nimmt es nicht wunder, daß das Tier in den Dogmatiken beider Konfessionen praktisch kaum vorkommt. Es gibt nur *ein* Thema: den Menschen, seinen Fall und seine Erlösung; aber die Monomanie, mit der man dieses Thema variiert, indem man den theologischen Scheinwerfer lediglich auf den Menschen richtet und die gesamte sonstige Schöpfung in Nacht versinken läßt - diese Monomanie ist verdächtig; sie bezeugt, daß der Mensch den eigenen Zirkel noch nicht gesprengt hat, sondern sich in einer hemmungslosen Weise an sein eigenes Wohl und Wehe (in diesem Falle: sein religiöses Wohl und Wehe) fixiert zeigt."

In ähnlicher Weise äußert sich auch Blanke (1961, S.42 f.): "... Christliche Ethik, so lautet eine moderne Formulierung, bewegt sich in zwei Bezirken: im Bereich der Ich-Du-Beziehung und im Bereich der Ich-Welt-Beziehung. Die Ich-Welt-Beziehung steht unter dem Zeichen des Bibelwortes: Machet euch die Erde untertan! Der Mensch ist also zum Herrn der Natur berufen; er darf sich ihrer bedienen und sie zu seinem Vorteil anwenden. Das ist an sich richtig, und es liegt hier tatsächlich eine Form ethischen Verhaltens vor. Aber es läßt sich doch nicht übersehen, wie sehr diese von der Kirche gestützte Haltung - der Mensch Gebieter und Benützer der Naturdinge - ausgeartet ist. Dieser christliche Gedanke ist profanisiert worden, und es hat sich daraus eine eigentliche Herrenmoral ergeben. Der Mensch entwickelte sich im Weltall zum reinen Nutznießer. Die Fragestellung hieß nur noch: Wie kann ich die Natur für mich brauchen und zu meinen Gunsten ausbeuten? Nicht stellte man sich die Frage: Was bin ich der Natur schuldig?, sondern: Was ist sie mir schuldig? Und das Ergebnis? Die Schöpfung, in die Hand des Menschen gegeben, hat schweren Schaden gelitten. Der Mensch hat ganze Pflanzen- und Tierarten ausgerottet, er hat die menschliche Gesundheit bedrohende und vielleicht nicht mehr gutzumachende Eingriffe in den Haushalt der Luft, des Bodens, des Wassers vorgenommen.

Die Idee der Herrschaft des Menschen über die Erde muß ergänzt werden, nämlich durch den Gedanken, daß der Mensch zum Verwalter, Helfer, Fürsorger der Natur berufen sei. Hier ist eine Umerziehung notwendig, an der sich die christliche Gemeinde kräftig beteiligen sollte. Von früh an muß schon den jungen Menschen die Forderung eingesenkt werden: Wir müssen auch der Natur mit Humanität begegnen, wir sind nicht bloß unseren Mitmenschen, sondern auch dem Naturleben Dank, Rücksicht, Liebe schuldig."

Versucht man, die Summe der neueren Literatur zu ziehen, so verzeichnen wir gegenüber früher folgende Gewinne: im Rückblick auf die frühere Entwicklung ergibt sich, daß wir den Zusammenhang und also auch die Solidarität mit der Schöpfung verloren haben. Wir haben eine Despotie errichtet, wo uns ein Patronat geboten war. Wir erkennen diese Entwicklung aber als Irrweg, gleichgültig, ob wir ihn aus Überheblichkeit oder aus einem nur um unsere eigene Heilsbedürftigkeit kreisenden Anthropozentrismus gegangen sind. Aus der in die Theologie integrierten Forschung haben wir gelernt, unser Menschenbild auf einem stammesgeschichtlichen Hintergrund zu sehen, dessen wir uns keineswegs zu schämen brauchen, weil es der evolutionären Methode des Schöpfers entspricht. Es war Gottes Absicht, uns so zwischen Tier und Geistwesen (Ps. 8) zu erschaffen; diese Position und damit auch die Nähe zur außermenschlichen Schöpfung anzunehmen, ist uns geboten. Haben wir diesen Platz akzeptiert, so haben wir uns die Frage nach den ethischen Folgerungen neu zu stellen.

Auch hierzu enthält die neuere Literatur zunächst keine grundsätzlich neuen Gedanken, aber die Notwendigkeit, die außermenschliche Schöpfung in unsere ethische Verantwortung einzubeziehen, ist deutlicher ausgesprochen worden, so von Pfliegler (1961, S.120), wenn er sagt: "Kein Mensch kann das Mitleid oder die Barmherzigkeit auf das eigene Geschlecht beschränken, ohne sie damit nicht zu verlieren." Oder mit den Worten Reinhold Schneiders (1953, S.13) gesagt: "Die Liebe hat nur einen Weg ... Es ist die Bruderschaft mit allem Geschaffenen ... und wie Kain nach Abel gefragt wurde, so werden wir nach allen unseren Brüdern gefragt werden." Ähnlich auch Hume (1957, S.73): "We have seen that a Christian's duty to his neighbours cannot logically be restricted to neighbours belonging to the same species as himself. Charity is indivisible. Any ground which oblies us to be considerate to human beings oblies also, *mutatis mutandis*, to be considerate to all other sentient creatures. No distinction in principle between the two obligations will bear critical analysis, and the duty of kindness is independent of the social status of its object." Noch präziser drückt sich Wolf am Ende seiner Untersuchung über "Das Recht des Nächsten" aus (1958, S.16): "Aber die Erfahrung des Glaubens macht, daß Liebe ... als Grund

einer Daseins-Neuordnung sichtbar wird, in der Gott Jedem das Seine zuspricht: Er bringt uns zu Mitmenschen (und Mitgeschöpfen) 'in Ordnung'."
Hieraus folgt (ebd. S.46), daß "Tiere und Pflanzen von der Ordnung des Nächstenrechts - analog, aber nicht homolog! - mitumgriffen" sind. Auch Cobb (1972, S.73) tritt für eine solche Ausweitung der Nächstenliebe ein, wenn er die neuzeitliche Entwicklung so kritisiert: "Diese Ausweitung des Begriffs der Nächstenliebe auf die subhumane Welt hat in der Neuzeit bislang nur eine untergeordnete Rolle gespielt."

(d) DER UMWELTETHISCHE ANSATZ: Haben die allgemeinen theologischen Darlegungen das in der Tradition Vorhandene verdeutlicht und in seiner Dringlichkeit unterstrichen, so ist im Bereich der speziellen Thematik auf Weiterentwicklungen und neue Ansätze hinzuweisen, so in der exegetischen Literatur und der Auseinandersetzung zwischen Theologie und Biologie.

Eine ganz neue Denkanstrengung hat die immer bedrohlicher und konkreter werdende Gefährdung der Biosphäre unserer Erde ausgelöst: Nach der Biologie fühlt sich nun endlich auch die Theologie aufgefordert, ihren Beitrag zu leisten. Als einer der ersten Theologen hat sich Blanke (1961) mit seinem Aufsatz "Unsere Verantwortlichkeit gegenüber der Schöpfung" der Herausforderung unserer Zeit gestellt. Er hat den aus umfassender Menschlichkeit anthropozentrisch verengten Mitmenschlichkeitsbegriff durch den über die eigene Wehleidigkeit (63) hinausgreifenden Begriff der Mitgeschöpflichkeit ersetzt und in die theologische Diskussion eingeführt. Dieser Begriff könnte es uns erleichtern, die Bedeutungsgehalte der biblischen Termini "Nächstenliebe" und "Barmherzigkeit" unter dem spezifischen Aspekt unserer Fragestellung auszudrücken, eine Ethik der Mitgeschöpflichkeit zu entwickeln.

In diesem Zusammenhang ist auch eine Studie des "Institute for Theological Encounter with Science and Technology" (Saint Louis, Missouri 1970) zu erwähnen, die unter dem Titel "Towards a Theology of Environment" den gleichen Themenkreis behandelt. Hier ist aber auch nochmals auf Liedke (1972) zu verweisen, der die Verantwortung des Menschen für das ihm übertragene dominium terrae theologisch klärt. Eine seiner wichtigsten Thesen (S.61) lautet: "Theologie kann durch den Hinweis auf die eschatologische Realität der Versöhnung des Menschen mit der Natur und die damit gegebene innerweltliche, wenn auch nicht allein menschliche Möglichkeit der Kooperation zwischen Mensch und Umwelt diejenigen ermutigen, die angesichts der Größe der zu leistenden Aufgabe und den zu erwartenden Widerständen resignierend aufgeben wollen. Aktionen der Kirchen haben hier einen ihrer Ansatzpunkte." Auch Cobb (1972) fühlt sich herausgefordert, als Theologe Stellung zu nehmen. Er knüpft dabei an Schweitzers Ethik der Ehrfurcht vor dem Leben an, die er alttestamentlich begründet und als "Ausweitung des Begriffs der Nächstenliebe auf die subhumane Welt" (1972, S.73). versteht.

Inzwischen hat diese moderne Schöpfungsethik insofern eine Zuspitzung erfahren, als die drohende Umweltkatastrophe von verschiedenen Autoren als Folge der durch Gen. 1,26 ff. begründeten ausbeuterischen Herrschaft des Menschen dargestellt wird. Altner (1974) hat diese Vorwürfe gesammelt und im 5. Kapitel seines Buches unter dem Titel "Ausbeutung und Christentum: Die gnadenlosen Folgen des Christentums" zusammengetragen. Altner überprüft diese Vorwürfe. Für ihn ist aber nicht der biblische Herrschaftsauftrag, sondern die anthropozentrische und lieblose Ausübung dieses Auftrages entscheidend: Die Gefährdung der Biosphäre ist nicht Folge des Gehorsams, sondern des Ungehorsams. Für diesen Ungehorsam sind wir als Christen verantwortlich, wir haben "gewährte Mündigkeit mißbraucht" (S.79); und die theologische Ethik, die sich sonst um jedes Detail kümmert, hat beharrlich dazu geschwiegen. Diese Schuld muß in ihrem ganzen Umfang bloßgelegt werden, denn sie ist eine Kollektivschuld der Christenheit, gegen die sich im Verlaufe dieser Unheilsgeschichte nur eine Handvoll Außenseiter erfolglos aufgelehnt hat.

Gemessen an dieser Schuld, sind die von Altner ebenfalls zusammengetragenen "Ansätze für eine Bekehrung" (S.120 ff.) wirklich erst "Ansätze". Von entscheidender Wichtigkeit erscheint mir seine Forderung (S.131): "Die Handlungsanweisungen für eine Umweltethik werden die Maximen herkömmlicher Ethik von allen anthropozentrischen Verengungen frei machen und auf einen größeren Horizont hin ausweiten müssen." Erst unter diesem Aspekt wird dann deutlich (S.164): "Das Wohl des Menschen bemißt sich nicht nur daran, was er der Natur abfordern kann, sondern auch daran, was die Natur ihm abverlangt. Umweltschutz kann nie Menschenschutz allein sein. Eine Ethik der Mitkreatürlichkeit lebt wie eine Ethik der Mitmenschlichkeit aus der Erfahrung des Empfangens und Gebens und dokumentiert auch darin ihre Erwartung gegenüber der Unverfügbarkeit zukünftiger Geschichte."

Anmerkungen

1) Ergänzung: Gerade bei den Naturvölkern finden wir ein werthaft-affektives Verhältnis zur Tierwelt, durch das unmittelbar bestimmte Situationen definiert und entsprechende soziale Handlungen hervorgerufen werden. Die so gedeuteten sozialen Beziehungen zur Tierwelt haben bei den Primitiven magisch-mystischen Charakter und stehen zumeist im Bezug von Lohn oder fürchterlichen Schadenzaubers, werden also im Mythos nach dem Vergeltungsprinzip "erklärt" (vgl. E. Topitsch: Vom Ursprung und Ende der Metaphysik, Wien 1958).

   Als Belohnung oder als Strafe werden dabei häufig Gestalt, Farbe, Eigenart und Lebensweise von Tieren interpretiert. Und oft fürchtet der erfolgreiche Jäger animalistischer Kulturen die Rache seitens der Artgenossen oder der Totenseele des erlegten Wildes oder er glaubt, daß man ein Raubtier nur in Vergeltung für ein von ihm oder von seinen Verwandten begangenes "Unrecht" töten dürfe. In den meisten hiermit verbundenen rituellen Gewohnheiten spielt wohl die Vorstellung mit, daß in Tieren (und oft auch in Pflanzen) menschliche Totenseelen reinkarniert sind (vgl. H. Kelsen: Vergeltung und Kausalität, Den Haag 1946, S. 72 ff.).

   Den deutlichsten Ausdruck solcher, bei vielen Naturvölkern - insbesondere der Jägerkulturen - verbreiteter sozio-religiöser Vorstellungskomplexe finden wir im Totemismus. Die terminologische und ideologische Verbindung bestimmter Sippen mit bestimmten Tierarten hatte v. Strahlenberg schon in den zwanziger Jahren des 18. Jhdts. bei den Jakuten in Ostsibirien beobachtet: "Sonst hat und hält ein jedes Geschlecht eine absonderliche Creatur heilig, als Schwan, Gans, Raben etc. und dasjenige Thier, welches ein Geschlecht für heilig hält, wird von solchem nicht gegessen, die anderen aber mögen es essen" (zitiert nach W.E. Mühlmann: Geschichte der Anthropologie, 2. Aufl., Frankfurt/M. 1968, S. 105). Wie schon Durkheim am Beispiel des australischen Totemismus gezeigt hat, spiegelt sich die faktische soziale Struktur einer Gruppe oft in ihrem Weltbild (vgl. E. Durkheim: Les formes élémentaires de la vie religieuse, 2. Aufl., Paris 1925). Oder umgekehrt: In seinen Göttern spiegelt sich der Mensch.

   Der Totemismus postuliert also ein mystisch-verwandtschaftliches Verhältnis in der Regel zwischen Mensch und einem Tier, seltener zwischen Mensch und einer Pflanze, einem Gegenstand oder einer Naturerscheinung. Dieser geglaubte Deszendenzzusammenhang vornehmlich zwischen Mensch und einem Tier geht ein in die Mythen totemistischer Gruppen als tier-menschliche Zwiefältigkeit im Ursprung des Clans, der Sippe, der Familie.

2) Beleg: Noch 1840 setzte sich der Schweizer Peter Scheitlin in seiner "Thierseelenkunde" zur Wehr: "Großer Cartesius! Hierin warst du nicht groß, hierin kein Beobachter, obschon du sonst im Praktischen wie im Theoretischen ein Meister deines Jahrhunderts gewesen bist! Deine Ansicht aber griff nun einmal, leider! tief in die Psychologie deines Weltteils bis auf diesen Tag noch ein! Dir folgten einige Denker (keine Beobachter), du fülltest mit deinem Irrtum ganz Frankreich. Man las dich sogar in allen Nonnenklöstern. Zum Glück kann man Nonnen nicht unbarmherzig machen. Aber manche Tierquälerei mag von Cartesius Entschuldigung nehmen wollen, und Cartesianer unter Fuhrknechten, Bauern, Ärzten, Naturforschern, Schlächtern und Straßenjungen gibt´s, sei es unter verschiedenen Formen, immer noch gar zu viele" (Scheitlin 1840, Bd. 1, S. 180).

3) Beleg: "Eine Graugans, die keinen Partner besitzt, mit dem sie triumphschreien kann, steht und sitzt traurig und deprimiert herum. Wenn Yerkes von Schimpansen einmal so treffend gesagt hat, e i n Schimpanse sei überhaupt kein Schimpanse, so gilt Entsprechendes für eine Wildgans in noch viel höherem Maße und selbst dann, ja ganz besonders dann, wenn eine einzelne Gans sich in einer volkreichen Siedlung befindet, in der sie keinen Triumphgeschrei-Partner hat. Erzeugt man diese traurige Sachlage absichtlich im Versuch, indem man ein einzelnes Gänseküken als 'Kaspar Hauser' isoliert von Artgenossen großzieht, so beobachtet man an solchen Unglückswesen eine Reihe von kennzeichnenden Störungen des Verhaltens zur unbelebten und mehr noch zur belebten Umwelt, die höchst bedeutsam denjenigen ähneln, die René Spitz an hospitalisierten und eines ausreichenden sozialen Kontaktes beraubten Menschenkindern feststellte. Ein solches Wesen verliert nicht nur die

Fähigkeit, sich aktiv mit den Reiz-Situationen seiner Umwelt auseinanderzusetzen, sondern trachtet, sich allen Außenreizen nach Möglichkeit zu entziehen. Die Bauchlage mit dem Gesicht der Wand zugekehrt ist 'pathognomonisch' für solche Zustände, d.h. allein zu ihrer Diagnose hinreichend. Auch Gänse, die man in dieser Weise seelisch verkrüppeln läßt, setzen sich so, daß sie mit dem Schnabel in einen Winkel des Zimmers schauen, in zwei diagonal gegenüberliegende Winkel, wenn man zwei in denselben Raum setzt, wie wir es einmal taten. René Spitz, dem wir dieses Experiment demonstrierten, war geradezu erschüttert über die Analogien zwischen dem Verhalten unserer Versuchstiere und dem der von ihm untersuchten Waisenhauskinder. Im Gegensatz zu diesen ist aber eine so geschädigte Gans weitgehend heilbar, ob ganz, wissen wir noch nicht, da die Restitution offenbar Jahre in Anspruch nimmt" (Lorenz 1963, S. 313 f.).

4) Erläuterung des Unterschiedes zwischen Prägung und Angleichung: (a) Der Vorgang der Prägung wird von Lorenz (1964a, S. 85 f.) an der Geschichte des Grauganskükens Martina deutlich gemacht: "Den Kopf schief gestellt, sah mit mit großem dunklem Auge zu mir empor. Mit einem Auge, denn wie die meisten Vögel fixiert auch die Graugans, will sie etwas genau sehen, einäugig. Lange, sehr lange sah mich nun das Gänsekind an. Und als ich eine Bewegung machte und ein kurzes Wort sprach, löste sich mit einem Male die gespannte Aufmerksamkeit, und die winzige Gans grüßte: Mit weit vorgestrecktem Hals und durchgedrücktem Nacken sagte sie sehr schnell und vielsilbig den graugänsischen Stimmfühlungslaut, der beim kleinen Küken wie ein feines, eifriges Wispern klingt. " Damit war das Entscheidende geschehen: Für das Gänseküken wurde ein Mensch zur Mutter, und jede Trennung war für das Tier unentrinnbar mit der kreatürlichen Not der lebensbedrohenden Verlassenheit verbunden. Nach Lorenz (1965, S. 270) ist die Prägung ein einmaliger, irreversibler Vorgang, der an einige "scharfumgrenzte, oft nur wenige Stunden hindurch bestehende Entwicklungszustände des Individuums gebunden" ist. Für andere Forscher ist die Prägung eine Art Lernvorgang und als solcher nicht grundsätzlich anders zu erklären als der langsame Prozeß der Angleichung. Für Hediger (1965a, S. 95) hat die Prägung eine gewisse Ähnlichkeit mit einem traumatischen Vorgang: "Wie die Prägung, ist auch das Trauma ein quasi unauslöschliches Erlebnis, das eine Angelegenheit in der Größenordnung von wenigen Sekunden oder Minuten sein kann."

(b) Angleichung ist nach Hediger (1965a, S. 95) ein Prozeß, der in Gang kommt, wenn das Tier einen Menschen als Artgenossen ansieht, etwa wenn "junge Wildtiere, die in Gefangenschaft geraten, unter dem Einfluß guter, verständnisvoller Pflege verhältnismäßig rasch zahm werden, d.h. ihre Fluchttendenz, ihre Fluchtreaktion vor dem Menschen verlieren und in ihm schließlich nicht mehr den zu vermeidenden Feind (Feind-Bedeutung), sondern ein vertrautes Mitgeschöpf und endlich einen Artgenossen sehen..."

5) Erläuterung: Den Begriff "Katzsches Gesetz" hat Hediger (1967, S. 242) eingeführt: "Der schon zitierte ... schwedische Human- und Tierpsychologe David Katz (1937, S. 20) hat das im sogenannten Katzschen Gesetz folgendermaßen formuliert:"In affektiver Beziehung steht uns das Tier sehr viel näher als in intellektueller Beziehung." Die Stelle bei Katz hat folgenden Wortlaut: "It is a fact, which in my opinion has not yet been sufficiently recognized, that the animal stands, generally speaking, much nearer to us emotionally than intellectually. In this I fully agree with Bierens de Haan, who says: 'The affective life of the higher animals has so much in common with that of ourselves and the expressions of it are so much like our own that it is relatively easy to understand it, and certainly easier than to understand what the animal at a certain moment observes or remembers'" (J.A. Bierens de Haan: Animal Psychology for Biologists, London 1929, S. 55).

6) Erläuterung: (a) Der Begriff könnte von Vierkandt beeinflußt sein. Er ist für die interspezifische Soziologie deshalb so geeignet, weil er die Grundlage des sozialen Aktes umschreibt: im anderen ein Gegenüber, einen Partner zu erkennen und zu akzeptieren (vgl. Kapitel II, 9).

Vierkandt legt der Sozialbeziehung das Zusammenwirken von Initiative und Resonanz zugrunde (1928, S. 163): "Die eben erörterte Resonanz setzt einen G e g e n s p i e l e r voraus. Zum Wesen des Soziallebens gehört also die E x i s t e n z solcher Gegenspieler. Ein Sozialleben ist nur da möglich, wo dem Ich Partner entgegentreten, die mit der Fähigkeit zur inneren Verbundenheit ebenso ausgestattet sind wie das Ich selbst. Durch diese Fähigkeit zu Resonanz unterscheidet sich der Partner des Sozialverhältnisses von den resonanzlosen Objekten, die als S a c h e n aufgefaßt werden." Von Du-Evidenz spricht übrigens auch Lorenz (1966, S. 369 f.), der sich dabei auf Karl Bühler beruft.

(b) Du-Evidenz ist nicht ohne elementare Ich-Evidenz denkbar, d.h. ein Tier, das zur Du-Evidenz befähigt ist, verfügt auch über ein gewisses Ich-Bewußtsein. Mit Recht wird bei den Tieren aber kein dem erwachsenen Menschen vergleichbares Bewußtsein vermutet, und dementsprechend sind auch alle Äußerungen hierzu entweder ablehnend oder vorsichtig. Seiferle (1970) äußert sich so: "Natürlich ist das tierische Bewußtsein mit dem auf Überlegungen und Denkvorgängen beruhenden, ich-bezogenen und weltoffenen Bewußtsein des erwachsenen Menschen nicht gleichzusetzen. Aber es gibt auch beim Menschen verschiedene Bewußtseinsgrade, und niemand wird etwa das Bewußtsein des Kleinkindes dem des Erwachsenen gleichsetzen wollen. Wie sich das Bewußtsein beim Menschen also allmählich entwickelt, so sind wir im Hinblick auf die allgemein anerkannte Stammesgeschichte alles Lebendigen wohl auch berechtigt, eine von dumpfesten Anfängen ausgehende, mit der Entfaltung der tierischen Psyche etwa schritthaltende, stammesgeschichtliche Entwicklung des Bewußtseins anzunehmen."

(c) Die Frage, ob tierisches Bewußtsein erforschbar ist, hat Hediger bereits 1948 bearbeitet. Der experimentelle Nachweis, daß Schimpansen ein gewisses Selbstbewußtsein haben, ist aber erst G. Gallup jr. (1970) gelungen.

7) Ergänzung: In der Soziologie gibt es hierzu wenig Hinweise; vielleicht darf eine Stellungnahme aus dem philosophischen Bereich zitiert werden. Martin Buber interpretierend, hat sich G. Huber (1960, S. 14) wie folgt geäußert: "...die Ich-Du-Beziehung reicht über die Sphäre des Mitmenschlichen wesentlich hinaus. Sie hat eine Gestalt auch im Verhältnis des Menschen zur N a t u r : in den Wesen der Natur, in einem Stein, einer Pflanze, einem Tier, kann mir unmittelbar ein Du begegnen - nämlich dort, wo ich mit solchem Wesen nicht nur nach Nützlichkeitsgesichtspunkten, technisch-hantierend, umgehe, sondern mich dem Anspruch seiner Wirklichkeit in echter Zuwendung aussetze. Da kann es geschehen, daß mir das andere Wesen als Du begegnet: auf einmal in jener Unmittelbarkeit gegenwärtig wird, welche die echte Beziehung konstituiert."

8) Zitat aus Lorenz (1963, S. 342): "Wer da als Naturforscher um jeden Preis ´objektiv´ bleiben und sich dem Zwange des ´Nur´Subjektiven um jeden Preis entziehen will, der versuche einmal - natürlich nur im Experiment des Denkens und der Vorstellung - hintereinander eine Salatpflanze, eine Fliege, einen Frosch, ein Meerschweinchen, eine Katze, einen Hund und schließlich einen Schimpansen vom Leben zum Tode zu befördern. Er wird innewerden, wie unermeßlich schwer ihm diese nach verschiedenen Organisationshöhen abgestuften Morde fallen! Die Hemmungen, die sich jedem von ihnen entgegenstellen, sind ein gutes Maß für die recht verschiedenen Werte, als die wir diese verschieden hohen Lebensformen empfinden, ob wir wollen oder nicht."

9) Ergänzung: In diesem Sinne kann auch vorwissenschaftliche, biographische und nichtfachliche Literatur von Belang sein. Hierzu gehören die Erlebnisberichte guter Beobachter und mit einigen Einschränkungen auch die Tierdichtung, soweit sie nicht bloße Fabel ist. Tierpoesie ist gelegentlich gesammelt worden, so von Hofmiller (1927/28), Herrlinger (1930), Welk (1941), Mihaly (1961), Noetzel (1961), v. Heiseler (1963), Skriver (1967, S. 159 - 198), Brunner-Traut (1970), Perfahl (1970) und Schwab (1970). Welk verbindet seine Sammlung mit dem Versuch, das Mensch-Tier-Verhältnis mit vorwissenschaftlichen Mitteln zu erklären. Dabei gelangt er zu Ergebnissen unterschiedlicher Brauchbarkeit. Hier einige Zitate:

S. 35 ff.: "Die Liebe zu den Tieren ist eine jener starken Empfindungen, die, wie Patriotismus und Religiosität, den Menschen in seinem Tun anspornen und beseelen können, der Gemeinschaft zum Nutzen, ihn aber auch, dient die Empfindung nur der Befriedigung des eigenen Glückverlangens, zu gesteigerter Unduldsamkeit gegenüber anderen Menschen, ja zur Unleidlichkeit bringen können ...

Emile Zola, der große Romandichter und Tierfreund, sagt, daß die Liebe zum Tier die Menschen ebenso köstlich wie lächerlich machen, sie mit ebensoviel Zartheit wie Verrücktheit erfüllen könne. Er hat auch versucht, die Verschiedenartigkeit des menschlichen Verhaltens dem Tier gegenüber zu bezeichnen, ist aber über drei Klassen nicht hinausgekommen: er teilte die Menschen in Freunde der Tiere, in Feinde und in Gleichgültige. Und überließ es dann, wie er sagt, anderen, auseinanderzusetzen, warum man die Tiere liebt, warum man sie haßt, oder warum man sie vernachlässigt. Es überrascht ihn, daß die Menschen sich so wenig mit dieser Frage beschäftigt haben, die doch mit der Entwicklung der Humanität eng verknüpft zu sein scheine ...

Man kann die Tierfreunde, ohne zu gesuchten Konstruktionen greifen zu müssen, allein aus Erfahrung und den mit Liebe und Sorgfalt gelesenen Zeugnissen in acht große Klassen einteilen. So wenig diese Einteilung eine Rangordnung darstellen soll, so sehr scheint es doch geboten, an die Spitze jene zu stellen, die ihr persönliches Verhältnis zu einem bestimmten Tier in Ursache, Zustand und Bekenntnis ins Allgemeine heben, ganz gleich, ob es der große Mensch mit einem künstlerischen Zeugnis tut oder das Kind und der Vagabund lediglich durch ein gezeigtes Gefühl. Es seien also aufgezeigt:

Die B r ü d e r l i c h e n . Das sind alle jene Natürlichen, Paradiesischen, Gütigen, Unbewußten, Kinder auch, alle, die im Tier ihresgleichen erkennen oder erfühlen und nichts weiter wollen.

Die L e h r h a f t e n . Zu ihnen gehören alle Ethiker, die sich des Tieres als Beispiel bedienen, die Fabeldichter ebenso wie die Lehrer, Menschen, deren Tierverhältnis mehr aus dem Geistigen, aus dem Willen zum Lernen und Lehren erwächst.

Die M i t l e i d i g e n . Bei ihnen spricht fast ausschließlich das Herz, das aus Liebe und Erbarmen jene wundersame Frucht treibt, welche die Menschen aus dem Paradies mitnehmen durften: die Milde, das Mitleid mit den Bedrückten und Wehrlosen.

Die V e r e i n s a m t e n . Das sind jene, die aus verhinderter Liebe zu ihresgleichen oder aus Menschenverachtung sich dem Tier zuwendeten oder in seiner Natürlichkeit den Ausgleich zur unzulänglichen eigenen Gattung suchten.

Die K a m e r a d s c h a f t l i c h e n . Beziehungen, die meist auf Tiere beschränkt bleiben, die zum eigenen Umgang gehören, entweder durch Arbeits- oder durch Lebensgemeinschaft: Reiter, Kutscher, Bauern, Jäger, Soldaten, Matrosen.

Die Z w i e s p ä l t i g e n . Jene, die eine große und echte Tierliebe aufbringen, eine, die nach dem Tier im Allgemeinen langt und die dem Tier aus Zweckmäßigkeitserwägungen doch Freiheit oder Leben nehmen: Jäger, Züchter, Forscher.

Die Ä s t h e t e n . Dazu gehören nicht nur die Künstler, die aus Liebe zur vollendeten natürlichen Form das Tier selbst lieben, dazu gehören auch alle, die nur das nach menschlicher Auffassung "schöne Tier" lieben.

Die E n t a r t e t e n . Die Zahl dieser Tierfreunde ist größer, als man annimmt. Alle gehören sie dazu, die Wehleidigen, die Vergottenden, die Eitlen, die vom Tier borgen, die Spleenigen und auch jene, die aus echter Tierliebe zur Annäherung an einige Gattungen gekommen sind, dieser Liebe nun aber eine ebenso echte Abneigung, ja einen Abscheu gegen andere Arten entgegensetzen. Dennoch wollen wir sie im Kreis der Tierfreunde behalten."

Welk versucht auch zu deuten, wie das Tier von sich aus den Menschen sieht (S. 361 ff.). Dies ist allerdings eine der schwierigsten Fragen, auf die wir nur mit Vermutungen antworten können. Hier ein kurzer Auszug: "So mag es denn wohl möglich sein, daß das Tier im Menschen ein Wesen sieht, das halb der große stolze Bruder und halb gar der Gott ist; ein Wesen, das es nicht verstehen kann, zu dem es aber hinneigt noch, wenn es ihn flieht oder ihn scheu betrachtet. Es nähert sich ihm und dient ihm und genießt ein Glück noch in der Not des Leibes, die ein gelegentliches gütiges Wort, ein Streicheln zur größten Seligkeit des Lebens zu wandeln vermag. Denn alles Getier liebt die ihm unverständlichen milden Worte, welche der Mensch zu ihm spricht; es ist, als könnten sie stundenlang zuhören, als würden sie von einer unsichtbaren und unendlich zarten Hand geliebkost. Jeder Tierhalter, auch der törichte, weiß, daß gutes Zureden hilft. Er weiß leider nicht, warum es beim Tiere hilft: weil das Tier fühlt, daß der Mensch, der lange und gütig mit ihm redet, nicht böse in seinem Wesen ist! Es muß freilich mitunter die Erfahrung machen, daß der Mensch auch noch die vermeintliche Güte seiner Worte zu Täuschungsmanövern mißbraucht ...

So mag dem Tiere der Mensch zwar nicht als Gott, aber doch als eine Art höheren Wesens erscheinen: er steht ihm geheimnisvoll im Wege und besitzt doch wieder Anziehendes genug, dem man sich, auch auf die Gefahr des Erschrecktwerdens, nicht entziehen mag. Nicht jeden Menschen sieht es so an, o nein, in den meisten Fällen, in denen das Tier keine sonderliche Scheu zeigt, läßt wohl nur die Neugier es verharren. Kommt aber dem Tier der gütige, zwecklose Mensch entgegen, dann erbrennt auch im Tier das schlummernde Verlangen nach Annäherung, und es entstehen jene wundersamen Verhältnisse zwischen Tier und Mensch, die uns, die wir am Gitter stehen, wenigstens einen fernen Schimmer des Ewigkeitsgefühls vermitteln."

10) Erläuterung: Das Wort "Einfühlung" wurde 1903 von Theodor Lipps in den psychologischen Sprachgebrauch eingeführt. Um diesen Terminus angemessen ins Englische zu übersetzen, schuf Edward Titchener 1909 das Kunstwort "Empathy" (nach griechisch "empatheia"). Begriff und Sachverhalt sind dann in jüngster Zeit unter soziologischem Vorzeichen als "Empathie" nach Deutschland zurückgekommen.

Der soziologisch erkennbare Sachverhalt der Einfühlung ist von Cooly, Durkheim, Mead, Scheler u. a. zunächst in einer vielfältigen Ausweitung des Sympathie-Begriffes beschrieben worden; Geiger spricht (1931, S. 306) von "einfühlender Haltung". Wer als Soziologe den Terminus "Empathy" dann zuerst verwendet hat, ist aber noch nicht sicher festgestellt. In den deutschen soziologischen Wörterbüchern taucht "Empathie" erst seit 1972 auf. Die soziologische Bedeutung ist jedoch nicht ganz einheitlich. In dem von Werner Fuchs und anderen herausgegebenen "Wörterbuch zur Soziologie" (Opladen 1973) findet sich folgender kurzer Artikel der Autoren Klima und Endruweit: "Einfühlung, Empathie, Bezeichnung für das Sich-Hinein-Versetzen in eine andere Person (oder Identifikation mit ihr) zu dem Zweck, sie durch inneren Nachvollzug ihrer Verhaltensweisen zu verstehen. E. findet statt aufgrund des eigenen Verhaltens und der eigenen Erfahrung mit anderen."

11) Zitat aus Tompkins/Bird (1974, S. 30): "Bei lebenden Pflanzen existiert eine bis jetzt noch nicht definierte primäre Wahrnehmung; die Vernichtung von tierischem Leben kann als Fernreiz dienen, um dieses Perzeptionsvermögen zu demonstrieren; es kann gezeigt werden, daß diese Perzeptionsfähigkeit bei Pflanzen unabhängig von menschlicher Beteiligung funktioniert."

12) Erläuterung: Allelopathie bezeichnet "die gegenseitige Beeinflussung von höheren und niederen Pflanzen durch Stoffwechselprodukte, die als Gase oder in gelöster Form aus lebenden oder abgestorbenen Teilen der Pflanzen oder aus Mikroorganismen ausgeschieden oder freigesetzt werden ... Von der Allelopathie ist gegenseitige Beeinflussung von Pflanzen durch Konkurrenz im Kampf um die Wachstumsfaktoren zu unterscheiden" (Großer Brockhaus).

13) Erläuterung: Remane/Storch/Welsch (1974, S. 278) ordnen in die Synekie u. a. folgende Kategorien ein: (a) Allianz: "2 oder mehr Arten leben oft gemeinsam in einer Herde (z. B. Strauße und Antilopen). Der Strauß kann optisch Feinde besser erkennen, die Antilopen mit dem Geruch. Die Fluchtreaktion von Tieren einer Art löst die der ganzen Herde aus."

(b) Mutualismus: "Verschiedene Arten fördern ihr Gedeihen durch bestimmte Verhaltensweisen, leben aber meist voneinander getrennt." Als Beispiel wird die Beziehung zwischen Ameisen und Blatt- bzw. Schildläusen genannt.

(c) Symbiose: "Echte Symbiose liegt vor, wenn die Partner-Arten räumlich eng zusammenleben und das Zusammensein durch besondere Handlungen erhalten. Bekannte Beispiele sind die Symbiosen zwischen Krebsen und Nesseltieren, besonders die zwischen Einsiedlerkrebsen und Aktinien."

14) Zitat aus Hediger (1952, S. 313): "Auf einen eigenartigen Fall, einen Grenzfall sei noch kurz hinge-

wiesen, weil er meines Erachtens einen grundsätzlich wichtigen Tatbestand beleuchtet: Im Sommer 1949 unternahm ich im Basler Zoo den Versuch, einige Kuhreiher (Bubulcus ibis) nicht - wie üblich - in der Volière, sondern frei in der natürlichen Vergesellschaftung mit größeren Säugetieren zu halten. Normalerweise verbringen ja diese afrikanischen Vögel einen großen Teil des Tages auf allerlei Großtieren sitzend, z.B. auf Elefanten, Büffeln, Flußpferden, Nashörnern, aber auch auf Haustieren, besonders Rindern und Schafen.

In Basel brachte ich fünf dieser Vögel auf eine Wiese, auf welcher Heidschnuckenschafe, Walliserziegen und südamerikanische Capybaras (Hydrochoerus capybara), jene riesigen, bis 50 kg schweren Nagetiere lebten. Irgendwie hatte ich das Gefühl, daß der Versuch, den ich zunächst mit fast vollkommen flugfähigen Reihern unternahm, gelingen könnte. Der erste Reiher, den ich auf der Wiese freiließ, flog auf einen hohen Baum in ca. 150 m Entfernung. Den zweiten tauchte ich ins Wasser und ließ ihn über einen kleinen Teich schwimmen, damit er nicht gleich hochfliegen konnte.

Beim Landen am anderen Ufer erblickte der Kuhreiher ein Capybara, das ihn ebenfalls anschaute. Der Vogel ging geradewegs zu diesem Tier hin und es war ihm anzusehen, daß er sich in der Gesellschaft dieser großen Nagetiere wohlfühlte. Die Capybaras duldeten ihrerseits die Annäherung der ihnen bisher völlig fremden Reiher. Da zwischen den ungleichen Geschöpfen offensichtlich etwas wie eine Art sozialer Kurzschluß stattgefunden hatte, ließ ich die restlichen drei Reiher auf dieselbe Weise frei. Sie gingen alle sofort zu den Capybaras und auch der erste, der davon geflogen war, verließ seinen hohen Standort bald und gesellte sich hinzu.

Von diesem Augenblick an verließen die Kuhreiher ihre Capybaras den ganzen Sommer über nicht mehr, obgleich sie flugfähig waren und zuweilen ganz kurze Flüge in die Umgebung unternahmen. Sehr oft saßen sie ungeniert auf den ruhenden Capybaras und ließen sich stehend auf ihren Rücken herumtragen. Wenn ein am Boden ausgestrecktes Capybara sich wohlig um seine Längsachse drehte, machte der auf ihm reitende Vogel die nötigen Schritte, um immer oben zu bleiben.

Das Überraschende an dieser künstlichen Gemeinschaft von Tieren, die sich nie zuvor gesehen hatten - da die einen aus Südamerika, die anderen aus Afrika stammen - war vor allem ihre augenblickliche Entstehung, sobald die Tiere einander nur ansichtig wurden und die Selbstverständlichkeit, mit der jeder Partner den Ansprüchen des anderen entgegenkam. Auf Seiten der Kuhreiher war naturgemäß ein gewisses Anschlußbedürfnis vorhanden; aber daß diese Verhaltensform vom ersten Augenblick an so vollkommen in eine - offenbar latent vorhanden gewesene - Entsprechung bei den Capybaras paßte, war für den Beobachter höchst eindrucksvoll. Man könnte dieses Phänomen, wie es von Teilnehmern dieses Symposiums vorgeschlagen worden ist, als ein Beispiel von Inter-Attraktion bezeichnen. Natürlich ist damit für eine Erklärung nichts gewonnen."

15) Zitat aus Lorenz (1971, S. 81 f.): "Ich selbst habe nur einen einzigen Fall beobachtet: die Bindung, welche auch ich als Freundschaft gelten lasse, bestand zwischen einem kleinen, rasselosen, gefleckten Hund und einer dreifarbigen weiblichen Katze. Beide Tiere wohnten in einem Bauernhaus meines Heimatdorfes. Der Hund war schwächlich und sehr feige, die Katze kräftig und mutig. Sie war auch viel älter als der Hund und hatte ihm offenbar schon in seiner früheren Jugend Gefühle entgegengebracht, die leicht mütterlich getönt waren. Die beiden Tiere spielten nicht nur miteinander, sondern jedes legte auf die größten Wert auf die Gesellschaft des anderen, so daß man sie sogar zusammen durch den Garten oder auf der Dorfstraße gehen sah. Diese merkwürdige Tierfreundschaft bestand auch die letzte und entscheidende Probe. Der Hund gehörte zu den erklärten Feinden meines Bully. Eines Tages überraschte ihn Bully auf offener Dorfstraße, und es entstand eine durchaus ernste Rauferei. Da - man mag mir glauben oder nicht - kam die Katze aus der Tür des Hauses geschossen, griff wie eine Furie in den Kampf ein, schlug Bully nach wenigen Sekunden in die Flucht und ritt, wie Freiligraths Löwe auf den Schultern des Fliehenden sitzend, noch eine gute Strecke dahin! Eben weil solche echte und tiefe Bindungen zwischen ungleichartigen Tieren vorkommen, darf man es um so weniger als 'Freundschaft' bezeichnen, wenn ein überfütterter, temperamentloser Stadthund und eine ebensolche Katze im Zimmer des Herrn aus einer Schüssel fressen, ohne einander etwas zu tun."

16) Ergänzung: Hier ist das besondere Verhältnis des Menschen zum domestizierten Tier angesprochen, auf das bereits Geiger (1931, S. 298 ff.) hingewiesen hat. Schon die Domestizierung an sich muß als sozialer Prozeß angesehen werden. Wird er gleichzeitig mit überlegter Züchtung verbunden, so wird das Tier in einem gewissen Sinne sogar zum "Geschöpf" des Menschen. Was dabei herauskommen kann, wenn der Mensch mit seinen immer wirksameren Eingriffen zum Schöpfer von Tieren wird, die keinen Eigenwert mehr haben, sondern nur noch im Hinblick auf die Zwecke und Wünsche ihrer menschlichen Verbraucher oder Halter gezüchtet werden, hat Robert Jungk in seiner kritischen Vision "Die Zukunft hat schon begonnen" eindrücklich beschrieben.

17) Erläuterung nach Schaal (1959, S. 332): "Nach dem vierten Lebensjahr überwindet das Kind ... die Scheu vor dem Tier. Es fühlt im Gegenteil sich angeregt von der Lebendigkeit des Tieres. Es empfindet das Mitschwingen und Mitleben mit dem Tier. Es erlebt im Tier den Gleichklang primitiven Verhaltens, wie umgekehrt auch das Tier dem einfachen Verhalten des Kleinkindes den Vorzug gibt. Das Kind wird mit einem Tier bis in alle Einzelheiten vertraut. Es weiß ganz genau, wie es frißt und trinkt und schläft; es ahmt die Laute und die Bewegungen des Tieres nach, es benennt an ihm die Körperteile, die es bei sich selbst kennen gelernt hat ... Das Kind zeichnet das Tier in Menschengestalt, und zwar auch hier mit den Einzelheiten, die es bei sich selbst bemerkt hat. Sein Tierschema ist das in die Waagerechte gebrachte Menschenschema. Das Kind lebt in diesem Alter aber immer noch in einer animalistischen Welt, einer Vorstellung, die mit Sicherheit erst im 7. bis 8. Lebensjahr ganz überwunden ist. Erst dann ist das Kind zu einer "wechselseitigen Resonanz" fähig, "empfänglich für das Gebaren des Tieres und schon auch für einzelne Züge, die der Wesensart des Tieres eigentümlich sind". Der Ertrag dieser Reifung ist aber "nicht so sehr ein Wissen und Erkennen, als vielmehr eine Bereicherung des Erlebens. Vor allem aber werden die Gemütskräfte des Kindes angesprochen. Die Bindung des Kindes an ein Tier kann manchmal fester und inniger sein, als die Bindung an einen Menschen. Das Kind sieht im Tier den Bruder, der ihm willfährig ist und der sich pflegen, liebkosen, gelegentlich auch beherrschen läßt. Die Neigung, das Tier zu beherrschen, tritt erst in der nächsten Stufe stärker in den Vordergrund". Leider wird diese spätere Phase von Schaal nicht mehr weiter ausgeführt.

18) Zitate aus Krüger (1934): (a) Mit 6 - 7 Monaten beginnt das Kind auf das Tier zu reagieren wie auf jeden anderen Gegenstand, der in seine Nähe kommt (S. 14 f.).

(b) "Mit ungefähr 11 Monaten jedoch tritt eine Wandlung ein. Das Tier erscheint im Bewußtsein des Kindes zum ersten Mal ausgezeichnet vor den übrigen umgebenden Objekten durch seine Bewegungsmöglichkeit" (S. 17). Das Kind reagiert auf diese Bewegung mit Furcht und Neugier, wobei im Regelfalle eines der beiden Motive überwiegt (S. 18). Im gleichen Maße, wie die Furcht schwindet, werden Interesse, Kontakt und Zuwendung auch intensiver. Aber die Entwicklung verläuft nicht bei allen Kindern gleich, sondern es zeigen sich Unterschiede je nach Veranlagung, Gelegenheit zu Kontakten und gesammelten Erfahrungen.

(c) Mit drei Jahren ist "die eigentliche Einstellung des Kindes zum Tier bestimmt; es hat nun die Vorstellung vom ´Lebewesen Tier´; mit diesem Alter setzt auch eine deutliche Differenzierung im Verhalten je nach dem Geschlecht des Kindes ein. Um 3;0 können wir bei jedem normalen Kinde von einem seelischen Verhältnis zum Tier sprechen" (S. 23 f.). Der geschlechtsspezifische Unterschied zeigt sich so: "Der Knabe im Alter von über 3 Jahren ist mehr sachlich interessiert am Tier, ihn beschäftigen die Leistungen und Fähigkeiten der Tiere, das Küken kann fliegen und imponiert ihm damit ungeheuer, der Frosch kann s o weit springen und ähnliches mehr. Das Mädchen dagegen ist in diesem Alter liebevoll-zärtlich, die Erkenntnis des Tieres als Lebewesen erweckt vielleicht in ihr einen mütterlichen Instinkt, der sich in Achtsamkeit und liebevollem Besorgtsein äußert. Ihr Interesse am Tier beruht nicht auf seinen Leistungen, sondern auf Liebe zum Tier. Diese Verschiedenheit der Geschlechter prägt sich mit fortschreitendem Alter der Kinder (Schulkinder bis 11;0) immer mehr aus" (S. 26 f.).

(d) Das Verhältnis zum Tier hängt aber auch von der jeweiligen Tierart ab; bewegungsfreudige Tiere mit weichem Fell (Hund, Katze, Kaninchen oder Meerschweinchen) werden bevorzugt (S. 28).

Außerdem wird zwischen individualisierbaren Tieren, die vom Kind mit Namen benannt (S. 59) und als seinesgleichen angesehen werden (S. 57) und nicht individualisierbaren Tieren (z.B. Fliegen und Spinnen) deutlich unterschieden; nur letztere dürfen ohne weiteres getötet werden (S. 59). Dieser Informationsstand des Dreijährigen schließt aber die Fähigkeit zu angemessener Behandlung noch nicht ein; dies wird an verschiedenen Beispielen (insbes. S. 40 f.) deutlich erkennbar.

(e) Die negative Einstellung zum Tier "kann zwei verschiedene Ursachen haben. Einmal kann hier ein ´Nichtvermögen´ des Kindes, eine ´Aversion´ wirken, und zweitens die Furcht. Das Nichtvermögen war nur bei sehr wenigen Kindern zu beobachten, von unseren 174 Vpn. ließen nur 5 eine solche Abneigung erkennen. Es soll hiermit nicht gesagt werden, daß diese Kinder nicht ab und zu auch einmal nach dem Tiere greifen; aber es lockt sie weder als Spielzeug, noch interessiert es sie als Lebewesen; die Abneigung kann so stark sein, daß das Kind energisch abwehrt, wenn z.B. die Versuchsleiterin versucht, ihm das Tier auf den Schoß zu setzen" (S. 32).

(f) Die Furcht vor Tieren schwindet mit der Häufigkeit positiver Kontakte; das zeigt deutlich ein Vergleich zwischen Heimkindern ohne Tierkontakt und Familienkindern, die im Regelfalle solche Kontakte haben (S. 33). Eltern, Geschwister oder Spielkameraden können viel dazu beitragen, dem Kind den Abbau vorhandener Furcht zu erleichtern (S. 38).

(g) In Kontakt und Spiel lernt das Kind das Tier in einem allerdings voll anthropomorphen Sinne begreifen. Das Tier kann je nach den Umständen als übergeordnet, nebengeordnet oder untergeordnet (S. 57 f.) angesehen werden. Wo dem Kind diese Unterordnung deutlich bewußt wird, kann es "bis zum ausgesprochenen Despotieverhältnis im Sinne von SCHJELDERUP-EBBE kommen, oder auch das Tier wird degradiert (z.B. Maikäfer) vom ´Auch-Lebewesen´ zum Sammelobjekt, oder man macht Erziehungs- und Dressurversuche, denen das Tier sich fügen muß. - Auf jeden Fall zwingt das Tier das Kind immer zu einer besonderen Stellungnahme; im Augenblick, wo das Kind die Vorstellung vom ´Lebewesen Tier´ bekommen hat, muß es auch Stellung nehmen zu diesem, eine besondere Beachtung erfordernden Objekt der Vorstellung; seine Einstellung ist nun ausgesprochen positiv oder negativ, zuwendend oder ablehnend; hierüber bestimmt die Persönlichkeitsstruktur des einzelnen Kindes, seine individuelle Eigenart, die in seinem Verhalten zur Umwelt ihren Ausdruck findet" (S. 58).

(h) Beim Spiel können aber auch noch andere Komplikationen entstehen, denn "Prinzipiell nimmt das Kind an, daß es vom Tier verstanden wird. Wenn es sagt: Komm! - und das Tier folgt dieser Aufforderung nicht, so liegt es daran, daß das Tier ´unartig´ ist, und nicht etwa daran, daß es das Kind nicht verstanden hat. Ein wirklicher lautlicher Ausdruck des Tieres jedoch, nämlich das schmerzliche Quieken bei einem zu harten Griff des Kindes wird nicht immer richtig gedeutet; man hat hier sehr oft den Eindruck, daß das Kind nicht richtig verstehen will, weil es ihm im Augenblick nicht in das Spiel paßt" (S. 60 ff.).

19) Zitat aus Zillig (1961, S. 31): Zillig untersucht insbesondere die Intensität, mit der Mädchen verschiedener Altersstufen eine Beziehung zu Tieren erstreben. Hier das Ergebnis der ersten Erhebung: "Der Wahlversuch 1 sollte die Wertung des Tieres durch die Mädchen theoretisch prüfen. Sechs Entscheidungsfragen wurden mündlich gestellt und jede sofort schriftlich beantwortet. Folgende Instruktionen wurden gegeben: Stellt euch vor, jeder von euch werden immer zwei verschiedene Dinge in Aussicht gestellt. Eines davon darf sie frei wählen und erhält es dann auch. Was sie wählt, schreibt sie jedesmal auf.

Du darfst wählen:

entweder	oder
einen schönen, echt goldenen Armreif	ein lebendiges Tier zum Spielen und Pflegen
die Besichtigung einer berühmten Gemäldesammlung	den Besuch eines zoologischen Gartens

ein fesselndes Jung-Mädchen-Buch, etwa "Der Goldene Schleier"	eine spannende Tiergeschichte, etwa "Wolfsblut", die Geschichte eines Wolfshundes in Eis u. Schnee Alaskas
ein Bild: ein Stilleben: Früchte in edlen Schalen, Blumen in feinen Vasen	ein Bild: eine Tierszene; vielleicht Aufbruch zur Jagd, Jäger mit schönen Hunden ziehen durch den Wald; oder Pferde auf einer Weide; oder äsende Rehe auf der Waldwiese
ein ganz modernes, neues Fahrrad	ein junges Pferd als Reittier
eine Menschenmaske	eine Tiermaske

Nachfolgend erfahren wir die Wahlentscheidungen der Mädchen.

Wahlgegenstand	Anzahl der ihn Wählenden	
1 Armband	1	3 %
Tier	32	97 %
2 Gemäldesammlung	8	24 %
Zoo	25	76 %
3 Mädchenbuch	9	27 %
Tierbuch	24	73 %
4 Stilleben	1	3 %
Tierszene	32	97 %
5 Fahrrad	4	12 %
Reitpferd	29	88 %
6 Menschenmaske	15	45 %
Tiermaske	18	55 %

Die Mehrzahl entscheidet sich jedesmal zugunsten des Tieres, am eindrucksvollsten bei Frage 1 und 4: nur ein Mädchen zieht das goldene Armband, ´das tote Ding´, wie ein anderes verächtlich bemerkt, dem lebenden Tier vor, obwohl dem Reifegrade der Mädchen entsprechend und weiblicher Freude an Schmuck und Zier gemäß das gegenteilige Wahlergebnis zu erwarten wäre; alle anderen Mädchen wählen das lebendige Tier zu Spiel und Pflege".

20) Erläuterung: Die E-Fähigkeit beginnt mit unterschiedlichen Ansätzen im Bereich der sinnlichen Wahrnehmung, erreicht bei einigen Tierarten gerade den erforderlichen Minimalstandard und nimmt dann proportional dem Grad der besseren Ausstattung zu, wobei es innerhalb der artspezifischen E-Fähigkeit auch gruppenspezifische und individuelle Abweichungen gibt. Je reicher die Ausstattung mit den die E-Fähigkeit ermöglichenden Qualitäten ist, desto variabler wird sie, insbesondere dann, wenn Teilqualitäten über längere Zeit vernachlässigt oder besonders gepflegt werden. Dabei ist zu beachten, daß die E-Fähigkeit nicht nur verschiedene Ausstattungsbereiche umfaßt, sondern daß die Teilqualitäten unterschiedlich sein können. Auch wenn der Mensch das höchstentwickelte Lebewesen ist, so sind ihm doch viele Tierarten in einigen Teilqualitäten überlegen; das gilt jedenfalls für den Bereich der sinnlichen Wahrnehmung. So kann z. B. die Fähigkeit des Hundes, Stimmungen und Absichten seines Partners wahrzunehmen, die fehlende sprachliche Verständigung weitgehend ersetzen. Aufgrund der von Art zu Art unterschiedlichen E-Fähigkeit gibt es sicherlich auch entsprechend abgestufte Beziehungen. Sozialbeziehungen zwischen Mensch und Tier, die den zwischenmenschlichen Sozialbeziehungen analog sind, setzen also einen bestimmten E-Fähigkeitsstandard voraus.

21) Erläuterung: Daß insbesondere höher entwickelte Tiere nicht ausschließlich instinktgebunden reagie-

ren, hat schon Reimarus in seiner Auseinandersetzung mit Descartes behauptet (vgl. Narr 1967, S.296). Inzwischen ist diese Behauptung an vielen Beispielen verifiziert worden. Das Problem ist also nicht, ob und welche Tierarten sich ausschließlich nach angeborenen, instinktgebundenen oder unwillkürlichen Zwängen verhalten, sondern welche Tierarten sich bis zu welchem Grad aus dieser Gebundenheit lösen können und wie nahe diese Tiere dadurch an den Menschen heranrücken, dessen Verhalten ebenfalls in einem noch nicht festgestellten geringeren Umfang genetisch, physiologisch oder instinktmässig festgelegt ist. Hier einige Stellungnahmen: (a) Wickler (1970, S. 139 f.): "Wenn die Freiheit das ontologische Konstitutivum des Menschen ist, dann ist es das Merkmal, das die Menschen vor allen anderen irdischen Geschöpfen auszeichnet. Wir werden aus verschiedenen Gründen annehmen, daß unbelebte Objekte und unter den belebten die Pflanzen und die niederen Tiere keine Willensfreiheit haben, so daß dann in Diskussionen übrigbleibt, den Menschen von den höheren Tieren abzugrenzen. Ist das mit Hilfe der Freiheit möglich? Auf diesem vergleichenden Wege muß man eines vorweg definieren: entweder was Freiheit ist, oder was ein Mensch oder ein Tier ist. Weiß man schon, was Mensch oder was Tier ist, dann kann man Freiheit das nennen, was das Tier nicht hat, wohl aber der Mensch. In diesem Fall ist man aber auf die zoologische Definition von Mensch oder Tier angewiesen. Die darin wiederum liegende Problematik kann man sich drastisch vor Augen führen, wenn man einmal annimmt, der sagenhafte Yeti, der Schneemensch, würde tatsächlich gefangen. Wenn man nun noch annimmt (und das kann man ja, solange man ihn nicht gesehen hat), daß er äußerlich etwa zwischen Schimpanse und Mensch stünde, dann stünden auch Theologen vor der Frage: Muß man dieses Wesen taufen oder nicht? Die Antwort auf diese Frage ist immer dieselbe. Man würde ihn bedingungsweise taufen. (Bei Schimpansen ist die Theologie sich ihrer Sache sicher; die werden auch nicht bedingungsweise getauft.)

Man sieht an diesem Beispiel, daß es schon nach Kriterien, die man für fundamental, für ganz einfach hält, gar nicht so einfach ist, zu entscheiden, was eigentlich Mensch und Tier ist. Dennoch trauen wir uns zu, nach zoologischen Kriterien Mensch und Tier zu scheiden; also könnte man abwarten, was nun als entscheidendes Charakteristikum der Freiheit sichtbar werden wird. Da es sich dann allerdings um ein Problem des Verhaltens handelt, läßt sich auf diesem Wege über Freiheit vorerst wieder nichts aussagen, da wir vom Verhalten der höchsten lebenden Wirbeltiere fast nichts wissen. Man wird vielleicht dagegen einwenden wollen, daß wir doch eine ganze Menge davon wissen; und tatsächlich kann man über Dressurleistungen an höheren Tieren und Affen durchaus dicke Bücher füllen. Indessen geben wir damit ja vor, in welchem Bereich sich die Freiheit des Tieres äußern solle, während wir eigentlich dem Tier gegenüber abwarten müssen, wo vielleicht die Freiheit durchbrechen wird. Man kann nicht gut die Freiheit von vornherein in bestimmten Bereichen suchen, sondern müßte das Gesamtverhalten aller Tiere kennen und sehen, ob irgendwo - an einer von uns vielleicht ganz unerwarteten Stelle - etwas durchbricht, was nach Freiheit aussieht. Dazu weiß man aber einfach vom Gesamtverhalten der Tiere viel zu wenig. Daß Willensfreiheit bei ihnen vorkommt, kann man auf indirektem Wege nicht mit Sicherheit ausschließen. Die Behauptung, daß ihnen Willensfreiheit fehle, ist nicht Ergebnis naturwissenschaftlicher Forschung, sondern eine axiomatische Setzung, einfach eine Behauptung.

Diese Behauptung kommt dadurch zustande, daß beim Vergleich regelmäßig der andere Weg beschritten wird, indem man von vornherein angibt, Freiheit äußere sich etwa in den Kriterien a, b und c; danach kann man dann unterscheiden zwischen Objekten, denen diese Kriterien und damit die Freiheit mit Sicherheit zukommen, und solchen, denen sie fehlen oder über die man bezüglich dieses Merkmals nichts aussagen kann. Nur die erste Gruppe verdient dann den Namen Mensch. Die Schwierigkeiten entstehen aber dort, wo einige der Kriterien, eventuell alle bis auf eines, zutreffen."

Wickler versucht nun, einige dieser Kriterien wie Sprache, Vernunft und Gewissen als Unterscheidungsmöglichkeiten heranzuziehen und kommt zu dem Ergebnis, daß es sich bei diesen Begriffen ganz ähnlich verhält wie mit dem der Freiheit selbst: Menschliches findet sich beim Tier, und Tierliches finden wir beim Menschen. Außerdem entdecken wir typisch menschliche Phänomene wie Kultur und Geschichte, die den Menschen zwar einerseits befreien, andererseits aber in neue Verhaltenskanäle einzwängen.

(b) Für v. Holst (1969) ist die Freiheit sehr stark von dem subjektiven Freiheitsgefühl abhängig: "Alle Versuche, bestimmte Verhaltenskriterien als Beweis für (oder als Beweis gegen) erlebte Willensfreiheit festzulegen, sind vollkommen willkürlich und ohne jegliche Beweiskraft. Wenn z. B. ein hungriger Hahn, der angesichts eines Futterbrockens entweder selbst zuschnappen oder aber sein Hühnervolk herbeilocken kann, nach einigem Schwanken sich für eines davon entscheidet, so wäre der Schluß, hier habe Willensfreiheit geherrscht, gänzlich unbegründet. Und umgekehrt die immer wiederholte Behauptung, Tiere könnten überhaupt keine Willensfreiheit besitzen, denn ihr Tun sei triebgebunden, ist genauso unzulässig; wer sagt denn, daß sie sich nicht gleichwohl als völlig frei handelnd erleben, genau wie ein Mensch, der triebgebunden etwa seinen Durst löscht, sich schlafen legt oder einem ertrinkenden Kind in den Fluß nachspringt? Behauptungen für und wider erlebte Freiheit bei Organismen lassen keinerlei Schluß zu über den behaupteten Tatbestand, wohl aber oft einen über die Geistesverfassung des Behauptenden."

(c) Biologische oder ethologische Aussagen zur Freiheit von Mensch und Tier sind offensichtlich nur in bescheidenem Rahmen möglich. Hier die zwar zurückhaltende, aber wohlbegründete Ausführung von Hassenstein (1969): "Auf die Anregung hin, als Biologe zum Problem der Freiheit Stellung zu nehmen, stelle ich mir folgende Aufgabe: Ich will zeigen, wie sich im Reiche der Lebewesen, und zwar bereits in der Reihe der Tiere, stufenweise eine Befreiung des Verhaltens von der ursprünglichen instinktiven Gebundenheit vollzieht.

Selbstverständlich tritt das philosophische Problem der 'Freiheit des Willens' für die Tiere nicht auf. Der Ausdruck 'Freiheit', auf das Verhalten von Tieren angewendet, hat den gleichen Sinn wie im Sprachgebrauch des täglichen Lebens: 'Erringen von Freiheit' bedeutet Abwerfen von Fesseln, Erobern neuer Möglichkeiten in einem erweiterten Spielraum.

Das Leben niedrig organisierter Tiere spielt sich in voller Instinktgebundenheit ab. Eines der Urbilder des streng gesetzmäßig ablaufenden Verhaltens ist das der Larve des Seidenspinners, der bekannten Seidenraupe, wenn sie nach Vollendung ihres Wachstums ihren Puppenkokon spinnt ...

Der erste Schritt aus dieser ursprünglichen Gebundenheit heraus ist denjenigen Tieren gelungen, welche durch äußere Erfahrung neue Verhaltensweisen erlernen können. Hierfür gibt es bekannte Beispiele unter den Gesängen der Vögel. Manche Arten geben stets den gleichen Gesang von sich: manche Singvögel wie die Blaumeise oder die Spechte. Auch alle die bekannten Laute, die Hühner und Hähne auf dem Hühnerhof hören lassen, sind in ihrer Form und Lautgebung erblich festgelegt. Andere Vögel aber können fremde Laute, die sie hören, für ihren eigenen Gesang dazulernen. Dies ist allbekannt von Papageien, z.B. dem Wellensittich, und von den Rabenvögeln wie Dohle, Krähe und Kolkrabe. Unter den Singvögeln nennt man die Vögel, die den Gesang anderer Vögel lernen und nachsingen, Spötter oder Spottvögel. Zu ihnen zählen unter den heimischen Vögeln Gelbspötter, Neuntöter und Eichelhäher.

Handelt es sich - so kann man nun fragen - bei der Fähigkeit zum Lernen wirklich um eine Befreiung des Verhaltens? Ist das Reproduzieren von Erlerntem nicht selbst noch etwas Starres, Mechanisches? Hierauf ist zu antworten, daß es sich wirklich um den Gewinn größerer Unabhängigkeit handelt, allerdings nur um einen ersten Schritt in dieser Richtung. Das wird deutlich an Situationen, in denen Instinktives und Erlerntes miteinander um die Führung des Verhaltens in Konkurrenz treten:

Ein mir bekannter Ornithologe hatte inmitten eines großen Zimmers einen Vogelkäfig stehen, dessen Tür offen stand, so daß seine Bewohner jederzeit aus- und einfliegen konnten; diese waren Neuntöter, also einheimische Vögel, die zu den Singvögeln gehören. Die Käfigwände bestanden aus weitmaschigem Netz. Die Vögel waren zahm gegen ihren Pfleger und nahmen ihm Futter aus der Hand, besonders die als Leckerbissen bevorzugten Mehlwürmer.

Die Situation, in der Instinktives und Erlerntes miteinander um die Führung des Verhaltens stritten, war nun folgende: Ein Vogel befand sich im Käfig. Der Pfleger nahm einen Mehlwurm und zeigte ihn dem Tier von außen an derjenigen Wand des Käfigs, die der offenen Tür gegenüberlag. Der Vogel flog sofort hinzu und versuchte ununterbrochen und leidenschaftlich durch das Netz hindurch an den Mehlwurm zu kommen - natürlich vergeblich. An den Umweg nach rückwärts durch die offene Tür hindurch dachte er augenscheinlich nicht. Man hätte meinen können, er kenne ihn gar nicht. Aber man konnte schnell eines Besseren belehrt werden: Der Pfleger entfernte sich mit dem Mehlwurm langsam vom Netz und vom Vogel, so daß das Ziel für diesen in weiteren Abstand rückte. Bei einer bestimmten Entfernung drehte sich nun der Vogel plötzlich um und flog mit offenbarer Ortskenntnis zielstrebig durch die rückwärtige Tür aus dem Käfig heraus und von dort in eleganter Wendung schnurstracks zum Pfleger, von dem er den Mehlwurm erhielt.

Das eben beschriebene Spiel ließ sich beliebig oft wiederholen. Der Anblick der Lieblingsnahrung in nächster Nähe löste den Antrieb zum unmittelbaren Nahrungserwerb - also die instinktive Verhaltensweise - so intensiv aus, daß sich der Vogel nicht davon lösen konnte, um das Ziel auf dem bekannten Umweg zu erreichen; wurde der Reiz schwächer, ohne aber ganz zu verschwinden, so konnte die Erfahrung, also die Kenntnis des Umwegs, ihren Einfluß auf das Verhalten durchsetzen. - Dieses Beispiel, das in entsprechender Weise auch vom Haushund bekannt geworden ist, zeigt die Konkurrenz zwischen unmittelbar triebhaftem und erfahrungsbedingtem Verhalten darum besonders eindrucksvoll, weil hier beide Verhaltensweisen das gleiche Ziel haben: Die Nahrung zu erreichen. Der zu starke Trieb hemmt den Einsatz von Erfahrung, obwohl gerade diese, wenn auch indirekt, zur Befriedigung des Triebes führen würde. Erst die Abschwächung des instinktiven Dranges gibt dem Tier die Freiheit, seine Erfahrung einzusetzen und das Ziel zu erreichen. Dieses Beispiel führt uns vor Augen, daß das Auswerten von Erfahrung eine Befreiung des Verhaltens von der Fessel des unmittelbar Triebhaften voraussetzt; denn das Triebhafte muß zurückweichen, um dem Erlernten freie Bahn zu geben.

Was hat nun dieser erste Schritt für die Tiere an Befreiung gebracht? Die Möglichkeit zum Einsatz von Erfahrung - jedoch zur Erreichung triebbedingter Ziele, z.B. der Nahrung. Wäre ein nächster Schritt zu neuen Möglichkeiten denkbar, so müßte er darin bestehen, daß sich bestimmte Handlungen auch von der Ausrichtung auf triebbedingte Ziele unabhängig machten. Bei niedrig organisierten Tieren ist dieser Schritt der Befreiung natürlich nie zu beobachten. Ihr Verhalten dient stets unmittelbar der Ernährung, Selbsterhaltung oder Fortpflanzung; und wenn zu all dem kein Anlaß besteht, verhalten sich diese Tiere neutral, verharren in Ruhe oder in gleichförmiger Bewegung. Manche höhere Tiere aber begeben sich nicht zur Ruhe, wenn sie satt und sicher vor Feinden sind: Sie <u>erkunden</u> dann ihre Umwelt, oder sie <u>spielen</u>.

Ein Beispiel für das Erkundungsverhalten eines Tieres ist folgendes: Manche Forschungsarbeit des Zoologen setzt voraus, daß er für seine Versuchstiere herausfindet, was ihnen - menschlich gesprochen - am meisten Freude macht. Um etwa das Unterscheidungsvermögen einer Tierart für Farben und Gerüche kennenzulernen, muß man die Versuchstiere auf die zu prüfenden Unterschiede dressieren; und dies gelingt am besten, wenn man ihnen die wirksamste Belohnung bietet, um sie für gelungene Unterscheidungen zu honorieren. Für die meisten ist natürlich Nahrung das beste Mittel.

Den Goldhamster aber, dieses neugierige und verspielte moderne Lieblingstier vieler Menschen, bringt man am besten zur Mitarbeit, wenn man ihm zur Belohnung erlaubt, zwischen den auf einer Tischplatte verteilten Holzklötzchen eines Spielbaukastens herumzuklettern. Mit keiner Lieblingsspeise kann man den Goldhamster besser locken als mit dieser Gelegenheit, etwas Neues, Fremdes kennenzulernen. Das neugierige Erkunden trägt für den Goldhamster seinen Wert in sich.

Daß Tiere beim Erkundungsverhalten nicht etwa doch versteckterweise von Hunger oder einem anderen Trieb beherrscht werden, zeigen sie, wenn sie bei ihrer Suche beispielsweise etwas Eßbares finden. Sie <u>erkunden</u> dann den Nahrungsbrocken in der artgemäßen Weise, z.B. indem sie daran riechen, nehmen ihn aber nicht zu sich, sondern lassen ihn liegen. Vielleicht kommen sie später, wenn sie hungrig sind, noch einmal an den gleichen Ort, um dann die Nahrung zu verzehren."

22) Zitat (Lorenz 1964a, S. 74): "Jeder Hundekenner weiß, mit welch geradezu unheimlicher Sicherheit ein treuer Hund es seinem Herrn ansieht, ob er das Zimmer zu irgendeinem für den Hund uninteressanten Zweck verläßt oder ob der heiß ersehnte Spaziergang winkt. Manche Hunde aber leisten in dieser Hinsicht noch viel mehr. So wußte meine Schäferhündin Tito, die Ururururgroßmutter des Hundes, den ich jetzt besitze, auf ´telepathischem´ Wege ganz genau, <u>welcher</u> Mensch mir auf die Nerven ging und <u>wann</u>. Sie war durch nichts daran zu hindern, solche Leute sanft aber bestimmt in den Hin-

tern zu beißen. Besonders gefährlich war es für autoritative ältere Herren, mir gegenüber in Diskussionen die bekannte ´Überhaupt-du-bist-zu-jung´-Attitüde einzunehmen: Äußerte ein Fremder derartiges, griff er alsbald erschrocken nach der Stelle, an der ihn Tito pünktlich gestraft hatte. Ganz unerklärlich war mir, daß die Sache auch dann verläßlich funktionierte, wenn die Hündin unter dem Tisch lag, also Gesichter und Gebärden der Menschen nicht sehen konnte; woher wußte sie also, wer mit wem sprach, wer mein Meinungsgegner war?

Dieses feine Verstehen der jeweiligen Stimmung des Herrn ist natürlich keine ´Telepathie´. Manche Tiere haben eben die Fähigkeit, erstaunlich kleine Bewegungen wahrzunehmen, die sich dem menschlichen Auge entziehen."

23) Ergänzung: Als ein Grenzfall moralanalogen Verhaltens ist anzusehen, was vor einigen Jahren in Südafrika (Naturwissenschaftliche Rundschau 1966, Heft 9, S. 382) beobachtet wurde: "Aus dem Addo-Nationalpark (Südafrika) haben Tierwärter über das Drama einer alten Elefantenkuh namens Oma berichtet. Sie hatte ein 60 Zentimeter großes Geschwür und wurde von anderen Tieren ihrer Herde versorgt. Sie war bereits so mager und schwach, daß sie von ihrem Sohn Lanky zur Wasserstelle geleitet wurde. Er schob sie von hinten oder ging an ihrer Seite, wenn sie schwankte. In einem Fall gab die gesamte Herde das Geleit zur Wasserstelle. Nach mehrtägigen Beobachtungen entschloß sich der Tierwärter, die kranke Elefantenkuh durch Abschuß eines mit einer Droge präparierten Pfeils bewegungsunfähig zu machen, um ihre septische Wunde untersuchen und behandeln zu können. Als die Droge zu wirken und Oma zu taumeln begann, half ihr wiederum Lanky zu einem Platz zwischen Büschen, wo sie sich niederlegte. Bald darauf erschien der Leitbulle der Herde. Sekunden später kam er mit blutigen Stoßzähnen aus dem Gebüsch. Er hatte Oma den Gnadenstoß gegeben. Ein lauter Schrei des Leitbullen rief die gesamte Herde herbei. Sie bildete einen großen Kreis um die lang hingestreckte Elefantenkuh. Nach einem weiteren Schrei des Leitbullen verließ die Herde den Ort."

24) Beleg: Wickler (1972b, S. 176 ff.) hat hierzu einiges Material zusammengetragen: "Besonders gute Beispiele für ´vorkulturelle´ Traditionen liefern die Untersuchungen japanischer Forscher am Rotgesichtsmakaken, einem japanischen Verwandten des Rhesusaffen ... Im Herbst 1953 wusch das eineinhalbjährige Affenweibchen Imo schmutzige Bataten oder Süßkartoffeln (das sind Wurzelknollen einer Winde) im Wasser eines Baches sauber, ehe es sie fraß. Und das hat die kleine Insel Kôshima südöstlich von Kiushu bei den Verhaltensforschern berühmt gemacht. Einen Monat später nämlich fing einer von Imos Spielgefährten an, ebenfalls Bataten zu waschen. Nach 4 Monaten tat es auch Imos Mutter. Durch den täglichen Kontakt zwischen Müttern und Kindern, Altersgenossen und Spielkameraden breitete sich diese Sitte immer mehr aus; 1957 wuschen 15 der insgesamt 60 Tiere in der Gruppe ihre Bataten. In den folgenden 5 Jahren breitete sich die Erfindung vor allem dadurch weiter aus, daß nunmehr die Mütter ihre nächsten Kinder darin unterwiesen. 1962 konnten es 42 von 59 Tieren. Innerhalb von 10 Jahren wurde das von einem Tier erfundene Batatenwaschen zum üblichen Eßverhalten dieser Affengemeinschaft. Andere Gruppen derselben Affenart haben andere Traditionen: Ein Trupp ißt gern Eier, ein anderer nicht; der vom Atoga-Berg bei Tokio läßt Reis und Sojabohnen achtlos liegen, ein anderer richtet gerade in Reis- und Sojafeldern schweren Schaden an.

Das zur Übernahme solcher Traditionen notwendige Lernvermögen, eine ´Begabung´, zeigt zwischen Trupps und zwischen Individuen Unterschiede. Ein Trupp vom Takasaki-Berg lernt sehr langsam, der vom Minu-Berg bei Osaka besonders schnell. 6 der 7 Kinder des Weibchens Nami aus dem Batatenwäscher-Trupp lernten das Batatenwaschen nie und erwiesen sich auch in verschiedenen Tests als minder begabt. Imo hingegen erfand 1956 auch noch das ´Goldwäscherverfahren´; statt wie bisher ausgestreute Getreidekörner mühsam einzeln aus dem Sand zu suchen, nahm sie eines Tages das Sand-Getreide-Gemisch in die Hände und warf es ins Wasser, wo der Sand unterging. Obgleich das für alle, die bereits Bataten ins Wasser brachten, gleich naheliegend gewesen wäre, breitete sich diese Sitte auf denselben sozialen Kontaktwegen und wieder ganz langsam aus; 1962 hatten 19 Tiere auch dieses Verfahren übernommen.

Eine solche Erfindung zieht ferner leicht andere nach sich. Zunächst wuschen die Tiere ihre Bataten im Wasser eines Baches, später auch am Meeresstrand, und seit 1962 benutzen sie nur mehr Salzwasser und tauchten auch während des Fressens die angeknabberten Knollen immer wieder ein und würzten so die Speise. Die Getreidewäscher, die oft die Hände voll hatten, lernten, besonders weit und geschickt aufrecht auf den Hinterbeinen zu gehen; auch beim Getreidewaschen stehen sie aufrecht. Im Wasser fanden sie jedoch zunächst bei Ebbe auch anderes Freßbares und sammelten es ein; sie lernten schwimmen und sogar ausgezeichnet tauchen und holten sich diese Nahrung auch bei höherem Wasserstand. Das Weibchen Eba und ihre Tochter Sango wuschen selbst niemals Getreide, sondern gründeten eine Bande und griffen andere an, sobald die ihre Last ins Wasser geworfen hatten."

25) Erläuterung: "Human" und "menschlich" beschreibt nicht menschliches Handeln, wie es im Regelfalle ist, sondern wie es dem an den Menschen zu stellenden Anspruch adäquat ist. Herder hat dies in seinen "Briefen zur Beförderung der Humanität" deutlich herausgestellt. Humanität ist das Ziel menschlicher Entwicklung: "höchste Entfaltung menschlicher Kultur und Gesittung und dementsprechendes Verhalten gegenüber den Mitmenschen, ja aller Kreatur" (H. Schmidt: Philosophisches Wörterbuch, Stuttgart 1951). In dem Maße, wie der Mensch diese Humanität erreicht, nähert er sich seiner Bestimmung. Dieser normative Sinn des Humanitätsbegriffes entspricht ganz der biblischen Anthropologie der Gottesebenbildlichkeit bzw. Elohimartigkeit; vgl. hierzu auch Kapitel VII, 1c.

26) Erläuterung: Für die wenig entwickelten Tierarten ist der Mensch (zusammen mit höheren Tieren) im Regelfall nur ein Stück Umwelt. Nur die höchstentwickelten Tierarten sind in der Lage, vielfältige Reize und Funktionen ihres menschlichen Partners als zusammengehörig und nur diesem zugeordnet anzusehen. Tiere mittlerer Entwicklungsstufe nehmen Artgenossen und andere Lebewesen oft nur im Rahmen angeborener oder (je nach Fähigkeit auch) erworbener Schemata wahr. Dieses einfache Erkennens- und Interaktionsschema haben Uexküll (1970, S. 75 ff.) und Lorenz (1965, S. 115 ff.) schon in den Dreißigerjahren an Vögeln beobachtet und beschrieben. Dabei haben sie eine ganze Reihe voneinander unabhängiger Funktionskreise entdeckt, wie etwa das Schnabelsperren als Auslöser für das Füttern.

Diese Schemata sind alle in sich selbst abgeschlossen und funktionieren unabhängig davon, wer sie jeweils auslöst oder beantwortet. Zwischen beiden Partnern besteht also eine im Normalfall zwar sinnvolle, ja notwendige Beziehung, aber sie betrifft nur die jeweilige Situation.

Solche nur auf Einzelsituationen beschränkte Beziehungen sind auch unter Menschen denkbar, darum hat Uexküll dafür den Begriff des Kumpan-Verhältnisses geprägt: "Wir verstehen ja unter Kumpan einen Mitmenschen, mit dem uns nur die Bande eines einzelnen Funktionskreises verbinden, die mit höheren seelischen Regungen wenig zu tun haben ..." (Lorenz 1965, S. 122).

27) Ergänzung: (a) Die Benennung der Tiere kann ein wichtiger und schicksalhafter Akt, aber auch ein belangloser Vorgang sein. Symbolisch bedeutungsvoll ist jedenfalls der in der biblischen Schöpfungsgeschichte berichtete Vorgang der Benennung der Tiere durch Adam. In unserer Gegenwart überwiegt bei Nutztieren der rein pragmatische Sinn dieser Maßnahme zur Identifizierung einzelner Tiere. Um so beeindruckter war ich, in Alice Herdan-Zuckmayers Erinnerungsbuch "Die Farm in den Grünen Bergen" (Kapitel "Verwirrungen auf dem Geflügelhof") folgenden Satz zu lesen: "Wir benannten unsere Tiere nicht nach Laune und Willkür, vielmehr zwangen uns die Tiere dazu, sei es durch Aussehen, Benehmen oder Schicksal, ihnen einen Namen zu geben. Wer aber einen Namen trug, konnte nicht mehr verkauft, geschlachtet oder gegessen werden und hatte die Chance, eines natürlichen Todes zu sterben."

(b) Lorenz (1953, S. 43 f.) nennt dafür im Zusammenhang mit dem Phänomen der Tötungshemmung folgende Gründe: "Einen merkwürdig großen Unterschied macht es für die Stärke derartiger Tötungshemmungen aus, ob man das betreffende Wesen persönlich kennt. Schon geringe Grade beginnender persönlicher Bekanntschaft erschweren nicht nur mir selbst, sondern, wie ich aus vielen Beobachtungen an Fachgenossen weiß, den meisten Menschen das Töten eines Tieres ganz gewaltig. Immer wieder kann man in zoologischen Instituten Tiere sehen, die als Futtertiere oder sonstwie zum Abtöten angeschafft wurden, und die durch eine zufällige Hinausschiebung der Hinrichtung aus anonymen Verbrauchsartikeln zu persönlichen Pflegebefohlenen wurden und nun das Gewohnheitsrecht auf Gnadenbrot genießen. Für den Tieferblickenden sehr unterhaltsam, gleichzeitig aber auch rührend sind die Ausreden, mit denen Männer der Wissenschaft in solchen Fällen ihre Weichherzigkeit zu verbergen und sich und anderen verstandesmäßige Gründe dafür einzureden trachten, weshalb eben jene Tiere dem ihnen zugedachten Schicksal nicht zugeführt werden. Merkwürdig, wie der Mensch sich des Edelsten regelrecht schämen kann!"

28) Beleg: Hier der Bericht des Indianers Wäscha-kwonnesin, der zum Beschützer der kanadischen Biber wurde. Zunächst in kurzen Worten die Vorgeschichte: Nach einer schlechten Fangsaison hatte der Indianer beschlossen, entgegen humanem Brauch die Jagd auch auf das Frühjahr auszudehnen. Eine Bibermutter wurde sein Opfer, die beiden Jungen aber wurden verschont:"Schon lag der Finger am Drücker - da stieß das kleine Geschöpf einen leisen Schrei aus, und gerade in meiner Schußlinie tauchte ein zweites Tierchen auf und gab Antwort. Beide konnten mit e i n e m Schuß erledigt werden. Wieder schrien sie, und diesmal sah ich, daß es junge Biber waren. Langsam ließ ich die Büchse sinken und sagte bloß: ´Da hast du deine Jungen.´ Sofort meldete sich das Muttergefühl der Frau. ´Laß sie uns behalten!´ rief Anahareo erregt, und dann leise, ´es ist ja unsere Pflicht, nach dem - was wir getan haben.´ Weiß Gott, was wir getan hatten, glich nun erst recht einer grausamen, barbarischen Tat. Und in dem dunklen, unbewußten Drang, zurückzugeben, was genommen worden war, aus irgendeinem nicht klar zu erkennenden Gefühl heraus, Buße zu tun, sagte ich nur: ´Ja, wir müssen. Laß sie uns mitnehmen.´ Es schien das einzig Richtige zu sein.

Leicht gesagt: Wir wollen sie mitnehmen. Die Tierchen benahmen sich schon sehr selbständig und waren älter, als ich zunächst annahm. Mit beträchtlichem Aufwand an Geduld und Scharfsinn fingen wir die beiden endlich ein und zogen sie über den Kanurand: zwei komische Pelzbällchen mit kleinen Schuppenschwänzchen und übertrieben großen Hinterfüßen. Sie wogen zusammen ein knappes Pfund; das trappste nun gesetzt und würdevoll im Kanu auf und ab. Wir sollten ihn noch gut kennenlernen, diesen bestimmten, unbeirrbaren Gang. Sprachlos, verwirrt starrten wir sie an, nicht anders, als hätten wir zwei weiße Elefanten gefangen. Was sollten wir bloß mit ihnen beginnen? Wir ahnten nicht im entferntesten die Umwälzung, die ihr schlichter Auftritt in unserem Leben herbeiführen sollte.

Hätte an jenem Morgen mein Finger nur ein bißchen stärker gegen den Drücker gepreßt, so wären diese beiden kleinen Geschöpfe, deren Ankunft so viele Artgenossen vor dem Tod bewahrte, vorübergeweht wie zwei Strohhälmchen im Wind, zurück ins große Unbekannte, aus dem sie kaum emporgetaucht waren.

Ehrlich gesagt, wir wußten damals wirklich nicht, was wir uns aufgeladen hatten. Es war von Anfang an klar, daß unser Unterfangen kein Honigschlecken sein würde. Jede, aber auch jede etwa vorhandene oder ausgedachte Methode, Haustiere aufzuziehen, zu pflegen, mußte von Grund auf umgekrempelt werden. Unsere Biberchen waren keine verschüchterten, demütigen Geschöpfe, die furchtsam in dunklen Ecken hockten, sondern zwei sehr lebendige Persönlichkeiten, die uns einfach als ihre Beschützer betrachteten." (Aus Wäscha-kwonnesin: Kleiner Bruder, Stuttgart 1955, S. 33 ff. Das Buch führte bei einer späteren Neuauflage den Titel "Die Biberburg".)

29) Ergänzung: Wobei dieser Egoismus insbesondere im beruflich-wirtschaftlichen Bereich vorherrscht, während gleichzeitig in der Privatsphäre das Tier geliebt und oft auch in unangemessener Weise verwöhnt wird. Rudolph (1972, S. 18) hat diese Entwicklung so beschrieben: "Zur selben Zeit, in der Brathähnchen am Fließband ´produziert´ werden und Mastvieh in die Fleischfabriken wandert, ohne jemals Sonne und grüne Weiden erlebt zu haben, wächst die Zahl der Hundefriedhöfe, spezialisieren sich Veterinärmediziner auf die gewissenhafte Behandlung von Stubentieren, entstehen Tierpensionen, organisieren mittellose Studenten Ausführdienste für Hunde. Es kann hier nicht darum gehen zu polemisieren. Ebensowenig soll der therapeutische Wert des Umganges mit Tieren für vereinsamte Menschen, die mit oder ohne eigene Schuld das rechte Verhältnis zu ihrer menschlichen Umgebung eingebüßt haben, herabgemindert werden. Es gilt lediglich zu erkennen, wie unsere Gesellschaft sich offenbar in zunehmendem Maße als unfähig erweist, ein ausgeglichenes Verhältnis zur außermenschlichen Kreatur zu finden, wie mit rücksichtsloser Ausbeutung unserer Stalltiere in einem vorher nicht gekannten Ausmaß eine merkwürdige, gelegentlich geradezu perverse Hinneigung zu bestimmten

Lieblingstieren korrespondiert. Ließe sich hier nicht bereits an die Abreaktion eines Schuldkomplexes der Gesellschaft denken, die am Einzeltier wieder gutzumachen sucht, was sie an der Gesamtheit der Arten gesündigt hat und noch sündigt? 'Menschlichkeit'- so formulierte es am 8.6.1971 der Fernsehautor Horst Stern völlig zutreffend - 'hatte der Mensch schon immer nur für diejenigen Tiere übrig, m i t denen er lebte, nicht aber für diejenigen, v o n denen er lebte' ".

30) Erläuterung: Das Fallenstellen und Schlingenlegen ist eine noch immer verbreitete qualvolle Fangmethode. Der Kampf um die nötigen Verbote bedurfte und bedarf in verschiedenen Ländern langwieriger und mühsamer Kämpfe um die Aufmerksamkeit der öffentlichen Meinung und schließlich eine gesetzliche Regelung. "Erst im Jahre 1962 ist in der Schweiz die Verwendung der Tellereisen, eines der schlimmsten Marterwerkzeuge, als Jagdmethode verboten worden" (Hediger 1965, S. 118). Tellereisen sind schwere Schlagfallen, die kleinere Tiere zwar mit einem Schlag töten können, aber nur dann, wenn lebenswichtige Körperteile getroffen werden. In der Mehrzahl der Fälle werden die Tiere aber nur unter fürchterlichen Qualen festgehalten, bis der Trapper sie bei seinem bestenfalls täglichen Rundgang findet.

In Kanada, dem klassischen Land der Jäger und Trapper, hat der Kampf um das Verbot der Tellereisen gerade erst begonnen. Hier eine Information aus dem "Spiegel" (4, 1973, S. 76): "Die militanten Freunde von Otter, Biber, Bär und Nerz klagen unter dem Bild einer pelzbemäntelten, vor einem Kirchenaltar knienden Frau: '... Irgendwo im Norden unseres Landes irren etwa 100 000 Pelztiere auf nur zwei oder drei Pfoten herum, weil ihnen die anderen von barbarischen Tellereisen abgeschlagen wurden.'

Was sonst noch geschieht im stillen Forst - die Tierschützer haben es herausgefunden und kratzen nun am alten Glanz der Trapper-Romantik: Häufigste Beute der Fallensteller, so erfährt das Volk der Jäger und Naturfreunde, sind die Eichhörnchen. Mit 110 000 getöteten Tieren führen sie 1972 die traurige Todesliste an. Mit Abstand folgen Hasen, Biber, Waschbären und Vögel, dann Füchse, Schafe, Otter, Braunbären und Rinder. Die begehrten Wölfe, Nerze und Hermeline, denen die erbarmungslose Jagd eigentlich gilt, rangieren ganz hinten, noch hinter Katz und Hund.

Freilich: Die Tierschützer sind nicht nur erbost über die schiefe Bilanz der edlen Trapperei. Sie wenden sich gegen das Fallenstellen vor allem deshalb, weil die gefangenen Tiere selten sofort getötet werden. Die Trapper kontrollieren nur sporadisch ihre Fallen. Erst nach Tagen elender Qualen verenden die Tiere - verhungert, erfroren, verblutet.

Die 'Vereinigung zum Schutz der Pelztiere' und die 'Canadian Association for Humane Trapping' (etwa: Kanadischer Verein für humanes Fallenstellen) wissen, was zu tun ist: Schneefuchs, Nerz, Seeotter und auch der böse Wolf sollen in den Rang 'gefährdeter Tiergruppen' erhoben werden, die keiner mehr bejagen darf: das Aufstellen von Fußfallen wie der Tellereisen soll, wie in Deutschland schon seit 1935, generell verboten werden.

Doch nicht nur die wilden Tiere, auch die schweigsamen Trapper haben ihre Lobby: Hüter alter Sitten verteidigen das Recht des freien Waldläufers, Fallen zu stellen, wann immer es ihm beliebt. Heimatschriftsteller Weldon Cosbie, der Barde heroischer Pionier-Mentalität, beschwört die edle Quelle des Volkstums: 'Unser Land ist schließlich von harten Männern und nicht von alten Weibern aufgebaut worden' ".

31) Ergänzung: (a) In einem ethnologisch-geschichtlichen Teil (S. 9 - 261) breitet Bregenzer das ihm zugängliche Material bis zu seiner eigenen Zeit aus. Im systematischen Teil (S. 262 - 410) werden Mensch und Tier hinsichtlich wesentlicher Eigenschaften verglichen, so "Wollen und Erkennen" (271), "Selbstbewußtsein und Selbstbehauptung" (281), "Gesellung und Gesittung" (287). Unter diesen Stichworten werden wichtige Details behandelt wie etwa: Seele, Intelligenz, Sprache, Willensfreiheit, Kunst und Arbeit. Dabei müssen die unterlaufenen Anthropomorphismen jeweils in Rechnung gestellt werden.

(b) Besonders wichtig ist das unter dem Thema "Gesellung und Gesittung" gesammelte Material. Eingangs wird Wundt zitiert (287 f.): "ein gewisses sittliches Gefühl hält auch die tierischen Verbände zusammen"; dann wird diese Hypothese mit verschiedenen Beispielen belegt. Das Ergebnis wird wie folgt zusammengefaßt (300 f.): "Es waltet durchgängige Gleichartigkeit und Übereinstimmung zwischen sämtlichen Äußerungsformen (Grundvermögen) des Seelenlebens; auch in demjenigen Gebiete, welches die größten Verschiedenheiten aufweist, im Gebiete der Intelligenz bestehen nur g r a d u - e l l e   U n t e r s c h i e d e . Der Abstand zwischen den höheren und niederen Tierklassen ist weit größer als der zwischen den Menschen und den höchsten Tieren. Man muß überhaupt, um einen richtigen Vergleichungsmaßstab zu gewinnen, nicht die entfernteren Glieder, sondern die aneinanderstoßenden, also die höchsten und entwickeltsten Tiere einerseits und die niedersten Menschen (Wilde, Verwilderte, Kinder, Schwachsinnige) andererseits zusammenstellen. In dem Maße, als sich unsere Kenntnis des tierischen Seelenlebens erweitert, schrumpfen vor dem unbefangenen Blick die menschlichen Reservatrechte zusammen und vermehren sich die tierischen Kompetenzen ..... Die sozialen Triebe und Gefühle entspringen einer psychophysiologischen Wechselwirkung der Lebewesen, zunächst in engeren, dann in immer weiteren Kreisen. Im Sozialen erkennen auch die besonneneren Gegner unserer Auffassung mindestens die Keime oder Vorstufen des Sittlichen. Es ist namentlich die S i t t e , die sich bei a l l e n sozialen Tieren naturnotwendig entwickelt und eigentümliche Organisationsformen erzeugt hat, als da sind: Verbands- oder Verfassungsformen, Vertretung, Schutzeinrichtungen, wirtschaftliche, sittliche und rechtliche Institutionen, z.B. Arbeitsteilung, Kinder- und Brutpflege, Unterricht, Polizei und Strafrecht, selbst Analogien des Eigentums. Die h ö h e r e n Tiere haben sich zweifellos schon über die niedersten Stufen der Sittlichkeit emporgearbeitet, sofern die ethischen Grundgefühle des Mitgefühls, Rechts- und Pflichtgefühls in ihnen ähnlich wie im Naturmenschen lebendig sind und nur die höheren und komplizierten Gefühle und Triebe (wie Religion, Wissens- und Wahrheitstrieb, Schamgefühl) ihnen ganz oder teilweise fehlen."

(c) Weitere behandelte Gegenstände sind: u.a.: "Die Motive des sittlichen, insbesondere tierethischen Handelns" sowie "Die Ziele der Ethik, speziell der Tierethik" sowie "Die tierrechtliche Aufgabe" mit einer juristischen Grundlegung, rechtlich geschützten Tierinteressen und den Rechten des Menschen gegen das Tier.

32) Landmann (1959, S. 43 f.) hat hier einiges Material zusammengetragen: "Auch das von Tieren vergossene Menschenblut will Gott an den Tieren rächen (Gen. 9, 5). Wenn ein Ochse einen Menschen zu Tode stößt, so soll man den Ochsen steinigen (Ex. 21, 28 - 32) ... In Athen gab es ein eigenes Gericht für Sachen und für Tiere, die Menschen getötet hatten, und auch Platon (Legg. IX, 12, 873 d. ff.) heißt dies gut. Im Mittelalter erhielten Ratten, ehe man einen Vernichtungsfeldzug gegen sie begann, einen Verteidiger, und bis ins 18. Jahrhundert wurden Tiere vor Gericht gestellt, in England können sie es grundsätzlich noch heute ..." Für eine detaillierte Darstellung des früheren Tierstrafrechtes siehe Amira (1891), Berkenhoff (1937), v. Hentig (1954/55, Bd. 1, S. 50 - 90) und Rudolph (1970).

33) Zitat (Albert Schweitzer: Aus meiner Kindheit und Jugend, Ges. Werke Bd. 1, S. 275 - 278): "Solange ich zurückblicken kann, habe ich unter dem vielen Elend, das ich in der Welt sah, gelitten. Unbefangene, jugendliche Lebensfreude habe ich eigentlich nie gekannt und glaube, daß es vielen Kindern ebenso ergeht, wenn sie auch äußerlich ganz froh und ganz sorglos scheinen.

Insbesondere litt ich darunter, daß die armen Tiere so viel Schmerz und Not auszustehen haben. Der Anblick eines alten hinkenden Pferdes, das ein Mann hinter sich herzerrte, während ein anderer mit einem Stecken auf es einschlug - es wurde nach Kolmar ins Schlachthaus getrieben - hat mich wochenlang verfolgt.

Ganz unfaßbar erschien mir - dies war schon, ehe ich in die Schule ging -, daß ich in meinem Abendgebete nur für Menschen beten sollte. Darum, wenn meine Mutter mit mir gebetet und mir den Gutenachtkuß gegeben hatte, betete ich heimlich noch ein von mir selbst verfaßtes Zusatzgebet für alle lebendigen Wesen. Es lautete: ´Lieber Gott. Schütze und segne alles, was Odem hat, bewahre es vor allem Übel und laß es ruhig schlafen!´

Einen tiefen Eindruck machte mir ein Erlebnis aus meinem siebenten oder achten Jahre. Heinrich Bräsch und ich hatten uns Schleudern aus Gummischnüren gemacht, mit denen man kleine Steine schleuderte. Es war im Frühjahr, in der Passionszeit. An einem Sonntagmorgen sagte er zu mir: 'Komm, jetzt gehen wir in den Rebberg und schießen Vögel.' Dieser Vorschlag war mir schrecklich, aber ich wagte nicht zu widersprechen, aus Angst, er könnte mich auslachen. So kamen wir in die Nähe eines kahlen Baumes, auf dem die Vögel, ohne sich vor uns zu fürchten, lieblich in den Morgen hinaus sangen. Sich wie ein jagender Indianer duckend, legte mein Begleiter einen Kiesel in das Leder seiner Schleuder und spannte dieselbe. Seinem gebieterischen Blick gehorchend, tat ich unter furchtbaren Gewissensbissen dasselbe, mir fest gelobend, daneben zu schießen. In demselben Augenblicke fingen die Kirchenglocken an, in den Sonnenschein und in den Gesang der Vögel hineinzuläuten. Es war das 'Zeichen-Läuten', das dem Hauptläuten eine halbe Stunde voranging. Für mich war es eine Stimme aus dem Himmel. Ich tat die Schleuder weg, scheuchte die Vögel auf, daß sie wegflogen und vor der Schleuder meines Begleiters sicher waren, und floh nach Hause. Und immer wieder, wenn die Glocken der Passionszeit in Sonnenschein und kahle Bäume hinausklingen, denke ich ergriffen und dankbar daran, wie sie mir damals das Gebot: 'Du sollst nicht töten' ins Herz geläutet haben.

Von jenem Tage an habe ich gewagt, mich von der Menschenfurcht zu befreien. Wo meine innerste Überzeugung mit im Spiele war, gab ich jetzt auf die Meinung anderer weniger als vorher. Die Scheu vor dem Ausgelachtwerden durch die Kameraden suchte ich zu verlernen.

Die Art, wie das Gebot, daß wir nicht töten und quälen sollen, an mir arbeitete, ist das große Erlebnis meiner Kindheit und Jugend. Neben ihm verblassen alle anderen.

Als ich noch nicht in die Schule ging, hatten wir einen gelben Hund namens Phylax. Wie manche Hunde konnte er keine Uniformen leiden und ging immer auf den Briefträger los. Also wurde ich angestellt, zur Stunde des Briefträgers Phylax, der bissig war und sich schon an einem Gendarmen vergangen hatte, in Zaum zu halten. Mit einer Gerte trieb ich ihn in einen Winkel des Hofs und ließ ihn nicht heraus, bis der Briefträger wieder fort war. Welch stolzes Gefühl, als Tierbändiger vor dem bellenden und zähnefletschenden Hund zu stehen und ihn mit Schlägen zu meistern, wenn er aus dem Winkel ausbrechen wollte! Aber das stolze Gefühl hielt nicht an. Wenn wir nachher wieder als Freunde beieinander saßen, klagte ich mich an, daß ich ihn geschlagen hatte. Ich wußte, daß ich ihn vom Briefträger auch abhalten könnte, wenn ich ihn beim Halsband faßte und streichelte. Wenn die fatale Stunde aber wieder kam, erlag ich wiederum dem Rausch, Tierbändiger zu sein . . .

In den Ferien durfte ich beim Nachbar Fuhrmann sein. Sein Brauner war schon etwas alt und engbrüstig. Er sollte nicht viel traben. In der Fuhrmannsleidenschaft ließ ich mich aber immer wieder hinreißen, ihn mit der Peitsche zum Traben anzutreiben, auch wenn ich wußte und fühlte, daß er müde war. Der Stolz, ein trabendes Pferd zu leiten, betörte mich. Der Mann ließ es zu, 'um mir die Freude nicht zu verderben'. Aber was wurde aus der Freude, wenn wir nach Hause kamen und ich beim Ausschirren bemerkte, was ich auf dem Wagen nicht so gesehen hatte, wie die Flanken des Tieres arbeiteten! Was nützte es, daß ich ihm in die müden Augen schaute und es stumm um Verzeihung bat? . . .

Einmal, ich war damals schon auf dem Gymnasium und in den Weihnachtsferien zu Hause, kutschierte ich im Schlitten. Aus dem Hause des Nachbars Löscher heraus sprang kläffend sein als böse bekannter Hund dem Pferde entgegen. Ich glaubte im Recht zu sein, ihm einen gutgezielten Peitschenschlag zu versetzen, obwohl er sichtlich nur aus Mutwillen auf den Schlitten zukam. Zu gut hatte ich gezielt. Ins Auge getroffen, wälzte er sich heulend im Schnee. Seine klagende Stimme klang mir noch lange nach. Durch Wochen hindurch konnte ich sie nicht loswerden.

Zweimal habe ich mit andern Knaben mit der Angel gefischt. Dann verbot mir das Grauen vor der Mißhandlung der aufgespießten Würmer und vor dem Zerreißen der Mäuler der gefangenen Fische, weiter mitzumachen. Ja ich fand sogar den Mut, andere vom Fischen abzuhalten.

Aus solchen mir das Herz bewegenden und mich oft beschämenden Erlebnissen entstand in mir langsam die unerschütterliche Überzeugung, daß wir Tod und Leid über ein anderes Wesen nur bringen dürfen, wenn eine unentrinnbare Notwendigkeit dafür vorliegt, und daß wir alle das Grausige empfinden müssen, das darin liegt, daß wir aus Gedankenlosigkeit leiden machen und töten. Immer stärker hat mich diese Überzeugung beherrscht. Immer mehr wurde mir gewiß, daß wir im Grunde alle so denken und es nur nicht zu bekennen und zu bestätigen wagen, weil wir fürchten, von den andern als 'sentimental' belächelt zu werden, und auch weil wir uns abstumpfen lassen. Ich aber gelobte mir, mich niemals abstumpfen zu lassen und den Vorwurf der Sentimentalität niemals zu fürchten."

34) Zitat (H. Wolf: "Der Tag, an dem es sich entschied", Die Tier-Illustrierte Nr. 10, Oktober 1967, S. 358): "Der Junge mochte dreizehn Jahre alt sein, und seiner Jacke sah man es an, daß er in der letzten Zeit ein gutes Stück gewachsen war. Er schlenderte über den mittagsdurchglühten Hof hinüber zum Schuppen, wo sein Vater auf einem Blechkanister hockte und an seinem Motorrad herumbastelte.

'Komm her', sagte der Mann. 'Du kannst mir gleich helfen.' Der Junge setzte sich neben den Vater und sah zu, wie der Alte am Zylinderkopf herumschraubte. 'Wir müssen noch ein Kamickel schlachten', sagte der Mann, 'und ich habe gedacht, daß du das diesmal besorgen könntest.'

Die Augen des Jungen leuchteten vor Stolz. Er wußte, daß das eine Auszeichnung für ihn war, denn bisher hatte der Vater das Schlachten immer allein besorgt. Der Mann war mit seiner Arbeit fertig. Er stand auf, zog sein Messer aus der Tasche und gab es dem Jungen. 'Da', sagte er, 'und bring das Rundholz mit.'

Der Junge hatte das Messer genommen, klappte es auf, prüfte sachverständig die Schneide und holte dann aus dem Schuppen einen runden Knüppel. Der Vater war inzwischen hinüber zu den Kaninchenställen gegangen. 'Nimm den alten Bock', sagte er, 'der taugt doch zu nichts mehr und frißt den anderen doch nur das Futter weg.'

Der Junge öffnete die Stalltür und versuchte, das schwere Tier herauszuzerren, das sich in die hinterste Ecke verkrochen hatte. Das Fell des Kaninchens fühlte sich warm an und seidenweich. Es ärgerte den Jungen, daß es sich so warm anfühlte, und daß er spürte, wie das Herz des Tieres wild unter seinen Händen klopfte.

'Na, hast du ihn?' rief der Vater. 'Pack ihn gleich an den Ohren, sonst reißt er uns noch aus.'

Der Junge faßte das Kaninchen mit der einen Hand an den Ohren, mit der anderen fest am Fell und zog es nach vorn. Ob es ihm weh tun wird, dachte er. Ich sollte es streicheln, vielleicht beruhigt es sich dann.

'So', sagt der Mann, 'setz es hier hin. Da hast du das Holz. Ein kräftiger Schlag gleich hinter die Ohren. Du weißt ja, wie's gemacht wird.'

Der Junge hielt das Tier mit der linken Hand an beiden Ohren und griff mit der rechten nach dem Holz. Jetzt, dachte er, jetzt, jetzt. Aber schlug nicht zu.

'Sei doch nicht so ängstlich', sagte der Vater. 'Los, hau zu. Stell dich nicht an wie ein kleines Kind. Du bist doch jetzt erwachsen.'

Ich muß es tun, dachte der Junge. Ich bin jetzt erwachsen. Ich muß es können. Und er schlug zu. Einmal, zweimal, dreimal, wie ein Rasender. Ich bin erwachsen, dachte er immer wieder. Jetzt bin ich wirklich erwachsen.

'Hör doch auf', rief der Vater lachend. 'Siehst du denn nicht? Der hat genug.' Der Junge sah erschrocken auf das verendete Tier. 'Ist er jetzt tot?' fragte er leise.

'Du denkst wohl, er schläft', lachte der Vater schallend. 'Hast es gut gemacht. So, den Rest besorge ich schon alleine.' Er packte das leblose Tier an den Ohren und ging dann hinter den Schuppen.

Der Junge schlenderte langsam über den Hof zurück. In der rechten Hand hielt er noch immer das Rundholz. Jetzt bin ich erwachsen, dachte er. Jetzt bin ich richtig erwachsen. Dabei liefen ihm die Tränen über das Gesicht."

35) Ergänzung: Im Kind ist nicht nur eine Disposition zur Fürsorglichkeit, sondern auch eine Möglichkeit zum Sadismus angelegt. Dabei ist zwischen bloßer Ungeschicklichkeit und unwissentlich falscher Behandlung, spielerischem Falschverhalten, altersbedingter Neugier und aufkeimender Freude an jagdanalogen oder despotischen Regungen zu unterscheiden.

Tiermißhandlung durch Kinder kann verschiedene Ursachen und Aspekte haben: (a) Bei Kleinkindern bis zu 3 Jahren fehlt die Vorstellung davon, was Tieren Schmerz bereiten kann. Oft wollen sie ein Tier nur fangen oder festhalten oder mit ihm spielen; Krüger (1934) hat auch hierüber berichtet.

(b) Bei älteren Kindern kommen Unachtsamkeit, Ungeduld, Langeweile, mangelndes Mitempfinden oder die Folgen pädagogischer Überforderung hinzu. So sind einer Zeitungsmeldung zufolge (Badische Neueste Nachrichten vom 11.10.1969) im Kantonalen Züricher Tierspital innerhalb eines halben Jahres 200 Kleintiere durch kindliche Unachtsamkeit pflegebedürftig gemacht worden, weil die Kinder nicht wissen oder vergessen, daß das Tier kein schmerzunempfindliches Spielzeug ist. Wie sollte ihnen auch der Unterschied zwischen einem Stoffhasen und einem lebendigen Jungkaninchen immer bewußt sein, insbesondere wenn es zu keiner der Tiere verständlichen Schmerzreaktion fähig ist. Prof. Leemann stellt daher folgende drei Forderungen: "Die Eltern müssen dem Kind beibringen, daß das Tier kein Spielzeug ohne Schmerzempfindung ist. Das Tier darf nicht dauernd herumgeschleift werden; es benötigt auch der Ruhe. Wenn das Kind das Interesse am Tier verliert, soll es nicht zur Weiterhaltung des Vierbeiners gezwungen werden. Die ursprüngliche Liebe zum Tier schlägt sonst leicht in Haß um, und das Tier wird tyrannisiert."

(c) "Kindliche Grausamkeit" zählt Busemann (1965, S. 213) zu den Schattenseiten der Kindesnatur. Sie ist vermutlich in jedem Kind als Möglichkeit unterschiedlich stark angelegt. Dabei können bestimmte Entwicklungsphasen (altersbedingte Neugier und aufkeimende Freude an jagdanalogen Spielen) und Reaktionen auf Schläge oder Schlüsselerlebnisse (vgl. Anm. 33 und 34) in der einen oder anderen Richtung auslösend, verstärkend oder hemmend mitwirken. Siegmund (1958, S. 273) hat wohl recht, wenn er schreibt: "Umgang mit Tieren weckt im Kinde nicht nur edle Antriebe, sondern auch die dämonische Lust, seine Herrschaft über das wehrlose Tier zu erproben. Eben das Tier, das sich in arglosem Vertrauen dem Menschen anbietet, vermag schon im Kinde das Gelüste wachzurufen, die herrscherliche Stellung des Menschen zu sadistischen Quälereien zu mißbrauchen. Je nachdem, was im Knaben geweckt wird, lernt er für Tiere zu sorgen, auf ihre Bedürfnisse zu achten und ihnen Hilfe zu leisten, worauf Tiere vielfach mit treu ergebener Dankbarkeit antworten. Oder die Gier, die Herrschaft über das Tier auszukosten, sich selbst an der dem hilflosen Tier zugefügten Qual zu weiden, wächst sich zu erschreckender Gemütsverrohung aus ..."

(d) So muß denn auch Lorenz (1971, S. 48) feststellen, daß "der durchschnittliche niederösterreichische Dorfhund" flieht, "sobald er den durchschnittlichen niederösterreichischen Bauernbuben nahen sieht" und macht dafür die allgemeine Roheit der Kinder verantwortlich, die vermutlich als Regelverhalten tradiert wird, weil es eine kompensatorische Erziehung oder auch nur moralische Bedenken nicht gibt. Vgl. hierzu auch G. Nass: Kinderkriminalität, Wiesbaden 1969, S. 15 ff.

36) Literaturhinweis: Heim steht natürlich in der Tradition einer langen Auseinandersetzung, die von Hübner (1966) detailliert referiert wird.

37) Ergänzung: Der Umstand, daß der Bericht über die Erschaffung der Landtiere (Gen. 1, 25) anders als bei der Erschaffung der Seetiere und Vögel (Gen. 1, 21 f.) eine besondere Segnung nicht erwähnt, wird unterschiedlich bewertet. Für Barth, der darin übrigens Thomas von Aquin (S. th. 72, 4) folgt, ist die Nichtwiederholung unerheblich (1970, III/1, S. 201). Nach v. Rad (1964, S. 44) wird der Erde "eine eigene schöpferische Potenz durchaus zuerkannt ... Das Wasser steht schöpfungsmäßig im Rang tiefer als die Erde; es konnte von Gott nicht zu einer schöpferischen Mitbeteiligung aufgerufen werden ..." Also bedurften nur die Seetiere eines besonderen unmittelbar von Gott kommenden Segens. Anders argumentiert Schmidt (1973, S. 147): "Warum fehlt der Segen bei den Landtieren? Diese oft gestellte Frage findet sofort ihre Antwort, wenn man sich überlegt, wie dieser Segen gegenüber V 22 lauten würde. Er müßte nämlich wörtlich dem Segen für die Menschen (V 28a) entsprechen! Damit würden

aber Landtiere und Menschen 'die Erde füllen' und d.h. in Konkurrenz treten. So ist um des Menschen willen den Landtieren der Segen vorenthalten worden!"

38) Ergänzung: (a) Nach Hempel (1932, S. 221 ff.) sind dem Menschen offensichtlich nur die Tiere als Gehilfen und Gefährten zugedacht. Dabei wäre es eine denkbare Möglichkeit, daß der Mensch, wenn schon elohimartig konzipiert, von Gott auch zunächst androgyn erschaffen wurde; das wäre nach Gen. 2, 20 denkbar, stünde aber zu Gen. 1, 27 in Widerspruch. Der theologiegeschichtliche Aspekt dieser Frage ist von Benz (1955) bearbeitet worden. Hat man die androgyne Konzeption bejaht, dann könnte man mit Hempel auch akzeptieren, daß der Sündenfall nicht die Folge eines einmaligen Versagens war, sondern ein mehrphasiger Prozeß: Adam ist mit der ihm von Gott zugedachten Rolle eines geschlechtslosen, engelartigen Wesens nicht zufrieden. Die Benennung der Tiere, der Gott eine so große Bedeutung beimißt, wird von Adam ohne eine Silbe der Bewunderung oder des Dankes an den Schöpfer und ohne ein Zeichen der Zuneigung für seine Mitgeschöpfe absolviert. Adams geheimer Wunsch liegt nicht in der Linie des göttlichen Plans, ihn interessiert nicht die Fülle und Großartigkeit der ihm zugeordneten Schöpfung, sondern er will, was er noch nicht hat: die Frau! Also ist die Erschaffung der Frau nach Hempel zwar Erfüllung, zugleich aber auch ein weiterer Schritt in die Auflehnung, weil er der Frau in den Ungehorsam folgt.

(b) Nach Vriezen ist Gottes Vorhaben, dem Menschen die Tiere als Gefährten und Gehilfen zuzuführen, nicht gescheitert, sondern der biblische Bericht legt "...Nachdruck darauf, zu zeigen, daß die Tiere nicht das menschliche Gegenstück sind" (vgl. Westermann 1966 ff., S. 310 f.), um so den Unterschied zwischen Mensch und Tier erst deutlich zu machen.

39) Zitat aus Barth (1970, III/1 S. 210): "Von den die göttliche Lebensform in dieser ihrer geschöpflichen Weise wiederholenden Menschen heißt es nun, daß Gott ihnen eine erhabene, eine H e r r s c h e r stellung inmitten der sie umgebenden Tierwelt des Wassers, der Luft und der Erde zugewiesen habe. Nicht darin besteht ihre Gottebenbildlichkeit. Das ist aber die Konsequenz ihrer Gottebenbildlichkeit, daß sie sich von der übrigen Kreatur unterscheiden und zunächst von den übrigen selbständig lebenden Wesen im Raum der Kreatur durch eine überlegene Stellung, durch größere Würde und Macht, durch eine ihnen übertragene Verfügungsgewalt abheben. In diesem und nur in diesem Verhältnis, in abhängigem Zusammenhang mit dem Menschen können und werden auch jene an dem im Menschen offenbar gewordenen Geheimnis der ganzen Schöpfung und an dessen Verheißungsvollem Anteil nehmen. Ein Ausschluß der übrigen Schöpfung von diesem Geheimnis wird also damit nicht behauptet, daß dem Menschen diese Stellung und Funktion zugeschrieben wird; es ist vielmehr der Modus ihres Einschlusses, der damit beschrieben wird: so, in prinzipieller Unterordnung, als des Menschen kameradschaftliche Gefolgschaft und Umgebung sind auch sie Zeugen und insofern Teilnehmer an seiner Gottebenbildlichkeit und an der ihm mit dieser seiner besonderen Erschaffung verheißenen Geschichte. Stärker als so kann ja des Menschen Herrschaft über die Tiere auch nicht verstanden werden. Er ist nicht ihr Schöpfer; so kann er auch nicht ihr absoluter Herr, kein zweiter Gott, sondern in seiner Würde und Machtstellung doch nur Gottes geschöpflicher Zeuge und Stellvertreter ihnen gegenüber sein und unter den von ihm Beherrschten ein primus inter pares, der Vollstrecker eines Auftrags, der aber die Herrschaft über Leben und Tod, das Recht des Blutgerichtes nicht in sich schließt. Die Herrschaft des Menschen über die Tiere ist eine innerlich und äußerlich begrenzte Herrschaft."

40) Erläuterung: (a) Das Opfer, von dem erst nach dem Sündenfall in Gen. 4,3 ff. und Gen. 8,20 ff. berichtet wird, ist nach v. Rad (1966, Bd. 1, S. 265) "keine sozusagen originale Schöpfung des Jahweglaubens"; vielmehr ist davon auszugehen, "daß Israel erst im Kulturland in ein uraltes und weitverbreitetes Brauchtum eingetreten ist, um es nachträglich mit seinen Vorstellungen zu füllen." Entsprechend auch Hentschke (1960, Sp. 1643): "Das Verständnis des Opfers als einer Gott dargebrachten Gabe ist - jedenfalls soweit es die Tieropfer betrifft - in Israel unter kanaanäischem Einfluß aufgekommen..." Das in den erwähnten Stellen berichtete Opfer wird erst in Lev. 3,1 ff. als von Gott institutionalisiert und mit allen kultischen Details beschrieben. Daß es innerhalb des Judentums aber doch nur ein nicht integrierbares Element blieb, beweist das Zeugnis der Propheten.

(b) Schon Lev. 1, 2 f. ist kein eigentliches Gebot, sondern nach Landmann (1959, S. 50 ff.) nur eine Möglichkeit: "Wer opfern will, der mag es tun, aber niemand ist dazu verpflichtet (Lev. 1, 2 f.). Offenbar sagte sich Moses, daß er mit einem gänzlichen Opferverbot doch nicht durchdringen und das Ergebnis bloß sein würde, daß die Opfer nach dem Vorbild der Nachbarn den Baalen dargebracht werden würden. Also sollen sie dann schon eher Jahwe gehören, wenn er auch eigentlich gar nicht nach ihnen verlangt. Was bei Moses schon angelegt war, bricht radikaler durch bei den Propheten. Sie verdammen das Opfer, nicht freilich, weil dadurch ein Geschöpf unschuldig leidet, sondern weil in ihm sich der Mensch von der wahren Gottespflicht freizukaufen wähnt. Gleich im Eingangskapitel des Jesaja (1, 11 ff.) spricht Gott durch ihn: ´Was soll mir die Menge eurer Opfer! Ich bin satt der Brandopfer von Widdern und des Fettes von den Gemästeten und habe keine Lust zum Blut der Farren, der Lämmer und der Böcke. Bringet nicht mehr Speisopfer so vergeblich. Das Rauchwerk ist mir ein Greuel. Und ob ihr schon betet, höre ich euch doch nicht; denn eure Hände sind voll Bluts. Laßt ab vom Bösen, lernet Gutes tun, trachtet nach Recht, helft den Unterdrückten, schaffet den Waisen Recht und helfet der Witwe Sache.´

Ganz ähnlich heißt es auch bei Amos (5, 22 - 44): ´Ich mag eure feisten Dankopfer nicht ansehen. Es soll aber die Gerechtigkeit offenbar werden wie ein starker Strom.´ Und auch andere Propheten sprechen ebenso (Jer. 6, 20, vgl. 14, 12, Hos. 8 - 13, Micha 6, 6 - 8, vgl. Sprüche 21, 27). Aus solcher Gesinnung heraus wurden durch die Josianische Reform die Opfer auf den Tempel in Jerusalem beschränkt. Von nun an brauchte nicht mehr jedes Schlachten eines Tieres ein Opfer zu sein (Deut. 12, 14/15). Nur noch die Priester sollten Opfer ausüben. Der einzelne nachexilische Jude, so auch Jesus, hat nicht mehr geopfert. Und nach der Zerstörung des Tempels 70 nach Christus fielen die Opfer ganz dahin, ohne daß die bereits ethisch gewandelte jüdische Religion davon einen Schaden erlitten und ohne daß sich je ein Jude nach ihrer Wiedereinführung gesehnt hätte."

41) Beleg: Westermann (1966, S. 623) sieht in dieser Vorschrift den Versuch, Übergriffe und Verrohung abzuwehren. Im ersten Satz des nachstehenden Zitates ist von "P" die Rede; damit ist die erste Schöpfungsgeschichte in Gen. 1 bis Gen. 2, 4 (Priesterschrift) gemeint, die dem zweiten Schöpfungsbericht vorausgeht. Für die Einzelheiten dieser quellenkritischen Unterscheidung s. Westermann (1972, S. 13 - 39).

Hier nun das Zitat von Westermann (1966, S. 623): "Der Sinn des Satzes bei P. Das Verbot, mit dem Fleisch eines Tieres zusammen das ´Leben´ des Tieres zu essen, ist von P in den Zusammenhang der Freigabe fleischlicher Nahrung als einer Erweiterung der Einsetzung des Menschen in die Herrschaft über die Tiere nach der Flut gestellt, die wiederum im Zusammenhang der Segnung des bewahrten Lebendigen steht. In diesem Zusammenhang bekommt es einen neuen, erweiterten Sinn: Durch die Einschränkung der Herrschaft über die Tiere wird der Segen bewahrt. Das Töten der Tiere birgt eine Gefährdung, die Gefährdung des Blutdurstes (Nu 23 24 Dt 32 42 Jer 46 10), des Tötens um des Tötens willen, der Mordgier. Hierin also gehören die beiden Einschränkungen in V. 4 und 5 nahe zusammen. ´Die Gründe für das Blutverbot liegen auf dem Gebiet der Sittigung und Sittlichkeit´ (BJacob), daher ist es ´constantly classed with the moral laws (Ez 33 25 f.)´ JSkinner. FDelitzsch und ADillmann erklären, daß das Verbot des Blutgenusses auch ein Abwehren von Verrohung ist, und BJacob, daß es zu Blutscheu erzog und vor Rohheit und Wildheit bewahrte: ´Sie sind die beiden elementaren Forderungen der Humanität im buchstäblichen Sinne des Wortes´ (BJacob). Das ist deswegen außerordentlich wichtig, weil Brutalität und Verrohung, anscheinend unvermeidbare Begleiterscheinungen gewisser Phasen der politischen und sozialen Geschichte, meist gesetzlich nicht faßbar sind. In der Zusammenfügung der beiden Einschränkungen in 9 4 - 6 ist dieser Zusammenhang von Mord und Verrohung erkannt. Wenn das Phänomen der Brutalität durch die Aufnahme des alten Prohibitivs von P gerade im Verhalten des Menschen zu den Tieren gezeigt wird, so liegt darin eine große Weisheit. Gerade bei diesem Phänomen der Verrohung zeigt es sich, daß das Verhalten des Menschen zum Mitmenschen von dem zu den Tieren nicht zu trennen ist."

42) Zitat, Fortsetzung aus Barth (1970 Bd. III/4, S. 404): "Alles Einzelne, was ethisch zu dieser Sache zu sagen ist und hier nur andeutend berührt werden kann, müßte jedenfalls v o n   d a   a u s

gedacht und gesagt sein. Wo immer der Mensch seine Herrschaft über das Tier ausübt, und um wieviel mehr über jeder Jagdhütte, über jedem Schlachthaus, über jedem Vivisektionsraum müßten in feurigen Lettern die (m. E. trotz Ad. Schlatter hierher gehörigen) Worte des Paulus Röm. 8, 19 f. sichtbar sein von jenem ´sehnsüchtigen Harren´ (apokaradokia) der Kreatur - auf was? auf die ´Offenbarung der Kinder Gottes´ und also auf die Befreiung eben derer, die sie jetzt gefangen halten und sogar vom Leben zum Tode bringen. Nicht hekousa, nicht ihrer eigenen Bestimmung entsprechend, sondern um des Menschen, ihres Unterwerfers willen, sei ja die Kreatur der mataiotes unterworfen. Und eben zur Befreiung von der douleia tes phthoras sei im Zusammenhang mit der Befreiung der Kinder Gottes auch sie bestimmt, um unterdessen, jetzt, mit uns zu s e u f z e n , mit uns in den Schmerzen der Geburt eines neuen Äons a u f z u s c h r e i e n . Gut ist in diesem ganzen Bereich offenbar das, was sich vor diesen Worten verantworten - böse, was sich ihnen gegenüber nicht verantworten läßt. Ein guter Jäger, ein ehrsamer Metzger, ein gewissenhafter Vivisektor werden sich darin von den üblen unterscheiden, daß sie - mit der Tötung des Tieres beschäftigt - dieses Seufzen und Schreien der Kreatur hören, daß sie also im Vergleich mit allen anderen, die mit dem Tier zu tun haben, zu einer e r h ö h t e n , v e r s c h ä r f t e n , v e r t i e f t e n Scheu, Zurückhaltung und Sorgfalt aufgerufen sind. Sie handeln in dieser Sache an den äußersten Grenzen, wo Ehrfurcht und Frevel dem Leben gegenüber jeden Augenblick sich berühren, jeden Augenblick ineinander übergehen können. Wenn irgendwo, so ist Tierschutz, Tierpflege, Tierfreundschaft an diesen Grenzen unerläßlich."

43) Erläuterung: In der Urgemeinde entstand ein Streit darüber, ob der Genuß von Fleisch und Wein erlaubt oder verboten sei. Hier der Versuch, das Wesentliche der ausführlichen Exegese von Käsemann (1974, S. 348 - 357) zu referieren: Paulus versucht in zwei Briefen (Röm. 14, 1 - 15, 3 und 1. Kor. 8) den Streit zu schlichten, indem er die nicht abstinente Mehrheit ermahnt, auf die abstinente Minderheit Rücksicht zu nehmen. Paulus rechnet sich gemäß Röm. 15, 1 selbst zur Mehrheit, die er in 1. Kor. 3, 22 f. ja ausdrücklich zur Gewissensfreiheit ermächtigt. Zu dieser Freiheit gehört aber auch die unverzichtbare Möglichkeit des engeren Gewissens, und niemand hat das Recht, dieses engere, aber möglicherweise auch empfindlichere Gewissen zu schelten. Im Gegenteil, Paulus verlangt von der Mehrheit nicht nur Toleranz (Röm. 14, 3), sondern den Verzicht auf Fleisch und Wein aus Rücksicht: "Es ist besser, Du essest kein Fleisch und trinkest keinen Wein und tuest nichts, daran sich dein Bruder stößt oder ärgert oder schwach wird."

Gleichgültig ob man den Konflikt für gravierend oder belanglos hält, an der Art des Streites kann man das Grundschema vieler Auseinandersetzungen bis in die Gegenwart erkennen. Käsemann schreibt (S. 353): "Von Beginn der Kirchengeschichte an ringen die Parolen des vollkommenen Gehorsams und der christlichen Freiheit miteinander. Das erzeugt einen echten theologischen Konflikt, der in veränderter Form jeder neuen Generation zu schaffen macht und immer wieder zur Gruppenbildung in der Christenheit führt." Unter der Gewichtigkeit dieses Aspekts ist die Exegese den Ursachen der Abstinenz bisher nicht weiter nachgegangen, eine Frage, die gerade im Zusammenhang unseres Themas von besonderem Interesse wäre. Käsemann schließt (S. 352) eine jüdische Tradition ausdrücklich aus, hält es aber für möglich, daß Relikte heidnischer Frömmigkeit über die Gruppe der Heidenchristen eingeflossen sind; vgl. hierzu Kapitel I, 1 d sowie Gharpure (1935) und Hausleiter (1935).

Im Korintherbrief wird die Ursache des dortigen Vegetarismus von Paulus direkt angesprochen. Die Abstinenz betrifft in diesem Falle nur das Götzen-Opferfleisch. Hier die Erläuterung von Wendland (1968, S. 67 f.): "Es handelt sich um Opferfleisch aus den heidnischen Tempeln, das entweder bei festlichen Kult-Mahlzeiten verzehrt oder auf dem Markt weiterverkauft wurde. Das Fleisch ist also mit den heidnischen Göttern als ihnen geweiht in Berührung gekommen." Solches Fleisch zu essen, war nach jüdischer Tradition verboten, eine Vorschrift, die aber offenbar noch länger nachgewirkt hat. "Da nun aber der christliche Glaube zugleich die Nichtigkeit der heidnischen Götter behauptete, so hatte man sich in Korinth zu völliger Freiheit hinsichtlich des Götzen-Opferfleisch-Essens erhoben und etwa folgenden Standpunkt vertreten: da es keine Götzen gibt, sondern nur den einen Gott, so finden wir auch nichts dabei, Götzen-Opferfleisch zu essen" (Wendland 1966, S. 68).

Abschließend bleibt zu fragen, was aus diesen den Vegetarismus bewirkenden Einflüssen geworden ist; dabei kann die Abstinenz gegenüber dem Götzen-Opferfleisch außer Betracht bleiben, weil sie nur so lange aktuell war, als den alten Göttern noch geopfert wurde. Anders ist es mit der aus ethischen Gründen geübten Abstinenz pythagoreischer Tradition. Ob und wie sie in die christliche Askese hineingewirkt hat, ist nicht geklärt.

44) Zitat aus Barth (1970, III/1, S. 198 f.): Wenn es wahr ist, daß die Schöpfung erst im Menschen ihren Abschluß findet, so ist es auch wahr, daß sein Schöpfer nicht nur dem Licht, dem Firmament, der gesicherten und fruchtbaren Erde, den Gestirnen, den Völkern des Wassers und der Luft, sondern nun auch diesen seinen nächsten und von ihm doch so verschiedenen animalischen Mitkreaturen innerhalb des gemeinsamen Lebensraumes ihm gegenüber den Vortritt gegeben hat. Wenn es wahr ist, daß der Mensch edler ist als diese, so ist es auch wahr, daß er, wie all der vorangehenden, so auch dieser Kreatur bedarf, während sie seiner durchaus nicht bedürftig ist. Wenn es wahr ist, daß der Mensch, mit den Tieren durch Gottes Willen und Wort geschaffen, diesem Wort in Freiheit Gehör und Gehorsam schenken darf, so ist es auch wahr, daß er gerade in der ihn unmittelbar umgebenden Tierwelt beständig das Schauspiel einer zwar nicht freien, aber faktisch stattfindenden und in ihrer Weise vollkommenen Unterwerfung unter dieses Wort vor Augen haben wird. Das Tier geht dem Menschen voran in selbstverständlichem Lobpreis seines Schöpfers, in der natürlichen Erfüllung seiner ihm mit seiner Schöpfung gegebenen Bestimmung, in der tatsächlichen demütigen Anerkennung und Betätigung seiner Geschöpflichkeit. Es geht ihm auch darin voran, daß es seine tierische Art, ihre Würde, aber auch ihre Grenze nicht vergißt, sondern bewahrt und den Menschen damit fragt, ob und inwiefern von ihm dasselbe zu sagen sein möchte. Es ist ihm damit, daß es mit ihm auf dieselben objektiven Sicherungen seines Lebensraumes und mit ihm auf das Leuchten derselben Lichter des Tages und der Nacht angewiesen und mit ihm an denselben von Gott gedeckten Tisch verwiesen ist, lebendige Erinnerung an seine eigene Bedürftigkeit. Es ist ihm auch damit, daß es seiner Herrschaft unterstellt wird, lebendige Erinnerung an die Verantwortlichkeit, die ihm mit seiner eigenen Würde auferlegt ist. Und indem auch es, und zwar zuerst, gesegnet ist, indem ihm, und zwar zuerst, Erlaubnis und Verheißung gegeben wird zur Betätigung seiner Zeugungskraft, indem es, offenbar im Besitz dieses Segens, fort und fort davon Gebrauch macht und also fruchtbar ist, sich mehrt und die Erde füllt, ist es - in der Nähe, auf der Erde jetzt und nicht nur in der Ferne der Luft und des Ozeans - stummes, aber beredtes Vorbild dessen, was als Geheimnis der Vaterschaft und Sohnschaft das Thema der menschlichen Geschichte bilden wird. So ist es auf der ganzen Linie freilich das g e r i n g e r e Wesen als der Mensch, aber doch auch dessen Gefährte und mehr als dies: sein Vorläufer. Gewiß g e r i n g e r als der Mensch: denn im Bilde Gottes geschaffen ist der Mensch und nur der Mensch. In Freiheit wird er und nur er dem Schöpfer Gehör und Gehorsam leisten; der Partner Gottes im Gnadenbund zu sein, wird er und nur er gewürdigt werden; eine selbständige Geschichte wird zwischen Gott und ihm allein von allen Kreaturen Ereignis werden. Er wird aber in dem Allem diesen G e f ä h r t e n , das Tier, bei sich haben. Es wird Alles, was zwischen Gott und ihm sich ereignen wird, von einem Geschehen, von Leben und Tod, auch im Tierreich bedeutsam begleitet werden und in diesem Geschehen seine Zeugen haben, die auch da nicht verstummen werden, wo die menschlichen Zeugen versagen werden, die manchmal lauter und eindringlicher reden werden als alle menschlichen Zeugen. Es wird sich des Menschen Heil und Unheil, des Menschen Freude und Leid im Wohl und Wehe dieser seiner animalischen Umgebung und Kameradschaft wiederspiegeln. Es wird das Tier, nicht als selbständiger Partner des Bundes, aber als Begleiter des Menschen, der dieser selbständige Partner sein wird, mit im Bunde, Mitgenosse seiner Verheißung und auch des seine Verheißung beschattenden Fluches sein. Es wird mit dem Menschen voller Angst, aber auch voller Gewißheit auf seine Erfüllung warten und wird mit ihm aufatmen, wenn sie vorläufig geschehen ist und endgültig geschehen wird."

45) Beleg: Die Apokryphe ist nach Huber (1959, S. 50 f.) zitiert. Huber gibt seinerseits folgende Quelle an: "Die ersten Christen nach dem Tode der Apostel. Aus sämtlichen Quellen der ersten Jahrhunderte zusammengestellt und herausgegeben von Eberhard Arnold, Leipzig 1926, S. 361 (Anmerkungen)." Der Versuch, die Stelle zu verifizieren, ist bisher nicht gelungen.

46) Exkurs: Wenn die neutestamentliche Stellung des Menschen zum Tier geklärt werden soll, darf die Frage nicht nur nach tierfreundlichen Äußerungen gestellt werden, sondern es müssen auch mögliche

Gegenpositionen untersucht werden.

(a) So etwa die zunächst ironisch erscheinende Frage des Paulus im 1. Korintherbrief 9,9 letzter Satz: "Sorgt Gott für die Ochsen?" Im Zusammenhang betrachtet, ist die Frage dann nicht mehr ironisch, sondern nur noch rhetorisch: Wenn Gott dem Ochsen sein Recht schafft, wird er auch für den Menschen sorgen. Insgesamt ist folgender Kontext gegeben: Paulus steht im Gedankenaustausch über die Frage nach dem Lohn der Arbeit und gibt dafür drei Beispiele (Vers 7): "Wer zieht jemals in den Krieg auf eigenen Sold? Wer pflanzt einen Weinberg, und ißt nicht von seiner Frucht? Oder wer weidet eine Herde, und nährt sich nicht von der Milch der Herde?" Aber auch diese Beispiele genügen dem Apostel noch nicht, sondern er gibt auch noch den Schriftbeweis (Verse 8/9): "Rede ich aber solches auf Menschenweise? Sagt nicht solches das Gesetz auch? Denn im Gesetz Mosis steht geschrieben: ´Du sollst dem Ochsen nicht das Maul verbinden, der da drischt.´ Sorgt Gott für den Ochsen?" Oder etwas pointierter: Sorgt Gott e t w a n u r für die Ochsen? Vgl. hierzu auch de Boor (1968, S. 151).

(b) In Lukas 8, 26 ff., Mt. 8, 28 ff. und Markus 5 wird die Geschichte von der Heilung des bzw. der Besessenen erzählt, dessen bzw. deren Dämonen erlaubt wird, in eine Schweineherde zu fahren, die dann von einer Art Panik ergriffen wird und sich ins Meer stürzt. Es kann die Frage gestellt werden, warum Jesus den Dämonen erlaubte, sich in den Schweinen eine irdische Weiterexistenz zu suchen, statt "in die Tiefe" (Vers 31), also ihren endgültigen Bestimmungsort, zu fahren. Vermutlich muß man Bernhart (1961, S. 54) recht geben, wenn er schreibt: "Die Ausleger, versteht sich, sind in grosser Verlegenheit. Man hat es mit feinen und mit groben Künsten versucht, dieses Stück Evangelium für unsere Ansprüche an die Gerechtigkeit und Milde des Gottessohnes bequemer zu machen. Das bequemste freilich wäre, es im Zuge der Entmythologisierung ganz hinauszuwerfen. Wer aber, mit dem Propheten zu reden, vor der seltsamen Weise Gottes lieber verstummt, als sie mit kritischem Messer auf menschliche Form zu bringen, wird auch die Gergasener Schweine geborgen glauben im Geheimnisganzen der biblischen Schöpfungstheologie."

Vielleicht darf man aber doch einen Schritt weiter gehen und sagen: Für Jesus und seine Jünger waren die Schweine (wie übrigens auch die Hunde) unreine Tiere außerhalb des Geltungsbereiches des mosaischen Gesetzes; Schweine gehörten nicht zur biblischen Lebensgemeinschaft, wie sie in Ex. 10 und 17 beschrieben ist. Da in diesem Grenzgebiet aber zufällig eine Schweineherde weidete und die Dämonen darum baten, in die Schweine fahren zu dürfen, ward es ihnen erlaubt. Die Umstände dieses Geschehens sind also wenig geeignet, hier den Normalfall zu beschreiben; immerhin aber als Beleg für die Möglichkeit, daß Tiere Träger oder Opfer menschlichen Leidens werden können.

(c) Auch die andere, hier einzuordnende Stelle (Mt. 7,6) handelt von Hunden und Schweinen, diesmal aber in erkennbar symbolischer Bedeutung, wo beide Tiere zugleich das fremde und fremden Göttern dienende Element verkörpern:" Ihr sollt das Heiligtum nicht den Hunden geben, und eure Perlen sollt ihr nicht vor die Säue werfen, auf daß sie dieselben nicht zertreten mit ihren Füßen und sich wenden und euch zerreißen." Auch Jesus selbst zögert gelegentlich, außerhalb Israels zu wirken; bekanntester Beleg hierfür ist Mt. 15, 21 - 28: Jesus und das kanaanäische Weib, auf dessen Hilferuf er nur antwortete: "Ich bin nur gesandt zu den verlorenen Schafen des Hauses Israel. Sie kam aber und fiel vor ihm nieder und sprach : Herr hilf mir. Aber er antwortete und sprach: Es ist nicht fein, daß man den Kindern ihr Brot nehme und werfe es vor die Hunde. Sie sprach: Ja, Herr; aber doch essen die Hunde von den Brosamen, die von ihrer Herren Tisch fallen. Da antwortete Jesus und sprach zu ihr: O Weib, dein Glaube ist groß. Dir geschehe wie du willst!"

(d) Etwas anders liegt der Fall bei 2. Petrus 2, 12, wo als Tadel ein Vergleich mit den Tieren verwendet wird: "Aber sie sind wie die unvernünftigen Tiere, die von Natur dazu geboren sind, daß sie gefangen und geschlachtet werden ..." Hier werden Menschen mit Tieren verglichen, wobei die Situation der Tiere allerdings als ein Ist-Zustand geschildert wird, ohne daß diesem ein normierender Sinn beigelegt werden darf. Ähnliches trifft auch für Röm. 8, 36 zu. Beide Stellen demonstrieren uns, wie lieblos und brutal die menschliche Herrschaft auch in frühchristlicher Zeit ausgeübt wurde, ohne daß dies Anlaß zu Kritik oder auch nur Bedauern gewesen wäre, wie es z.B. bei Strack/Billerbeck (1965, Bd. 3, S. 771) zum Ausdruck kommt. Auch hier wird zuerst auf die brutale Ist-Situation verwiesen: "Das Ende des Menschen ist zu sterben und das Ende des Viehs zur Schlachtung." Aber die

Härte dieser Regel ist nicht einfach selbstverständlich, sondern fragwürdig: "Man führte einst ein Kalb zur Schlachtung ... es kam und legte seinen Kopf an den Kleiderzipfel (eines) Rabbis ... und klagte. Er sprach zu ihm: Geh, dazu bist du geschaffen ... Man hat erzählt: Weil er kein Mitleid hatte, kamen Leiden über ihn ..."

(e) Auch Jesus selbst gibt keinerlei Hinweis und erst recht keinerlei Empfehlung weder durch Worte noch durch persönliches Beispiel. Anzunehmen, daß Jesus selbst vegetarisch gelebt habe, ist nach derzeitigem Stande der Forschung nicht möglich; wobei man allerdings einräumen muß, daß diese Frage auch wenig interessiert hat, wohl auch deswegen, weil es im Neuen Testament keine einzige Stelle gibt, die eine solche Möglichkeit nahelegen würde; im Gegenteil: Mt. 11, 19 zeigt Jesus in den Augen der Pharisäer als "Fresser und Weinsäufer, der Zöllner und der Sünder Geselle".

Andere Texte, in deren Zusammenhang Anhaltspunkte denkbar wären, sind: die Hochzeit zu Kana (Joh. 2, 1 ff.), die Speisung der 5000 und 4000 (Mk. 6, 34 ff.; Mk.8,1 ff.; Mt.14,13 ff.; Mt.15,32 ff.; Lk. 9,11 ff.) und schließlich das letzte Mahl mit den Jüngern (Mk.14,12 ff.; Mt.26,17 ff; Lk. 22, 7 ff.). Verständlicherweise haben diese Textstellen unterschiedliches Gewicht, wobei die Wundererzählungen ihre eigenen exegetischen Probleme haben. Nach den Erzählungen ist allerdings anzunehmen, daß Jesus am Essen jeweils teilgenommen hat. Daß er auch selbst gegessen bzw. daß er Fleisch und Fisch gegessen hat, ist ebenfalls anzunehmen, aber expressis verbis weder gesagt noch verneint. Auch die Umstände sind in beiden Fällen nicht so, daß man zwingend folgern müsse, daß Jesus Fleisch oder Fisch zu sich genommen habe.

Viel bedeutungsvoller als alle anderen Berichte ist das Abendmahl vor der Gefangennahme. Unter dem prägenden Einfluß der Luther-Übersetzung, die in allen drei Evangelien statt von dem für deutsche Leser zu abstrakten Passah jeweils als pars pro toto und ganz gegenständlich vom Osterlamm redet, ist speziell dieses Detail in unsere Vorstellungswelt eingegangen. Pangritz (1963, S. 42 ff.) hat Vorbereitung und Verlauf des Abendmahls so beschrieben: "Auch Jesus hat nicht unmittelbar vor Seinem Kreuzestode mit Seinen Jüngern das Passahmahl gehalten. Freilich erwähnen die ersten drei Evangelisten, die doch ohne Zweifel das letzte Mahl Jesu als Passahmahl verstanden haben, weder bei den Zurüstungen, noch bei der Feier selbst ein Lamm. Wo es nach Luthers Übersetzung so scheint, steht im Urtext nicht ′Osterlamm′ sondern ′Passah′, d.h. Passahmahl. Jesus ist also, falls die drei ersten Evangelisten recht haben, nachdem Er am 14. Nisan (so heißt der 1. Monat), dem Rüsttage des Passahfestes, wie es der jüdische Brauch forderte, das Passahmahl mit Seinen Jüngern gefeiert hatte, am Passahtag, dem 15. Nisan, gekreuzigt worden. Johannes dagegen weiß es nicht anders, als daß Jesus am 14. Nisan, dem Rüsttag, zu der Stunde, da die Passahlämmer im Tempel geschlachtet wurden, am Kreuze starb, daß Er also das Passahmahl einen Tag vorverlegt habe. Die Datierung des Johannes ist nach unserer heutigen theologischen Erkenntnis die richtige. Wie hätten die Juden am hochheiligen Passahtage selbst Gericht halten sollen! Freilich fehlte dann beim Passahmahl Jesu mit Seinen Jüngern das im Tempel geschlachtete Passahlamm. Ethelbert Stauffer weist darauf hin, daß die jüdischen Ketzergesetze einem Abtrünnigen, zumal einem Abfallprediger, als den man den Herrn Jesus ja ansah, verboten, vom Passahlamm zu essen, ihm aber erlaubten, bei einem privaten, häuslichen Festmahl ungesäuerte Brote und Bitterkräuter zu genießen. Aus den Berichten der Evangelien wird uns auch klar, daß Jesus einen abgelegenen Raum für die Feier und einen Hausherrn, der Ihn dort aufzunehmen bereit war, brauchte. Besonders bei Markus und bei Lukas wird die geheimnisvolle, versteckte Passahvorbereitung des Herrn deutlich. Nur so war es möglich, vor Spitzeln und Fahndungstrupps sicher zu sein. Diese behelfsmäßige Passahfeier enthielt gegenüber dem Passahmahl nichts Unerhörtes. Die Diasporajuden in aller Welt konnten ja auch nicht alle nach Jerusalem kommen, um ihr Passah zu feiern, und mußten eben auch behelfsmäßig feiern - ohne Passahlamm. Der sakramentale Akzent rückte dann, wie Stauffer sagt, auf Mazze und Segensbecher. In den Einsetzungsworten des Heiligen Abendmahles versteht sich Jesus selber als das wahre Passahlamm und spricht von der sühnenden Kraft Seines Opfers. Am Karfreitag aber, während sich im Tempel die vierundzwanzig Ältesten der Priesterordnungen versammeln, um das hochheilige Sühneritual des Passahrüsttags zu vollziehen, während die unzähligen Lämmer geschlachtet werden und das sühnende Blut an den Altar gesprengt wird, kämpft draußen auf dem Hügel Golgatha Jesus, das wahre Passahlamm, Seinen Todeskampf."

Diese Darstellung deckt sich auch mit den Kommentaren von Lohmeyer (1962, 1963) und Grundmann (1968), die sich mit den formalen Details des Abendmahls besonders befaßt haben. Mit der Schilderung von Pangritz ist auch durchaus die Vorstellung vereinbar, daß Brot und Wein nur Teile des ganzen Mahles gewesen sind, wie ja der Hinweis nahelegt, daß Jesus mit allen Jüngern das Brot in eine Schüssel getaucht habe. Das Passahmahl besteht aus einer mehrere Teile umfassenden fleischlosen Vorspeise, und auch der Hauptgang, wenn man so sagen darf, umfaßt außer dem Lamm auch Schüsseln mit Fruchtmus; vgl. hierzu auch Strack/Billerbeck (1965, Bd. 1, S. 989).

Aber einmal angenommen, es wäre in dieser Nacht wirklich ein von den Jüngern geschlachtetes und zubereitetes Lamm gegessen worden, warum fehlt dann in der Vorgeschichte, die doch so umständlich über den zu beschaffenden Raum berichtet, jeder Hinweis über Auswahl und Erwerb des Lammes? Die Eselin, auf der Jesus bei seinem Einzug in Jerusalem ritt, war genau beschrieben und vorherbestimmt, sollte dann das Passahlamm, mit dem sich Jesus identifizierte, so völlig unwesentlich gewesen sein? Viel wichtiger als alles Formale erscheint aber doch der heilsgeschichtliche Grund: da Jesus sich selbst als Opferlamm verstand, war das reale Tieropfer von da an und für alle Zeiten abgelöst.

47) Beleg: Diese Ausrichtung auf den Menschen ist auch insofern legitim, als der Mensch ja zur Herrschaft berufen ist. Lampe (1964, S. 457) hat sich hierzu wie folgt geäußert: "The lower creation is frustrated in its development according to God's purpose because sinful man cannot mediate God's creative and sustaining activity towards it according to his will. Sinful man cannot fulfil the role which was intended for man in the plan of the Creator. Since he does not glorify God, the creation over which he exercises dominion cannot glorify God by developing according to the divine purpose. Man's dominion is not being exercised in God's name, but for man's own selfish ends. Hence creation is subjected to meaning-lessness; and the more man's technical capacity to subdue nature improves, the greater the frustration which he imposes on it.

When, however, sinful man is transformed by grace into the new man in Christ, then he is set free to fulfil his proper task as God's agent and steward for God's world. The sons of God may rightly act as the masters of creation."

48) Beleg aus Käsemann (1974, S. 224): "Ein vorläufiges Summarium ist jetzt angebracht. Die in ihrer Schwere nicht verkannten Leiden der messianischen Zeit wiegen dem Apostel gering, weil er in der Naherwartung der endzeitlichen Freiheit steht und deren Herrlichkeit in der Gotteskindschaft vorwegnimmt. Das Nacheinander von 17c ist nicht aufgegeben, und der eschatologische Vorbehalt der Futura von 6,4 ff. bleibt erhalten. Allein Christus ist erhöht. Die Jünger werden noch durch sein Kreuz stigmatisiert und müssen den irdischen Platz einnehmen, den er verlassen hat. Das Leiden wird umgekehrt von der Gewißheit unmittelbar bevorstehenden Heils so durchdrungen, daß das Nacheinander von 17c sich dialektisch in ein Zugleich wandelt, wie es 2. K 3,18; 4,16 entspricht. Der Geist vollzieht gerade, indem er Gottes Kinder mit Christus leiden läßt, die Wandlung der alten Kreatur in die Anwartschaft auf Verherrlichung und erste Teilhabe daran. Damit bricht Hoffnung weit über die Glaubenden hinaus, nämlich für die gesamte Schöpfung an. Denn der Welt fehlt seit Adams Fall nichts mehr als eschatologische Freiheit, welche allein Heil auch für sie bedeutet. Weil Pls eschatologische Freiheit als Heil in kosmischer Dimension versteht, beschreibt er hier singulär das Geschehen der Parusie von der Anthropologie aus. Er konnte nicht sagen, die Welt sei zu Christus unterwegs, obgleich er diesen als designierten Kosmokrator betrachtete und die Weltgeschichte auf ihn ausgerichtet sein ließ. Ihm lag jedoch daran, daß mitten in der Welt in merkwürdiger Verbindung mit ekstatischem Geschehen während der christlichen Gottesdienste und sub contrario in der mit Christus leidenden Gemeinde sich eschatologische Freiheit als Heil für alle Schöpfung abzeichnet. So erschien ihm die Christenheit, welche Kindschaft bezeugt und in der Leidensgemeinschaft auf Christus als kommenden Weltherrn hinweist, als die große Verheißung für alle Kreatur bis in die außermenschlichen Bereiche hinein. Das darf nicht bloß wie bei Calvin paränetisch ausgewertet werden. In aller mythischen Aussageform geht es hier vielmehr um das Zentrum der paulinischen Botschaft. Sie ließ ihn notwendig Weltmissionar werden. Die Rechtfertigung der Gottlosen wird in unseren Versen kosmologisch als Heil für die gefallene und stöhnende Welt variiert.

Die mythischen Züge dieser Botschaft sind nicht zu übersehen. Noch weniger sollte man jedoch verkennen, wie nahe sie der modernen Deutung der Welt in ihrer tiefen Verfremdung kommt. Entmythologisierung hat sich mindestens vor der Elle des vorigen Jahrhunderts zu hüten und gegenwärtige Erfahrung nicht weniger ernst zu nehmen als die der Aufklärung. Pls hat uns mehr zu sagen, als die theologische Zunft weithin wahrhaben will, selbst wo er sich antiker Mythologie bedient."

49) Ergänzung: Liedke (1972, S. 49) weist in diesem Zusammenhang auf die Untersuchung von Duchrow (1970) "Christenheit und Weltverantwortung" hin. Duchrow hat Luthers Position zur Mitverantwortung des Menschen in der Schöpfung deutlich gemacht. Er schreibt (S. 518 f.): "Die Schriftstelle, die Luther zur Erläuterung dieses Sachverhalts heranzuziehen pflegt, ist Gen 1, 26 ff. Daß Gott den Menschen zu seinem Bilde schuf, hebt diesen in doppelter Weise aus der übrigen Kreatur heraus. In bezug auf sein Gottesverhältnis heißt das: er lebt unter der besonderen Anrede (mandatum) Gottes, worauf hier nur hingewiesen werden kann. In bezug auf sein Weltverhältnis bedeutet es, daß er gewürdigt wird, Gottes Mitarbeiter zu sein. Ja, Luther gibt sogar ... als Ziel der Menschenerschaffung und -neuschöpfung an, daß Gott in seiner Schöpfung und Neuschöpfung einen Mitarbeiter haben will. Dieser Bestimmung des Menschen entspricht exakt das ′zum Bilde Gottes′ in Gen 1, 26 ff. Das ′zum′ bezeichnet dabei aber nicht einfach eine Zweckbestimmung, die mit der Erschaffung des Menschen perfekt und abgeschlossen wäre. Vielmehr sagt Luther - insbesondere in seinem großen Genesiskommentar (1535/1545) - daß Adam die große Gabe des vollkommenen Gottesbildes noch ′in Hoffnung ′ und trotz aller Vollkommenheit ′dennoch unvollkommen′ hatte. Das heißt für unseren Zusammenhang: gerade in seiner Bestimmung zum Weltherrschaftsauftrag sollte der Mensch eine Geschichte haben. Sein Versagen in dieser Geschichte unter der Versuchung bedeutet, daß er sich der Mitarbeit entzieht. ... Wenn aber Christus durch den Geist des Evangeliums das Bild Gottes im Menschen erneuert und zum Ziel führt, so bedeutet das zugleich mit der Neugestaltung des Gottesverhältnisses die bestimmungsgemäße Verwirklichung der menschlichen Weltverantwortung, nämlich freiwillige Mitarbeit in und an Gottes Schöpfung."

50) Zitat aus Fascher (1965, S. 567): "Das ′Sein mit den Tieren′ ist kein feindliches, auch kein farblosneutrales (im Sinne eines Nicht-Bedrohtseins), sondern, wie andere Stellen bei Mk. erweisen, positiv zu verstehen. Nach Mk. 3, 14 ′waren die Jünger mit Jesus′, weil er sie erwählt hatte und zur Verkündigung bestimmte. Auf diese Parallele eines ′sein mit′ als Ausdruck ′engerer freundschaftlicher Gemeinschaft′ hat schon G. Wohlenberg (Markuskommentar S. 48) verwiesen. Nach 5, 18 bittet der geheilte Dämonische, daß er mit Jesus zusammenbleiben dürfe. Und 14, 67 endlich stellt die Magd im Hofe des Hohen Priesters fest, daß Petrus mit dem Nazarener Jesus zusammen war. Alle drei Male ist dieses Zusammensein ein so enges und positives, daß es schwer verständlich ist, Mk. sollte es in 1, 13 anders gemeint haben."

51) (a) Das Evangelium von den Kindern beschränkt sich nicht darauf, die Kinder in das verheißene Heil einzubeziehen, obwohl sie noch Kinder sind, sondern ihr Kindsein disponiert sie in besonderer Weise, das Evangelium aufzunehmen (Mk. 10, 15): "Wahrlich ich sage euch: Wer das Reich Gottes nicht empfängt wie ein Kind, der wird nicht hineinkommen."

Daß es sich hier nicht nur um eine gelegentlich geäußerte Meinung, sondern um eine begründete Überzeugung handelt, läßt sich an einem anderen, reinen Lehrgespräch aufzeigen: "und er sprach" (Mt. 18, 3): "Wahrlich ich sage euch: Wenn ihr nicht umkehrt und werdet wie die Kinder, so werdet ihr nicht ins Himmelreich kommen. Wer sich nun selbst erniedrigt wie dies Kind, der ist der Größte im Himmelreich." Darum empfiehlt Jesus (V. 10): "Sehet zu, daß ihr nicht jemand von diesen Kleinen verachtet. Denn ich sage euch: ihre Engel im Himmel sehen allezeit das Angesicht meines Vaters im Himmel."

(b) Welche Eigenschaften oder Wesensmerkmale hat Jesus im Auge, wenn er von der besonderen Disposition der Kinder für das Reich Gottes spricht? Die Kommentatoren nennen insbesondere das Gefühl der Schwäche und Hilfsbedürftigkeit, das Fehlen jeder den Heilsweg verstellenden Überheblichkeit (Demut) sowie die Sehnsucht n a c h und das gefühlsmäßig sichere Ergreifen (vgl. Mt. 11, 25) d e r rettenden Vaterliebe Gottes. Eben diese Eigenschaften: fehlende Selbstüberhebung und die affektive Orientierung an einem unmittelbar gefühlten Wohl- und Heilswollen sowie der noch weitgehend unzerstörte Schöpfungsgehorsam des Verhaltens, sie alle teilt das Kind mit dem Tier.

(c) Henry (1958, S. 34 ff.) nimmt an, "daß auch das Tier auf seine Art von einem geheimnisvollen Zusammenhang mit seinem Schöpfer weiß". Und Pangritz (1963, S. 124) fragt sogar, ob "das Tier eine unmittelbarere Beziehung zu Gott habe als der Mensch, der sie im Sündenfall willentlich zerrissen hat?" Ausgangspunkt dieser Frage ist ein Vergleich der biblisch mehrfach anerkannten Instinktsicherheit der Tiere (vgl. Jer. 8, 7 und Js. 1, 3 oder Num. 22, 22 ff.) mit der Orientierungslosigkeit des Menschen, dem seine ratio, sein Wissen und seine kulturelle Tradition nur im Wege sind, wie Jesus im Umgang mit den Gebildeten seiner Zeit (vgl. auch die Nikodemusgeschichte) deutlich zu erkennen gibt.

52) Erläuterung: Die Liebe hat nach biblischem Verständnis nur einen Ursprung. Dennoch manifestiert sie sich in unterschiedlicher Weise nach den Bedürfnissen des zu Liebenden, aber sicherlich nicht so, daß dadurch eine Prioritätsordnung gerechtfertigt würde, die unsere außermenschlichen Mitgeschöpfe wieder ausschließen müßte. Wir sind allen Mitgeschöpfen gegenüber verpflichtet, und diese Pflicht nimmt keineswegs mit den unteren Graden sozialer bzw. kreatürlicher Nächstenschaft ab. Die Empfehlung des Galaterbriefes 6, 10 ("lasset uns Gutes tun an jedermann, allermeist aber an des Glaubens Genossen") gehört einer schon durch Jesus überholten Denkweise an.

Verantwortung und Liebe gegenüber unseren Mitgeschöpfen kann in Konflikte geraten, wenn meine Hilfe von verschiedenen Seiten gleichzeitig beansprucht wird. Huber M. (1959, S. 79) hat zur Lösung solcher Konflikte einen ersten Anhaltspunkt genannt: "Die Verantwortung wächst in dem Maße, als ein Geschöpf schwach und hilflos und empfindungsbegabt ist."

53) Beleg: Die Stelle ist zitiert nach Beutler ("Vom Gewissen und von der Ehrfurcht", Frankfurt 1956, S. 20), der hier den geistesgeschichtlichen Ursprung der drei- bzw. vierfachen Ehrfurcht Goethes (Wilhelm Meisters Wanderjahre II/1) aufzeigt. In diesem Zusammenhang wäre auch G. Adam Smith (zitiert nach Hume 1957, S. 84) zu erwähnen: "Our relation to the lower animals is one of the three great relations of our nature. For God our worship; for man our service; for the beasts our providence and, according to both Isajah and Paul, the mediation of our holiness."

54) Ergänzung: Hier eine Zusammenfassung seiner wichtigsten Aussagen: (a) Gemäß seiner Schöpfungslehre (S. th. 1/72, 1 ad 1.) und der damaligen Tradition werden die Geschöpfe dreistufig gesehen (1/76, III): "So sind in der Ordnung der Dinge die beseelten Wesen vollkommener als die unbeseelten, die Tiere vollkommener als die Pflanzen, der Mensch vollkommener als die unvernünftigen Tiere." Dementsprechend wird auch die Seele dreigliedrig gesehen (1/78 I 1): die anima vegetabilis der Pflanze, die anima sensibilis der Tiere und die anima rationalis des Menschen. Vgl. auch 1/75 III: (Sind die Seelen der Tiere selbständig?) und 1/72-73 (Die Vermögen der Seele).

(b) Zwischen dem Menschen und der übrigen Schöpfung klafft ein fundamentaler Unterschied; er wird in 1/93 I-II dargelegt. Im Kommentar zur deutsch-lateinischen Ausgabe von 1941 (Bd. 7, S. 282) wird dies besonders deutlich: der Mensch ist imago Dei, alles andere nur vestigium, "Spur" Gottes, obwohl 1/93 II 3, Satz 1 eigentlich von einer auch anders interpretierbaren Rangfolge ausgeht: "Je vollkommener die Gutheit eines Wesens ist, um so gottähnlicher ist es."

(c) Das Verhältnis des Menschen zum Tier ist in 2/25 "De objecto caritatis" behandelt, insbesondere im 3. Artikel (Sind die vernunftlosen Geschöpfe aus Liebe zu Gott zu lieben?). Leider ist die Antwort auf die so konkret gestellte Frage sehr abstrakt und in sich widersprüchlich. Einerseits "müssen auch wir die vernunftlosen Geschöpfe mit der heiligen Liebe lieben" (2/25, 1) und "Andererseits erstreckt sich die Liebe der Gottesminne nur auf Gott und den Nächsten. Unter dem ́Nächsten ́ aber kann nicht das vernunftlose Geschöpf verstanden werden, weil es nicht mit dem Menschen übereinkommt in dem von der Vernunft geleiteten Leben. Also erstreckt sich die heilige Liebe nicht auf die vernunftlosen Geschöpfe" (2/25, 3).

Der Kommentator (Heinrich Maria Christmann OP) versucht diesen Widerspruch zu lösen, indem er (Bd. 17 A der Ausgabe von 1959, S. 471) eine neue Perspektive einführt und schreibt: "Wo immer in den vernunftlosen Geschöpfen ein personaler Bezug aufscheint, sei es zu Gott, sei es zum Menschen, dort lassen sie sich einbeziehen in den Gegenstandsbereich der Gottes- und Nächstenliebe." Dabei ist festzuhalten, daß dieser Bezug auch einseitig hergestellt werden kann und daher auch weder von der Initiative noch von der Du-Evidenz-Fähigkeit der Tiere abhängt. Christmanns Interpretation führt aus der starren scholastischen Anschauung heraus bis in die unmittelbare Nähe von Erik Wolf (vgl. Kapitel IX, 2 c).

(d) Um Thomas gerecht zu werden, muß man auch 2/30 "De Misericordia" berücksichtigen. Hier einige Ausschnitte: 2/30 II 3: "Mitleid ist Miterleben des fremden Leides; so kommt es, daß einer Mitleid hat, weil er Schmerz empfindet über das fremde Leid." 2/30 IV 1: "Am meisten scheint zur Tugend der Gottesdienst zu gehören. Das Erbarmen aber wird dem Gottesdienst vorgezogen, nach Os 6, 6 und Mt. 12, 7: ´Erbarmen will ich, nicht Opfer.´ Also ist das Erbarmen die größte Tugend." 2/30 IV 3: "... Aber unter allen Tugenden, die sich um den Nächsten bemühen, ist das Erbarmen die höchste und wichtigste ..."

Thomas geht auch der Frage nach, welche Menschen kein Mitleid haben: 2/30 II ad 2: "Ebenso jene nicht, die große Furcht haben, weil sie sich so sehr in das eigene Leid verlieren, daß sie das fremde nicht mehr beachten." 2/30 II ad 3: "Aus einem ähnlichen Grunde haben die Stolzen kein Mitleid, weil sie die andern verachten und sie für schlecht halten. So meinen sie, daß diese mit Recht leiden, was sie leiden."

(e) Noch in einem anderen Zusammenhang betont Thomas die Barmherzigkeit als Gottes Tendenz in der Schöpfung. Gemäß 1/113 I 1 werden die Engel als Beschützer "einigen zugewiesen, weil sie entweder sich selbst nicht zu schützen verstehen oder dazu nicht imstande sind; so den Kindern und Schwachen." Da aber im Sinne von 1/110 II 3 die ganze körperliche Natur durch Engel betreut wird, könnte man folgern, daß auch die Tiere ihren Schutzengel haben. Davon ist bei Thomas aber keine Rede; jedoch hält er an der Tradition fest, daß "den Einzelarten der irdischen Dinge ein besonderer Engel als Leiter und Schützer zugewiesen sei", und eben dazu sollten auch die Tiere gehören; vgl. den Kommentar hierzu (Bd. 8, S. 533).

55) Beleg: (a) Tiere können - je nach emotionaler Ausstattung, Umweltbedingungen sowie kollektiver und individueller Erfahrung - gute und böse Absichten, Wohl- und Übelwollen des Menschen erspüren. Umgekehrt kann auch der Mensch ein enges oder distanziertes Verhältnis zu den Tieren haben. Da viele Heilige als Einsiedler gelebt haben, kann schon aus diesem Umstand auf eine notwendigerweise enge Naturverbundenheit und häufige Kontakte mit Wildtieren geschlossen werden. Ja in dieser Situation kann das Tier dem Menschen zum Ersatz-Artgenossen werden (vgl. Kapitel IV, 2 g).

(b) Junge (1932, S. 113) hat über Tierlegenden gearbeitet und gibt eine soziologisch überzeugende Erklärung für die enge Beziehung der Heiligen zum Tier: "... aus einigen Legenden geht hervor, daß die Zutraulichkeit der Tiere den Einsiedlern ein Bedürfnis war, ein ´solatium´, wie die Berichte es zuweilen ausdrücken." Hintergrund dieser Vertrauensbeziehung ist nach Junge "eine gewisse Einheit der ´creatura sensibilis´ von Mensch und Tier ..." Nichts anderes sagt auch das Katzsche Gesetz (vgl. Anmerkung 5). Wenn der Heilige dann noch ein religiös begründetes Gefühl geschöpflicher Nähe zum Tier entwickelt hat und sich in Gottes Schutz geborgen weiß, also dem Tier seinerseits mit Vertrauen und ohne Angst begegnet, dann wird das Ungewöhnliche zum Normalfall und das Undenkbare möglich.

(c) Hediger (1967, S. 244 ff.) hat unter diesem Gesichtspunkt die Legende von St. Gallus und dem Bär untersucht und mit einigen verbürgten Beobachtungen der Gegenwart verglichen. Hier sein Bericht: "Das Beispiel liegt mehr als tausend Jahre zurück. ...Vom Gründer der Stadt St. Gallen, dem hl. Gallus, heißt es, daß er zusammen mit seinem Begleiter, dem Diakon Hiltibod aus Arbon, nach langer Wanderung durch den Wald an die Steinach gelangt sei. Dort machten die beiden unten am Tobel halt, bereiteten ihr Nachtmahl, beteten und legten sich schlafen. Gallus erhob sich jedoch bald wieder und gab sich etwas abseits erneut der Andacht hin. Da kam ein Bär und aß die Reste des einfachen Nachtmahls auf.

Hiltibod, der nicht eingeschlafen war, sah nun, wie der Heilige zu dem wilden Tier sprach und ihm im Namen des Herrn gebot: 'heb uf ein holz und legg es an daz für'. - So heißt es wörtlich in der Darstellung von Walahfrid Strabo, die etwa auf das Jahr 834 datiert wird.

Der vom hl. Gallus offensichtlich in einem echten Affekt angesprochene Bär führte den Befehl aus, erhielt dann ein ganzes Brot und zog sich auf Geheiß des Heiligen wieder in den Wald zurück. - Diese einfache Szene ist lediglich durch eine Indiskretion Hiltibods bekannt geworden und wurde meistens als eine hübsche und amüsante Legende betrachtet.

Nur eine Minderheit von Sachverständigen hält das Bärenerlebnis des hl. Gallus nicht für eine Legende, sondern für eine geschichtliche Tatsache. ...Ich könnte jetzt eine Menge Argumente dafür anführen, daß keines der geschilderten Verhaltenselemente unmöglich wäre. ... Statt dessen möchte ich lieber eine Beobachtung aus dem Jahre 1964 wiedergeben, die einem nüchternen Sprachlehrer der Harvard Military School in Kalifornien - Leslie - zustieß und die eigentlich in keinem Punkt der Bärenbegegnung des hl. Gallus nachsteht. ... Robert Franklin Leslie, ein geborener Texaner, mit dem ich in dieser Angelegenheit ausführlich korrespondiert habe, benützt seit Jahren seine Ferien, um als Bergsteiger, Fischer und Kanufahrer die Waldeinsamkeit des nordwestlichen Kanada zu genießen und die Tierwelt zu beobachten, mit welcher er im Laufe der Jahre vertraut geworden ist.

Als Leslie wieder einmal in einer Lichtung des nordkanadischen Urwaldes damit beschäftigt war, am Fluß zum Abendessen einen Lachs zu fischen, erschien zu seiner Bestürzung ein mächtiger Schwarzbär, also ein Baribal (Ursus americanus), und umkreiste ihn in einer Entfernung von weniger als 30 m.

Leslie hatte keinerlei Waffen bei sich und hielt es daher für das beste, nicht auf den Bären zu achten und weiter zu fischen, wie wenn nichts wäre. Aber der riesige Bär kam immer näher, unheimlich nahe und setzte sich schließlich in einer Entfernung von 1 1/2 m neben den Fischer, dessen Bewegungen der Bär mit unmißverständlichem Interesse verfolgte.

Als eine 35 cm lange Forelle angebissen hatte, löste sie der Fischer von der Angel und warf sie - gewissermaßen als symbolischen Ausdruck seines innigen Wunsches nach gegenseitigem freundschaftlichem Einvernehmen - dem Bären zu. Dieser nahm den Leckerbissen wie selbstverständlich an und verzehrte ihn auf der Stelle. Anstatt sich aber jetzt zu entfernen, rückte der Bär noch näher an den Fischer heran, und zwar so, daß er sich an das rechte Bein des Menschen anlehnte.

Auch ein zweiter Fisch wurde dem Bären angeboten und von ihm sofort wieder verschluckt, und als die Abenddämmerung einsetzte, machte sich Leslie auf den Rückweg zu seinem Lager - begleitet von den seltsamen Bären, der sich auch durch das angefachte Feuer keineswegs vergrämen ließ. Vielmehr legte sich das etwa 200 kg schwere Raubtier unmittelbar neben Leslies Schlafsack - kurz, der wilde Bär verhielt sich wie ein Hund, ja Leslie wurde durch ein unmißverständliches Verhalten des Baribals aufgefordert, ihm einige Juckreize verursachende Zecken auf dem Hinterrücken abzulesen.

In diesem Stile ging dieses wahrhaft merkwürdige Bärenverhalten weiter, bis der Bär eines Tages unvermittelt und endgültig verschwunden war."

56) Zitat nach 3 Celano 4, 20: "Von sich aus bemühten sich die Geschöpfe, dem heiligen Franziskus seine Liebe zu vergelten und mit ihrer Dankbarkeit für seine Wohltaten zu antworten. Einmal zog er durchs Spoletotal. Er wandte sich einem in der Nähe von Bevagna gelegenen Orte zu. Dort war eine überaus große Schar von Vögeln verschiedener Arten zusammengekommen. Als der Heilige Gottes sie erblickte, lief er um der übergroßen Liebe des Schöpfers willen, in der er alle Geschöpfe umfing, schnell an die Stelle und begrüßte sie in gewohnter Weise, wie wenn sie mit Vernunft begabt wären. Da die Vögel nicht aufflogen, ging er ganz zu ihnen hin, wandelte unter ihnen auf und ab und streifte ihnen mit seinem Habit über Kopf und Körper. Dabei erfüllte ihn Freude und Staunen, und eifrig forderte er sie auf, das Wort Gottes zu hören, indem er sprach: 'Meine Brüder Vögel! Gar sehr müßt ihr euren Schöpfer loben und ihn stets lieben; denn er hat euch mit Gefieder bekleidet und Fittiche zum Fluge gegeben; unter allen seinen Geschöpfen hat er euch frei gemacht und euch die reine Luft zugewiesen. Ihr säet nicht und erntet nicht, und er leitet euch, ohne daß ihr euch um etwas zu kümmern braucht.' Bei diesen Worten begannen die Vöglein, indem sie auf ihre Weise sehr lebhaft ihre

Freude zu erkennen gaben, die Hälse zu strecken, die Flügel auszubreiten, die Schnäbel zu öffnen und aufmerksam auf ihn hinzublicken. Sie rührten sich nicht von der Stelle,bis er das Kreuz über sie gezeichnet hatte und ihnen die Erlaubnis zum Wegfliegen und den Segen gab. Als er zu den Brüdern zurückgekehrt war, begann er, sich der Nachlässigkeit zu zeihen, daß er nicht früher den Vögeln gepredigt habe. Von jenem Tage an ermahnte er eifrig Vögel und Tiere sowie auch die unbeseelten Geschöpfe, ihren Schöpfer zu loben und zu lieben."

57) Zitat aus der Weimarer Lutherausgabe 38, S. 292 f. (der Brief ist in Form einer Klageschrift abgefaßt, den die Vögel an Luther gerichtet haben): "Klageschrift der Vögel an Lutherum über seinen Diener Wolfgang Sieberger. Unserem günstigen Herrn, Doctori Martino Luthern, Prediger zu Wittenberg. Wir Drosseln, Amseln, Finken, Hänflinge, Stieglitze, samt andern frommen, ehrbaren Vögeln, so diesen Herbst über Wittenberg reisen sollen, fügen Eurer Liebe zu wissen, wie wir gläublich berichtet werden, daß einer, genannt Wolfgang Sieberger, Euer Diener, sich unterstanden habe einen großen freventlichen Durst (Vermessenheit) und etliche alte verdorbene Netze aus großem Haß und Zorn über uns theuer gekauft, damit einen Finkenheerd anzurichten, und nicht allein unserm lieben Freunden und Finken, sondern auch uns allen die Freiheit zu fliegen in der Luft und auf Erden Körnlein zu lesen, von Gott uns gegeben, zu wehren vornimmt, dazu uns nach unserm Leib und Leben stellet ..." (Vgl. hierzu auch Matthias Claudius, der seine Ablehnung der Parforcejagd als Bittschrift eines Hirsches - Wandsbecker Bote, 3. Teil - formulierte.)

58) Ergänzung und Zitat: Die von Papst Pius V. am 1.11.1567 erlassene Bulle "De salute gregis" besteht aus Präambel und 9 Paragraphen, wobei die §§ 3 - 9 die verschiedenen Kirchenstrafen, den Geltungsbereich und die Aufhebung entgegenstehenden Rechtes regeln. Der materiale Teil der Bulle hat folgenden Wortlaut (zitiert nach Maurer 1962): "§ 1. Ohne Zweifel, nachdem die abscheulichen Duelle vom Teufel zur Verderbnis der Seele eingeführt waren, um durch den grausamen leiblichen Tod auch das Verderben der Seele zu Gewinn zu haben und durch ein Dekret des Trienter Konzils verboten wurden, kämpfen immer noch sehr viele Menschen in öffentlichen und geschlossenen Veranstaltungen mit Stieren und anderen wilden Tieren, um ihre Stärke und Kühnheit zu bekunden, wodurch vielfach Todesfälle von Menschen, Verstümmelungen menschlicher Glieder und Gefahr für das Seelenheil entstehen.

§ 2. Wir stellen hiermit fest, daß Stierkämpfe und Kämpfe mit anderen wilden Tieren gegen die christliche Frömmigkeit und Liebe verstoßen, und wollen hiermit derartige grausame schandbare und dämonische Schauspiele abschaffen und, soweit es uns mit Gottes Hilfe möglich ist, für das Heil der Seelen sorgen; daher verbieten wir allen christlichen Fürsten, geistlichen wie weltlichen, kaiserlichen und sämtlichen anderen, ebenso den Städten und sonstigen Gemeinwesen für e w i g e Z e i t e n bei Strafe des sofort eintretenden Ausschlusses aus der Kirche, daß sie in ihrem Gebietsbereich Stierkämpfe und andere Kämpfe mit wilden Tieren abhalten lassen. Wir verbieten dies Soldaten und allen anderen Personen, zu Fuß oder zu Pferd, mit Stieren und sonstigen Tieren zu kämpfen."

59) Exkurs: (a) Der Glaube an ein wie immer geartetes Überdauern der Tierseele ist biblisch nur insoweit belegbar,als auch die außermenschliche Kreatur im Gefolge des Menschen an der Verherrlichung der Kinder Gottes (Röm. 8) Anteil hat. Welche Folgerungen daraus für die Tierseele zu ziehen sind, muß wohl offen bleiben. Im apokryphen Schrifttum findet sich ein Versuch, auch diese Frage zu lösen (Henochbuch, 58. Kapitel, zitiert nach Rießler 1928, S. 470): "Höret, Kinder! In unseres Vaters Adam Tagen kam der Herr Gott herab und besuchte alle seine Geschöpfe, die er selbst gemacht hatte. Und der Herr Gott berief alle Tiere der Erde ... und führte sie unserem Vater Adam vor. Und dieser benannte alles, was sich auf Erden regte. Und Gott unterwarf dem Adam alles Seiende. Sodann machte er sie alle unvernünftig, so daß sie dem Menschen untertan und gehorsam waren; denn der Herr schuf den Menschen zu einem Herrscher über all seinen Besitz. Deshalb wird von allen Lebewesen nur des Menschen Seele gerichtet. Für die Tierseelen gibt es in der großen Welt nur Einen Ort und Eine Hürde. Keine einzige Tierseele, die der Herr schuf, wird bis zum großen Gericht eingesperrt; doch alle diese Seelen verklagen den Menschen."

(b) Augustin spricht noch allgemein vom Heil der Tiere (vgl. Kapitel IX, 1 a), aber Thomas, der pedantische Ordner des Mittelalters, läßt auch in diesem Bereich nichts mehr offen. Er integriert die aristotelische Seelenlehre, die dem Tier nur eine anima sensibilis (vgl. Anm. 54) zubilligt. Die Frage nach der Unsterblichkeit der Tierseele wird dann erst viel später wieder gestellt.

Moderne Theologen haben sich zu dieser Frage nur selten geäußert; hier einige Beispiele:

(c) Bernhart (1961, S. 197) prüft, was die Theologie gegen die Annahme einer unsterblichen Tierseele einzuwenden hätte, und antwortet: "Sicherlich nichts, wenn unsere Glaubensquellen nichts einzuwenden haben. Ich sehe nicht, daß sie es hätten - im Gegenteil! Wie immer sie uns Gott zu verstehen geben, als Schöpfer, Erlöser und Seligmacher, ist ihm alle geschaffene Wirklichkeit ewig allgegenwärtig. Nichts wird ihm, nichts vergeht ihm, denn aller Wandel ist nur auf seiten des Geschöpfes. Das menschliche <u>artificium</u> mag zerfallen, die <u>natura</u> als Werk des ewigen <u>naturans</u> steht und und bleibt bestehen vor seinem schöpferischen Auge. Ich halte mich da gerne an Augustins mehrmals wiederholtes Wort: Wir sehen die Dinge, weil sie sind; aber sie sind, weil Gott sie sieht." (Conf. XIII 38, 53.)

(d) Gautier (1965, S. 177) stellt nach Darlegung der offiziellen katholischen Lehre fest: "Il y a, cependant, des théologiens anciens et des contemporains, en petit nombre il faut l'avouer ... qui acceptent, à titre de pure hypothèse, une survie de l'âme animale." Gautier schließt sein Buch mit einer Legende vom hl. Rochus ab, der mit seinem Hund vor der Himmelstür erscheint und dort erfährt, daß Hunde nicht eingelassen würden. Schließlich entscheidet Gottvater, daß Rochus seinen Hund mitnehmen darf. Und nun kommt alles in Bewegung: Noah will mindestens seine Taube, Elia seinen Raben, Jonas seinen Walfisch und Franziskus seinen Zoo, bis schließlich das himmlische Paradies wieder alles enthält, was Gott geschaffen hatte.

60) Zitate aus Schweitzer (Kultur und Ethik, Kapitel 21: Die Ethik der Ehrfurcht vor dem Leben, Gesammelte Werke 1974 Bd. 2, S. 387 ff.): "Auch ich bin der Selbstentzweiung des Willens zum Leben unterworfen. Auf tausend Arten steht meine Existenz mit anderen in Konflikt. Die Notwendigkeit, Leben zu vernichten und Leben zu schädigen, ist mir auferlegt. Wenn ich auf einsamem Pfade wandle, bringt mein Fuß Vernichtung und Weh über die kleinen Lebewesen, die ihn bevölkern. Um mein Dasein zu erhalten, muß ich mich des Daseins, das es schädigt, erwehren. Ich werde zum Verfolger des Mäuschens, das in meinem Hause wohnt, zum Mörder des Insekts, das darin nisten will, zum Massenmörder der Bakterien, die mein Leben gefährden können. Meine Nahrung gewinne ich durch Vernichtung von Pflanzen und Tieren. Mein Glück erbaut sich aus der Schädigung der Nebenmenschen.

Wie behauptet sich die Ethik in der grausigen Notwendigkeit, der ich durch die Selbstentzweiung des Willens zum Leben unterworfen bin?

Die gewöhnliche Ethik sucht Kompromisse. Sie will festlegen, wieviel ich von meinem Dasein und von meinem Glück dahingeben muß, und wieviel ich auf Kosten des Daseins und Glücks anderen Lebens davon behalten darf. Mit diesen Entscheiden schafft sie eine angewandte, relative Ethik. Was in Wirklichkeit nicht ethisch, sondern ein Gemisch von nichtethischer Notwendigkeit und von Ethik ist, gibt sie als ethisch aus. Damit stiftet sie eine ungeheure Verwirrung an. Sie läßt eine immer zunehmende Verdunkelung des Begriffes des Ethischen aufkommen.

Die Ethik der Ehrfurcht vor dem Leben erkennt keine relative Ethik an. Als gut läßt sie nur Erhaltung und Förderung von Leben gelten. Alles Vernichten und Schädigen von Leben, unter welchen Umständen es auch erfolgen mag, bezeichnet sie als böse. Gebrauchsfertig zu beziehende Ausgleiche von Ethik und Notwendigkeit hält sie nicht auf Lager. Immer von neuem und in immer originaler Weise setzt die absolute Ethik der Ehrfurcht vor dem Leben sich im Menschen mit der Wirklichkeit auseinander. Sie tut die Konflikte nicht für ihn ab, sondern zwingt ihn, sich in jedem Falle selber zu entscheiden, inwieweit er ethisch bleiben kann und inwieweit er sich der Notwendigkeit von Vernichtung und Schädigung von Leben unterwerfen und damit Schuld auf sich nehmen muß. Nicht durch empfangene Anleitung zu Ausgleichen zwischen ethisch und notwendig kommt der Mensch in der Ethik voran, sondern nur dadurch, daß er die Stimme des Ethischen immer lauter vernimmt, daß er immer mehr von Sehnsucht beherrscht wird, Leben zu erhalten und zu fördern, und daß er in dem Widerstande gegen die Notwendigkeit des Vernichtens und Schädigens von Leben immer hartnäckiger wird.

Nur subjektive Entscheide kann der Mensch in den ethischen Konflikten treffen. Niemand kann für ihn bestimmen, wo jedesmal die äußerste Grenze der Möglichkeit des Verharrens in der Erhaltung und Förderung von Leben liegt. Er allein hat es zu beurteilen, indem er sich dabei von der aufs höchste gesteigerten Verantwortung gegen das andere Leben leiten läßt.

Nie dürfen wir abgestumpft werden. In der Wahrheit sind wir, wenn wir die Konflikte immer tiefer erleben. Das gute Gewissen ist eine Erfindung des Teufels.

Was sagt die Ehrfurcht vor dem Leben über die Beziehung zwischen Mensch und Kreatur?

Wo ich irgendwelches Leben schädige, muß ich mir darüber klar sein, ob es notwendig ist. Über das Unvermeidliche darf ich in nichts hinausgehen, auch nicht in scheinbar Unbedeutendem. Der Landmann, der auf seiner Wiese tausend Blumen zur Nahrung für seine Kühe hingemäht hat, soll sich hüten, auf dem Heimweg in geistlosem Zeitvertreib eine Blume am Rande der Landstraße zu köpfen, denn damit vergeht er sich an Leben, ohne unter der Gewalt der Notwendigkeit zu stehen.

Diejenigen, die an Tieren Operationen oder Medikamente versuchen oder ihnen Krankheiten einimpfen, um mit den gewonnenen Resultaten Menschen Hilfe bringen zu können, dürfen sich nie allgemein dabei beruhigen, daß ihr grausames Tun einen wertvollen Zweck verfolge. In jedem einzelnen Falle müssen sie erwogen haben, ob wirklich Notwendigkeit vorliegt, einem Tiere dieses Opfer für die Menschheit aufzuerlegen. Und ängstlich müssen sie darum besorgt sein, das Weh, soviel sie nur können, zu mildern. Wie viel wird in wissenschaftlichen Instituten durch versäumte Narkosen, die man der Zeit- und Müheersparnis halber unterläßt, gefrevelt! Wie viel auch dadurch, daß Tiere der Qual unterworfen werden, nur um Studenten allgemein bekannte Phänomene zu demonstrieren! Gerade dadurch, daß das Tier als Versuchstier in seinem Schmerze so Wertvolles für den leidenden Menschen erworben hat, ist ein neues, einzigartiges Solidaritätsverhältnis zwischen ihm und uns geschaffen worden. Ein Zwang, aller Kreatur alles irgend mögliche Gute anzutun, ergibt sich daraus für jeden von uns. Indem ich einem Insekt aus seiner Not helfe, tue ich nichts anderes, als daß ich versuche, etwas von der immer neuen Schuld der Menschen an die Kreatur abzutragen. Wo irgendwie das Tier zum Dienst des Menschen gezwungen wird, muß jeder von uns mit den Leiden beschäftigt sein, die es um dessentwillen zu tragen hat. Keiner von uns darf ein Weh, für das die Verantwortung nicht zu tragen ist, geschehen lassen, soweit er es nur hindern kann. Keiner darf sich dabei beruhigen, daß er sich damit in Sachen mischen würde, die ihn nicht angehen. Keiner darf die Augen schließen und das Leiden, dessen Anblick er sich erspart, als nicht geschehen ansehen. Keiner mache sich die Last seiner Verantwortung leicht. Wenn so viel Mißhandlung der Kreatur vorkommt, wenn der Schrei der auf dem Eisenbahntransport verdurstenden Tiere ungehört verhallt, wenn in unsern Schlachthäusern so viel Roheit waltet, wenn in unsern Küchen Tiere von ungeübten Händen qualvollen Tod empfangen, wenn Tiere durch unbarmherzige Menschen Unmögliches erdulden oder dem grausamen Spiele von Kindern ausgeliefert sind, tragen wir alle Schuld daran.

Wir fürchten aufzufallen, indem wir uns anmerken lassen, wie sehr wir von dem Leiden, das der Mensch über die Kreatur bringt, bewegt werden. Dabei meinen wir, andere seien ´vernünftiger´ geworden als wir und nähmen das, worüber wir uns aufregen, als gewohnt und selbstverständlich hin. Plötzlich aber entgleitet ihnen doch einmal ein Wort, das uns zeigt, daß auch sie sich noch nicht damit abgefunden haben. Bisher fremd, stehen sie uns nun ganz nahe. Die Maske, in der wir einander täuschen, fällt ab. Wir wissen nun voneinander, daß wir miteinander von dem Grausigen, das sich unaufhörlich um uns abspielt, nicht loskommen können. Oh, dieses Bekanntwerden!

Die Ethik der Ehrfurcht vor dem Leben wehrt uns, durch Stillschweigen uns gegenseitig glauben zu lassen, daß wir nicht mehr erleben, was wir als denkende Menschen erleben müssen. Sie gibt uns ein, uns in diesem Erleiden gegenseitig wachzuhalten und miteinander unerschrocken nach der Verantwortung, wie wir sie empfinden, zu reden und zu tun. Sie läßt uns miteinander nach Gelegenheit spähen, für so viel Elend, das Menschen den Tieren zufügen, Tieren in irgend etwas Hilfe zu bringen und damit für einen Augenblick aus dem unbegreiflichen Grauen des Daseins herauszutreten.

Auch hinsichtlich des Verhaltens zu Menschen wirft uns die Ethik der Ehrfurcht vor dem Leben in erschreckend unbegrenzte Verantwortung.

Wieder bietet sich keine Lehre über den Umfang der erlaubten Selbsterhaltung; wieder heißt sie uns, uns in jedem Falle mit der absoluten Ethik der Hingebung auseinanderzusetzen. Nach der Verantwortung, die ich in mir erlebe, muß ich entscheiden, was ich von meinem Leben, meinem Besitz, meiner Ruhe hingeben muß, und was ich davon behalten darf."

61) Zitat aus Barth (1970, III/4, S. 397) im Anschluß an ein kurzes Referat von Schweitzers Grundgedanken: "Wir lassen diesen allgemeinen Satz jetzt hinter uns und fragen uns: Was ist zu dieser konkreten Forderung zu sagen? Sicher nicht das, daß sie 'sentimental' sei! Sie ist ja mit der Frage nach der Durchführbarkeit auch nur der darin angegebenen Anweisungen und erst recht mit der Frage nach ihren weiteren Konsequenzen und Anwendungen leicht zu kritisieren. Zu leicht! Die an F r a n z v o n A s s i s i erinnernde Unmittelbarkeit der Anschauung und Empfindung und die innere Nötigung, die daraus spricht, ist stärker als alle solche Kritik. Wer hier etwa nur zu lächeln wüßte, der wäre wohl selbst ein wenig beweinenswert. Wie rechtfertigt man sich eigentlich, wenn man es anders hält, als Schweitzer es hier von einem haben will? Es ist nun einmal so, daß das Problem des mit Ehrfurcht zu behandelnden Lebens jenseits von dessen menschlicher Gestalt, in der wir es kennen, zwar reichlich dunkel wird, aber darum doch nicht abreißt, darum doch Problem bleibt. Sind wir hinsichtlich des menschlichen Lebens, des eigenen und des fremden, wirklich hörend geworden, dann können wir uns hinsichtlich des animalischen und des vegetativen im außermenschlichen Bereich jedenfalls auch nicht einfach taub stellen. Es ist darum sicher verdienstlich, daß Schweitzer - sei es denn: auf dem Boden einer unannehmbaren allgemeinen Voraussetzung - in dieser Sache so warm und dringlich zum Aufsehen gemahnt hat."

62) Belege: Der Weltkirchenkonferenz in Uppsala wurde ein von Pfarrer Siegfried Wend verfaßtes und nur als Manuskript vorliegendes Memorandum eingereicht, hier ein Auszug: (a) "Ein bisher überhaupt nicht bedachter Fragenkreis wird leider ... in keiner Weise gestreift: Die 'Symbiose' Mensch-Tier. Es wäre eine schwere Unterlassungssünde, wenn in Uppsala die hier aufgezeigte Problematik auch wieder übersehen würde. Denn es geht hier nicht um irgendeine Gefühlsseligkeit oder Belanglosigkeit, sondern darum, daß endlich einmal vor einem großen Forum wenigstens folgende Fragen aufgeworfen werden:

Was gibt das Tier dem Menschen, bzw. wieweit 'lebt' der Mensch vom Tier?

Was könnte das Tier dem Menschen in seiner heutigen Situation noch mehr geben, bzw. inwiefern könnte der Mensch durch ganz andersartige Inanspruchnahme des Tieres eine wesentliche Hilfe erhalten?

Welche Rechte hat das Tier dem Menschen gegenüber, bzw. welche Pflichten hat der Mensch als 'Haushalter' und Gesprächspartner des Schöpfers dem Tier gegenüber?

... Wir wissen heute, daß es grundsätzlich eine Art 'Leben' auf der Erde gibt, das in milliardenfacher Weise in Erscheinung tritt. Die Sonderstellung des Menschen - biologisch mit dem Affen eng verwandt - gründet darin, daß er zu irgendeinem Zeitpunkt auf irgendeine Art 'herausgerufen', 'provoziert' ist, um ver-'antwort'-licher Gesprächspartner Gottes zu sein. Von daher hat er seinen Adel, seine Aufgabe, seine Gefahr. Seine Gefährdung nimmt zu, je weiter er sich von der lebendigen Mitkreatur entfernt; seiner Verantwortung für die ihm verwandte Tierwelt, aus der er entwachsen ist, kann er sich nie entziehen. Mag man die Tiere nun 'Halbbrüder' oder 'fernste Nächste' (im Unterschied zu den 'fernen Nächsten' etwa in Vietnam) nennen - er darf sie auf keinen Fall ausbeuten oder schinden. Was in Römer 8 anklingt, erfordert längst dringende Maßnahmen ..."

(b) Gautier (1965, S. 140) berichtet über die Hauptpunkte eines von ihm mitunterzeichneten Antrages an das 2. Vatikanische Konzil: "Nous y demandons trois choses: 1. L' introduction dans tous les catéchismes de l' Eglise universelle, d' une leçon destinée à apprendre aux enfants la bonté envers les animaux et le respect envers la nature; 2. l' interdiction des chasses à courre, qui constituent un sport cruel où l'animal traqué et poursuivi par la meute est laissé pratiquement sans défense; 3. une nouvelle interdiction des corridas. Le Saint-Siège a bien voulu nommer une commission, présidée par un archevêque, pour étudier nos <u>desiderata</u>. Les résolutions adoptées ne pourront, évidemment, faire l'objet d'un vote solennel de Vatican II, dont les schémas consacrés à l'oecuménisme et à ce qu'on appelle'la mise à jour' de l'Eglise, sont déjà terriblement chargés. Il est donc très probable que le travail de la commission désignée pour examiner notre rapport, se prolongera même après la clôture du Concile, comme il a été prévu pour tant d'autres sujets importants ou subsidiaires qui ne peuvent recevoir, par la force des choses, une solution immédiate."

63) Beleg aus Thomas von Aquin (S. th. 2/30),Thomas behandelt das Mitleid und geht der Frage nach, welche Menschen kein Mitleid haben; in Abschnitt II ad 2 heißt es dann: "Ebenso jene nicht, die große Furcht haben, weil sie sich so sehr in das eigene Leid verlieren, daß sie das fremde nicht mehr beachten" (vgl. Anm. 54).

Literaturverzeichnis

Zur nachstehenden Bibliographie mögen folgende Hinweise beachtet werden: Autoren, deren Werke ganz andere Themenkreise betreffen, wurden ausgelassen; die nötigen Quellenhinweise finden sich dann im Haupttext. Die jeweils hinter dem Autorennamen in Klammern erscheinende Jahreszahl gibt das Erscheinungsjahr des Werkes an, nach dem zitiert wurde; die im Haupttext angegebene Seitenzahl bezieht sich auf die in dem genannten Jahr erschienene Auflage. Bei kurzen Aufsätzen ist auf eine Seitenangabe verzichtet worden.

ADOLPH, J. (1936): Der Schutz des Tieres im Deutschen Recht. Würzburg
ADRIAN, Ch. (1971): Welches Tier für unser Kind? Der rechte Freund für jedes Alter. In: Das Tier, Jg. 11, H. 12, S. 54
AEPPLI, Ernst (1951): Die Tiere im Traume des Menschen. In: Universitas, Jg. 6, S. 277-282
ALBRECHT, H. u. S., DUNETT, C. (1971): Chimpanzees in Western Africa (Ethologische Studien). München
ALLAND, A. (1970): Evolution und menschliches Verhalten (Conditio humana). Frankfurt/M.
ALLEE, W. C. (1951): Co-operation Among Animals. London
ALLEMANN, C. (1951): Über das Spiel - Die Spieltheorien - Menschenspiel und Tierspiel. Zürich
ALLESCH, G. J. von (1937): Die Beziehung zwischen tierpsychologischen und menschenpsychologischen Tatbeständen. In: Z. f. Tierpsychol. Bd. 1, S. 128-139
ALPERS, A. (1970): Delphine, Wunderkinder des Meeres (dtv 386). München
ALTHAUS, P. (1963): Der Brief an die Römer (NTD, Bd. 3). Göttingen
ALTNER, G. (1965): Schöpfungsglaube und Entwicklungsgedanke in der protestantischen Theologie zwischen Ernst Haeckel und Teilhard de Chardin. Zürich
ALTNER, G. (1966): Die "Schöpfung" und das "sogenannte Böse" bei Konrad Lorenz. In: Kirche in der Zeit, Bd. 21, S. 557-561
ALTNER, G. (1969): Kreatur Mensch. Moderne Wissenschaft auf der Suche nach dem Humanum (dtv 892). München
ALTNER, G. (1974): Die Grenzen des Wachstums und die Ehrfurcht vor dem Leben. In: Radius, H. 3
ALTNER, G. (1974): Schöpfung am Abgrund. Die Theologie vor der Umweltfrage (Grenzgespräche Bd. 5). Neukirchen-Vluyn
ALVERDES, F. (1925): Tiersoziologie. Leipzig
ALVERDES, F. (1932): Die Tierpsychologie in ihren Beziehungen zur Psychologie des Menschen. Leipzig
ALVERDES, F. (1953): Wertproblem und Biologie. In: Universitas, Jg. 8, S. 387-391
AMERY, C. (1974): Aufruf an den Papst zur Versöhnung mit der Erde. In: Dt. Allg. Sonntagsblatt, Nr. 27
AMIRA, K. von (1891): Tierstrafen und Tierprozesse. Innsbruck
AMMON, E. Fr. von (1795): Wissenschaftlicher Entwurf der christlichen Sittenlehre für Akademische Vorlesungen. Erlangen
AMMON, E. Fr. von (1803): Summa theologiae christianae. Göttingen
AMMON, E. Fr. von (1805): Christlicher Religionsunterricht für die Jugend. Erlangen
AMMON, E. Fr. von (1823-29): Handbuch der christlichen Sittenlehre. 3 Bde. in 6 Abt. Leipzig
AMMON, E. Fr. von (1830): Ernste Rücksprache mit uns selbst über unsere unerkannten Sünden im schnellen Wechsel der Zeit. Dresden
AMMON, E. Fr. von (1840): Das weise Wohlwollen des frommen Menschen gegen die Thiere. Eine Predigt über Spr. Sal. 12, 10. Celle
AMMON, E. Fr. von u. PRINZ, C. Gottl. (1843): Der Mensch und die Thierwelt. 2 Reden (gegen Thierquälerei). Dresden/Leipzig
ANGERMAIR, R. (1957): Barmherzigkeit. In: Lexikon für Theologie und Kirche. Freiburg
AUTRUM, H. (1970): Tier und Mensch in Masse. In: H. Autrum: Biologie - Entdeckung einer Ordnung. Passau
AUTRUM, H. (1970): Von tierischer und menschlicher Sprache. In: H. Autrum: Biologie - Entdeckung einer Ordnung. Passau

BADEN, H. J. (1963): Der Christ und die Tiere. In: Neue Schau, Ausg. vom 4.4. Kassel
BALLAUFF, T. (1949): Das Problem des Lebendigen. Eine Übersicht über den Stand der Forschung. Bonn
BALLY, G. (1945): Vom Ursprung und von den Grenzen der Freiheit. Eine Deutung des Spiels bei Tier und Mensch. Basel
BARGMANN, W. (1952): Die Problematik des Tierversuchs. In: Universitas, Jg. 7, S. 831-840
BARNETT, S. A. (1971): Instinkt und Intelligenz - Rätsel des tierischen und menschlichen Verhaltens (Fischer-Bücherei 6067). Frankfurt/M.
BARTH, K. (1940): Der Römerbrief. Zollikon-Zürich
BARTH, K. (1970): Die kirchliche Dogmatik III, Teilbände 1-4: Die Lehre von der Schöpfung. Zollikon-Zürich
BATES, M. (1967): Der Mensch und seine Umwelt. Stuttgart
BEINERT, W. (1974): Christus und der Kosmos. Perspektiven zu einer Theologie der Schöpfung (theologisches Seminar). Freiburg
BENCKISER, N. (1974): Der Mensch und die Tiere. In: Frankfurter Allg. Ztg. vom 13.11.1974
BENZ, E. (1955): Adam. Der Mythus vom Urmenschen. München
BERKENHOFF (1937): Tierstrafe, Tierbannung und rechtsrituelle Tiertötung im Mittelalter. Diss. Leipzig
BERNHART, J. (1958): Das Leiden der Tiere in theologischer Sicht. In: Universitas, Jg. 13, S. 599-606
BERNHART, J. (1959): Heilige und Tiere. München
BERNHART, J. (1961): Die unbeweinte Kreatur - Reflexionen über das Tier. München
BEST, W. (1971): Die strukturelle Wandlung der Nutztierhaltung. In: Du und das Tier, S. 51
BESTELMEYER, H. (1935): Die Vivisektion vom strafrechtlichen Standpunkt aus. Diss. Erlangen
BETH, K. (1909): Der Entwicklungsgedanke und das Christentum. Berlin
BEUTLER, E. (1956): Vom Gewissen und von der Ehrfurcht. Ansprache zum 500 jährigen Geburtstag von Johannes Reuchlin. Pforzheim
BIERENS DE HAAN, J. A. (1929): Animal Psychology for Biologists. London
BILZ, R. (1971): Von den Schmerzen der Tiere. Eine vergleichende Untersuchung über das Schmerz-Erleben und Schmerz-Verhalten bei Tieren und Menschen. In: Rudolf Bilz: Paläo-Anthropologie, Bd. 1, S. 379-394. Frankfurt/M.
BLANKE, F. (1961): Unsere Verantwortlichkeit gegenüber der Schöpfung. In: Blätter für Naturschutz, Jg. 41, S. 41-44
BLENDINGER, W. (1971): Pferde und Tierschutz heute. In: Du und das Tier, S. 74-78
BONAVENTURA (1960): Bonaventuras Legenda Sancti Francisci in der Übersetzung der Sibilla von Bondorf (Texte d. späten Mittelalters, H. 12). Berlin
BONHOEFFER, D. (1958): Schöpfung und Fall. München
BORNKAMM, G. (1955): Der Schöpfungsglaube des Christen. In: Schöpfungsglaube und Evolutionstheorie. Stuttgart
BORNKAMM, L. (1952/53): "... samt allen Kreaturen". In: Zeitwende, Jg. 24, S. 192-195
BORNKAMM, L. (1961): Gedanken über das Tier in der Welt des Menschen. In: Hochschularbeitskreis für Tierschutz und Studentengruppe Berlin; Mitteilungsblatt Nr. 27
BORNKAMM, L. (1962): Ist Tierschutz ein Thema für die Kirche? In: Deutsches Pfarrblatt, Nr. 16/17, S. 344-348
BORNKAMM, R. (1971): Grundfragen der Ökologie. In: Der mathematische und naturwissenschaftliche Unterricht, Frankfurt
BOOR, W. de (1968): Der erste Brief des Paulus an die Korinther. In: Rienecker de Boor: Wuppertaler Studienbibel. Wuppertal
BRANDT, H. (1954): Symbiosen. Stuttgart
BREGENZER, I. (1894): Thier-Ethik. Darstellungen der sittlichen und rechtlichen Beziehungen zwischen Mensch und Tier. Bamberg
BREM-GRÄSER, L. (1970): Familie in Tieren. München
BRIEJER, C. (1971): Silberne Schleier. Gefahren chemischer Bekämpfungsmittel. München
BROCK, F. (1937): Die Wandlungen der Grundanschauungen in der neueren Tierpsychologie. In: Z. f. Tierpsychol. Bd. 1, S. 146-156
BRÖKER, W. (1967): Der Sinn von Evolution. Düsseldorf

BROPHY, B. (1972): The Ethical Arguments for the Use of Animals in Bio-Medical Research. UFAW-Publication, Potters Bar/Herts. England
BRÜGGEMANN, K. (1945): Tierschutz bei kleinen Haustieren. Diss. Hannover (TiH)
BRÜHL, L. (1930): Fischfang, Fischhandel und Tierquälerei. Mitteilungen der Fischereivereine für die Provinzen Brandenburg, Ostpreussen, Pommern und Grenzmark. Eberswalde
BRUMMER, H. (1972): Zur Psychologie der Tierbehandlung. In: "Du und das Tier", mehrere Forts., beginnend mit H.4
BRUNNER-TRAUT, E. (1970): Altägyptische Tiergeschichten und Fabeln. Darmstadt
BÜHLER, K. (1960): Das Gestaltprinzip im Leben des Menschen und der Tiere. Bern
BUSEMANN, A. (1965): Kindheit und Reifezeit. Frankfurt/M.
BUYTENDIJK, F.J.J. (1929/30): Zur Untersuchung der Wesensunterschiede von Mensch und Tier. In: Bl.f. dt. Philos. Jg. 3, S. 33-66
BUYTENDIJK, F.J.J. (1938): Wege zum Verständnis der Tiere. Zürich
BUYTENDIJK, F.J.J. (1948): Über den Schmerz. Bern
BUYTENDIJK, F.J.J. (1958): Mensch und Tier (rororo 74). Hamburg
BYWATER, H.E. (1972): Behandlung der Schlachttiere während Transport und Schlachtung. In: Du und das Tier, S. 63 f.
CANSDALE, G.S. (1952): Animals and Man. London
CARDING, T. (1975): Tierschutz in internationaler Sicht. In: Information, Deutsche Tierfreunde, Nr. 33/34, S. 17-20
CARPENTER, C.R. (1942): Societies of monkeys and apes. In: Biological Symposia, 8, 177-204
CARRIGHAR, S. (1967): Das Ungezähmte Erbe. Vom Verhalten der Tiere und Menschen. Düsseldorf
CARSON, R. (1962): Der stumme Frühling (dtv 476). München
CELANO, Thomas von; siehe Thomas von Celano
CHAUVIN, R. (1964): Tier unter Tieren. Staat und Gesellschaft im Tierreich. Bern
CIABURRI, G. (1933): Die Vivisektion. Dresden
COBB, John B. jr. (1972): Der Preis des Fortschritts. Umweltschutz als Problem der Sozialethik. München
CONZELMANN, Hans (1968): Der Brief an die Kolosser. In: Die kleineren Briefe des Apostels Paulus (NTD, Bd.8). Göttingen
DARWIN, Ch. (1966): Der Ausdruck der Gefühle bei Mensch und Tier. Düsseldorf
DECHENT, H. (1927/28): Die sittliche Bedeutung des Tierschutzes. In: Süddt. Mh. 25. Jg., S. 868-870
DEEGENER, P. (1918): Die Formen der Vergesellschaftung. Ein systematisch-soziologischer Versuch. Leipzig
DEMBECK, H. (1969): Tiere machen Geschichte. Fünf Jahrtausende im Dienste des Menschen. Berg. Gladbach
DENHAM, St. u. K. (1969): Hobbytiere (Delphin Tb.4). Stuttgart
DENIES, K. (1942): Über die häufigen Formen der Verstöße gegen die Deutsche Tierschutzgesetzgebung. Diss. Hannover (TiH)
DETHIER, V.G. (1964): Microscopic Brains. In: Science, Vol. 143, S. 1138-1146
DETTLOFF, W. (1956): Franciscus en de dieren. In: Sint Franciscus, S. 243-247; dt. Übers. vom Vf.
DIEDERICHS, W. (1964): ...doch bessere Menschen. Tierschutz: Von Hunden,Katzen,Zierfischen und Singvögeln. In: Christ und Welt, Nr. 46, S. 23
DIETERLEN, F. (1962): Geburt und Geburtshilfe bei der Stachelmaus. In: Z.f. Tierpsychol. Bd. 19, H. 2, S. 191-222
DILSCHNEIDER, O. (1966): Das vergessene Evangelium vom Reiche Gottes. Vorbesinnung für eine Sozialethik. In: Theologia Viatorum, Jahrbuch der kirchlichen Hochschule Berlin, S. 55-73
DIMOND, S.J. (1972): Das soziale Verhalten der Tiere. Düsseldorf
DITTRICH, O. (1964): Geschichte der Ethik. Die Systeme der Moral vom Altertum bis zur Gegenwart. Neudruck d. Ausgabe von 1923/32, 4 Bde. Aalen
DORST, J. (1966): Natur in Gefahr. Zürich
DRAMA EINER ALTEN ELEFANTENKUH (1966). In: Naturwiss. Rundschau, Jg. 19, S. 382
DRAWER, K. (1971): Nutztiertransporte. In: Du und das Tier, S. 69-72
DRÖSCHER, V.B. (1968): Die freundliche Bestie. Neueste Forschungen über das Tierverhalten. Oldenburg

DUBOS, R. (1969): Die Biosphäre. In: UNESCO-Kurier, Jg. 10, S. 7-15
DUCHROW, U. (1970): Christenheit und Weltverantwortung. Traditionsgeschichte und systematische Struktur der Zweireichelehre. Stuttgart
DÜRING, W. von (1959): Humane Tötungsmethoden bei Kleintieren. In: Das Recht der Tiere, H. 1/2
DUNCAN, O. D. (1969): Humanökologie. In: Bernsdorf: Wörterbuch der Soziologie, S. 427-431. Stuttgart
DUWENHORST, W. (1962): Warum sollen Tiere nicht auch "essen"? In: Das Tier, Jg. 2, H. 5, S. 47
EHRENSTEIN, H. W. von (1840): Schild und Waffen gegen Thierquälerei. Ein Beitrag zu allgemeiner Förderung der Menschlichkeit. Leipzig
EIBL-EIBESFELDT, I. (1970): Liebe und Hass. Zur Naturgeschichte der Verhaltensweisen. München
EIBL-EIBESFELDT, I. (1972): Grundriss der vergleichenden Verhaltensforschung. München
EIBL-EIBESFELDT, I. (1973a): Vom Mythos der aggressionslosen Urgesellschaft. München
EIBL-EIBESFELDT, I. (1973b): Der vorprogrammierte Mensch. Das Ererbte als bestimmender Faktor im menschlichen Verhalten. Wien
EICHHOLZ, H. J. (1805): Einige Winke über Aufklärung und Humanität nebst einer kleinen Abhandlung über die Bestimmung und über die Pflichten gegen die Tiere. Mannheim
EIPPER, P. (1955): Die gelbe Dogge Senta. Berlin
EIPPER, P. (1961): Zwiegespräch mit Tieren (List Bücher 98). München
ELLENBERG, H. (1969): Pflanzensoziologie. In: Bernsdorf: Wörterbuch der Soziologie, S. 797-801. Stuttgart
ELLENBERG, H. (1973): Ökosystemforschung. Berlin
ENDRES, F. C. (1950): Der Mensch und das Tier. In: F. C. Endres: Sittliche Grundlagen menschlicher Beziehungen. Zürich
ENGELHARDT (1898): De l'animalité et de son droit. In: Revue de droit public, Bd. 9, S. 456 ff.
ENGELHARDT, W. von (1971): Belastungen des Pferdes im Leistungssport. In: Du und das Tier, S. 78-81
ENNULAT, K. J. u. ZOEBE, G. (1972): Das Tier im neuen Recht; mit Kommentar zum Tierschutzgesetz. Stuttgart
FABRI, K. (1965): Das Verhalten der Affen zu Gegenständen und Probleme der Menschwerdung. In: Biolog. Rundschau, Jg. 3, S. 66-77
FAIRHOLME, E. G. (1927/28): Der Tierschutz in England. In: Süddt. Mh., Jg. 25, S. 866-867
FASCHER, E. (1965): Jesus und die Tiere. In: Theologische Literaturzeitung, Jg. 90, S. 562-570
FELDMANN, H. (1940): Beobachtungen von Tierquälereien bei dem Auftrieb von Schlachttieren. Diss. Hannover (TiH)
FELIX, G. (1958): Bibliographie rechtswissenschaftlich bedeutsamer Werke zum Tierschutz unter besonderer Berücksichtigung der im Zeitraum 1930-1956 an deutschen Hochschulen angenommenen Dissertationen. In: Recht der Tiere, H. 5/6, S. 28
FEUILLET, A. (1949): Le messianisme du livre d'Isaie. In: Recherches de Science Religieuse, Jg. 36, S. 182-228
FINUS, K. F. (1953): Tierversuche. In: Medizin heute, S. 46 f.
FISCHEL, W. (1953): Methoden der tierpsychologischen Forschung. Bonn
FISCHEL, W. (1959): Ausdrucksgesten von Tieren. In: Bericht über den 22. Kongress der Dt. Gesellschaft für Psychologie, S. 75-78. Göttingen
FISCHEL, W. (1961): Das Erlernen von Umwegen und Verhaltensformen bei Tieren und Kleinkindern. In: Z. f. Psychol. Bd. 165, S. 284-295
FISCHEL, W. (1963): Synoptik der Leitung und Speicherung von Informationen in den Gehirnen höherer Wirbeltiere und des Menschen. In: Z. f. Psychol. Bd. 168, S. 195-211
FISCHEL, W. (1967): Vom Leben zum Erleben. Eine psycholog. Untersuchung über Leistungen und Ziele der Tiere und Menschen. München
FOHRER, G. (1960): Das Buch Jesaia, 3 Bde. Zürich
FOTHERGILL, Ph. G. (1969): Evolution und christlicher Glaube. Würzburg
FRAUCHINGER, E. (1945): Seelische Erkrankungen bei Mensch und Tier. Bern
FREI, W. (1933): Mensch und Tier. In: Schweiz. Archiv für Tierheilkunde, Bd. 75, H. 10/11, S. 515-533
FREI, W. (1937): Der Tierversuch als Mittel medizinischer Forschung. In: Schweizer Archiv für Tierheilkunde, Bd. 29, S. 549-562

FREY, H. (1938): Das Buch der Anfänge - Kapitel 1 - 11 des ersten Buches Mose. (Die Botschaft des AT, Bd.1). Stuttgart
FRIES, C. (1927): Pflanze und Tier. Lebensraum und Daseinsformen der Organismen. Leipzig
FRIEDRICH, H. (1968): Mensch und Tier - Ausdrucksformen des Lebendigen (dtv 481). München
FRISCH, J. (1964): Tierseele und Menschengeist. In: Orientierung, Jg.28, S.169-171
FRISCH, K. von (1965): Tanzsprache und Orientierung der Bienen. Berlin
FÜLLER, H. (1958): Symbiose im Tierreich. Wittenberg
GÄRTNER, K. (1971): Zur tierexperimentellen Forschung aus der Sicht des Tierschutzes. In: Du und das Tier, S.84-87
GALLUP, G.G. (1970): Chimpanzees Self-Recognition. In: Science, Bd.167, S.86 f.
GALSWORTHY, J. (1927/28): Mensch und Tier. In: Süddt. Mh., Jg.25, S.846-851
GARDNER, R.A. u. GARDNER, B. (1969): Teaching sign language to a Chimpanzee. Besprechung in Z.f. Tierpsychol., Bd.26, S.748 ff.
GAUGLER, E. (1945): Der Brief an die Römer, 2 Bde. Zürich
GAUTIER, J. (1965): Un prêtre se penche sur la vie animale. Paris
GEBELE VON WALDSTEIN, S. (1952): Der Tierschutz im Recht. Historische Entwicklung und sittliche Grundlage. Diss. Marburg
GEHLEN, A. (1950): Der Mensch, seine Natur und Stellung in der Welt. Bonn
GEIGER, Th. (1931): Das Tier als geselliges Subjekt. In: Forschungen zur Völkerpsychologie, Bd.10, S.283-308
GERBER, U. (1966): Röm. VIII, 18 ff. als exegetisches Problem der Dogmatik (Novum Testamentum 8)
GERLACH, R. (1955): Die Lernfähigkeit der Tiere. In: Universitas, Jg.10, S.59-64
GERLACH, R. (1967): Bedrohte Tierwelt (Fischer-Bücherei 797). Frankfurt/M.
GERWECK, G. (1965): Tierschutz, Schlachttiertransport und Tierarzt. In: Tierärztliche Umschau, Jg.20, S.433-435
GHARPURE, N.K. (1935): Tierschutz, Vegetarismus und Konfession. Eine religions-soziologische Untersuchung zum englischen 17. und 18. Jahrhundert. Diss. Köln
GIBERNE, P. (1931): La protection juridique des animaux. Diss. Montpellier
GIESE/KAHLER (1951): Das deutsche Tierschutzrecht. Berlin
GILBERT, B. (1966): How Animals communicate. New York
GLASENAPP, H. von (1943): Die Religionen Indiens. Stuttgart
GOMPERTZ, L. (1824): Moral Inquiries on the Situation of Man and Brutes. London
GONDA, J. (1967): Mensch und Tier im alten Indien. In: Studium Generale, Jg.20, S.105-116
GORDIAN, F. (1956): Italiens Vögel sind vogelfrei. In: Stuttgarter Zeitung vom 29.11.
GRAHAM, F. (1971): Seit dem stummen Frühling. München
GRAUVOGEL, A. (1971): Tierschutz aus der Sicht der modernen Verhaltensforschung. In: Du und das Tier, S.61 ff.
GROSS, D. (1974): Predigt am 4. Sonntag nach Trinitatis im Dom zu Ratzeburg. In: Information, Deutsche Tierfreunde, Nr.33/34, S.22-24
GROSS, H. (1967): Die Idee des ewigen und allgemeinen Weltfriedens im alten Orient und im Alten Testament. Trier
GRUNDMANN, W. (1968): Das Evangelium nach Markus. Berlin
GRZIMEK, B. (1949): Das Erkennen von Menschen durch Pferde. In: Z.f.Tierpsychol. Bd.6, S.110-120
GRZIMEK, B. (1954): Kein Platz für wilde Tiere. München
GRZIMEK, B. (1957): Delphine helfen kranken Artgenossen. In: Säugetierkundl. Mitteilungen, Bd.5, S.160
GRZIMEK, B. (1961): Darf man Tiere töten? Eine Meinung zur Frage der Tierversuche. In: Das Tier, H.8, S.29 f.
GRZIMEK, B. (1964): Das nicht von Menschen Gemachte. In: Kosmos, Jg.60, S.267-275
GRZIMEK, B. (1965): Zwei falsche Gründe für Tierliebe. In: Das Tier, H.8, S.3-4
GRZIMEK, B. (1972): Tierschutz in der bedrohten Umwelt. In: Du und das Tier, H.3, S.64 ff.
GRZIMEK, B. (1973): Gequälte Tiere: Unglück für die Landwirtschaft. In: Das Tier, H.11, S.4-11
GRZIMEK, B. (1974): Warum töten Hunde Menschen? In: Das Tier, H.12, S.3

GUARDINI, R. (1940): Das Harren der Schöpfung. Eine Auslegung von Römer 8, 12-39. Würzburg
GUNKEL, H. (1964): Genesis. Göttingen
GUNNEWEG, A.H.J. (1971): Theologische Erwägungen zur Herrschaft des Menschen. In: Protokoll Nr. 50 der Tagung "Mensch und Tier", Evangelische Akademie Hofgeismar
GUNST, Dietrich (1969): Der Contergan-Prozeß und die Problematik der Tierversuche. In: Information, Deutsche Tierfreunde, Nr. 25, S. 17 f.
GUNST, Dietrich (1970): Versuchstierhandel. Die große Tiertragödie des Industriezeitalters. In: Information, Deutsche Tierfreunde, Nr. 27, S. 15 f.
GUSOVIUS, H. (1971): Mensch und Tier aus der Sicht des Jägers. In: Protokoll Nr. 50 der Tagung "Mensch und Tier", Evangelische Akademie Hofgeismar
GUT, W. (1952): Begrüßung und Ansprache des Rektors der Universität Prof. Dr. Gut anläßlich der Feier zum 50jährigen Bestehen der Veterinär-mediz. Fakultät der Universität Zürich (24. Mai 1952). In: Schw. Arch. f. Tierheilkunde Bd. 94, S. 777-781
GUTACHTEN über die tierschutzgerechte Haltung von Kälbern in Aufzucht und Mast (1974). In: Information, Deutsche Tierfreunde, Nr. 31, S. 4-13
GUTACHTEN über tierschutzgemäße Haltung von Nutzgeflügel in neuzeitlichen Haltungssystemen. Mit dem Minderheitsvotum der Verhaltenswissenschaftler (1974). In: Information, Deutsche Tierfreunde, Nr. 32, S. 44-50
HAAG, H., HAAS, A. u. HÜRZELER, J. (1968): Evolution und Bibel (Herder-Bücherei 249). Freiburg
HÄRING, B. (1967): Das Gesetz Christi, 3 Bde. München
HALLIE, Ph. (1971): Grausamkeit. Der Peiniger und sein Opfer. Freiburg
HARLOW, A.F. u. HARLOW, M.K. (1967): Reifungsfaktoren im sozialen Verhalten. In: Psyche, Bd. 21, S. 193-210
HARNACK, A. von (1922): Augustin, Reflexionen und Maximen. Tübingen
HARRISON, R. (1965): Tiermaschinen - Die neuen landwirtschaftlichen Fabrikbetriebe. München
HARTMANN, E. von (1888): Unsere Stellung zu den Tieren. In: E. v. Hartmann: Moderne Probleme, S. 21-36
HARWOOD, D. (1928): Love for Animals and how it developed in Great Britain. New York
HASSENSTEIN, B. (1969): Aspekte der "Freiheit" im Verhalten von Tieren. In: Universitas, Jg. 24, S. 325-330
HASSENSTEIN, B. (1970): Tierjunges und Menschenkind im Blick der vergleichenden Verhaltensforschung. Stuttgart
HASSENSTEIN, B. (1972): Das spezifisch Menschliche nach den Resultaten der Verhaltensforschung. In: Biologische Anthropologie, Zweiter Teil, S. 60-97 (Gadamer/Vogler: Neue Anthropologie, Bd. 2, dtv 4070). Stuttgart/München
HAUSSLEITER, J. (1935): Der Vegetarismus in der Antike. Berlin
HAYES, C. (1951): The Ape in our House. New York u. London
HEBERER, G. (1959): Die Evolution der Organismen, 2 Bde. Stuttgart
HEBERER, G. (1962): Evolution und Hominisation. Festschr. z. 60. Geburtstag von G. Heberer. Stuttgart
HEBERER, G. (1965): Menschliche Abstammungslehre. Fortschritte der Anthropogenie 1863-1964. Stuttgart
HEDIGER, H. (1940): Über die Angleichungstendenz bei Tier und Mensch. In: Die Naturwissenschaften, S. 313-315
HEDIGER, H. (1942): Wildtiere in Gefangenschaft. Ein Grundriß der Tiergartenbiologie. Basel
HEDIGER, H. (1948): Ist das tierliche Bewußtsein erforschbar? In: Behavior, Jg. 1, S. 130 ff.
HEDIGER, H. (1949): Kind und Tier. In: Basler Schulblatt, Jg. 10, S. 93-97
HEDIGER, H. (1952): Beiträge zur Säugetier-Soziologie. In: Colloques internationaux du Centre national de la recherche scientifique, 34, S. 297-321
HEDIGER, H. (1956): Tiergartenbiologie und vergleichende Verhaltensforschung. In: Zeitschrift für Säugetierkunde, S. 1-28
HEDIGER, H. (1959): Die Angst des Tieres. In: Universitas, Jg. 14, S. 929-937
HEDIGER, H. (1961): Beobachtungen zur Tierpsychologie im Zoo und im Zirkus. Basel
HEDIGER, H. (1965a): Mensch und Tier im Zoo. Tiergartenbiologie. Rüschlikon-Zürich

HEDIGER, H. (1965b): Man as a Social Partner of Animals and vice-versa. In: Symp. Zool. Soc. London, No. 14, S. 291-300
HEDIGER, H. (1967): Verstehens- und Verständigungsmöglichkeiten zwischen Mensch und Tier. In: Schweiz. Zs. f. Psychol. 26, S. 234-255
HEDIGER, H. (1972): Tierpsychologie. In: Lexikon der Psychologie, Bd. 3. Freiburg
HEICHELHEIM, F.M. u. ELLIOTT, Th. (1967): Das Tier in der Vorstellungswelt der alten Griechen. In: Studium Generale, Jg. 20, S. 85-89
HEIM, K. (1951): Die Wandlung im naturwissenschaftlichen Weltbild. Hamburg
HEIM, K. (1952): Weltschöpfung und Weltende. Hamburg
HEINE, W. (1971): Versuchstierhaltung gestern und heute. In: Du und das Tier, S. 82-84
HEINEMANN, D. (1970): Warum sollen nur wir Menschen "essen"? In: Das Tier, H. 10, S. 59
HEINTEL, E. (1950): Tierseele und Organismusproblem im Cartesianischen System. In: Wiener Z. f. Philos., Psychol., Pädagogik, S. 83
HEISELER, B. von (1963): Vom Schicksal der Kreatur. Stuttgart
HEMPEL, J. (1932): Gott, Mensch und Tier im Alten Testament. In: Z. f. systemat. Theol., S. 223-249
HENNING, G. (1974): Und der Haifisch, der hat Schuppen. In: Dt. Allg. Sonntagsblatt, No. 27
HENTIG, H. von (1954): Die Bestrafung des Tieres. In: H. v. Hentig: Die Strafe, Bd. 1, S. 50-70. Berlin
HENRY, M.-L. (1958): Das Tier im religiösen Bewußtsein des alttestamentlichen Menschen. Tübingen
HENTSCHKE, R. (1960): Das Opfer im AT. In: K. Galling (Hrsg.): Die Religion in Geschichte u. Gegenwart, Bd. 4, Sp. 1638. Tübingen
HEROLD, G. (1956): Rechtsprobleme um die Vivisektion. In: Dt. Tierärztl. Wochenschr., S. 316-318
HERRLINGER, G. (1930): Totenklage um Tiere in der antiken Dichtung. Stuttgart
HERRMANN, F. (1967): Das Tier als Schöpfer. In: Studium Generale, Jg. 20, S. 129-138
HILDEBRAND, G. (1972): Ein Herz und eine Seele mit einem Blindenhund. In Oftersheim werden Blindenführhunde ausgebildet. In: Das Tier, Jg. 12, H. 11, S. 36
HILGER, H. (1954): Biblischer Tiergarten. Freiburg
HIPPEL, R. von (1891): Die Tierquälerei in der Strafgesetzgebung des In- und Auslandes, historisch, dogmatisch und kritisch dargestellt. Berlin
HÖLSCHER, H. (1950): Tierschutz und Strafrecht. Diss. Heidelberg
HÖRMANN (1969): Tier. In: Lexikon der christl. Moral. Innsbruck
HOFER, H. u. ALTNER, G. (1972): Die Sonderstellung des Menschen. Stuttgart
HOFMILLER, J. (1927/28): Das Tier in der Dichtung. In: Südd. Mh., Jg. 25, S. 895-898
HOFSTRA, Sjoerd (1962): Tierschutz als soziologisches Problem. In: Information, Deutsche Tierfreunde, Nr. 7, S. 2 f.
HOLLAND, H.C. (1972): Vergleichende Psychologie. In: Lexikon der Psychologie, Bd. 3, S. 680-686
HOLM, E. (1965): Tier und Gott. Mythik, Mantik und Magie der südafrikanischen Urjäger. Basel/Stuttgart
HOLMES, S.J. (1945): The reproductive beginnings of altruism. In: Psychol. Rev. 52, S. 109-112
HOLST, E. von (1969/70): Zur Verhaltensphysiologie bei Tieren und Menschen, 2 Bde. München
HOLST, E. von (1970): Der Physiologe und sein Versuchstier. In: E. v. Holst: Zur Verhaltensphysiologie bei Tieren und Menschen, Bd. 2, S. 247-252. München
HOLST, E. von (1969): Über die Freiheit. In: E. v. Holst: Zur Verhaltensphysiologie bei Tieren und Menschen, Bd. 1, S. 290-294. München
HOLZMEISTER, U. (1951): Jesus lebte mit den wilden Tieren. Mk. 1, 13. In: Festschrift für Max Meinertz: Vom Wort des Lebens. S. 85-92. München
HOMMEL, H. (1956): Das Harren der Kreatur. In: Schöpfer und Erhalter. Studien zum Problem Christentum und Antike. Berlin
HONECKER, M. (1971): Konzept einer sozialethischen Theorie. Grundfragen einer evangelischen Sozialethik. Tübingen
HORKHEIMER, M. (1959): Erinnerung. In: Das Recht der Tiere, H. 1/2, S. 5
HORN, V. (1955): Das Tier im Dienste und in der Welt des Menschen. In: Nachr. d. Giessener Hochschulges., Bd. 24, S. 100-121

HORNSMANN, E. (1951): ... sonst Untergang. Die Antwort der Erde auf die Mißachtung ihrer Gesetze. Rheinhausen
HORNUNG, E. (1967): Die Bedeutung des Tieres im alten Aegypten. In: Studium Generale, Jg.20, S.69-84
HUBER, G. (1960): Menschenbild und Erziehung bei Martin Buber (Kultur- und Staatswissenschaftl. Schr. d. Eidgenöss. T. H. Zürich, H.108). Zürich
HUBER, M. (1959): Mensch und Tier. Biblische Betrachtungen. Zürich
HÜBNER, J. (1966): Theologie und biologische Entwicklungslehre. Ein Beitrag zum Gespräch zwischen Theologie und Naturwissenschaft. München
HUME, C.W. (1957): The Status of Animals in the Christian Religion. London
HUME, C.W. (1962): Man and Beast. London
ILLIES, J. (1970): Die Affen und wir (rororo tele 29). Reinbek
ILLIES, J. (1971): Zoologie des Menschen - Entwurf einer Anthropologie. München
ILLIES, J. (1972): Tiere als Nahrung des Menschen. In: Frankfurter Hefte, S.577-586
ILLIES, J. (1973): Anthropologie des Tieres. Entwurf einer anderen Zoologie. München
JÄGER, W. (1964): Tierschutz auch für Fische. In: Der dt. Jäger, Jg.82, S.335
JENNY, A. (1940): Der strafrechtliche Schutz der Tiere. Diss. Bern
JUCHEM, Th. (1940): Die Entwicklung des Tierschutzes von der Mitte des 18. Jahrhunderts bis zum Reichsstrafgesetzbuch von 1871. Diss. Jur. et Rer. pol. Bonn. Köln
JUNGE, L. (1932): Die Tierlegenden des Hl. Franz von Assisi. Leipzig
KÄSEMANN, E. (1974): An die Römer. Tübingen
KAINZ, F. (1961): Die "Sprache" der Tiere. Stuttgart
KAISER, O. (1963): Der Prophet Jesaja, Kapitel 1-12 (ATD, Bd.17). Göttingen
KALBHENN, H. (1951): Beobachtungen zur Frage des Wortverständnisses beim Hunde. In: Z.f.Tierpsychol., Bd.8, S.144
KALMUS, H. (1969): Animal Behaviour and Theories of Games and of Language. In: Animal Behaviour, 17, S.607-617
KARASEK, H. (1971): Wenn Tiere sterben. In: Die Zeit, Nr.28
KATZ, D. (1922): Tierpsychologie und Soziologie des Menschen. In: Zeitschrift für Psychologie der Sinnesorgane. I. Abteilung Zeitschrift für Psychologie 88. Band (1922) Nachdruck Amsterdam 1968
KATZ, D. (1937): Animals and Men. Studies in Comparative Psychology. London
KATZ, D. (1948): Mensch und Tier. Studien zur vergleichenden Psychologie. Zürich
KEELE, C.A. u. SMITH, R. (1962): The Assessment of Pain in Man and Animal. International Symposium at the Middleessex Hospital Medical School. London
KEHL, N. (1967): Der Christushymnus im Kolosserbrief. Stuttgart
KEITER, Fr. (1969): Verhaltensforschung im Rahmen der Wissenschaften vom Menschen. Zürich/Freiburg
KELLOG, W.N. u. L.A. (1933): The Ape and the Child. New York
KERN, F. (1956): Asoka, Kaiser und Missionar. Bern
KING, J.O.L. (1970): Transport of Animals. UFAW-Publication, Potters Bar/Herts., England
KIRCHHOFF, H. (1960): Waidwerk und Christentum. In: Wild und Hund, Jg.6, S.10 f.
KIRK, G. (1968): Säugetierschutz. Stuttgart
KISS, A. (1954): Gedanken zum Tierschutzgesetz. Diss. Giessen
KLEE, E. (1972): Das Glück, in Deutschland ein Tier zu sein. In: Zeit-Magazin, Nr.35, S.12 ff.
KLEISS, E. (1972): Fraß bedeutet Schlemmerei - der Menschen. In: Das Tier, Jg.12, H.1, S.59
KLOPFER, P. (1968): Ökologie und Verhalten. Stuttgart
KLOTZ, H. (1974): Von Orientalen und ihrem Verhältnis zum Tier. In: Du und das Tier, 4.Jg., S.69-72
KNÖTIG, H. (1972): Bemerkungen zum Begriff "Humanökologie". In Humanökologische Blätter, H.2/3, S.3-140
KOCH, Fr.E. (1953): Tierversuche. In: Medizin heute, H.12, S.54 f.
KÖBERLE, A. (1964): Gottesglaube und moderne Naturwissenschaft in der Theologie Karl Heims. In: Neue Z.f.system.Theol.u.Religionsphilos., Bd.6, S.115-125
KÖBERLE, A. (1965): Naturliebe und Naturverantwortung im christlichen Glauben. Vortrag Akademie Bad Boll

KOEGEL, A. (1956): Zuständigkeit des Tierarztes im wissenschaftlichen Tierversuch. In: Das Recht der Tiere, H. 1/2, S. 10 ff.
KOEGEL, A. (1957): Das Tier und der Tod. In: Universitas, Jg. 12, S. 1281-1290
KOEHLER, O. (1954): Vorformen menschlicher Ausdrucksmittel im Tierreich. In: Universitas, Jg. 9, S. 759-770
KOEHLER, O. (1961): Von der Grenze zwischen Menschen und Tieren. Stuttgart
KOEHLER, O. (1968a): Die Aufgabe der Tierpsychologie. Darmst. Wiss. Buchges. Darmstadt
KOEHLER, O. (1968b): Vom unbenannten Denken. In: H. Friedrich (Hrsg.): Mensch und Tier, S. 116-125. München
KOEHLER, O. (1968c): Der Mensch - ein besseres Tier? In: Was ist das - der Mensch? Beiträge zu einer modernen Anthropologie. München
KOEHLER, O. (1969): Tiersprachen und Menschensprachen. In: G. Altner (Hrsg.): Kreatur Mensch, S. 119-133. Hamburg
KÖHLER, W. (1963): Intelligenzprüfungen an Menschenaffen. Berlin, Neudruck der 2. Auflage von 1917/21
KOENIG, O. (1970): Kultur und Verhaltensforschung (dtv 614). München
KÖNIG, R. (1958): Grundformen der Gesellschaft: Die Gemeinde. Hamburg
KÖNIG, R. (1969): Soziales Handeln. In: Bernsdorf: Wörterbuch der Soziologie, S. 1014-1017. Stuttgart
KÖNIG, R. (1970): Soziologie. Frankfurt/M.
KÖSTLIN, K. (1887): Geschichte der Ethik. Tübingen
KÖTTING, B. (1964): Tier und Heiligtum. In: J. f. Antike u. Christentum, 1. Erg. Bd., S. 209-214
KOHTS, N. (1935): Infant Ape and Human Child-Instincts, Emotions, Play, Habits. In: Sci. Mem. Mus. Darwinianum, 3
KOLAR, K. (1967): Von Hund und Aff und Kind und Katz. Wien
KORKHAUS, R. (1953): Tierversuche. In: Medizin heute, H. 11, S. 44-46
KORKHAUS, R. (1957): Über die schmerzlose Tötung von Kleintieren. In: Das Recht der Tiere, H. 1/2, S. 21 ff.
KOTTER, L. (1966): Vom Recht des Tieres (Münchener Universitätsreden, H. 39). München
KRAEPELIN, K. (1905): Die Beziehungen der Tiere und Pflanzen zueinander. Leipzig
KRAFT, H. (1968): Was ist ein Tierversuch? In: Information, Deutsche Tierfreunde, Nr. 24, S. 12 f.
KRAUS, H.-J. (1966): Psalmen, Teilbände 1 und 2. Neukirchen-Vluyn
KRAUSER, P. (1963): Instinktives moralanaloges Verhalten bei Tier und Mensch und die Erziehung. In: Die Deutsche Schule, 55, S. 374-393
KRÜGER, A. M. (1934): Über das Verhältnis des Kindes zum Tier. In: Z. f. angew. Psychol., Bd. 47, S. 9-64
KRUEGER, T. (1937): Gefühlsartiges im tierischen Verhalten. In: Z. f. Tierpsychol., Bd. 1, S. 97-128
KÜHNELT, W. (1965): Grundriss der Ökologie mit besonderer Berücksichtigung der Tierwelt. Stuttgart
KUNZ, H. (1968): Die Frage nach dem Wesensunterschied zwischen Mensch und Tier. In: Jb. f. Psychol. u. Psychotherapie, Jg. 16, S. 239-261
KURTH, G. (1968): Evolution und Hominisation. Stuttgart
KUSS, O. (1963): Der Römerbrief. Regensburg
KYBER, M. (1925): Tierschutz und Kultur. Leipzig
LAMPE, G. W. H. (1964): The New Testament Doctrine of Ktisis. In: The Scottish Journal of Theology, Jg. 17, S. 449-461
LANDMANN, M. (1959): Das Tier in jüdischer Weisung. Heidelberg
LANDMANN, M. (1961): Der Tierfriede. In: Der Friede - Idee und Verwirklichung. Festschr. f. A. Leschnitzer, S. 81-98. Heidelberg
LANE-PETTER, W. (1966): Legal Control of Animal Experiments in Great Britain. In: Z. f. Versuchstierkunde, Bd. 8, S. 214-216
LANE-PETTER, W. (1972): The Rational Use of Living Animals in Bio-Medical Research. UFAW Publication, Potters Bar, Herts., England
LANG, E. M. (1961): Goma, das Gorillakind. Zürich
LANGEVELD, M. J. (1968): Studien zur Anthropologie des Kindes. Tübingen

LAWICK-GOODALL, J. van (1971): Wilde Schimpansen. Zehn Jahre Verhaltensforschung am Gombe-Strom. Reinbek
LAWLER, J.G. (1965): On the Rights of Animals. In: Anglican Theological Rev., Bd.47, Evanston/III, S.180-190
LEHMANN, F.E. (1958): Gestaltungen sozialen Lebens bei Tier und Mensch. Bern
LEHNER, M. (1929): Tierschutz und Gesetz. Diss. jur. Erlangen
LEICHER, D.M. (1960): Liebe zum Tier - eine Vorstufe zur Nächstenliebe! In: Das Recht der Tiere, H.3/4, S.2 ff.
LEJEUNE, F. (1961): Das Tier und die Erziehung des Kindes. In: Information, Deutsche Tierfreunde, Nr.1, S.4 f.
LEYHAUSEN, P. (1968): Vergleichendes über die Territorialität bei Tieren und den Raumanspruch des Menschen. In: Lorenz/Leyhausen: Antriebe tierischen und menschlichen Verhaltens. München
LEYHAUSEN, P. (1969a): Säugetierkunde und Verhaltensforschung am Menschen. In: Fr. Keiter: Verhaltensforschung im Rahmen der Wissenschaften vom Menschen. Göttingen
LEYHAUSEN, P. (1969b): Intensive Tierzucht: Zweck und Wirkung. In: Information, Deutsche Tierfreunde, Nr.25, S.10-12
LEYHAUSEN, P. (1973): Verhaltensstudien an Katzen. Berlin
LIEDKE, G. (1972): Von der Ausbeutung zur Kooperation. Theologisch-philosophische Überlegungen zum Problem des Umweltschutzes. In: E. v. Weizsäcker (Hrsg.): Humanökologie und Umweltschutz (Studien zur Friedensforschung, Bd.8). Stuttgart/München
LILLY, J.C. (1961): Man and Dolphin. New York/London
LILLY, J.C. (1969): Delphin - ein Geschöpf des 5. Tages? Möglichkeiten der Verständigung zwischen menschlicher und außermenschlicher Intelligenz. München
LINDAUER, M. (1962): Kritik des Buches von F. Kainz über "Die Sprache der Tiere". In: Naturwiss. Rundschau, Jg.15, S.412-413
LINSDALE, J.M. (1946): The Californian Ground Squirrel. Los Angeles
LJUNGBERG, H. (1961): Predigt des Bischofs H.L. in der Gustav Wasa Kirche in Stockholm. In: Das Recht der Tiere, H.1/2, S.28-29
LOEFFLER, K. (1972): Schmerz und Angst beim Tier. In: Du und das Tier, S.97-99
LOHMEYER, E. (1963): Das Evangelium des Markus. Göttingen
LOHMEYER, E. (1962): Das Evangelium des Matthäus. Göttingen
LORENZ, K. (1937): Biologische Fragestellung in der Tierpsychologie. In: Z.f. Tierpsychol., Bd.1, S.24-32
LORENZ, K. (1953): Verständigung unter Tieren (Das Internationale Forum, H.1). Zürich
LORENZ, K. (1955): Über das Töten von Artgenossen. In: Jahrbuch der Max-Planck-Gesellschaft
LORENZ, K. (1956): Moralanaloges Verhalten geselliger Tiere. In: Universitas, Jg.11, S.691 ff.
LORENZ, K. (1963): Das sogenannte Böse. Zur Naturgeschichte der Aggression. Wien
LORENZ, K. (1964a): Er redete mit dem Vieh, den Vögeln und den Fischen (dtv 173). München
LORENZ, K. (1964b): Moralanaloges Verhalten von Tieren - Erkenntnisse der Verhaltensforschung. In: Universitas, S.43-54
LORENZ, K. (1965): Der Kumpan in der Umwelt des Vogels. In: K. Lorenz: Über tierisches und menschliches Verhalten, Bd.I, S.115-282. München
LORENZ, K. (1966): Haben Tiere ein subjektives Erleben? In: K. Lorenz: Über tierisches und menschliches Verhalten, Bd.2, S.359-374. München
LORENZ, K. u. LEYHAUSEN, P. (1968): Antriebe tierischen und menschlichen Verhaltens. München
LORENZ, K. u. LEYHAUSEN, P. (1969/70): Der Krieg der Generationen. In: Christ u. Welt, Nr.52 (24.12.69) bis Nr.5 (30.1.70)
LORENZ, K. (1971): So kam der Mensch auf den Hund (dtv 329). München
LORENZ, K. (1972): Hunde, Pferde und Elefanten sind "Personen". In: Das Tier, Jg.12, H.2, S.3
LORENZ, K. (1973): Die Rückseite des Spiegels. Versuch einer Naturgeschichte menschlichen Erkennens. München
LORZ, A. (1967): Naturschutz, Tierschutz und Jagdrecht. München
LORZ, A. (1973): Tierschutzgesetz - Kommentar. München

LORZ, A. (1974): Die Notwendigkeit einer Neuordnung des Schlachtrechts im Hinblick auf den Tierschutz. In: Information, Deutsche Tierfreunde, Nr. 32, S. 33-36
LUDOLPHY, I. (1960): Schöpfungsglaube und Entwicklungslehre - zwei unvereinbare Weltbilder? In: Bekenntnis zur Kirche. Festgabe für Ernst Sommerlath, S. 187-199. Berlin
MACDONALD, A.D. (1972): The Ethical Arguments for the Use of Animals in Bio-Medical Research. UFAW-Publication, Potters Bar, Herts., England
MACLAY, G. u. KNIPE, H. (1972): Adam im Hühnerhof. Frankfurt
MAERKER, E. (1958): Forschung und Recht. In: Das Recht der Tiere, H. 3/4, S. 20-22
MANSTEIN, B. (1968): Der Mensch - ein Zerstörer der natürlichen Ordnung. In: Was ist das, der Mensch? München
MARLER, P. u. HAMILTON, W. (1972): Tierisches Verhalten. München
MARTIN, G. (1969): Das Huhn in der Batteriehaltung. Aus der Sicht der Verhaltensforschung. In: Information, Deutsche Tierfreunde, Nr. 25, S. 13-16
MAURER, J. (1960): Gibt es ein Recht der Tiere? In: Das Recht der Tiere, H. 3/4, S. 12 f.
MAURER, J. (1962): Die Stierkämpfe in Spanien und die katholische Kirche. In: Das Recht der Tiere, H. 1/2, S. 12-14
MAUSBACH, J. (1930): Wesen und Stufung des Lebens nach dem hl. Augustinus. In: Augustinus Festschrift der Görres Gesellschaft, S. 169-196. Köln
MAUSBACH, J. (1961): Katholische Moraltheologie, 3. Bd.: Spezielle Moral. Münster
MAYR, A. (1966): Kann der Tierversuch durch die Verwendung von Zellkulturen ersetzt werden? In: Information, Deutsche Tierfreunde, Nr. 18, S. 4 f.
MAYR, A. (1967): Zur Anwendung von Gewebekulturen in der medizinischen Forschung. In: Information, Deutsche Tierfreunde, Nr. 22, S. 15 f.
MAYR, K. (1966): Das Tierexperiment, seine Bedeutung und seine Berechtigung. In: Arzt und Christ, Jg. 12, S. 28-30
MERKENSCHLAGER, M. (1972): Genügen die Vorschriften über Tierversuche im Tierschutzgesetzesentwurf? In: Du und das Tier, H. 2
MERY, F. (1973): Auch die Tiere haben ihre Sprache. Bonn
MESSING, S. (1955): Gedanken über Tierschutz mit besonderer Berücksichtigung der Versuchstiere. In: Dt. tierärztl. Wochenschrift, S. 190 ff.
MEURER, H. (1950): Vom Wesen des Schmerzes. In: Studium Generale, Jg. 3, S. 382-390
MEVES, Ch. (1967): Vergleichbare Strukturen von Verhaltensstörungen bei Kindern und Tieren. In: Praxis der Kinderpsychol., Jg. 16, S. 273-281
MIHALY, J. (1961): Von Tier und Mensch. Eine Sammlung der schönsten Tiergeschichten. Einsiedeln/Zürich/Köln
MILLER, J. (1953/54): Die Stellung des Menschen zur Kreatur und die Vivisektion. In: Der große Entschluß. Monatsschr. f. lebend. Christentum, S. 347 ff.
MITTENECKER, E. (1969): Das Gehirn und die Gedächtnisleistung bei Mensch und Tier in der Sicht heutiger Forschung. In: Universitas, Jg. 24, S. 521-525
MÖHRES, F.P. (1968): Tierische Kommunikation und menschliche Sprache. In: Haag/Möhres: Ursprung und Wesen des Menschen. Tübingen
MOLTMANN, J. (1966): Theologie der Hoffnung. München
MORRIS, D. (1973): Der nackte Affe (Knaur 224). München/Zürich
MORUS (R. Lewinssohn) (1952): Eine Geschichte der Tiere. Hamburg
MÜHLEN, W. von u. zu (1938): Der Schutz des Tieres im geltenden deutschen Recht unter Berücksichtigung seiner geschichtlichen Entwicklung. Diss. Jur. Köln
MÜHLMANN, W.E. (1952): Das Problem der Umwelt beim Menschen. In: Zs. f. Morphologie u. Anthropologie Vol. 44, S. 153-181
MÜHLMANN, W.E. (1969): Sozialdarwinismus. In: Bernsdorf (Hrsg.): Wörterbuch der Soziologie, S. 951-957. Stuttgart
MÜLLER, A. (1948): Die Stellung des Menschen im Kosmos. Bonn
MÜLLER, L. (1953): Der wissenschaftliche Versuch am lebenden Tier als sittliches und rechtliches Problem. Diss. Bonn

MYLIUS, Ch. (1971): Schildkröten brauchen richtige Pflege. In: Das Tier, H.11, S.38
NARR, D.u.R. (1967): Menschenfreund und Tierfreund im 18. Jahrhundert. In: Studium Generale, Jg.20, S.293-303
NEUENSCHWANDER, U. (1974): Ehrfurcht vor dem Leben. In: Zeitwende, 45.Jg., S.324-333
NEUHAUS, W. (1967): Der Mensch als Glied der belebten Natur. In: Universitas, Jg.22, S.855-862
NIGG, W. (1962): Große Heilige. Zürich
NITSCHKE, A. (1962): Die Welterfahrung bei Tier und Mensch. In: A. Nitschke: Das verwaiste Kind der Natur, S.163-200. Tübingen
NITSCHKE, A. (1967): Verhalten und Bewegung der Tiere nach frühen christlichen Lehren. In: Studium Generale, Jg.20, S.235-262
NOACK, H. (1971): Mensch und Tier als philosophisches Problem. In: Protokoll Nr. 50 der Tagung "Mensch und Tier", Evangelische Akademie Hofgeismar
NOETZEL, U. (1961): Bruder Tier - von der Liebe zu Gottes Geschöpfen. Berlin
NOLL, H. (1949): Tiere in Heimschulen. In: Basler Schulblatt, 10.Jg., S.104 f.
OEHLKERS, F. (1957): Die Mutabilität des Lebendigen. In: Die Albert-Ludwigs-Universität 1457-1957, S.57-68. Freiburg
ORTEGA Y GASSET, J. (1953): Meditationen über die Jagd. Stuttgart
OSBORN, F. (1950): Our Plundered Planet. New York
OVERHAGE, P. (1960/61): Tier und Mensch. In: Stimmen der Zeit, Bd.168, S.186-196
OVERHAGE, P. (1972): Der Affe in dir. Vom tierischen zum menschlichen Verhalten. Frankfurt
OVERHAGE, P. u. RAHNER, K. (1961): Das Problem der Hominisation. Freiburg
PALMSTIERNA, L.u.H. (1972): Unsere geplünderte Welt. Weinheim
PANGRITZ, W. (1963): Das Tier in der Bibel. München
PATER, F. (1954/55): Das Tier und die ewige Liebe. In: Hochland, Jg.47, S.244-252
PERFAHL, J. (1970): Dankbarkeit der Delphine und andere Tiergeschichten der Antike. Bremen
PETERS, H.M. (1948): Grundfragen der Tierpsychologie. Stuttgart
PETERS, H.M. (1956): Daseinsformen und Gestaltungsweisen der Gesellschaft. In: Ziegenfuss, W. Handbuch der Soziologie, S.613-640. Stuttgart
PETERS, H.M. (1957): Über die Beziehungen der Tiere zu ihrem Lebensraum. In: Studium Generale, Jg.10, S.523-531
PETERSEN, W.W. (1928): Das Tier im Alten Testament. Frankfurt/Main
PFLIEGLER, M. (1961): Mensch und Tier. In: Theolog.-prakt.Quartalschr. Bd.109, S.110-122
PIETEREK, H. (1972): Genügt das Abkommen des Europarates über den Schutz von Tieren beim Transport den Anforderungen des Tierschutzes? In: Du und das Tier, S.71 f.
PLESSNER, H. (1965): Die Stufen des Organischen und der Mensch. Berlin
PLÖTZ, F. (1970): Kind und lebendige Natur. Psychologische Voraussetzungen der Naturkunde in der Volksschule. München
PLOOG, D. (1972): Kommunikation in Affengesellschaften und deren Bedeutung für die Verständigungsweisen des Menschen. In: Biologische Anthropologie Zweiter Teil, S.98-178 (Gadamer/Vogler: Neue Anthropologie Bd.2, dtv 4070). Stuttgart/München
PORTMANN, A. (1948): Das Problem des Alterns bei Mensch und Tier. In: Universitas, Jg.3, S.1069
PORTMANN, A. (1956): Zoologie und das neue Bild vom Menschen. Hamburg
PORTMANN, A. (1957): Die Sonderstellung des Menschen im Reich des Lebendigen. In: Universitas, Jg.12, S.337-344
PORTMANN, A. (1959): Der biologische Beitrag zu einem neuen Bild des Menschen. In: Eranos Jahrbuch. Zürich
PORTMANN, A. (1960): Naturwissenschaft und Humanismus. In: Jaspers/Portmann: 2 Reden anläßl. d. 500-Jahrfeier der Basler Univ. München
PORTMANN, A. (1963): Biologie und Geist (Herder-Bücherei 137). Freiburg
PORTMANN, A. (1964): Das Tier als soziales Wesen (Herder-Bücherei 188/9). Freiburg
PORTMANN, A. (1965a): Die Menschheit unserer Zeit vor dem Geheimnis des Lebens in der Sicht der Naturwissenschaft. In: Universitas, Jg.20, S.855-862

PORTMANN, A. (1965b): Orientierung und Weltbeziehung von Tieren - neue Erkenntnisse biologischer Forschung. In: Universitas, Jg. 20, S. 1287-1300
PORTMANN, A. (1966): Tötungshemmung und Arterhaltung bei Tieren - Erkenntnisse der Verhaltensforschung. In: Universitas, Jg. 21, S. 1177-1185
PORTMANN, A. (1967): Die Stellung des Menschen in der Natur. In: A. Portmann: Zoologie aus vier Jahrzehnten. München
PORTMANN, A. (1968): Der Mensch ein Mängelwesen? Heutiges Menschenbild, Forschung und technisches Zeitalter. In: Universitas, Jg. 23, S. 897-904
PORTMANN, A. (1969): Tiersoziologie. In: Bernsdorf: Wörterbuch der Soziologie, S. 1167-1175. Stuttgart
PORTMANN, A. (1970): Entläßt die Natur den Menschen? Ges. Aufsätze zur Biologie und Anthropologie. München
PORTMANN, A. (1971): Naturschutz wird Menschenschutz (Arche Nova). Zürich
PREMACK, A. u. PREMACK, D. (1973): Sprachunterricht für einen Affen. In: Wickler/Seibt (Hrsg.): Vergleichende Verhaltensforschung. Hamburg
RAD, G. von (1964): Das erste Buch Mose, Gen. 1-12 (ATD, Bd. 2). Göttingen
RAD, G. von (1966): Theologie des Alten Testaments, 2 Bde. München
RAHN, H. (1967): Das Tier in der homerischen Dichtung. In: Studium Generale, Jg. 20, S. 90-105
RAMBURES, Marquise de (1903): L'église et la pitié envers les animaux. Textes originaux puisés à des sources pieuses. 1. et 2. recueil. Paris
RANDOW, Th. von (1969): Washoe spricht mit den Händen. In: Die Zeit vom 12.9.69
RANDOW, Th. von (1970): Gespräche mit einer Schimpansin. In: Die Zeit vom 25.9.70
RAUH, F. (1969): Das sittliche Leben des Menschen im Licht der vergleichenden Verhaltensforschung. Kevelaer
REICHENBACH, L.H.G. (1843): Blicke in das Leben der Thierwelt, verglichen mit dem Leben des Menschen. Dresden/Leipzig
REMANE, A. (1971): Sozialleben der Tiere. Stuttgart
REMANE/STORCH/WELSCH (1974): Kurzes Lehrbuch der Zoologie. Stuttgart
RENSCH, B. (1959): Homo Sapiens. Vom Tier zum Halbgott. Göttingen
RENSCH, B. (1965): Die höchsten Hirnleistungen der Tiere. In: Naturwiss. Rundschau, Jg. 18, S. 91-101
RICHTER, J. (1966): Tierschutz und Jagd. In: Tierschutz. Amtl. Nachrichtenbl. d. Dt. Tierschutzbundes. Beilage z. Tier-Illustrierte, H. 8, S. 56 f.
RIEGEL, W.M. (1964): ... daß kein Hund so leben möchte. Wer sich im Urlaub erholen will, wirft seine Tiere weg. In: Christ und Welt Nr. 37
RIENECKER, F. (1967): Das Evangelium des Markus. In: Rienecker/de Boor: Wuppertaler Studienbibel. Wuppertal
RIESSLER, P. (1928): Zweiter (slawischer) Henoch. In: P. Rießler: Altjüdisches Schrifttum außerhalb der Bibel, S. 471 f. Augsburg
ROCHE, A. (1939): These Animals of Ours. London
RUDOLPH, E. (1970): Tiere vor dem Staatsanwalt seit Jahrtausenden. Tierverträge und Tierprozesse aus zwei Jahrtausenden. In: Das Tier, Jg. 10, H. 7, S. 14
RUDOLPH, E. (1972): Schulderlebnis und Entschuldung im Bereich säkularer Tiertötung. Bern/Frankfurt/M.
RÜSCHE, F. (1930): Blut, Leben und Seele. Paderborn
RUSSELL, C. u. W.M.S. (1971): Unsere Vettern, die Affen. Hamburg
RUSSELL, W.M.S. (1956): On Misunderstanding Animals. In: UFAW Courier, Nr. 12
SABISCH, G. (1972): Alternativmethoden und Tierschutzaspekte bei der Durchführung von Tierversuchen. In: Du und das Tier, S. 66 f.
SÄLZLE, K. (1965): Tier und Mensch - Gott und Dämon. Das Tier in der Geistesgeschichte der Menschheit. München
SALT, H.S. (1907): Die Rechte der Tiere. Berlin
SAND, A. (1964): Die Tiere in der neuen Schöpfung. In: Goldbrunner, J.: Der Zukunftsbezug in der Verkündigung, S. 99-104. München
SAUTER, G. (1973): Zukunft und Verheißung. Zürich
SEIFERLE, E. (1952): Das Tier und die Angst. In: Schweiz. Arch. f. Tierheilkunde, Bd. 94, S. 781-793

SEIFERLE, E. (1960a): Tier, Mensch und Tierpsychologie. In: Das Recht der Tiere, H.1-2, S.1-3
SEIFERLE, E. (1960b): Der Tierarzt und sein Patient. In: Universitas, Jg.15, S.315-321
SEIFERLE, E. (1969): Tiermedizin und Tierpsychologie. In: Information, Deutsche Tierfreunde, Nr.25, S.3-6
SEIFERLE, E. (1970): Bewußtsein, kein Vorrecht des Menschen. In: Das Tier, Jg.10, H.7, S.3
SHAW, B. (1927/28): Das Töten als Sport. In: Süddt. Mh., Jg.25, S.901-910
SIEGMUND, G. (1954/55): Tiersprache und Menschensprache. In: Stimmen der Zeit, Jg.156, H.7, S.6-17
SIEGMUND, G. (1958): Tier und Mensch. - Beitrag zur Wesensbestimmung des Menschen. Frankfurt
SILBERSTEIN, Z. (1967): Die Pflanze im Alten Testament. In: Studium Generale, Jg.20, S.326-342
SKINNER, B.G. (1964): The Value of Animals in the Christian Conscience. In: Theology. A Monthley Review, Bd.67, Nr.528, S.243-248
SKRIVER, C.A. (1967): Der Verrat der Kirchen an den Tieren. München
SMYTHE, R.H. (1961): Animal Psychology. Springfield III
SPATZ, H. (1955): Die Evolution des Menschenhirns und ihre Bedeutung für die Sonderstellung des Menschen. In: Nachrichten der Gießener Hochschulgesellschaft, Bd.24, S.52-74
SPITALER, A. (1958): Die sittliche Verpflichtung des Menschen gegenüber dem Tier als Grundlage der gegenwärtigen Tierschutzbewegung und Tierschutzgesetzgebung. In: Das Recht der Tiere, H.3/4, S.6-7
SUOLAHTI, H. (1949): Heimfindende Hunde. In: Zeitschrift für Tierpsychol., Bd.6, S.147-150
SCHAAL, R. (1959): Das Mitleben mit dem Lebendigen. In: Westermanns päd.Beiträge, Jg.11, S.330-335
SCHALLER, G.B. (1966): Unsere nächsten Verwandten (Fischer Bücherei 918). München
SCHEIN, M. (1971): Intelligenz und Lernfähigkeit der Tiere. Erkenntnisse der Verhaltensforschung. In: Universitas, Jg.27, S.491-498
SCHEITLIN, P. (1840): Versuch einer vollständigen Thierseelenkunde. Stuttgart
SCHELER, M. (1949): Die Stellung des Menschen im Kosmos. München
SCHELSKY, H. (1950): Zum Begriff der tierischen Subjektivität. In: Studium Generale, Jg.3, S.102-116
SCHENKEL, R. (1964): Zur Ontogenese des Verhaltens bei Gorilla und Mensch. In: Z. Morph. Anthrop., Bd.54, S.233-259
SCHENKEL, R. (1968): Verständigungsmöglichkeiten zwischen Mensch und Tieren. In: Universitas, Jg.23, S.1045-1054
SCHJELDERUP-EBBE, Th. (1960): Sozialpsychologische Analogien bei Mensch und Tier. In: Bericht über den 22. Kongr. d. Dt. Ges. f. Psychol., S.237-249. Göttingen
SCHLATTER, T. (1959): Calwer Bibellexikon. Stuttgart
SCHLIER, H. (1956): Das, worauf alles wartet. Eine Auslegung von Römer 8, 18-30. In: Interpretation der Welt. Festschrift für Romano Guardini. Würzburg
SCHLOSSER, J. (1954): Das Tier im Machtbereich des Menschen. München
SCHMALOHR, E. (1968): Frühe Mutterentbehrung bei Mensch und Tier (Kindler Tb. 2092). München
SCHMID, B. (1937): Wege und Ziele der Tierpsychologie. In: Z.f.Tierpsychol., Bd.1, S.78-81
SCHMID, B. (1939): Zur Psychologie unserer Haustiere. Frankfurt
SCHMID, B. (1951): Die Seele der Tiere. Stuttgart
SCHMID, B. (1953): Begegnung mit Tieren. München
SCHMIDT, W.H. (1973): Die Schöpfungsgeschichte der Priesterschrift. Neukirchen-Vluyn
SCHMIDKE, H.O. (1951): Über die Schmerzempfindung der Tiere. Diss. Hannover
SCHNEIDER, R. (1953): Begnadete Nacht. Stuttgart
SCHNIEWIND, J. (1963): Das Evangelium nach Markus (NTD, Bd.1). Göttingen
SCHOECK, H. (1968): Der Neid. Eine Theorie der Gesellschaft. Freiburg
SCHOPENHAUER, A: Sämtliche Werke, Großherzog-Wilhelm-Ernst-Ausgabe, Insel Verlag. Leipzig
SCHUBERT-SOLDERN, R. (1951): Philosophie des Lebendigen. Graz
SCHÜTZ, H.J. (1928): Religiöse Verteidigungsschrift für die Tierwelt. Paderborn
SCHULER, B. (1969): Pflanze, Tier, Mensch - Wesensart und Wesensunterschiede. München
SCHULTZ, A.H. (1969): The Life of Primates. London
SCHULTZ, H.J. (1956): Der Christ und das Tier. In: Radius, H.4, S.42-44

SCHULTZE-PETZOLD, H. (1971): Grundsätzliches zum neuen Tierschutzgesetz, Referat und Diskussionsbeiträge. In: Protokoll Nr. 50 der Tagung "Mensch und Tier", Evangelische Akademie Hofgeismar
SCHULTZE-PETZOLD, H. (1972): Tierschutz in der Geflügelhaltung und beim Schlachten des Geflügels. In: Du und das Tier, S. 42 ff.
SCHWAB, U. (1971): Das Tier in der Dichtung. Heidelberg
SCHWEITZER, A. (1974): Gesammelte Werke in fünf Bänden. München
SCHWERDTFEGER, F. (1963): Ökologie der Tiere, 3 Bde. Hamburg
SCHWIDETZKY, I. (1971): Das Menschenbild der Biologie. Stuttgart
STACEY, W. D. (1957/58): God's Purpose in Creation - Romans VIII, 22-23. In: The Expository Times (69), S. 178-181
STAFFE, A. (1948): Haustier und Umwelt. Bern
STAHL, D. u. BIBELRIETHER, H. (1971): Jagd in Deutschland. Hamburg/Berlin
STAMM, R. A. (1968): Die Aggression im tierischen und menschlichen Verhalten. In: Studia Philosophica. Jb. der Schweiz. Philos. Gesellschaft, Bd. 28, S. 159-184
STEINBACHER, F. (1967): Sozialrelevante Symptome des Tier-Mensch-Übergangsfeldes. In: Studium Generale, Jg. 20, S. 161-166
STELZENBERGER, J. (1965): Lehrbuch der Moraltheologie. Paderborn
STERN, W. (1921): Psychologie der frühen Kindheit. Leipzig
STEVENS, Chr. (1975): Versuchstiere in den Vereinigten Staaten. In: Information, Deutsche Tierfreunde, Nr. 33/34, S. 11-13
STOLZENBERG, G. (1965): Die ganze Tierwelt ruft um Hilfe. München
STORCH, O. (1948): Die Sonderstellung des Menschen in Lebensabspiel und Vererbung. Wien
STRACK, H. L. u. BILLERBECK, P. (1965): Kommentar zum Neuen Testament aus Talmud u. Midrasch, 6 Bde. München
STRASSER, H. (1963): Tierversuche und Tierschutz. In: Z. für Versuchstierkunde, Bd. 3, S. 1-10
STÜCKRATH, F. (1940): Das Tier in der Welt des Kindes. In: Z. f. angew. Psychol.
TANNER, W. (1950): Mensch und Tier in christlicher Sicht. St. Gallen
TAYLOR, G. R. (1971): Das Selbstmordprogramm. Zukunft oder Untergang der Menschheit. Frankfurt
TEIRICH, H. (1964): Tierhaltung für Patienten. In: Prakt. Psychiatrie, H. 5, S. 1-6
TEUTSCH, G. M. (1969): Soziologie der Lebewesen. In: Bernsdorf: Wörterbuch der Soziologie, S. 1072-1074. Stuttgart
THIENEMANN, A. (1948): Lebewesen und Wesen des Lebens. In: Universitas, Jg. 3, S. 1205-1210
THIENEMANN, A. (1956): Leben und Umwelt (rororo 22). Hamburg
THOMAS VON AQUIN (1933-61): Summa Theologica. Vollst. deutsch-lat. Ausgabe, 36 Bde. Salzburg
THOMAS VON AQUIN (1937): Die Summe wider die Heiden (Summa contra gentiles). 4 Bücher (in 5 Bänden). Leipzig
THOMAS VON CELANO (1955): Leben und Wunder des Hl. Franziskus v. Assisi. Werl/Westf.
TILLICH, P. (1966): Systematische Theologie, Bd. 2, 3. Stuttgart
TINBERGEN, N. (1952): Instinktlehre. Berlin
TINBERGEN, N. (1955): Tiere untereinander. Hamburg
TINBERGEN, N. (1969): Von Krieg und Frieden bei Tier und Mensch. In: Altner, G. (Hrsg.): Kreatur Mensch, S. 163-178. Hamburg
TOLMAN, E. C. (1967): Purposive behavior in animals and men. New York
TOMPKINS, P. u. BIRD, Ch. (1974): Das geheime Leben der Pflanzen. Bern/München
TRILLING, W. (1965): Das Evangelium nach Matthäus. Düsseldorf
UEXKÜLL, J. von u. KRISZAT, G. (1970): Streifzüge durch die Umwelten von Tieren und Menschen (Conditio humana). Frankfurt/M.
UFAW/The Universities Federation for Animal Welfare (2/1968): Symposion on Humane Killing of Animals. Potters Bar/Herts., England
UFAW (1969): Symposium on The Humane Control of Animals Living in the Wild. Potters Bar/Herts., England
UFAW (1969): Symposium on The Use of Animals in Toxicological Studies. Potters Bar/Herts., England
UFAW (1971): Symposium on Humane Killing and Slaughterhouse Techniques. Potters Bar/Herts., England

UFAW/The Universities Federation for Animal Welfare (1972): Symposium on The rational Use of living Systems in Bio-Medical Research. Potters Bar/Herts., England
UFAW (4/1972): The UFAW Handbook on the Care and Management of Laboratory Animals. Edinburgh and London
UFAW (1973): Symposion on The Welfare and Management of Wild Animals in Captivity. Potters Bar/Herts., England
ULLRICH, H. (1952): Tiersprache und Menschensprache. In: Studium Generale, Jg. 5, S. 443-453
ULLRICH, K. (1959): Die schmerzlose Tötung von Tieren. In: Das Recht der Tiere, H. 1/2, S. 14 ff.
VERHEY, S. (1960): Der Mensch unter der Herrschaft Gottes. Versuch einer Theologie des Menschen nach dem hl. Franziskus v. Assisi. Düsseldorf
VIERKANDT, A. (1928): Gesellschaftslehre. Stuttgart
VÖGTLE, A. (1970): Das Neue Testament und die Zukunft des Kosmos. Düsseldorf
VOIGT, G. (1960): Schöpfung und Erlösung. In: Bekenntnis zur Kirche. Festgabe für Ernst Sommerlath, S. 200-208. Berlin
WAGNER, H. (1962): Unsere Mitgeschöpfe. In: Das Recht der Tiere, H. 1/2, S. 4 f.
WEBER, M. (1956): Wirtschaft und Gesellschaft. Tübingen
WEICHERT, H.-J. (1965): Hat der Tierschutz noch eine Chance? In: Information, Deutsche Tierfreunde, Nr. 14, S. 2 f.
WEICHERT, H.-J. (1968): Der Schlachthof v. Helsinki/Finnland. In: Information, Deutsche Tierfreunde, Nr. 24, S. 16
WEICHERT, H.-J. (1971): Mode und Tierschutz. In: Information, Deutsche Tierfreunde, Nr. 28, S. 2-4
WEICHERT, H.-J. (1974): Analyse der tierschutzmäßigen Situation auf fünf Kontinenten. In: Information, Deutsche Tierfreunde, Nr. 32, S. 30-32 und S. 50
WEISS, G. (1950): Das Tier und die menschliche "Sympathieströmung". In: Z. f. Tierpsychol. Bd. 7, S. 295
WELK, E. (1941): Die wunderbare Freundschaft. Das Buch von Tier und Mensch. Leipzig
WEND, S. (1968): Unsere Verantwortung für die Mitgeschöpfe. In: Deutsches Pfarrerblatt, 68. Jg., S. 680
WENDLAND, H. D. (1968): Die Briefe an die Korinther (NTD Bd. 7). Göttingen
WERMUTH, H. (1963): Farbwechsel und Lernfähigkeit bei Krokodilen. In: Dt. Aquarien- und Terrarien-Zeitschrift (DATZ) Jg. 16, S. 90-92
WESTERMANN, C. (1966 ff.): Genesis. Biblischer Kommentar (Lieferungswerk). Neukirchen-Vlyn
WESTERMANN, C. (1972): Genesis 1 - 11 (Erträge der Forschung Bd. 7). Darmstadt
WESTERMARCK, E. (1909): Behandlung der Tiere. In: E. Westermarck: Ursprung und Entwicklung der Moralbegriffe, Bd. 2, S. 392-411. Leipzig
WESTHUES, M. (1955): Über den Schmerz der Tiere (Münchener Universitätsreden H. 12). München
WETZEL, O. M. L. (1936): Der Tierschutz im Reichsstrafrecht. Diss. Jur. Heidelberg. Würzburg
WEYMAR, B. (1972): Was wir über den Vogelmord in Italien wissen müssen. In: Das Tier, Jg. 12, H. 8, S. 3
WICHLER, G. (1931): Der Knabe und der Jugendliche in ihrem Verhältnis zum Tier. In: Naturwiss. Monatsh., Jg. 24, S. 156-165
WICKLER, W. (1970a): Antworten der Verhaltensforschung. Darmstadt
WICKLER, W. (1970b): Stammesgeschichte und Ritualisierung. München
WICKLER, W. (1971): Verständigungssysteme bei Tieren. In: O. W. Haseloff (Hrsg.): Kommunikation, S. 19-28. Berlin
WICKLER, W. (1972a): Verhalten und Umwelt. Hamburg
WICKLER, W. (1972b): Die Biologie der Zehn Gebote. München
WICKLER, W. u. SEIBT, U. (1973): Vergleichende Verhaltensforschung. Hamburg
WIDENER, D. (1971): Kein Platz für Menschen. Der programmierte Selbstmord. Stuttgart
WIEDMANN, P. (1906): Die Tiere im Christentum. In: Dt. Tierfreund, Jg. 10, S. 381-383
WIESE, L. von (1956): Soziologie. In: Handwörterbuch der Sozialwissenschaften Bd. 9. Göttingen
WILDBERGER, H. (1972): Jesaja. Neukirchen-Vluyn
WILKE, G. (1945): Tierschutz bei der Jagd. Diss. Hannover (TiH)
WILLIAMS, L. (1967): Der Affe wie ihn keiner kennt - Des Menschen nächster Verwandter. Wien/München/Zürich

WITTMER, W. (1959): Die schmerzlose Tötung von Tieren. In: Das Recht der Tiere, H. 3/4, S. 8 ff.
WOLF, E. (1958): Recht des Nächsten. Ein rechtstheologischer Entwurf. Frankfurt/M.
WOLF, H. (1967): Der Tag an dem es sich entschied. In: Die Tier Illustrierte, Nr. 10
WOLTERECK, R. (1940): Philosophie der lebendigen Wirklichkeit. Stuttgart
WORDEN, A. N. u. LANE-PETTER, W. (1957): The UFAW Handbook on the Care and Management of Laboratory Animals. London
WUNDT, W. (1892): Vorlesungen über die Menschen- und Tierseele. Hamburg/Leipzig
YERKES, R.M. (1941): Conjugal Contrasts among the Chimpanzees. In: Journal of Abn. and Soc. Psychol. Bd. 36, S. 175-199
YERKES, R.M. (1948): Chimpanzees. New Haven
ZAGLER, J. (1846): Pflichten gegen die Tiere. München
ZEUNER, F. (1967): Geschichte der Haustiere. München
ZIEGENFUSS, W. (1956): Handbuch der Soziologie. Stuttgart
ZILLIG, M. (1961): Mädchen und Tier. - Begegnungen, Erlebnisse, Wertungen, Auswirkungen. Heidelberg
ZIMMERLI, W. (1949): Das Menschenbild des Alten Testamentes. München
ZIMMERMANN, W. (1953): Evolution, die Geschichte ihrer Probleme und Erkenntnisse. Freiburg
ZISWILER, V. (1965): Bedrohte und ausgerottete Tierarten (Verständliche Wissenschaft). Heidelberg
ZOEBE, G. (1967): Aufgaben des Deutschen Tierschutzbundes, dargestellt an Reden und Aufsätzen bekannter Tierschützer, 2 Bde. Frankfurt/M.
ZOEBE, G. (1967): Sind die Tiere rechtlos? In: Schopenhauer Jahrbuch, 48. Bd., S. 24-35. Frankfurt

Bibelstellenregister

Genesis (1. Buch Mose)

	114
1-2,4	201
1,11	115
1,21 f.	199
1,22	115, 116, 199
1,25	199
1,26	121
1,26 ff.	207
1,27	120, 121, 200
1,28	117, 199
1,28 f.	120
1,29 f.	116, 119, 134, 137
2,2 f.	134
2,19	147
2,19 f.	122, 134
2,20	123, 200
2,23 f.	123
3	124
3,14 f.	125
3,15	126
3,28	126
4,3 f.	126
4,3 ff.	200
4,8	126
5,1	121
5,3	121
6,6	126
6,19 f.	126
8,20	200
9,1	127
9,2	127
9,2 f.	127, 133
9,2 ff.	126
9,3	128
9,4	128
9,4 f.	201
9,4 ff.	201
9,4	130
9,5 f.	131
9,6	121
9,9 ff.	127
9,10	130
9,15	130
24,10 ff.	133, 134

Exodus (2. Buch Mose)

10	204
17	204
19,12 f.	131

Exodus (Fortsetzung)

20,10	133, 151
21,28	131
23,12	133

Leviticus (3. Buch Mose)

1,2 f.	201
3,1 ff	200
17,13	128
26,6	135
26,22	131

Numeri (4. Buch Mose)

21,6	131
22,22 ff.	131, 208
23,24	201

Deuteronomium (5. Buch Mose)

32,42	201

2. Buch Samuel

12,1 ff.	69, 134

1. Buch Könige

17,4	131
17,6	131, 147

1. Buch Chronik

16,33	172

Hiob (Job)

	164
5,23	135
38,41	130
39	131

Psalmen

	164
5,10	130
8	122, 176
8,6	121
8,7 ff.	121
23	140
35,7	164
36	131
36,6 f.	131

Psalmen (Fortsetzung)

50,10 f.	128, 131
69,35	157
90	121
96,11 f.	172
96,12	172
98,8	172
103,13	149
103,14	164
103,22	172
104	121, 130
104,27	172
146,9	164
147,9	171
148,10	130

Sprüche Salomonis

6,6 ff.	132
12,10	133, 140, 150, 164
21,27	201

Prediger Salomo

3,19	114

Jesaja

1,3	208
1,11 ff.	201
1,17	150
11,2 f.	120
11,6 ff.	147
11,6-9	146
11,8	146
11,9	136, 137
35,9	135
43,1	123
43,20	130, 157
55,12	172
65,17	136, 140

Jeremia

6,20	201
8,7	208
8,17	131
14,12	201
46,10	201

Hesekiel (Ezechiel)

33,25 f.	201
34,23 ff.	146
34,25	135

Hosea (Oseas)

2,10	120
2,18	135
6,6	209
8-13	201

Joel

1,20	130
2,22	131

Amos

5,22-44	201

Jona (Jonas)

3,8	131
4,11	131

Micha

6,6-8	201

Matthäus

4,2	146
5,7	140, 150
5,46	150
6,26	139, 157
6,26 ff.	148
6,28	139
6,33	145
7,6	204
7,21	145
8,28 ff.	204
9,37 f.	145
10,29	139, 148
11,19	205
11,25	207
12,7	209
13,3 ff.	145
14,13 ff.	205
15,21-28	204
15,32 ff.	205
18,3	207
18,10	207
18,33	150
25,40	150, 158
26,17 ff.	205

Markus

1,12	146, 149
1,12 f.	145 f., 148
1,13	146, 207

Markus (Fortsetzung)

3,14	207
4,35	146
5	204
5,18	207
5,31	204
6,34 ff.	205
8,1 ff.	205
10,13 ff.	149
10,15	207
14,12 ff	205
14,67	207
16,15	142, 148, 149
16,18	146, 148

Lukas

4,2	146
6,36	150
8,26 ff.	204
9,11 ff.	205
10,19	148, 156
11,2	145
13,15	151
14,5	140, 151
17,21	145
22,7 ff.	205

Johannes

1,3	148
2,1 ff.	205
4,34	148
10,12	140

Römerbrief

1,20	142
1,25	142
8	114, 142, 211, 214
8,18 ff.	140, 162, 167
8,18-23	141, 142
8,18-24	139
8,19	161, 165
8,19 f.	202
8,19 ff.	172
8,19-22	142, 148
8,20 ff.	149
8,21	148, 158
8,26	144, 145
8,28	165
8,36	204
14,1-15,3	202
14,3	202
15,1	202

1. Korintherbrief

	202
3,9	145
3,22 f.	140, 202
8	202
9,7	204
9,8 f.	204
9,9	204
15,24 ff.	143

2. Korintherbrief

3,18	206
4,16	206

Galaterbrief

6,10	208

Kolosserbrief

1,13	148
1,15	148
1,15-23	141
1,23	142

2. Petrusbrief

2,12	204
2,13	140, 141

Jakobusbrief

2,13	150

Offenbarung des Johannes (Apokalypse)

5,13	144
5,26	144
21,1	140, 141, 144

Namensregister

Abel 126, 176
Abraham 134
Adam 147, 207, 211
Adrian, Ch. 111
Aelian 11, 67
Aeppli, E. 40
Albrecht, H. 47
Alcuin 157
Allee, W.C. 33
Alpers, A. 23
Althaus, P. 143
Altner, G. 48, 62, 124, 178
Alverdes, F. 19, 27
Ambrosius 157, 165
Amery, C. 173
Amira, K. von 196
Ammon, E.Fr. von 167
Angermair, R. 151
Anselmus 164
Antonius 147, 153, 154
Argyle, M. 58, 59
Aristoteles 5, 11, 67, 152, 160, 212
Arnold, E. 203
Ashoka 2
Augustinus 152, 212

Baden, H.J. 148, 174
Bargmann, W. 101
Barth, K. 114, 115, 117, 122, 125, 126, 128, 132, 144, 168, 171, 199, 200, 201, 203, 214
Batcs, M. 66
Becker, W. 11
Beinert, W. 141
Benz, E. 200
Berkenhoff, H.A. 196
Bernardus (St. Bernhard) 164
Bernhart, J. 79, 102, 118, 147, 152, 154, 155, 174, 204, 212
Best, W. 88
Bestelmeyer, H. 97, 101
Beutler, E. 208
Bierens de Haan, J.A. 181
Bileam 131
Billerbeck, P. 126, 141, 204, 206
Bird, Ch. 30, 184
Blanke, F. 174, 175, 177
Bloch, E. 102
Blumhardt, J.Ch. 167

Boor, W. de 204
Bonaventura 156
Bornkamm, G. 66, 174
Bräsch, H. 197
Bregenzer, J. 4, 7, 103, 105, 195
Briejêr, C. 40
Brockhaus 184
Broome 105
Brophy, B. 101
Brühl, L. 88
Brummer, H. 71
Brunner-Traut, E. 182
Buber, M. 182
Buddha 102
Bühler, K. 182
Busemann, A. 45, 199
Buytendijk, F.J.J. 74
Bywater, H.E. 89

Calvin 206
Carding, T. 86
Carpenter, C.R. 35, 36
Carson, R. 40
Carus, C.G. 11
Celano, d.i. Thomas von Celano 156, 157, 158, 159, 210
Chauvin, R. 33
Christmann, H.M. 209
Christus, s. Jesus 130, 138, 139, 140, 141, 143, 144, 145, 146, 147, 148, 149, 150, 151, 155, 201, 204, 205, 206, 207, 208
Chrysostomus 164, 165
Ciaburri, G. 101
Claudius, M. 211
Cobb, J.B.jr. 177, 178
Conzelmann, H. 141
Cooly, Ch.H. 184
Cornelius a Lapide 163, 164, 165
Cosbie, W. 195
Cunningham G. 112

Daniel 135, 155
Dann, Ch.A. 167
Darwin, Ch. 5, 114, 171
Deegener, P. 33, 34
Delitzsch, F. 201
Descartes, R. 7, 99, 102, 160, 165, 166, 180, 189
Dethier, V.G. 28
Dettloff, W. 158

Diederichs, W. 109
Dieterlen, F. 59
Dillmann, A. 201
Dilschneider, O. 145
Dimond, S. 14, 33
Domitianus 165
Dorst, J. 40
Dostojewskij, F.M. 155
Dracontius 157
Drawer, K. 89
Dröscher, V.B. 59, 75
Duchrow, V. 207
Düring, W. von 89, 98, 101
Dunnet, S.C. 47
Durkheim, E. 180, 184
Duwenhorst, W. 64

Echnaton 130
Eibl-Eibesfeld, I. 13, 14, 15, 35
Eipper, P. 73
Elia, Elias 147, 212
Elieser 133, 134
Ellenberg, H. 9. 11
Elliot, Th. 4, 5, 6
Empedokles 4, 5
Endruweit, G. 184
Engelhardt 103
Ennulat, K.J. 66, 98, 108
Erskine, Lord 104, 105

Fascher, E. 146, 148, 207
Felix, G. 108
Feuillet, A. 141
Foerster 142
Fohrer, G. 137
Franziskus 151, 154, 156, 157, 158, 159, 160, 210, 212, 214
Frei, W. 101
Frisch, J. 162
Fuchs, W. 184

Gärtner, K. 101
Gallup, G. 182
Gallus 209, 210
Galsworthy, J. 6
Gandhi, K.M. 2
Gardner, B. u. R.A. 55
Gassendi, P. 7
Gaugler, E. 143
Gautier, J. 140, 212, 214
Geiger, Th. 17, 18, 19, 20, 23, 36, 42, 44, 46, 65, 69, 70, 71, 74, 75, 77, 184, 186

Gerber, U. 143
Gerlach, R. 11, 113
Gerweck, G. 89
Gharpure, N.K. 6, 202
Giberne, P. 103, 104, 105
Giese 106
Glasenapp, H. von 2
Godet 145
Goethe, J.W. 7, 208
Gonda, J. 1
Gordian, F. 95
Graham, F. 40
Grammont 105
Grauvogel, A. 88
Gregorius 148
Groß, H. 116, 127, 134, 135, 137, 173
Grundmann, W. 206
Grzimek, B. 11, 39, 48, 59, 68, 88, 101
Guardini, R. 40, 143
Gunkel, H. 121, 124
Gunneweg, A.H.J. 124
Gunst, D. 101
Gusovius, H. 86

Häring, B. 103
Hallie, Ph. 113
Hamann, J.G. 167
Hamsun, K. 70
Harnack, A. von 152
Harrison, R. 88
Hassenstein, B. 190
Hauser, Kaspar 180
Hausleiter, J. 6, 202
Hediger, H. 11, 13, 19, 20, 23, 27, 28, 33, 35, 36, 43, 46, 47, 49, 51, 56, 60, 65, 66, 67, 67, 68, 70, 72, 73, 74, 78, 85, 88, 181, 182, 184, 195, 209
Hedin, S. 75
Heichelheim, F.M. 4, 5, 6
Heim, K. 114, 168, 171, 199
Heine, W. 101
Heinemann, D. 64
Heinroth 18, 27
Heiseler, B. von 182
Hempel, J. 124, 200
Henning, G.H. 20, 27
Henry, M.-L. 3, 123, 130, 132, 134, 136, 208
Hentig, H. von 113, 196
Hentschke, R. 200

237

Herbart, J.Fr. 7
Herdan-Zuckmayer, A. 193
Herder, J.G. 7, 167, 193
Herold, G. 101
Herrlinger, G. 182
Hesiod 4
Hieronymus 129, 130, 152
Hilarius 165
Hiltibod 209, 210
Hippel, R. von 106
Hobbes, Th. 7
Hölscher, H. 105
Hofer, H. 62
Hofmiller, J. 182
Hofstra, S. 80, 83
Holland, H.C. 11, 28
Holmes, S.J. 59
Holst, E. von 27, 71, 190
Homer 4, 5
Horkheimer, M. 80, 81, 102, 113
Hornsmann, E. 40
Hornung, E. 2
Hosea, Oseas 135
Huber, G. 182
Huber, M. 77, 126, 174, 203, 208
Hübner, J. 199
Hume, C.W. 6, 23, 81, 98, 102, 113, 138, 152, 153, 173, 174, 176, 208

Ignatius von Loyola 161, 162, 163,
Illies, J. 14, 16, 31, 42, 58, 67, 68, 69, 89
Innozenz III. 158
Isaak 134

Jacob, B. 116, 201
Jäger, W. 88
Jahve, Jahwe, Jehova 124, 125, 172, 200, 201
Jesaja 102, 136, 137, 140, 145, 161, 208
Jesus 130, 138, 139, 140, 141, 143, 144, 145, 146, 147, 148, 149, 150, 151, 155, 201, 204, 205, 206, 207, 208
Johannes 144, 205
Jona, Jonas 212
Junge, L. 156, 157, 158, 209
Jungk, R. 186

Käsemann, E. 142, 143, 144, 202, 206

Kahler 106
Kain 126, 176
Kainz, F. 54, 60
Kaiser, O. 137
Kalbhenn, H. 54
Kalidasa 1
Kant, I. 66
Karasek, H. 96
Katz, D. 13, 18, 56, 181, 209
Keele, C.A. 85
Kehl, N. 141
Keiter, Fr. 62
Kelsen, H. 180
Kern, F. 2
Kinsey, A. 73
Kirchhoff, H. 69, 86
Klima, R. 184
Klotz, H. 2
Knipe, H. 13
Knötig, H. 11
Köberle, A. 114
Koehler, O. 14, 15, 27, 63
Köhler, W. 56
König, R. 9, 16, 32
Kolar, K. 92
Korkhaus, R. 89
Kotter, L. 104
Kraft, H. 101
Kraus, H.-J. 121
Krause, K.Chr.Fr. 7, 103
Krüger, A.M. 26, 47, 67, 186, 199
Kuan Tse 28
Kunz, H. 62
Kuss, O. 142
Kypris (Aphrodite) 4

Lampe, G.W.H. 143, 206
Lana 56
Landmann, M. 1, 3, 4, 26, 69, 90, 125, 131, 133, 138, 139, 196, 201
Lane-Petter, W. 98, 101
Langeveld, M.J. 46
Lawick-Goodall, J. van 47, 72
Lawler, J.G. 100, 101
Leemann, W. 111, 199
Lehner, M. 105, 106
Leibniz, G.W. 7, 171
Leicher, D.M. 173
Leslie, R.F. 210
Leyhausen, P. 14, 44, 77, 88
Liedke, G. 124, 174, 177, 207
Lietzmann, H. 147
Lilly, J.C. 56

238

Linsdale, J.M.   36
Lipps, Th.   184
Ljungberg, H.   173
Loeffler, K.   85
Lohmeyer, E.   206
Lorenz, K.   11, 15, 23, 26, 27, 29, 37, 46, 54, 57, 60, 61, 62, 64, 75, 76, 77, 110, 113, 181, 182, 185, 191, 193, 199
Lorz, A.   66, 89, 98, 113
Lukian   11
Luther, M.   139, 161, 162, 205, 207, 211

Macdonald, A.D.   101
Maclay, G.   13
Maerker, E.   101
Malebranche, N.   102
Martin, R.   104, 105
Martina   181
Maurer, J.   104, 211
Mayr, A.   101
Mayr, K.   101
Mead, M.   184
Meier, G.Fr.   11, 166
Meister, Wilhelm   208
Merkenschlager, M.   101
Messing, S.   101
Mihaly, J.   182
Miller, J.   100, 101
Moltmann, J.   145
Montaigne, M. de   7
Morris, D.   20, 21, 22, 23, 25, 26, 47, 67, 70, 71
Morus, Th.   1, 7, 43
Moses   130, 201, 204
Mühlmann, W.E.   17, 180
Müller, L.   97, 99, 101
Munthe, A.   97
Mylius, Ch.   92

Narr, D.u.R.   166, 167, 189
Nass, G.   199
Nero   165
Neuenschwander, U.   170, 171
Nigg, W.   158, 159
Nikodemus   208
Noah, Noe   126, 127, 129, 135, 163, 212
Noethel, U.   182

Oehlkers, F.   85
Origines   152

Orpheus   147, 157
Ortega y Gasset, J.   69, 86
Osborn, F.   40
Osiris   3
Overhage, P.   14, 55, 60, 62

Palmstierna, L.u.H.   40
Pangritz, W.   3, 124, 132, 133, 135, 148, 155, 205, 206, 208
Pater, F.   146
Paul VI.   173
Paulus   102, 114, 139, 142, 143, 144, 145, 148, 164, 165, 202, 204, 206, 207, 208
Perfahl, J.   11, 67, 182
Peters, H.M.   33
Petersen, W.W.   132, 133
Petrus   207
Pfliegler, M.   148, 160, 176
Pfungst, O.   17, 44, 56
Pieterek, H.   89
Pius V.   96, 164, 211
Pizer, V.   112
Platon   4, 5, 196
Plinius   11, 67
Plötz, F.   47
Plutarch   4, 6
Phylax   197
Porphyrios   6
Portmann, A.   8, 33, 46, 62, 84, 173
Premack, A.u.D.   55
Pythagoras   4, 5, 157, 203

Rad, G. von   116, 121, 122, 123, 125, 126, 128, 199, 200
Randow, Th. von   56
Rauh, F.   12, 28, 60
Reimarus, H.S.   11, 166, 189
Remane, A.   33, 35, 184
Rensch, B.   56
Richter, J.   69, 86
Riegel, W.M.   92
Rienecker, F.   149
Rießler, P.   211
Roche, A.   128
Rochus   212
Rollmann, D.-W.   107
Rudolph, E.   69, 194, 196
Rüsche, F.   128
Rumbaugh, D.M.   56
Russel, C.   113
Rutschke, W.   107, 109

Sabisch, G. 101
Sailer, J.M. 167
Sakuntala 1
Sarah 55
Seiferle, E. 71, 85, 182
Seneca 11
Senta 73
Shaw, B. 95
Sibilla von Bondorf 156
Sieberger, W. 161 211
Siegmund, G. 90, 199
Skinner, J. 13, 201
Skriver, C.A. 130, 174, 182
Smith, G.A. 208
Smith, R. 85
Sokrates 5
Spencer, H. 17
Spitaler, A. 104
Spitz, R. 180, 181
Schaal, R. 46, 186
Schaller, G.B. 47
Scheitlin, P. 11, 180
Scheler, M. 184
Schelsky, H. 29
Schenkel, R. 20, 23, 47, 49, 62, 70, 72, 77, 78, 79
Schjelderup-Ebbe, Th. 187
Schlatter, T. 202
Schleiermacher, F.E.D. 167
Schlier, H. 143
Schlosser, J. 92, 104, 109, 153
Schmid, B. 23
Schmidke, H.O. 85
Schmidt, W.H. 116, 121, 122, 123, 125, 193, 199
Schneider, R. 148, 155, 156, 176
Schoeck, H. 59
Schoenichen, W. 9
Schopenhauer, A. 7, 64
Schütz, H.J. 153, 163, 164
Schultze-Petzold, H. 88, 112, 113
Schwab, U. 182
Schweitzer, A. 7, 99, 100, 102, 103, 109, 139, 168, 170, 171, 178, 196, 212, 214
Stauffer, E. 205
Steinbacher, F. 57, 78
Stern, H. 195
Stern, W. 111
Stevens, Chr. 101
Storch, O. 35, 184
Strack, H.L. 126, 141, 204, 206
Strahlenberg, von 180

Strasser, H. 98, 101
Strauß, D.F. 146
Stückrath, F. 47

Tanner, W. 167, 174
Taylor, G.R. 40
Teilhard de Chardin, P. 102
Teirich, H. 48
Teutsch, G.M. 16
Theodoret 165
Thienemann, A. 9, 10
Thomas von Aquin 66, 118, 119, 152, 153, 192, 209, 212, 215
Tillich, P. 145
Tinbergen, N. 14, 27, 33
Titchener, E. 184
Tito 57, 191, 192
Tompkins, P. 30, 184
Topitsch, E. 180
Trilling, W. 144

Uexküll, J. von 28, 193
Ullrich, K. 89
Ulphian 103

Verhey, S. 126
Vierkandt, A. 16, 18, 181
Viktoria, Königin von England 105
Vögtle, A. 141, 143
Vriezen, Th.C. 124, 200

Wäscha-kwonnesin 194
Wagner, H. 173
Walafried Strabo 210
Washoe 55
Weber, M. 17, 27, 38
Weichert, H.-J. 86, 89, 90
Weiß, G. 42
Welk, E. 75, 182, 183
Welsch, U. 35, 184
Wend, S. 214
Wendland, H.D. 202
Wermuth, H. 42
Westermann, C. 117, 119, 120, 122, 123, 124, 127, 128, 200, 201
Westermarck, E. 5, 6
Westhues, M. 85
Weymar, B. 86
Wichler, G. 47
Wickler, W. 14, 15, 58, 60, 189, 192
Widener, D. 40
Wiese, L. von 16, 34
Wildberger, H. 137

Wilke, G. 69, 86
Wittmer, W. 89
Wohlenberg, G. 207
Wolf, E. 109, 176, 209
Wolf, H. 198
Wundt, W. 196

Xenokrates 5
Xenophon 5

Yerkes, R.M. 59, 180
Yeti 189

Ziegenfuß, W. 32
Zillig, M. 26, 47, 67, 187
Ziswiler, V. 88
Zoebe, G. 48, 66, 98, 104, 107, 108
Zola, E. 182

Sachregister

Abendländische Tradition 3 ff., 114
Ablehnende Haltung gegenüber dem Tier 187/18e
Abwertung der Tiere durch Sprachregelung 64
Adam und die Tiere: s. Benennung der Tiere
Ägyptische Tradition 2 f., 122, 130
Affe 3, 73, 91
Aktinie 35
Aktualität der Schöpfungsethik 172 ff.
Allelopathie 32, 184/12
Allianz 35
Alpha-Tier 74
Altmenschheit 1
Altruismus 58 f.
Ambivalente Einstellung zum Tier 83 f., 183, 194/29
Ameise 45, 132, 184/13b
Amsel 211/57
Angeborenes Verhalten 58, 63
Angleichung 14, 42, 44, 49, 181/4b
Angst beim Tier 67, 85, 142
Anima 31, 208/54a
Anlage 29, 57
Anrufung Gottes durch die Kreatur 130, 171
Apokryphe Schriften 138, 203/45, 211/59
Anthropomorphismus 11 f., 15 f., 19, 22, 24, 28 ff., 41, 46, 64, 91, 187/18g
Anthropophile Tiere 67
Anthropozentrische Einstellung zur Schöpfung 103, 104, 106, 168, 194/29
Anthropozentrische Heilserwartung 140, 143, 174 ff.
Anthropozentrische Schöpfungsethik 103, 174 ff., 177 ff.
Anthropozentrischer Tier-, Natur- und Umweltschutz 10, 106, 173
Antilope 184/13
Antipathie 22, 67, 72, 77
Arteigene Spezialfähigkeiten 63
Arterhaltung 31, 85
Artgenosse (s.a. Mensch und Tier als Artgenossen) 14, 57, 59, 181/4b
Aufklärung 11, 165 ff.
Aufruf gegen die Gleichgültigkeit 9 f., 81 ff., 213
Ausbeutung, Ausbeutungsverhältnis 9 f., 21, 69, 124, 175 ff., 194/29, 214/62a
Ausdehnung der Nächstenliebe auf die Kreatur (s.a. Nächstenliebe) 177
Ausrottung 88, 175

Bär 195
Balzverhalten: s. Sexualverhalten
Barmherzigkeit Gottes 140, 149 ff., 152, 153, 164, 177, 209
Barmherzigkeit und Unbarmherzigkeit des Menschen 4, 133, 140, 149 ff., 152, 153, 164, 176, 177, 209
Baum 169, 172
Benennung der Tiere 70, 122 f., 187/18d, 193/27, 200/38, 211/59a
Beseelung: s. Seele
Beseelte Wesen: s. Lebewesen

Beta-Tier 74
Betäubung 89, 97, 213
Beute: s. Jagd
Beutelbär 65
Bewußtsein 24 f., 182/6b-e, 195/30
Beziehung zwischen Menschen 29, 38, 50
Beziehung zwischen Mensch und Pflanze 39, 52
Beziehung zwischen Mensch und Tier 14 ff., 40 ff., 54 ff., 65 ff., 71 ff.
Beziehung zwischen Pflanzen 32, 53
Beziehung zwischen Tieren, interspezifische 14, 18, 34 ff., 52 f.
Beziehung zwischen Tieren, intraspezifische 33, 52
Beziehungen zwischen Tier und Pflanze 32 f., 53
Biber 194, 195
Biene 22, 66
Biologie 7, 31, 65, 177, 190
Biologie und Theologie 114, 171 f., 177 ff.
Biologische Rangordnung 35
Biologisches Gleichgewicht 10, 31, 86
Biosoziologie 32
Biosphäre 10, 39, 66, 173, 177f.
Biotische Gemeinschaft 9
Biotop 9
Blattlaus 63, 184/13b
Blaumeise 190
Blindenhund 19, 74
Blinder Fleck 81
Blume 169, 213
Blut (s.a. Seele) 69, 128, 201/41
Brudermord (Kain und Abel) 126
Brüderlichkeit der Geschöpfe 7, 114, 133, 151, 156 ff., 176, 183, 186/17
Brutalität: s. Grausamkeit
Brut- und Nachwuchspflege 15, 59, 196
Buchfink 92
Buddhismus 2
Büffel 185/14
Bulle "De salute gregis" 211

Capybara 158
Cebus: s. Kapuzineraffe
Christliche Tradition 3, 7, 114 ff., 152 ff.
Cowboy 96
Cruelty to Animals Act 98

Daniel in der Löwengrube 155
Delphin 56, 59 f., 67
Despotische Beziehung 79, 127, 186/17, 187/18g, 197, 199/35c
Deszendenz 7
Differenzierte Wahrnehmung anderer Lebewesen durch Tiere 37, 44, 60 f., 65
Distanz des Menschen zum Tier 62, 64, 69, 84, 209/54a
Distanz des Menschen zu Primaten 47
DNS 31
Dohle 190

Dornen und Disteln 125
Dressur, Dressurgruppe 72, 74, 189
Drossel 211/57
Du-Evidenz 18 ff., 23 ff., 41 f., 46, 48 ff., 54, 65, 123, 181 f./6,
    188/20, 209/54c
Dumping 94 f.

Echnaton-Hymnus 130
Ehrfurcht 7, 208/53
Ehrfurcht vor dem Leben 99 f., 102, 109, 168 ff., 178, 201/42, 212/60,
    214/61
Eichhörnchen 195
Eifersucht 15, 73, 77
Eigentum 165
Einehe 58
Einfühlung: s. Empathie
Einheit der creatura sensibilis 209/55b
Einheit der Schöpfung: s. geschöpfliche Einheit
Einsiedlerkrebs 35
Einstellung zur Schöpfung: s. Anthropozentrische Einstellung, Solidarische
    Einstellung
Einstellung auf das Tier: s. Empathie
Einstellung zum Tier: s. Ablehnende Haltung, Ambivalente Einstellung,
    Distanz, Liebe zur Kreatur
Eiweißsynthese 31
Elefant 78, 185/14, 192/23
Elohimartigkeit des Menschen 121, 125, 193/25, 200/38
Emotionaler Bereich 15, 18, 21, 27, 44, 48, 57, 62, 181
Empathie 27 ff., 42 f., 44, 110 f., 184/10
Engel und Kinder 207/51a
Engel und Tiere 147 f., 209/54e
Entwicklungspsychologisch bedingte Einstellung zum Tier 22
Erdeichhörnchen 36
Erlebnisbereich der Tiere 57
Erlebnisfähigkeit der Tiere 28 f.
Erlebniswissen der Tiere 75
Erschaffung der Frau 123
Erschaffung des Menschen 121, 123, 125
Erschaffung des Menschen als androgynes Wesen 200/38
Erschaffung der Tiere 114 ff.
Erwartung der Kreatur (expectatio creaturae) 162
Erworbenes Verhalten 58, 63
Erziehung 5 f., 29, 58, 109 ff., 175
Eschatologie 140 ff., 146
Esel 42, 105, 131, 133, 206/46e
Ethik 7, 21, 26, 66, 80, 99, 102 ff., 114 ff., 133 ff., 138 ff., 168 ff.
Ethologie 7, 11 ff., 20 f., 26 ff., 30, 57, 173, 190
Ethologie und Soziologie 14 ff., 26 ff., 30, 88
Ethos der Jagd 86
Euthanasie 58, 192
Evolution 7, 8, 12, 20, 31, 59, 102, 176
Exotische Tiere 90

Falke 119
Fallenstellerei 19
Familie: s. Tier als Familienmitglied
Fangmethoden 86 ff., 195/30
Fasan 60 f, 156
Fehlverhalten 80 ff., 113
Fink 211/57
Fisch (s.a. Seetiere) 72, 130, 156, 163
Fischfang 87, 197
Fischpredigt 154
Fledermaus 65
Fliege 152, 165
Fluch-Gemeinschaft zwischen Mensch und Kreatur 125 f., 131, 136, 143, 148 f., 163
Flucht, Fluchtdistanz, Fluchtverhalten 68, 85, 181/4b, 184/13a
Flußpferd 185/14
Forelle 210/55
Forschungslücken 10, 26 f., 103
Franziskus als Bruder der Geschöpfe 157 ff.
Franziskus als Christussymbol 158
Franziskus als Helfer und Wohltäter der Tiere 156
Franziskus als Symbol des Friedensreiches 159
Freiheit des Menschen 28, 189
Freiheit beim Tier: s. Verhaltensfreiheit
Freundschaft zwischen Mensch und Tier 4, 23, 45, 74, 75 f., 134
Freundschaft zwischen artverschiedenen Tieren 37, 75 f., 185/15
Friedensreich: s. Paradiesfrieden
Fuchs 195/30
Führung: s. Rangordnung
Fürsorglichkeit 109 ff.
Furcht vor Tieren 187/18f

Gans 3, 90, 180/1
Gänseköpfen 96
Gänseleber 90
Ganzheitliche Betrachtung der Lebewesen 8
Geburtshilfe 58
Gefährliche Tiere 67, 135
Geflügel 90
Gefühl: s. Emotionaler Bereich, Empathie
Gelbspötter 190/21c
Gemeinschaft: s. Sozietät
Gemse 130
Gemüt 186/17
Geringstenliebe (s.a. Nächstenliebe) 150 f., 158
Geruchsinn 68
Geschichte 81, 189
Geschöpf (s.a. Tier als Geschöpf, Pflanze) 16, 130, 159, 172, 208/54a
Geschöpfliche Einheit oder Nähe (s.a. Mensch-Tier-Verwandtschaft) 114 ff., 122, 125, 130 ff., 138, 153 ff., 156 ff., 161 ff., 166 ff., 171, 176, 209/55b
Geschöpfliche Sonderstellung des Menschen (s.a. Elohimartigkeit, Gottesebenbildlichkeit) 120 ff., 143, 208/54b

Gesellschaft 16 f., 80, 83, 194/29
Gesellung und Gesittung der Tiere (s.a. Moralanaloges Verhalten) 195/31b
Gewissen des Menschen 58, 102, 121, 189, 202/43
Gewissen beim Tier: s. Reueverhalten
Gewürm (biblisch) 130, 135
Gleichgültigkeit gegenüber dem Leiden der Kreatur 81 ff., 94, 133, 174
Gnu 59
Gott als Herr Schöpfung 3, 130 ff.
Gott als Herr der Tierwelt 131
Gott als Schöpfer aller Lebewesen 3, 167, 212/59c
Gottes Barmherzigkeit, Liebe, Fürsorge, Gnade und Hilfe für die Kreatur
          114, 130 ff., 139 f., 148, 152, 164
Gottes Bund mit den Tieren: s. Noah-Bund, Hosea-Bund
Gottesebenbildlichkeit 100, 120 ff., 124 f., 147, 193/25, 200/39
Graugans 13, 180/3
Grausamkeit 4, 6, 10, 84, 86 ff., 96, 104, 113, 133, 152 f., 164, 165
Griechische Tradition 3 ff., 114
Gruppennorm 61
Grußverhalten 72

Hackordnung 13
Hänfling 211/57
Hahn 190
Hai 67
Harren der Kreatur 142, 155, 158, 163, 165, 167, 172
Hase 82, 154, 156, 195
Haustier 3, 17, 21, 43 f., 67, 69 f., 84, 90 ff., 105
Heilige Pflanzen 5
Heilige Tiere 2 f., 180
Heilige und Tiere 147, 154 ff., 164, 209/55
Heilserwartung für die ganze Schöpfung: s. Solidarische Heilserwartung
Heilserwartung, eingeschränkt auf den Menschen: s. Anthropozentrische
          Heilserwartung
Heilsvergeudung 149
Herrlichkeit (der Kinder) Gottes 142 ff., 148, 158, 168, 172, 211/59a
Herrschaft des Menschen:
          Begrenzung und Verantwortung 100, 117, 120 ff., 130 ff., 140,
          149, 152, 200/39, 203/44, 206/47
          Biblische Belege 120 ff., 126 f., 140
          Mißbrauch 7, 10, 80 ff., 173
Hilf-, Recht- und Wehrlosigkeit der Unmündigen 109 ff., 150, 183, 208/52,
          209/54e
Hinduistische Tradition 2
Hinwendung der Kreatur an erfühltes Wohl- und Heilswollen (s.a. Heilige
          und Tiere) 208/51b-c, 209/54c,55a-b, 210/56
Hirsch 211/57
Hobby-Angler 87 f.
Hobby-Tiere 70, 90 ff.
Hoffnung 134
Honiganzeiger 66
Honigdachs 66
Hosea-Bund, Hoseanische Friedensvision 135
Hospitalismus 180/3

Huhn, Henne 119, 152, 190
Humananaloge Eigenschaften bei Tieren 62
Humanität 10, 80, 109, 175, 183, 193/25, 195/29, 201/41
Humanökologie 9
Humansoziologie: s. Soziologie
Hund 3, 11, 19, 29, 37, 43, 45, 46, 52, 54, 57, 60 f., 68, 74, 75, 76 f.,
        84, 90, 91, 94, 105, 112, 188/20, 195/30, 197, 212/59d
Hunde-Katzen-Freundschaft 185/15
Hyäne 59 f.

Ich-Bewußtsein 58, 181/6
Ich-Du-Erlebnis (s.a. Du-Evidenz) 45 f.
Individuelles (persönliches) Erkennen 20, 44, 65, 69, 74, 76
Individualität 20, 152
Inhumanität 69, 80 f., 83
Innerlichkeit 8
Insekten 65, 98, 169, 212/60
Instinkt 17, 41, 63, 189 f., 208/51c
Intelligenz 48 ff., 55 f., 63, 195/31a
Interaktion 20, 33, 42
Inter-Attraktion 185/14
Interdependenz 9, 31, 32
Interspezifische Freundschaft: s. Mensch und Tier in Freundschaft, Tier-
            freundschaften
Interspezifische Soziologie: s. Soziologie der Lebewesen
Intimacy 19 f., 23, 25, 49, 51
Islam 5
Isolation 77, 183, 194/29
Isolierte Aufzucht 180/3

Jagd 1, 19, 21, 68 f., 86 f., 128, 195
Jäger (Raubtier) - Beute - Verhältnis 19 f., 35, 67
Jainismus 2
Jesajanische Friedensvision 134 ff.
Jesu Geburt in einem Stall 148, 164
            Macht über die Kreatur 146
            Radikalisierung der Nächstenliebe 150
            Schweigen hinsichtlich der Tiere 138 f.
Jesus als Versöhner und Erlöser der ganzen Schöpfung 141, 164
            Erstgeborener aller Geschöpfe 141
            guter Hirte 140
            Lamm Gottes: s. Lamm Gottes
            Messias 146
Jesus mit den Tieren und Engeln in der Wüste 145 ff., 207/50
Jesus und die Kinder und Unmündigen 149, 207 f./51
Jesus und die Schöpfung 145 ff.
Jüdische Tradition 114 f., 123, 138

Kalb 70, 204/46d
Kamel 134
Kampfverhalten 58, 72
Kaninchen 90, 156, 198/34
Kapuzineraffe 74
Karakul-Schaf 90

Kaspar-Hauser-Effekt: s. Isolierte Aufzucht
Katze   3, 18, 43, 45, 67, 78, 82, 84, 90, 91, 105
Katzsches Gesetz   18, 46, 56, 181/5, 209/55b
Kind   57, 75, 87, 91 f.
Kinder und Tiere   22, 42, 44, 45 ff., 58, 70, 94, 149, 183, 186/17-19,
    196/33-34, 199/35
Kindliche Grausamkeit (s.a. Tier-, Natur- und Umweltschutzpädagogik)
    199/35
Klein- und Federwild   87
Kleinstlebewesen   98
Klopfsprache   12, 26
Kolkrabe   190/21c
Kommensalismus   35
Kommunikation: s. Verständigung und Verstehen
Konflikt der Lebensrechte: s. Wille zum Leben
Konflikt in der Pflicht zur Hilfe (s.a. Tierschutz oder Menschenschutz?)
    208/52
Konkurrenz: s. Mensch und Tier in Konkurrenz oder Rivalität
Kontakt   18, 42 f., 45, 51, 186/18b, 187/18f.
Kosmologie   17, 206/48
Kosmos   118, 144, 148
Krähe   190/21c
Kranich   132
Kreatur, ihre Beziehung zu Gott: s. folgende Begriffe:
    Anrufung Gottes durch die Kreatur
    Hinwendung der Kreatur an erfühltes Wohl- und Heilswollen
    Jesu Macht über die Kreatur
    Lob Gottes durch die Kreatur
    Tier als Bote und Werkzeug Gottes
    Tier als erlösungsbedürftiges Wesen
    Tier unter Gottes Gebot
    Tier als Kläger gegen den Menschen vor Gott
    Tier als Wesen "vor" Gott
Ktisis-Diskussion   142 ff., 165
Kuh   2 f., 213
Kuhreiher   184/14
Kumpan   14, 65, 193/26
Kultur   10
Kulturethologie   15
Kulturgeschichte   15

Lamm   134, 154, 156
Lamm Gottes   140, 205 f.
Landtiere (biblisch)   120 f., 122, 127
Landwirtschaftliche Tierhaltung: s. Nutztiere
Lebensrecht der Kreatur   66, 107
Lebewesen, lebende, beseelte Wesen (s.a. Soziologie der Lebewesen, Natur)
    16, 103 f., 114 f.
Legebatterie   69
Leiden der Kreatur   83, 118, 168, 213
Leiden der Kreatur als Problem der Theodizee   102, 118 ff., 166, 168, 213
Leidensfähigkeit der Tiere (s.a. Angst, Schmerzempfindlichkeit)   85, 104,
    107
Leistungsverbindung   19, 74

Leistungsvergleich 63
Lernfähigkeit 57, 190/21c, 192/24
Liebe zur Kreatur 77, 109, 182/9, 183, 186/18c, 197, 199
Lilie 139
Lob Gottes durch die Kreatur 131, 154, 157, 172, 203/44, 210/56
Lockruf 54
Lockvogel 87
Löwe 59, 119, 136
Lorbeer 5
Lug und Trug bei Tieren 60

Madenhacker 65
Maikäfer 18, 54
Man-eater 67
Marienkäfer 53
Maus 212/60
Mechanisches Spielzeug-Dekorations-Verhältnis 94
Meerschweinchen 18, 91
Mensch als Beschützer und Vormund der Kreatur 7, 103, 109, 173
    Glied und Partner der Schöpfung 3, 17, 120 ff., 173, 175 ff.
    Herr der Schöpfung: s. Herrschaft des Menschen
    Katalysator der Tierseele 43
    Mitarbeiter beim Bau des Gottesreiches 138, 145, 151
    Mitarbeiter in der Schöpfung 163, 207/49
    primus inter pares der Schöpfung 200/39
    Saboteur des Harrens der Kreatur 163
    Satanisches Wesen 85
    Schuldiger an der Schöpfung:
    (a) Geschichtliche Schuld: s. Herrschaft des Menschen, Schuld am Leiden der Kreatur, Schuldgefühl gegen Tiere
    (b) Urschuld: s. Fluchgemeinschaft zwischen Mensch und Kreatur
    Tierpfleger im Zoo 19, 72
    Todfeind aller Geschöpfe 84 f.
    Vermittler des Evangeliums an die Kreatur 148 f.
    Vermittler der Göttlichkeit und Heiligkeit 208/53
    Vermittler des künftigen Heils (s.a. Solidarische Heilserwartung) 143, 144 f.
    Zoobesucher 19
Mensch und Tier im Adoptionsverhältnis 23, 70, 72 f., 78, 194/28
    als Artgenossen 14, 19 f., 24, 44, 61, 71 ff.
    als Artgenossen-Ersatz 19 f., 22, 77, 183, 194/29, 209/55a
    als Bekannte 69, 73 f.
    als Beschützer oder Schützling 23, 75, 69, 110, 194/28
    in Feindschaft 19 f., 21, 23, 25, 68, 77
    in Freundschaft 4, 23, 45, 74, 75 f., 134
    in geschöpflicher Bruderschaft: s. Brüderlichkeit der Geschöpfe
    im Gruppenverband (s.a. Tier als Familienmitglied)
    als Jäger oder Beute: s. Jäger-Beute-Verhältnis
    in Kameradschaft 74 f., 122, 203/44
    in Konkurrenz oder Rivalität 21, 24, 72 f.
    in Kooperation 74 f.
    in Lebensgemeinschaft 41, 70, 134
    in Schicksalsgemeinschaft: s. Fluchgemeinschaft, Solidarische Heilserwartung

Mensch und Tier als Sozialpartner 18, 19, 23 ff., 72, 102
Menschenhaß, Menschenverachtung 48, 112
Menschensprache 55, 63, 189, 195/31a
Menschliches Erleben 30
Menschlichkeit: s. Humanität
Mensch-Tier-Übergangsfeld 7
Mensch-Tier-Unterschied (s.a. Geschöpfliche Sonderstellung des Menschen,
   Tier als artfremdes Wesen) 5, 7, 29, 40 f., 62 ff., 63, 107,
   120, 125, 143, 152, 158, 160, 174, 189 ff., 195, 203/44,
   207/49, 208/54b, 214/62a
Mensch-Tier-Verwandtschaft (s.a. Geschöpfliche Einheit oder Nähe, Tier
   als artverwandtes Wesen) 14, 15 f., 17 f., 29, 40, 158, 195 f.
Methodenproblem der interspezifischen Soziologie 26 ff.
Mikro-Ausdruck 12, 56 f.
Milieu 20
Mißverständliche und schwerverständliche Bibeltexte 140, 203/46
Mitgeschöpf 109, 124, 133, 157, 181/4b, 203/44
Mitgeschöpflichkeit 171, 173, 176 f., 193, 208/52, 209/54c
Mitkatze 44
Mitkind 46
Mitleid 69, 139, 153, 160, 164, 174, 176, 183, 196, 204/46d, 209/54d-e
Mitmenschlichkeit 57, 177, 193/25
Mitteilbarkeit 57
Mitteilungsbedürfnis 55
Mittelalter 7, 196
Mittier, Mittierlichkeit 65, 68
Mörderbiene 67
Möve 71
Moral und Moralverhalten 15, 57
Moralanaloges Verhalten 57 ff., 192, 196
Moralische Vertretbarkeit 86
Moralisches Bewußtsein 80 ff.
Moraltheologie 160
Mosaik-Verflechtung 35
Mut zur "Sentimentalität" 170, 198, 213, 214/61
Mutterliebe (s.a. Brut- und Nachwuchspflege) 15
Mutualismus 35

Nächstenliebe (s.a. Barmherzigkeit, Mitgeschöpflichkeit) 102 f., 149 ff.,
   170, 172
Nächstenliebe als Geringstenliebe: s. Geringstenliebe
Nächstenliebe als schöpfungsethisches Gebot: s. Mitgeschöpflichkeit
Nächstenliebe als anthropozentrische Binnenethik 6 f., 102 f., 160,
   208/54c
Nächstenschaft 149 f., 176 f., 208/52
Nahrung, Speisegebote für Mensch und Tier (s.a. Vegetarismus) 3, 9, 32,
   68 ff., 89, 116 ff., 127 f.
Nashorn 65, 185/14
Natur, allgemeine (s.a. Kosmos, Unersetzlichkeit der Natur) 9 f., 11, 17,
   165
Natur, belebte 9 f., 65, 165, 212/59c
Naturschutz 10
Nerz 195

Nestraub 68
Neuer Himmel, neue Erde (s.a. Paradiesfriede als prophetische Vision)
     134 ff., 140 f., 142, 161
Neues Testament 138 ff.
Neuntöter 190/21c
Niveauspannung 18, 44, 46, 54
Noah-Bund 127
Nutztiere 4, 21 f., 68 ff., 88 ff., 108, 186/16

Ochse 6, 133, 136, 204/46a
Ochs und Esel 133, 140, 164
Ökologie 8 ff., 31 f.
Ökologisches Gewissen 66
Ökosystem 9
Opfer, Opfertier 2, 4 f., 69, 126, 128, 200/40, 201/41, 209/54d
Organismus 9, 66
Orphische Lebensweise: s. Vegetarismus
Osterlamm, Passahlamm 205/46e
Otter 136, 146, 195/30

Papagei 71, 190/21c
Paradiesfriede, Schöpfungsfriede, Tierfriede
     als menschheitlich gedachte Schöpfungsharmonie 4, 40, 116 ff.,
       125 ff., 134
     als prophetische Vision 135 ff.
     als Hintergrund der paulinischen Erlösungsvision 140 ff.
     als Element der johanneischen Offenbarungsvision 144
     als sittliche Aufgabe und Leistungsmöglichkeit 135
Paradiesfriedenähnliche Ausstrahlung im Leben Jesu und vieler Heiliger
       146 f., 154 ff., 159
Parasitäre Beziehung 19, 21, 32, 35
Parforcejagd 211/57, 214/62b
Partnerbeziehung (s.a. Mensch und Tier als Sozialpartner) 20 f., 23, 72
Passah 205/46e
Paulinische Erlösungsvision 140 ff.
Pavian 15, 60, 66, 72
Pelzmantel 84
Pelztierfang 195/30
Pelztierzucht 89
Person, Personcharakter 6, 23, 40, 107, 160, 194/28
Personaler Bezug der vernunftlosen Geschöpfe 209/54c
Personbezogene Reaktion 25
Philosophie 104
Pferd 19, 43, 74, 77, 105, 152, 164, 197
Pferderennen
Pflanze 2, 5, 30, 39 f., 116, 148, 156, 167, 172, 177, 182/7, 184/11,
       208/54a, 212/60
Pflanzliches Empfindungsvermögen 30, 184/11
Pflanzensoziologie 15, 32
Pflichten gegenüber der Schöpfung (s.a. Herrschaft des Menschen) 84, 103,
       167, 208/52, 214/62a
Phylogenie, Phylogenese 41
Physiologie 12, 82

Pietismus 165 f.
Pinguin 68
Piranha 67
Prägung 14, 49, 76, 181/4
Primaten 47 f., 55 f., 59
Prophetische Vision: s. Paradiesfrieden als prophetische Vision
Psychologie 28, 30

Rabe, Rabenvogel 147, 164, 171, 180/1, 190/21c, 212/59c
Rangordnung, Ranggefälle 14, 19, 24, 72, 78, 110
Ratio als möglicher Hemmschuh der affektiven Erahnung Gottes 208/51c
Ratte 196/32
Raubkatzen 67
Raubtiere 59
Recht: s. Tier unter dem Aspekt des Rechts, Tierschutz
Recht des Nächsten 176 f.
Reflektiertes Wissen des Menschen 75
Reich Gottes 138, 145, 151
Reiter und Pferd 19
Religionsgeschichte 81
Renaissance 7
Research-Defence-Society 98
Resonanz 181/6, 186/17
Rettung von Artgenossen 15, 58
Rettung von Menschen durch Delphine 60
Reueverhalten 58, 60 f.
Rhesus 192/24
Rhinozeros: s. Nashorn
Rind 70, 185/14, 195/30
Rituelle Tötung 201/41
Rivalität: s. Mensch und Tier in Konkurrenz oder Rivalität
Rivalität unter Rangnahen 62
Robbe 35, 68
Robbenbaby 68, 90
Rodeo 96
Römische Tradition 3, 6, 114
Rotgesichtsmakaken 192/24
Rückschluß vom Menschen auf das Tier und vice-versa 12

Sabbatruhe für das Vieh 133
Sachgebundene Reaktion 25
Sadismus (s.a. Grausamkeit, Kindliche Grausamkeit) 199/35
Säugling 50, 78, 136, 146
Säugetier 185/14
Sammler und Jäger 1
Sanktion 61
Satan 146 f.
Seehund: s. Robbe
Seele, allgemein 4, 41, 195
Seele, als Blut 69, 128, 201
       lebende Seele, beseeltes Wesen (s.a. Lebewesen) 7, 16, 114 f., 131, 153
           Kreaturseele, Tierseele 43, 68, 125, 131, 133, 153, 160, 166, 180/2, 211/59

Seele, als Lebensodem 114, 125
          Menschenseele 125
Seele, ihre Sterblichkeit oder Unsterblichkeit 160, 161, 211/59
Seelenlehre 30, 31, 152, 166, 208/54a
Seelenwanderung 1 f., 4 f., 102
Seetiere, Fische (biblisch) 114, 116, 120, 122, 127
Segnung der Tiere durch Gott 115 f., 120, 199/37
Segnung der Tiere im kirchlichen Brauchtum 149, 153
Seidenspinner 190/21c
Selbstgefährdung des Menschen 10, 214/62a
Selbstmitleid als Egoismus 209/54d
Selbstbewußtsein: s. Bewußtsein
Sexualverhalten 44, 45, 60, 72 f.
Singvogel 190/21c
Sinnliche Wahrnehmung (s.a. Wahrnehmung) 48 ff., 63, 188/20
Sintflut 126 ff., 129 f.
Sittengesetz: s. Ethik
Sklaverei 84
Sodomie 73
Solidarische Einstellung zur Schöpfung: s. Mitgeschöpflichkeit
Solidarische Heilserwartung 102, 131, 136, 141 ff., 147 ff., 152, 161,
          164, 206/48, 212/59c
Solidarische Schöpfungsethik (s.a. Ehrfurcht vor dem Leben, Ethik)
          132 ff., 138 ff., 145, 149 ff., 175 ff.
Solidarischer Tier-, Natur- und Umweltschutz 10, 106 f., 173 ff.
Sonderstellung des Menschen: s. Geschöpfliche Sonderstellung
Sozialbeziehung: s. Beziehung
Sozialbeziehung, einseitige 24 f., 50 ff., 182/7
Sozialbeziehung, gegenseitige 16 f., 20, 23
Sozialbeziehung, kollektive 25, 65 ff.
Sozialbeziehung, ihre Qualität und Intensität 19, 50, 69, 71, 186/17
Soziale Anlagen, Fähigkeiten und Leistungen 17 f., 41 f., 54, 57 ff.,
          188/20
Sozialer Prozeß 49, 186/16
Sozialethik: s. Ethik
Sozialisation 58
Sozialnormen 57
Sozialtrieb 58 f.
Sozialverhalten 13 ff., 57 ff., 62
Sozietät 9, 16 f., 57 f.
Soziologie 13, 14, 16 ff., 26 ff., 30, 34, 38, 94
Soziologie und Ethologie 14, 26 ff.
Soziologie der Lebewesen 8, 13, 14, 16 ff., 30, 31 ff., 181/6
Specht 190/21c
Speisegebote: s. Nahrung
Sperling 114, 139
Spielzeugtier 111
Spinne 11
Spötter, Spottvogel 190/21c
Sprache: s. Menschensprache, Verstehen und Verständigung
Sport 88, 95 ff.
Subjektivität der Tiere 13, 26 ff.
Sündenfall 125 ff., 134, 208/51c

Super-Alpha-Tier 72
Symbiose 21, 32, 35, 184/13c
Sympathie 22, 42, 47, 49, 67, 72
Synökie 35, 184/13

Schäfer 19, 74
Schäferhund und Schaf 36
Schaf 152, 185/14, 195/30
Schakal 59
Scheinlebewesen 25
Schildkröte 91 f.
Schimpanse 55 f., 180/3, 182/6c, 189/21
Schlachttier, Schlachtung 70, 88 ff., 154, 204/46d-e, 213
Schlange 67, 125, 136 f., 161
Schlinge 86, 156, 165
Schlüsselerlebnis mit Tieren 109, 194/28, 196/33, 198/34
Schmerzempfindlichkeit der Tiere 84 ff., 88, 104, 107
Schnecke 45
Schöpfung: s. Kosmos, Natur
Schöpfungsethik: s. Anthropozentrische Schöpfungsethik, Solidarische
            Schöpfungsethik
Schöpfungsethik als Thema kirchlicher Verkündigung 172
Schöpfungsfriede: s. Paradiesfriede
Schöpfungsgehorsam 126, 132, 203/44, 207/51b
Schonung des Lebens (s.a. Ehrfurcht vor dem Leben) 2, 4, 5, 10
Schuld des Menschen am Leiden der Kreatur 83 f., 86 ff., 163, 178
Schuldgefühl gegenüber dem Tier 1, 68 f., 83, 84, 102, 194/29, 197,
            212/60-61
Schuld durch Schweigen 174, 213
Schwalbe 131
Schwan 180/1
Schwein 42, 158, 204/46b-c

Stachelmaus 59
Stammesgeschichte (s.a. Evolution) 7, 12, 14, 15f., 20, 176, 182/6b
Stellung des Menschen in der Schöpfung: s. folgende Begriffe:
            Geschöpfliche Sonderstellung des Menschen
            Herrschaft des Menschen, biblische Belege
            Mensch als Beschützer und Vormund der Kreatur
            Mensch als Glied und Partner der Schöpfung
            Mensch als Mitarbeiter in der Schöpfung
            Mensch als primus inter pares der Schöpfung
            Mensch und Tier in geschöpflicher Bruderschaft
Stichling 27
Stieglitz 211/57
Stierkampf 96, 164, 211, 215/62b
Storch 132
Strauß 184/13a

Taube 82, 132, 212/59c
Taubenschießen 95 f.
Taubstummensprache 55
Telepathisches (?) Einfühlungsvermögen des Hundes (s.a. Empathie)
            188/20, 191/22

Tellereisen 86
Theologie 7, 166, 168 ff., 171, 177 ff., 189
Theologie und Biologie 114, 171 f., 177 ff.
Theologische Literatur zur Schöpfungsethik 174
Tier als Ahne: s. Totem
- artfremdes Wesen (s.a. Mensch-Tier-Unterschied) 65
- artverwandtes Wesen (s.a. Mensch-Tier-Verwandtschaft) 65
- Bote und Werkzeug Gottes 135
- Dekorationsmittel 70
- Du 123, 182/7
- erlösungsbedürftiges Wesen (s.a. Fluchgemeinschaft) 143, 157
- Familienmitglied 42, 69, 72 f., 76, 110, 112, 133, 134, 150, 165
- Gefahr für den Menschen: s. Gefährliche Tiere
- Gefährte des Menschen 122, 203/44
- Gehilfe des Menschen 153, 200/38
- Geschöpf Gottes: s. Erschaffung der Tiere, Kreatur
- Geschöpf des Menschen 186/16
- Glied der Natur: s. Geschöpfliche Einheit
- Gott 1
- heiliges Wesen: s. Heilige Tiere
- Hobby-Objekt des Menschen: s. Hobby-Tier
- Jagdbeute: s. Jagd
- Kläger gegen den Menschen vor Gott 3, 162, 211/59a
- Krankheitserreger 68
- Lebewesen 186/18c, 187/18e
- Luxusgegenstand 91
- Mitgeschöpf: s. Mitgeschöpf
- Mitglied des Bundes zwischen Gott und Schöpfung 171
- Nächster des Menschen (s.a. Nächstenliebe, Nächstenschaft) 170
- Nahrung des Menschen: s. Nahrung, Speisegebote für Mensch und Tier
- Objekt der Beobachtung und Besichtigung 70 f.
- Objekt der Nutzung und Ausbeutung: s. Nutztier
- Objekt der Unterdrückung und Quälerei (s.a. Despotische Beziehung) 79, 197
- Objekt der Verwöhnung 79, 194/29
- Objekt der Züchtung 69, 88 f., 186/16
- Parasit des Menschen 21, 68
- Partner im Gottesbund: s. Hosea-Bund, Noah-Bund
- Persönlichkeit: s. Person, Personcharakter
- Ruhestörer 68
- Sache (s.a. Tier unter rechtlichem Aspekt, Tier als Ware) 182/6a
- Sammelobjekt 187/18g
- Schädling 68
- Schlachttier 204/46d
- Spielzeug 20 ff., 70, 187/18h, 199/35b
- Spur Gottes (vestigium Dei) 208/54b
- Statussymbol 70
- Symbiont des Menschen 21
- Symbol 21 f., 71
- therapeutischer Helfer des Menschen 48, 194/29

Tier als Verkehrshindernis 68
       Vorbild 6, 132
       Ware 20, <u>70</u>, 124, 133
       Wege- und Gesimsbeschmutzer 68
       Wesen "vor" Gott 131
Tier in der bildenden Kunst 46, 147
       in der Dichtung 46, 182/9
       im Gebet 153, 196
       in der Liturgie <u>153 f.</u>
       im Traum des Menschen 40 f.
       unter ästhetischem Aspekt 183
       unter biologischem Aspekt <u>65</u>
       unter emotionalem Aspekt <u>67</u>, 71, 180/1
       unter ethischem Aspekt: s. Ehrfurcht vor dem Leben, Ethik
       unter Gottes Gebot 131 f., 135
       unter rechtlichem Aspekt 6, 7, <u>66 f.</u>, 103, <u>104 ff.</u>, 123, 124, 196/32, 214/62a
       unter wirtschaftlichem Aspekt: s. Nutztier
       unter wissenschaftlichem Aspekt (s.a. Tierversuch) 21 f., 69, <u>70 f.</u>, 97 ff., 193/27b
Tierarzt und Patient 71
Tierasyl, Tierheim 92 ff.
Tierethik: s. Ehrfurcht vor dem Leben, Ethik
Tiere des Feldes, Wildtiere (biblisch) 126, 127, 131, 135
Tiere des Himmels, Vögel (biblisch) 114, 116, 120, 122, 126, 127, 130, 131, 135
Tierfeindliche Tendenzen der kirchlichen Lehre 152, 160, 163 f.
Tierfreundliche Tendenzen der kirchlichen Lehre <u>152 f.</u>, 154 f., 156 ff., 161 ff., 165 ff.
Tierfreundschaften: s. Freundschaft
Tierfriede: s. Paradiesfriede
Tiergarten: s. Zoologischer Garten
Tiergartenbiologie 19
Tiergruppe 62
Tierhandel 70, <u>90</u>
Tierkämpfe <u>96 f.</u>
Tierkinder <u>58 f.</u>
Tierklinik 84
Tierliebe: s. Liebe zur Kreatur
Tierlegende 147, 157
Tierpredigt: s. Mensch als Vermittler des Evangeliums, Vogelpredigt
Tierpsychologie 7, <u>11 ff.</u>, 26 ff., 43
Tierquälerei und Tiermißhandlung 3, 66, <u>80 ff.</u>, 106, <u>112 f.</u>, 152, 180/2
Tierquälerei und Kriminalität 113
Tier- und Menschenquälerei <u>112 f.</u>, 165
Tierschutz 22 f., 66, 80, 89, <u>104 ff.</u>, 148, 202/42
Tierschutz oder Menschenschutz? 112, 208/52
Tierschutzgesetze 66, 80, <u>105 ff.</u>
Tier-, Natur- und Umweltschutzpädagogik (s.a. Erziehung) <u>109 ff.</u>
Tierseele: s. Seele
Tierstrafe (s.a. Tier unter rechtlichem Aspekt) 105, 196/32
Tiertötung 3, <u>68 ff.</u>, 86 ff., 107, 117 f., <u>128 f.</u>, 180/1, 201/42
Tier-Tragödien in der Urlaubszeit <u>92 ff.</u>

Tiertransport 70, 81, 89, 213
Tierversuch 71, 82 f., 97 ff., 108, 202/42, 213
Tötungshemmung 69, 193/27b
Tötungsmethoden 89
Toleranzbeziehung 36
Totalitärer Staat 81, 83
Totem 1, 4, 46, 180/1
Traditionsbildung 58, 192/24
Transmigrationslehre: s. Seelenwanderung
Treue und Untreue des Tieres gegenüber dem Menschen 76, 77
Trieb 15, 28, 41, 58, 166, 189 ff., 196/31

Über-Es 58, 60
Überheblichkeit des Menschen 7, 28, 62, 64, <u>174 ff.</u>
Umwelt 8, 9, 28, 180/3, 187/18g
Umweltethik <u>177 ff.</u>
Umweltschutz <u>10, 39</u>, 173
Unersetzlichkeit der Natur 9 f., 39
Unfähigkeit des Menschen, Mitleid zu haben 113
Universities Federation for Animal Welfare 98
Unmündige 149
Unteilbarkeit der Liebe 208/52
Unterlegener Sozialpartner 20, 42, 109
Urschuld des Menschen an der Schöpfung: s. Fluchgemeinschaft

Vaticanum II 173, 214/62b
Vegetarismus (s.a. Nahrung) <u>4 ff.</u>, 116 ff., 129 f., 146, 202/43, 205/46e
Vegetation 39
Verantwortung des Menschen in der Schöpfung: s. Herrschaft
Verantwortung der Wissenschaft 173
Vereinsamung: s. Isolation
Vergleichende Ethologie <u>12 f.</u>, 38
Vergleichende Psychologie <u>11</u>, 28
Vergleichende Soziologie 17 f., 24, <u>30</u>, <u>38</u>, 40 ff., 63
Verhaltensfreiheit, Verhaltensspielraum <u>17</u>, 51, 167, 188/21
Verhaltensregel 58
Verhaltenssicherheit 63
Vermenschlichung: s. Anthropomorphismus
Vernichtung (s.a. Ausrottung) 10, 173, 175
Verrohung 66, 87, 113, 152, 201/41
Versöhnung mit der Kreatur und der ganzen Schöpfung 1, 68, 102, 135, 162, 173, 177, 180/1
Verständigung und Verstehen 14, 17, <u>20</u>, 23, 25, 27, 49, <u>54 ff.</u>, 154
Verstehende Ethologie 27
Verstehende Soziologie 27
Vertierlichung: s. Zoomorphismus
Vertrauen zwischen Mensch und Tier (s.a. Intimacy) 51, 209/55b
Veterinärmedizin 101, 194/29
Vieh 81 f., 105, 114, 126, 127, 130, 131, 133, 165, 171, 204/46d
Vierfache Liebe Augustins 152
Vogel 45, 65, 71, 90, 91, 139, 154, 157, 163, 185/14, 190/21c, 193/26, 195/30, 197
Vogelherd 211/57

Vogeljagd, Vogelfang 86 f.
Vogelpredigt 157 f., 210/56

Wahrnehmung von Lebewesen durch Tiere (s.a. Differenzierte Wahrnehmung)
   37, 44
Wahrnehmungsvermögen der Tiere (s.a. Sinnliche Wahrnehmung) 56, 68,
   184/11, 192/22
Walfisch 212/59c
Walroß 35
Waschbär 195
Wellensittich 77, 91, 190/21c
Weltkirchenkonferenz zu Uppsala 173, 214/62a
Welttierschutzbund 94
Wertblindheit 80 ff.
Wilddieberei 86
Wildtier 68, 87, 181/4b, 209/55
Wille zum Leben 168, 212/60
Wirbellose Tiere 72
Wirbeltiere 44, 88, 189
Wissenschaftler und Forscher, ihre Beziehung zum Tier 69, 71, 193/27b
Wohlwollen 6, 42, 165
Wolf 195/30
Wolf und Schaf 118, 136
Wolfskinder 78
World-Wildlife-Fund 88
Wurm 156, 166, 169
Würde des Menschen, Würde der Kreatur 203/44

Yeti, der Schneemensch 189/21

Zahmheit 68
Zeder 130
Zeichensprache: s. Taubstummensprache
Zeitsinn 62
Zellatmung 31
Zellulares Bewußtsein 30
Ziege 185/14
Zierfisch 91 f.
Zirkus 72
Zoologie 12, 34
Zoologische Gesellschaft von 1858 87
Zoologischer Garten 19, 72, 74
Zoomorphismus 42, 72
Zug-, Last- und Reittiere 90, 104
Zugvogel 86
Zuneigung 49, 67, 111
Zuwendung, allgemein 23, 42
Zuwendung des Menschen zum Tier 41, 47, 182/7, 186/18b
Zuwendung des Tiers zum Menschen (s.a. Heilige und Tier) 42, 51, 183 f.
Zwang 51